HTML5 und CSS3 für Dummies – Schun.

Die wichtigsten kostenlosen Online-Ressourcen für HTML5 und CSS3

Sicher kennen Sie das alte Sprichwort »Umsonst ist der Tod – und der kostet das Leben.« Das gilt auch für das Webdesign, wenn Sie nicht gerade ein paar der praktischen kostenlosen Ressourcen nutzen. Nachfolgend finden Sie eine Liste der wichtigsten kostenlosen Ressourcen, die Sie online für HTML5 und CSS3 finden.

- ✔ Kostenloses Webhosting erhalten Sie unter `www.000webhost.com`. Die kostenlosen Sites sind werbefrei, unterstützen serverseitiges Skripting und bieten eine ausreichend zuverlässige Verfügbarkeit.
- ✔ Sie brauchen Bücher (wie zum Beispiel *HTML5 und CSS3 für Dummies*), um sich einen Überblick über die Entwicklung von Websites zu verschaffen. Detaillierte Informationen, die das hier gebotene Wissen ergänzen, finden Sie online. Die wichtigste dieser Ressourcen ist `www.w3schools.com`.
- ✔ Auf *jQuery Mobile* (`http://jquerymobile.com`) können Sie eine leistungsstarke, uneingeschränkt Handy-freundliche Web-App erstellen.
- ✔ Auf *jQuery Mobile* können Sie außerdem benutzerdefinierte Themes (Stile) mit *ThemeRoller* (`http://themeroller.jquerymobile.com`) ausprobieren.
- ✔ Auf der Website des W3C können Sie eine Fehlersuche durchführen und Ihren Code überprüfen. Sie prüfen CSS unter `http://jigsaw.w3.org/css-validator`, HTML unter `http://validator.w3.org`.
- ✔ Kostenlose Farbschemata erstellen Sie auf der Webseite zu *Adobe Kuler* (`https://kuler.adobe.com/create/color-wheel`).
- ✔ Brauchen Sie ein zuverlässiges Suchfeld für Ihre Site, für das kein Budget mehr vorhanden ist? Verwenden Sie *FreeFind* (`http://www.freefind.com`) Damit erstellen Sie Suchfelder für Ihre Site, ohne Daten derjenigen zu nutzen oder zu verkaufen, die auf Ihrer Site nach etwas suchen.
- ✔ Und wie wäre es mit einem kostenlosen Blog? Den finden Sie unter *Blogger* (`www.blogger.com`).
- ✔ Und schließlich können Sie Ihren Besuchern helfen, Sie zu finden, indem Sie eine Karte von *Google Maps* (`https://maps.google.de`) in Ihre Site einbetten.

Tools für die Aufbereitung von HTML5-Video für das Web

Natives Video, das ohne Plug-ins funktioniert (wie Windows Media Player oder QuickTime Player), gehört zu den attraktivsten neuen Funktionen von HTML5. Aber wie kommen Sie zu HTML5-kompatiblem Video? Wie präsentieren Sie es? Hier einige Tools, die Ihnen dabei helfen:

- ✔ Sie können Ihre Videos in das Firefox-freundliche *Theora Ogg* (`http://firefogg.org/make`) umwandeln.
- ✔ Microsoft bietet auf seiner Website (`http://msdn.microsoft.com/en-us/library/ie/hh924823(v=vs.85).aspx`) ein informatives Tutorial zur Entwicklung von JavaScript-Steuerelementen für natives Video an.
- ✔ Eine der wichtigsten (kostenlosen) Online-Ressourcen für das Webdesign, insbesondere Web-Video, ist der *Miro Video Converter* (`www.mirovideoconverter.com`). Sie geben ein beliebiges Video ein und erhalten ein HTML5-freundliches Video-Format.
- ✔ Wollen Sie Ihr Video für unterschiedliche Browser testen? Die Tools von `https://saucelabs.com` sind nicht kostenlos, aber sie bieten kostenlose Tests, mit denen Sie für jedes beliebige Video eine Vorschau für ein beliebiges Gerät erstellen können, von einem Desktop-Computer unter Windows mit IE6, bis hin zum iPad mit dem neuesten Betriebssystem.
- ✔ Wollen Sie Ihre Videos vor der Veröffentlichung bearbeiten? `www.loopster.com` bietet kostenlose Tools zur Online-Videobearbeitung.

HTML5 und CSS3 für Dummies – Schummelseite

Bilder mit großen Farbflächen unter Verwendung des GIF-Formats optimieren

Bei der Optimierung von Grafiken, die überlagerten Text oder ein fotorealistisches Bild enthalten, müssen Sie separate Abschnitte für die Bereiche des Bilds erstellen, die fotorealistisch sind, und weitere Abschnitte für die Bildbereiche, die Text enthalten. Sie exportieren die Bereiche mit Text unter Verwendung des GIF-Formats und die fotorealistischen Bereiche unter Verwendung des JPEG-Formats. Hier einige Tipps, die Ihnen weiterhelfen:

- ✔ Verwenden Sie für hochqualitative JPEG-Bilder eine Qualitätseinstellung von 70 beim Exportieren. Für kleinere JPEG-Bilder ist eine Qualitätseinstellung von 50 ausreichend.
- ✔ Wenn Sie eine Fotogalerie für ein Produkt erstellen oder für einen Fotografen, exportieren Sie die Bilder im JPEG-Format mit einer Qualitätseinstellung von 80.
- ✔ Bei der Komprimierung von Bildern im JPEG-Format achten Sie auf die Kanten von Objekten auf dem Bild. Wenn Sie einzelne Pixel erkennen oder die Kanten unscharf sind, haben Sie das Bild zu stark komprimiert.
- ✔ Beim Exportieren von Bildern im GIF-Dateiformat verwenden Sie die kleinstmögliche Anzahl an Farben, die noch ein scharfes Bild ergeben, damit das Bild schnell geladen wird.
- ✔ Wenn Sie Bilder für Webseiten aufbereiten, brauchen Sie als maximale Auflösung 72 Pixel pro Zoll.

Es gibt immer weniger Webseiten ohne Video. Videos sind im Internet überall präsent (Unterhaltung, Werbung, Clips von Rockstars und anderen Künstlern). Ein gutes Video ist eine wahre Freude. Hier einige Dinge, die Sie berücksichtigen sollten, wenn Sie auf einer Webseite Video anzeigen:

- ✔ Video verbraucht eine Menge Bandbreite. Wenn die Bandbreite für eine Website überschritten wird, können die Gebühren schnell sehr hoch werden. Statt ein Video auf einer Website zu hosten, laden Sie es besser in YouTube hoch und betten es dann in eine Webseite oder in einem Blog ein.
- ✔ Verletzen Sie keine Copyright-Rechte. Kopieren Sie keine Videos von anderen Websites und keine fremden YouTube-Videos, um sie auf Ihrer eigenen Website zu nutzen!
- ✔ Überprüfen Sie die Lizenz: Wenn Sie ein Video von einem Anbieter oder Hersteller auf einer gewerblichen Website nutzen, überprüfen Sie, ob Sie von der Lizenz des Anbieters oder Lieferanten abgedeckt sind.
- ✔ Verwenden Sie für die Aufnahme von Video einen hochqualitativen Camcorder. Und nein, ein iPhone ist kein hochqualitativer Camcorder. Wenn Sie Video in schlechter Qualität für das Internet umwandeln, wird es dadurch nicht besser.
- ✔ Stellen Sie sicher, dass die Besucher Ihrer Website die erforderlichen Plug-ins für die Anzeige des Videos besitzen.
- ✔ Wenn Sie HTML5-Seiten mit Video erstellen, achten Sie darauf, dass Ihr Zielpublikum HTML5-kompatible Browser verwendet.
- ✔ Verwenden Sie keine Übergänge, wenn Sie mehrere Video-Clips bearbeiten, um ein Video für das Internet zu erstellen. Video-Übergänge sehen im HD-Video einzigartig aus, aber nicht bei der Codierung eines Videos für das Web.

HTML5 und CSS3
für Dummies

David Karlins

HTML5 und CSS3 für Dummies

Übersetzung aus dem Amerikanischen
von Judith Muhr

WILEY

WILEY-VCH Verlag GmbH & Co. KGaA

Bibliografische Information der Deutschen Nationalbibliothek
Die Deutsche Nationalbibliothek verzeichnet diese Publikation in der Deutschen Nationalbibliografie; detaillierte bibliografische Daten sind im Internet über http://dnb.d-nb.de abrufbar.

1. Auflage 2014

Printed in Germany
Gedruckt auf säurefreiem Papier

Coverfoto: © marog-pixcells – Fotolia.com
Korrektur: Geesche Kieckbusch, Hamburg
Satz: inmedialo Digital- und Printmedien UG, Plankstadt
Druck und Bindung: Media Print, Paderborn

Print ISBN: 978-3-527-71041-6
ePDF ISBN: 978-3-527-68142-6
ePub ISBN: 978-3-527-68143-3
mobi ISBN: 978-3-527-68141-9

Über den Autor

David Karlins ist Webdesigner, Autor und Lehrer. Er hat mehr als 40 Bücher zu digitaler Grafik und interaktivem Design geschrieben, unter anderem *Building Websites All-in-One For Dummies*, 2. Auflage (zusammen mit Doug Sahlin); *Dreamweaver CS6 Mobile and Web Development with HTML5, CSS3 and jQuery Mobile* und *Digital Sports Photography: Take Winning Shots Every Time* (zusammen mit Serge Timacheff). Artikel von David Karlins sind in *Macworld, PCWorld* und in zahlreichen Online-Publikationen erschienen. Seine Kunden für das Webdesign sind unter anderem Künstler, Veranstalter und Einzelhändler.

Cartoons im Überblick

von Christian Kalkert

Seite 21

Seite 103

Seite 203

Internet: `www.stiftundmaus.de`

Inhaltsverzeichnis

Teil II Seiten mit HTML5 erstellen 103

Kapitel 5 Semantische Tags in HTML5 105

Kapitel 6 HTML5-Formulare 127

Kapitel 7
Natives Video und Audio 147

Kapitel 8
Mobile Geräte: Responsives Design und jQuery Mobile 171

Teil III
CSS3-Effekte und Transformationen 203

Kapitel 9
Styling mit CSS3-Eigenschaften 205

Kapitel 10
Anwendung von CSS3-Effekten 223

Kapitel 11
CSS3-Transformationen anwenden und animieren 245

Kapitel 12
Verläufe mit CSS3 erstellen 269

Teil IV
Der Top-Ten-Teil 285

Kapitel 13
Die zehn besten HTML5-DesignRessourcen 287

Einführung

HTML und CSS sind die Grundbausteine für Websites. Die Einführung von HTML5 und CSS3 ist ein dynamischer und leistungsstarker Evolutionsabschnitt bei der Entwicklung des Webdesigns. Durch einen optimalen Einsatz von HTML5 und CSS3 wird es möglich, Stile und Formatierungen anzuwenden, Audio und Video anzuzeigen und Animationen und Interaktivität auf eine Weise zu schaffen, die ohne die Verwendung von Plug-ins, Bilddateien und JavaScript nie zuvor möglich war.

Über dieses Buch

Das Web ist voll mit praktischen (und einigen weniger praktischen) Ressourcen mit Definitionen, Beschreibungen und Syntax für HTML5 und CSS3. Dieses Buch bietet einen zusammenhängenden Überblick über die Tools und Funktionen von HTML5 und CSS3 und beschreibt, wie sie eingesetzt werden können. Das Buch beginnt mit einem Crashkurs zum Aufbau von Seiten mit HTML und CSS und geht dann zügig in eine detaillierte Erklärung über, wie Sie das meiste aus HTML5 und CSS3 machen.

Hier einige grundlegende technische Konventionen, die für das gesamte Buch gelten:

- ✔ Code (HTML5, CSS3 oder kleine JavaScript- und PHP-Abschnitte) werden immer in `nicht proportionaler Schrift` dargestellt. Ich zeige verschiedene Codeblöcke, die Sie kopieren und einfügen können, ebenso wie ganze Code-Abschnitte.
- ✔ Webadressen und Programmiercode werden ebenfalls in `nicht proportionaler Schrift` dargestellt. Wenn Sie eine digitale Version dieses Buchs lesen und Ihr Reader mit dem Internet verbunden ist, können Sie die Webadressen anklicken, um die Website zu besuchen, beispielsweise `www.fuer-dummies.de`.
- ✔ Überraschenderweise ist die einzige »Software«, die Sie brauchen, um all die Funktionen anzuwenden, die in diesem Buch erklärt werden, ein Code-Editor (kostenlose Versionen funktionieren dafür ausgezeichnet) und ein Browser, um zu überprüfen, wie die Seiten schließlich aussehen. Wenn ich in Beschreibungen Browser-Befehle anspreche, was relativ selten passiert, trenne ich diese durch einen vertikalen Strich: Wählen Sie in Ihrem Browser DATEI | ÖFFNEN.

Törichte Annahmen über den Leser

Dieses Buch ist für zweierlei Lesergruppen geschrieben – und für alle, die in beide einzuordnen sind. Die erste Gruppe sind die Leser, die gerade erst anfangen, konsequente Layouts für Webseiten zu erstellen. Sie kennen HTML und CSS und wollen jetzt tiefer einsteigen und die Grundlagen des Webseiten-Designs mit den neuesten (und natürlich besten) Versionen von HTML und CSS kennen lernen.

Die zweite Gruppe sind erfahrene Webdesigner, die bereits mit HTML5 und CSS3 Bekanntschaft gemacht haben und die bereits entsprechende Tools eingesetzt haben, aber die sich ein Gesamtbild von HTML5 und CSS3 verschaffen wollen.

Symbole in diesem Buch

Das Tipp-Symbol kennzeichnet Tipps und Abkürzungen, die Ihnen das Seitendesign erleichtern.

Dieses Symbol kennzeichnet besonders wichtige Informationen.

Dieses Symbol kennzeichnet Stoff, der Ihnen vielleicht zu technisch erscheint. Möglicherweise bietet er interessante Informationen für Sie, aber Sie können ihn ohne Weiteres überblättern, wenn Sie keine Zeit dafür haben.

Alles, was mit diesem Symbol gekennzeichnet ist, sollten Sie unbedingt lesen. Es weist auf Informationen hin, die Ihnen eine Menge Kopfschmerzen oder andere Katastrophen ersparen können.

Dieses Symbol weist Sie auf alle in diesem Buch verwendeten Code-Listings hin, die Sie online unter `www.downloads.fuer-dummies.de` herunterladen können.

Wie es weitergeht

Sie müssen dieses Buch nicht von vorne bis hinten durchlesen. Sie können einfach irgendwo anfangen. Die meisten von Ihnen werden es aber sinnvoll finden, mit Teil I zu beginnen, um sich eine Übersicht über HTML5 und CSS3 zu verschaffen und zu erfahren, was sich damit alles geändert hat. Anschließend können Sie beliebig herumblättern und genau das lesen, was Sie gerade brauchen. Wenn Sie einen allgemeinen Überblick über HTML5 und CSS3 insgesamt benötigen, dann lesen Sie das Buch jedoch am besten einfach komplett und Kapitel für Kapitel durch.

Teil I

Seitenaufbau und Design mit HTML5 und CSS3

In diesem Teil ...

In diesem Teil erhalten Sie einen Crashkurs zum Aufbau von Webseiten – mit HTML5 für den Seitenaufbau und CSS3 für Design, Animation und Interaktivität. Designer können endlich aus dem engen Käfig der Inhaltsmanagementsystem-Blogs ausbrechen, und Webseitenentwickler, deren HTML- und CSS-Kenntnisse mittlerweile leicht veraltet sind, erhalten hier eine solide Grundlage für den Aufbau zeitgemäßer Webseiten. Designer, die gerade topaktuelle Themen bearbeiten, finden hier alles, was sie brauchen, um ihre Lücken zu füllen und ihre Kenntnisse abzurunden.

Dieser Teil enthält außerdem einen Überblick über Probleme im Hinblick auf Barrierefreiheit und Kompatibilität, die beim Aufbau von Seiten mit HTML5 und CSS3 zu beachten sind, sowie über die Lösungen für diese Probleme.

Struktur und Design mit HTML5 und CSS3

1

In diesem Kapitel

- Wichtige neue Elemente in HTML5
- Dynamische neue Design-Optionen in CSS3
- Ein Crashkurs zur Strukturierung von Webseiteninhalt mit HTML
- Eine Einführung in zeitgemäße CSS-Stiltechniken

In diesem Kapitel verschaffe ich Ihnen einen allgemeinen Überblick über den Umfang und die Reichweite der neuen Werkzeuge für das Webdesign, die HTML5 und CSS3 Ihnen bieten. Im restlichen Buch beschäftige ich mich dann detailliert mit spezifischen Funktionen von HTML5 und CSS3. Hier am Anfang ist es jedoch sinnvoll, das große Ganze zu betrachten, um nicht den Wald vor lauter Bäumen zu übersehen.

HTML5 setzt einen neuen Maßstab für die Strukturierung von Webseiteninhalt. Es unterstützt alle möglichen coolen neuen Funktionen, von Popup-Kalendern, die mit Eingabeformularen verknüpft werden (siehe Abbildung 1.1), bis hin zu nativem Video, für das keine Plug-ins mehr erforderlich sind. Insgesamt handelt es sich dabei um eine sehr viel sauberere, logischere Methode, Inhalt zu organisieren und zu präsentieren. Diese sauberere Methode, Inhalt zu organisieren, findet man in vielerlei Art in den neuen semantischen Seitenelementen wieder, wie etwa `<article>`, `<header>` oder `<footer>`. Analog dazu bietet CSS3 eine dyna-

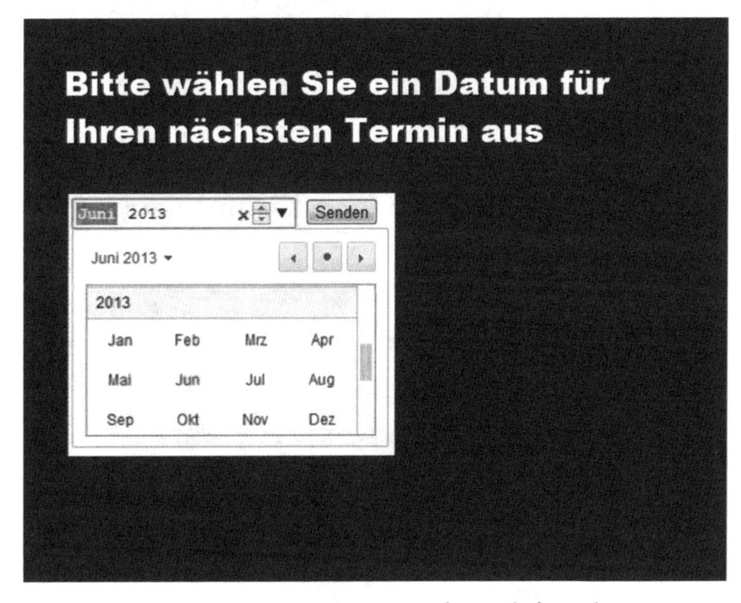

Abbildung 1.1: Neue Elemente auf Eingabeformularen

mische und attraktive Menge neuer Stilwerkzeuge – beispielsweise verlaufende Hintergründe und unregelmäßig geformte Bereiche. CSS3 ist jedoch mehr als die Summe seiner Teile. CSS3 bietet eine qualitative Methode, alle Möglichkeiten, die Designern für den Entwurf von Webseiten zur Verfügung stehen, zu erweitern und zu verbessern.

In diesem Kapitel erhalten Sie einen schnellen Überblick über HTML5 und CSS3 aus der Vogelperspektive, insbesondere durch einen Vergleich und eine Gegenüberstellung, wie Seiten in der Zeit vor HTML5/CSS3 aufgebaut wurden, und wie sie jetzt aufgebaut werden können und sollten. Machen Sie sich bereit für die Reise!

Zauberei mit HTML5 und CSS3

HTML5 und CSS3 eröffnen Ihnen neue Welten, in denen Sie wirklich attraktive, lebhafte und dynamische Webseiten entwerfen können. Ich werde in diesem Buch immer wieder Elemente in HTML5 und neue Styling-Tools in CSS3 mit früheren Versionen von HTML und CSS auf die unterschiedlichsten Arten vergleichen. Hier möchte ich Ihnen auf die Schnelle erklären, worum es sich bei diesen neuen Funktionen handelt.

In früheren Versionen von HTML gab es keine systematische, allgemein angewendete Elementemenge für grundlegenden Seiteninhalt – wie Abschnitte, Bereiche, Seitenleisten und so weiter. HTML5 führt eine rationale Methode ein, Seiteninhalt mit Hilfe *semantischer Tags* (siehe Abbildung 1.2) zu strukturieren, die die Art ihres Inhalts beschreiben.

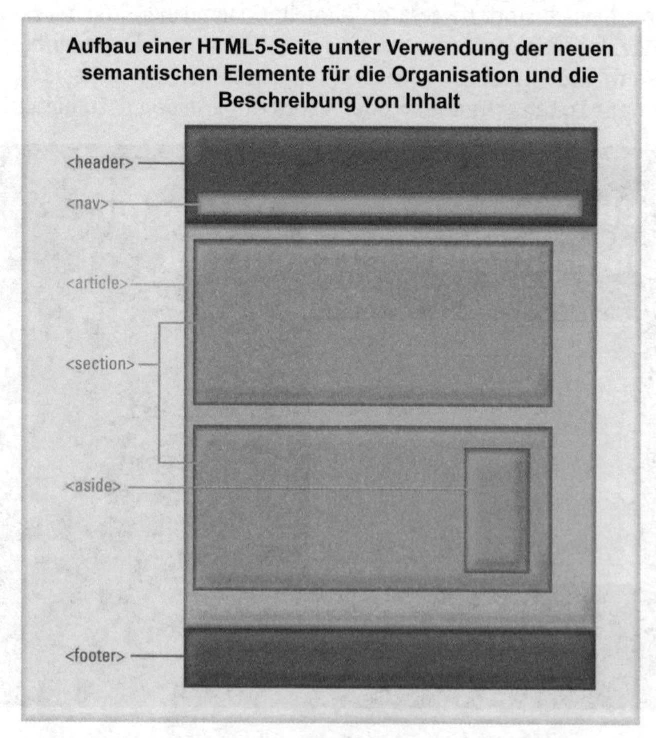

Abbildung 1.2: Eine HTML5-Seite mit den neuen semantischen Elementen

Bis zur Einführung von HTML5 brauchte man Plug-ins (wie zum Beispiel den Windows Media Player oder den QuickTime Player), um Videos anzuzeigen. HTML5 verfolgt einen völlig neuen Ansatz für Audio und Video und hat sich von den Plug-ins frei gemacht. Außerdem unterstützt HTML5 Formularfeldabfragen und Auswertungen (Tests), wie in Abbildung 1.3 gezeigt.

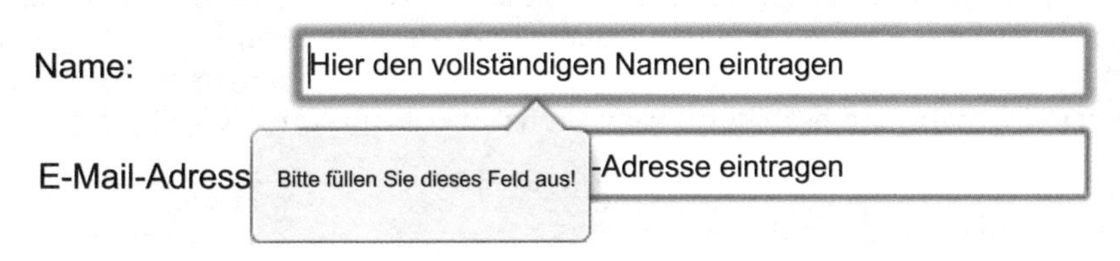

Abbildung 1.3: Formularfeldabfragen in HTML5

CSS3 gibt den Designern einen Werkzeugkasten voller Möglichkeiten an die Hand, mit denen es ganz einfach ist, Seitenelemente zu drehen, zu kippen, zu skalieren und überlappen zu lassen. Die Webdesigner können jetzt runde Ecken für den Inhalt anwenden – und Quadrate zu Kreisen machen.

Darüber hinaus unterstützen CSS3-Effekte umfassenden grafischen Inhalt, ohne dass Grafiken erforderlich sind. Beispielsweise können Sie auf ganz einfache Weise hochkomplexe verlaufende Hintergründe definieren (siehe Abbildung 1.4), ohne dass die Benutzer irgendeine Bilddatei herunterladen müssen.

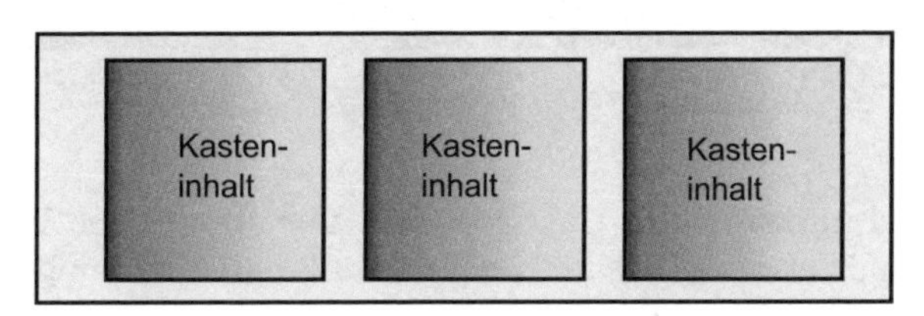

Abbildung 1.4: Verlaufende Hintergründe mit HTML5

Und hier habe ich wirklich nur ein paar grundlegende Dinge angesprochen. Durch Kombination dieser verschiedenen Funktionen können Webdesigner völlig neue Wege beschreiten und Websites schaffen, auf denen die Besucher gerne Zeit verbringen.

Nicht ganz neu ... aber anders!

All die aufregenden und dynamischen Design-Optionen, die mit HTML5 und CSS3 möglich sind, sind in zweierlei Hinsicht nicht ganz neu.

Erstens stehen fast alle Funktionen, die ich im vorigen Abschnitt angesprochen habe, den Webdesignern schon geraume Zeit zur Verfügung. Für ihre Verwendung waren jedoch komplizierte Werkzeuge notwendig, und/oder man musste wirklich Programmiererfahrung mitbringen. Darüber hinaus stellten sie hohe Anforderungen an Computer- und Handy-Ressourcen, die einfach nicht mehr akzeptabel sind – insbesondere in einer Zeit, in der Anzeigen auf dem Handy ein maßgebliches Kriterium darstellen, wenn man viele Menschen erreichen will.

Hier einige Beispiele, die das Ganze verdeutlichen sollen:

- **Video:** Video gibt es schon immer (siehe Abbildung 1.5), aber es waren – wie bereits erwähnt – Plug-ins dafür erforderlich, wie beispielsweise Windows Media Player, QuickTime Player oder Flash Player. Diese Videoplayer mussten regelmäßig aktualisiert werden, sie unterstützten keine anderen Formate (zumindest nicht ohne Konfiguration) und es entstand ein nicht vorhersehbares Anzeigeerlebnis. Mit HTML5 brauchen die Benutzer keinerlei Mediaplayer-Plug-ins mehr zu installieren (oder zu aktualisieren), die gesamte für die Anzeige der Videos (oder das Abspielen von Audio) erforderliche Software ist in die Browser eingebaut und der Zugriff kann direkt über den HTML5-Code erfolgen.

Abbildung 1.5: Video ohne Plug-ins in HTML5

- **Interaktivität und Animation:** Interaktivität und Animation (siehe Abbildung 1.6) gab es schon immer, dafür war häufig eine komplizierte Programmierung in Flash oder JavaScript erforderlich. HTML5 und CSS3 decken zwar den Funktionsumfang der Flash- und JavaScript-Animation nicht vollständig ab, aber sie bieten einen Großteil dieser Funktionsmenge zu sehr viel geringeren Kosten im Hinblick auf Software, Flash- oder JavaScript-Programmierkenntnisse aufseiten des Designers und Downloadzeit für Benutzer.
- **Reichhaltige grafische Hintergrundbilder:** Reichhaltige grafische Hintergrundbilder wurden bis zur Einführung von CSS3 erstellt, indem richtiggehende Kunstwerke in Programmen wie Adobe Illustrator erstellt und als webfähige Bilder gespeichert wurden, die dann im Hintergrund eines Design-Elements (wie etwa einem Layoutfeld) *gekachelt* angeordnet (also wiederholt) wurden. Mit CSS3 können diese Hintergründe (siehe Abbildung 1.7) jetzt ganz ohne eine Bilddatei definiert werden.
- **Formen:** Für komplexe Formen war JavaScript erforderlich, oder auch serverseitige Skripts in Programmen wie Ruby oder PHP. In HTML5 gibt es Abfragen (siehe Abbildung 1.8) und Validierungstests ohne jedes Skript.

Abbildung 1.6: Interaktivität und Animation ohne komplexe Programmierung

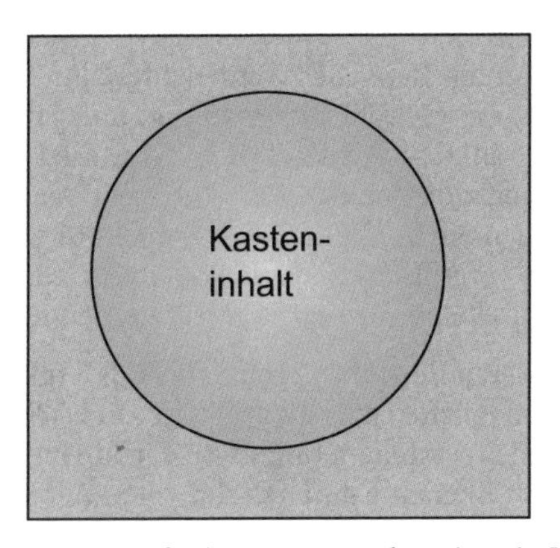

Abbildung 1.7: Grafische Hintergrundanzeigen in HTML5

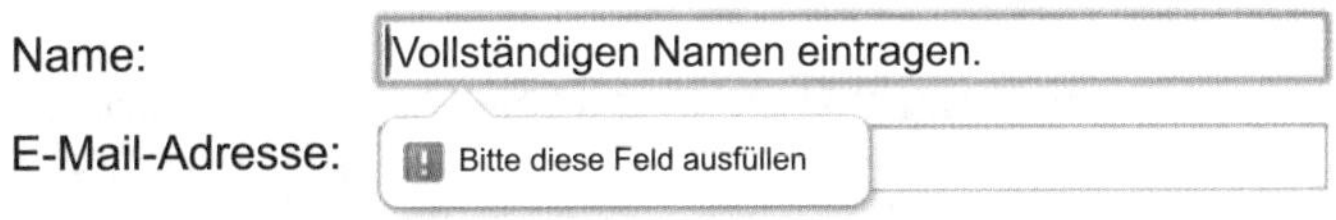

Name: Vollständigen Namen eintragen.

E-Mail-Adresse: Bitte diese Feld ausfüllen

Abbildung 1.8: Eingabeaufforderungen für Formulare

Ich kann hier nicht auf all die aufregenden neuen Funktionen eingehen, die ich in diesem Buch vorstelle, sondern ich wollte nur anhand von einigen Beispielen zeigen, wie HTML5 und CSS3 auf der Geschichte des Webdesigns aufbaut. HTML5 und CSS3 machen viele Funktionen sehr viel einfacher für Designer – ohne dass sie auf Produkte oder Plug-ins von Drittanbietern zurückgreifen müssen und mit deutlich reduzierter Downloadzeit für Seiten.

Verwenden Sie einen Code-Editor!

Achtung: Erstellen Sie Ihre HTML- oder CSS-Seiten nicht in einem Texteditor! Damit beschädigen Sie den erstellten Code. Beispielsweise wandeln die meisten Texteditoren gerade Anführungszeichen (") in typografische Anführungszeichen („ “) um.

Es gibt sehr viele gute, kostenlose Code-Editoren. Falls Sie bereits einen besitzen, verwenden Sie diesen. Falls Sie noch keinen Code-Editor besitzen, hier meine Empfehlungen. Es handelt sich dabei nicht um die allermodernsten Editoren, aber sie sind kostenlos, einfach einzurichten und benutzerfreundlich.

- **Windows:** Notepad++ (`http://notepad-plus-plus.org`)
- **Mac:** TextWrangler (`http://www.barebones.com/products/textwrangler`)

Falls Sie lieber in einer anderen spezifischen Programmierumgebung arbeiten, beispielsweise mit Komodo Edit, Adobe Dreamweaver, Aptana Studio oder irgendeinem anderen Code-Editor, verwenden Sie diese.

Zweitens bauen HTML5 und CSS auf früheren Versionen von HTML und CSS auf (und verbessern diese qualitativ):

- **Vereinfachung:** In bestimmten Bereichen werden ältere Funktionen (positiv ausgedrückt für »umständliche, langsamere, problematische und unflexible Funktionen«) in HTML5 und CSS3 durch neuere Funktionen ersetzt. Beispielsweise ist es in HTML5 sehr viel einfacher, Audio und Video einzubetten. (Weitere Informationen zur Einbettung von Audio und Video in HTML5 finden Sie in Kapitel 7.) Außerdem ist es mit CSS3 ganz einfach, Inhaltsfelder zu drehen, zu vergrößern und zu verkleinern, zu verschieben oder zu verdrehen, ohne dass Hintergrundbilder neu positioniert werden müssen.
- **Neue Funktionen:** In anderen Bereichen eröffnen HTML5 und CSS3 völlig neue Möglichkeiten. Beispielsweise ermöglichen die Mobile-Tools von HTML5 es, App-ähnliche, extrem Handy-freundliche Seiten zu erstellen. Und CSS3-Effekte bieten Möglichkeiten, Transparenz zu definieren (so dass Elemente durch darüber liegende Elemente »durchscheinen«), was sehr viel leistungsfähiger ist als die Opazitäts-Tools aus dem früheren CSS.

HTML5: Aufbau auf HTML-Techniken

Ich kann es gar nicht oft genug sagen: HTML5 und CSS3 basieren auf den fortschrittlichsten und aktuellsten Techniken bei der Anwendung von HTML und CSS und erweitern diese. Warum ich so darauf fixiert bin? Weil die aktuellen Techniken für das HTML- und CSS-Design das Sprungbrett darstellen, von dem aus Sie HTML5 und CSS3 benutzen.

HTML hat sich weiterentwickelt. Diese Erkenntnis soll hier nicht die Geschichte von HTML beweihräuchern, sondern es soll erklären, warum Seiten auf eine bestimmte Weise aufzubauen sind – und warum Sie sie *nicht* auf eine Weise aufbauen, die keine ausreichend solide Grundlage für die attraktive Präsentation des Seiteninhalts bietet, die den Erwartungen des anspruchsvollen Website-Besuchers von heute entspricht.

Unterstützen alte Browser HTML5?

Mit Ausnahme des Internet Explorers (IE) fordern alle Browser die Benutzer zu häufigen Updates auf. Wenn ich also von »alten Browsern« spreche, meine ich damit alte Versionen des Internet Explorers, die in großen Unternehmens- oder Organisationsumgebungen installiert sind, und die nicht aktualisiert werden können, beispielsweise aus Sicherheitsgründen oder aufgrund der spezifischen Netzwerkumgebung. Alle anderen Browser (Firefox, Chrome, Safari, Opera und so weiter, sowohl in den Laptop/Desktop- als auch in den mobilen Versionen) werden im Allgemeinen automatisch aktualisiert.

Es gibt jedoch eine sehr große Benutzerbasis, die alte Versionen des Internet Explorers installiert hat, und dies auch nicht ändern wird. Was ist mit diesen Benutzern? Wenn jemand fragt: »Wird meine alte Version des IE HTML5 und CSS3 unterstützen?«, kann dies kurz und knapp (und wahrheitsgemäß) mit »Ja« beantwortet werden. Letztlich sind HTML5-Seiten weniger problematisch in alten Versionen des IE als frühere Versionen von HTML. Die HTML5-Dokumenttypdeklaration, die eine Seite als HTML5 identifiziert, reduziert die Fehlermeldungen, die in alten Browsern manchmal angezeigt werden, wenn geringfügige Fehler in der HTML-Programmierung erkannt werden. Zu sagen bleibt, dass alte Browser (Internet Explorer 8 und früher) nicht alle neuen Funktionen von HTML5 und CSS3 unterstützen. Aber selbst für Umgebungen, in denen die Verwendung der alten Versionen von IE unabdingbar ist, bedeutet dies weniger Probleme, als Sie vielleicht annehmen würden. Größtenteils können neue HTML5-Elemente und neue CSS3-Effekte so eingesetzt werden, dass sie die Wahrnehmung des Besuchers *verbessern*, aber nicht zwingend *notwendig* für diese Wahrnehmung sind.

Betrachten wir ein ganz einfaches Beispiel. In grauer Vorzeit (im Bereich des Webdesigns sprechen wir hier etwa von 10 Jahren) wurden Webseiten mit Hilfe von Tabellen erstellt. Tabellen wurden von den Erfindern des Web in HTML aufgenommen, um Datenzeilen und -spalten anzuzeigen (und diese Rolle spielen Tabellen heute übrigens immer noch).

Irgendwann in der Entwicklung des Internet fanden jedoch geschickte Designer Möglichkeiten, mit Hilfe von Tabellenzellen Inhalt auf Seiten zu platzieren. Diese Technik läutete eine völlig neue Ära des Webdesigns ein, und einspaltige, langweilige Seiten mit Text und nicht ausgerichteten Bildern gehörten der Vergangenheit an.

Und jetzt kommt eine wichtige Information zur Implementierung von HTML5 und CSS3. Beide Programmiersprachen bauen auf früheren Versionen von HTML und CSS auf. Je mehr Sie also über die grundlegenden HTML- und CSS-Ansätze und -Techniken wissen, desto mehr können Sie aus der Implementierung von HTML5 und CSS3 profitieren.

Im modernen Webdesign wurden Tabellen durch die Verwendung von `<div>`-Tags (Abkürzung für *Divider*, also Teiler) ersetzt, die mit Stilregeln kombiniert werden, die `<div>`-Tags als geeignete Felder für das Layout formatieren.

Um das Beispiel fortzuführen: Wenn Ihre Seiten nicht mit `<div>`-Tags (im Gegensatz zu Tabellen) erstellt wurden, können unzählige, wirklich fantastische neue CSS3-Effekte nicht angewendet werden, von Schattierungen um Felder, abgerundeten Ecken bis hin zur Drehung.

Analog dazu können neue Design-Tools von CSS3 nicht effektiv genutzt werden, wenn Ihre Website nicht mit externen Stylesheets erstellt wurde. Ältere Techniken zur Einbettung von Stilen in Seiten – selbst ältere Techniken für die Anwendung von HTML-Stileigenschaften (zum Beispiel `align "right"`) auf Seiteninhalt – schränken die Freiheit eines Designers maßgeblich ein, das neue CSS3-Styling vollständig zu nutzen.

HTML-Grundlagen verstehen

Nehmen Sie sich einen Moment Zeit, um die wichtigsten aktuellen HTML-Ansätze und -Techniken zu betrachten, auf denen HTML5 aufbauen kann. Beachten Sie zunächst, dass ich »Ansätze und Techniken« sage – nicht »Syntax und Codierungsregeln«. Sie brauchen *keinesfalls* ein enzyklopädisches Wissen über HTML, um Webseiten mit HTML5 aufbauen zu können!

Im Kasten »Wollen Sie mehr über die HTML-Grundlagen wissen?« später in diesem Kapitel nenne ich Ihnen ein paar praktische Ressourcen für HTML-Lehrbücher und -Syntax.

Und natürlich erkläre ich auch den wichtigsten HTML-Code und die Syntax in diesem Buch.

Seiteninhalt in einem einzigen Ordner organisieren

Ein maßgebliches Element der modernen Webseitenentwicklung ist, dass alle Dateien, die für eine Webseite benötigt werden, in einem einzigen Ordner abgelegt werden. Wenn Sie gerade erst anfangen, moderne Seiten zu entwickeln, legen Sie als Erstes einen Ordner auf Ihrem Computer an, in dem Sie Ihren gesamten Inhalt organisieren. Natürlich können Sie Ihren Hauptordner für die Webseite in mehrere Unterordner untergliedern, beispielsweise für Bilder, Videos und so weiter. Denken Sie nur daran, dass moderne Webseiten immer mehrere und komplexe Verknüpfungen zwischen den Dateien aufweisen. Eine einzige Seite kann Links zu Stylesheets, Links zu Skripts, Navigations-Links zu anderen Seiten auf der Site, eingebettete Video- und Bilddateien und vieles andere mehr benutzen.

Sie sollten mit ein paar sehr grundlegenden HTML-Ansätzen und Techniken vertraut sein, um das Beste aus HTML5 machen zu können. Insbesondere sind das die Definition von Stilen unter Verwendung externer, verknüpfter CSS-Stylesheets, und nicht mit eingebetteten Stilen in HTML, sowie die Entwicklung von Seiten unter Verwendung von `<div>`-Elementen, nicht mit Tabellen.

Fünf Dinge, die Sie über HTML wissen müssen

Und jetzt wollen wir die Dinge auf den Punkt bringen. Es gibt einige Grundlagen, die Sie über HTML wissen müssen – ganz allgemein –, um wirklich alles aus HTML5 herauszuholen. Mehr in der folgenden Liste:

- ✔ HTML5-Dateien werden mit einer `doctype`-Deklaration gekennzeichnet, an der die Browser erkennen, dass es sich um eine HTML-Datei handelt. Diese Deklaration bildet die erste Zeile in einer HTML-Datei (siehe Abbildung 1.9). Für HTML5 sieht sie wie folgt aus:

  ```
  <!DOCTYPE HTML>
  ```

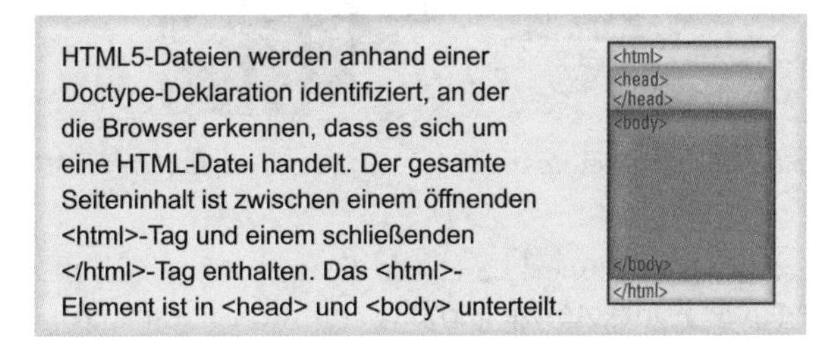

Abbildung 1.9: HTML5-Dateien werden anhand einer `doctype`-Deklaration identifiziert.

- ✔ Der gesamte Seiteninhalt ist zwischen einem öffnenden `<html>`-Tag und einem schließenden `</html>`-Tag enthalten (siehe Abbildung 1.9).
- ✔ Innerhalb des `<html>`-Elements ist der Seiteninhalt in das `<head>`-Element (Inhalt, der nicht in einem Browser-Fenster erscheint) und ein `<body>`-Element (Inhalt, der in einem Browser-Fenster erscheint) unterteilt. Auch dies ist in Abbildung 1.9 dargestellt.
- ✔ HTML-Elemente innerhalb des `<body>`-Elements definieren sichtbaren Inhalt, unter anderem Überschriften, Absätze, Listen, Links, Bilder und anderen maßgeblichen Inhalt (siehe Abbildung 1.10). `<div>`-Tags, kombiniert mit klassischen Stilen (die auf einer Seite mehrfach verwendet werden können) und ID-Stilen (die auf einer Seite nur einmal verwendet werden können), sind die grundlegenden Bausteine eines Seiten-Designs.

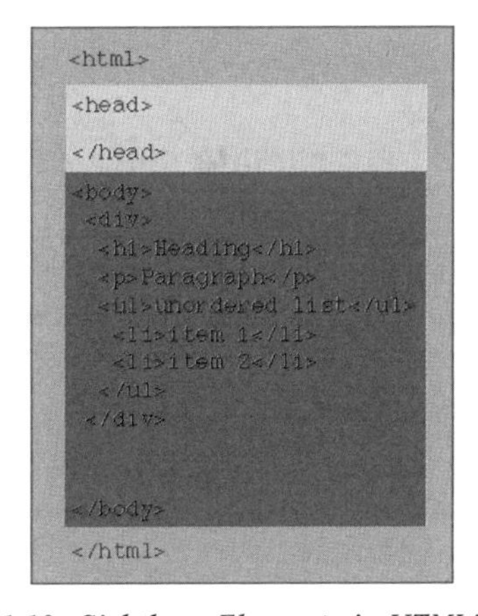

Abbildung 1.10: Sichtbare Elemente in HTML5 definieren

Webseiten, die mehr als nur den allereinfachsten Link zu externen Stylesheet-Dateien (CSS) enthalten, welche bestimmen, wie der Seiteninhalt aussieht (siehe Abbildung 1.11).

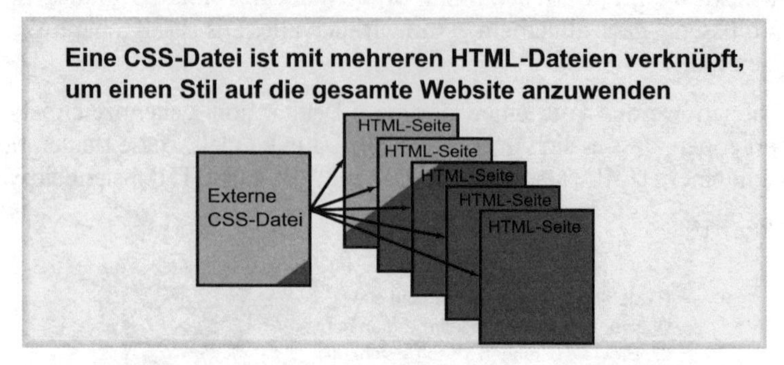

Abbildung 1.11: Verknüpfung einer CSS-Datei mit mehreren HTML-Dateien

Wenn Sie das alles bereits wissen, super! Lesen Sie die nächsten Abschnitte trotzdem, in denen ich ein paar grundlegende Konzepte wiederhole, um die wichtigsten Grundlagen zu kennzeichnen. Von dort aus können Sie dann völlig neue Elemente aus HTML5 implementieren.

Wenn Ihnen diese Dinge neu sind, ist das auch in Ordnung. Sie werden bald mehr wissen – im restlichen Kapitel erkläre ich kurz, wie das Ganze funktioniert.

Tags oder Elemente?

Was ist der Unterschied zwischen einem HTML-*Tag* und einem HTML-*Element*? Kaum etwas. Manchmal können die Begriffe synonym verwendet werden. Aber dennoch ist es sinnvoll, den Unterschied zu kennen. Die meisten HTML-Elemente sind in ein öffnendes Tag (wie `<body>`) und ein schließendes Tag (wie `</body>`) eingeschlossen. Es gibt auch einige Elemente, die nur ein Tag verwenden (zum Beispiel das `<br>`-Tag, das einen Zeilenumbruch erzwingt). Kurz gesagt, die meisten Elemente werden durch ein öffnendes und ein schließendes Tag gekennzeichnet.

Die ersten Schritte bei der Verwendung einer grundlegenden HTML-Vorlage

Eine gute (und schnelle) Methode, grundlegende HTML5-Konzepte aufzufrischen, zu verankern oder zu erlernen, ist es, eine HTML-Seite anzulegen und sie in die verschiedenen Komponenten zu zerlegen. Wir beginnen mit einer grundlegenden HTML5-Vorlage.

Sie können den Code aus Listing 1.1 kopieren und ihn in Ihren Code-Editor einfügen, oder sich einfach zurücklehnen, eine Tasse Kaffee trinken und diese Seite in Ihrem Buch oder E-Reader aufgeschlagen lassen. Ich werde in den nächsten Abschnitten Listing 1.1 zeilenweise besprechen. Wenn ich damit fertig bin, werden Sie die wichtigsten Grundlagen von HTML verstanden haben.

Going Live

Eine vollständige Beschreibung, wie Sie einen Vertrag mit externen Webhost-Betreibern abschließen (und mit diesen zusammenarbeiten), kann im Umfang dieses Buchs nicht beschrieben werden. Wenn Sie jedoch anhand dieses Buchs mit einer realen, lebendigen, online geschalteten Site experimentieren wollen, brauchen Sie zweierlei Dinge:

- **Einen externen Hosting-Service:** Wenn Sie einen kostenlosen Host ausprobieren möchten, melden Sie sich bei `http://www.000webhost.com` an und registrieren sich bei diesem werbefreien Service, für den Sie nichts bezahlen müssen.
- **Ein FTP-Programm:** Damit übertragen Sie Dateien von Ihrem Computer auf Ihre externe Site. (Ihr externer Host stellt Ihnen die Informationen bereit, die Sie benötigen, um sich an Ihrer externen Site anzumelden.) Unter `https://filezilla-project.org/download.php` können Sie die kostenlose FTP-Anwendung FileZilla herunterladen.

Alle in diesem Buch verwendeten Code-Listings stehen zum Download unter `www.downloads.fuer-dummies.de` zur Verfügung.

Nachdem Sie Listing 1.1 heruntergeladen haben, speichern Sie es unter dem Namen `template.html`, so dass Sie es immer wieder verwenden können, wenn Sie das restliche Kapitel durcharbeiten.

```
<!--Die HTML5 doctype-Deklaration (document type) ist ganz einfach-->
<!DOCTYPE HTML>
<!--Der gesamte Seiteninhalt befindet sich im HTML-Element-->
<html>
<!--Der Inhalt des Head-Elements erscheint nicht im Browser-Fenster-->
<head>
<!--Der Zeichensatz UTF-8 unterstützt alle Symbole und Zeichen-->
<meta charset="UTF-8">
<title>HTML Vorlage</title>
<!--Die folgende Zeile stellt die Verknüpfung zu unserer Stylesheet-Datei
her-->
<link rel="stylesheet" type="text/css" href="style.css">
</head>
<!--Inhalt im HTML-Element erscheint im Browser-Fenster-->
<body>
<!--Unser gesamter Inhalt ist in den ID-Stil wrapper eingeschlossen-->
<div id="wrapper">
<h1>Inhalt Überschrift 1</h1>
<!--column-2 ID-Stil ist nach links ausgerückt und dient der Navigation-->
<div id="column-2">
```

```
<h2>Links...</h2>
<ul>
<li> <h3><a href="#">Link 1</a></h3></li>
<li> <h3><a href="#">Link 2</a></h3></li>
<li> <h3><a href="#">Link 3</a></h3></li>
</ul>
<!--column-1 ID-Stil ist nach rechts ausgerückt und wird für Inhalt
verwendet-->
</div>
<div id="column-1">
<h1>Hier steht die Überschrift für die zweite Spalte </h1>
<p>Hier steht der Inhalt der rechten Spalte </p>
<div class="box"><p>Feldinhalt</p></div>
<div class="box"><p>Feldinhalt</p></div>
<div class="box"><p>Feldinhalt</p></div>
</div>
<!--Der Klassenstil clear löscht die Auslagerung-->
<div class="clear"></div>
<h4>Hier stehen Kontaktinformationen</h4>
</div>
</body>
</html>
```

Listing 1.1: template.htm

Die HTML-Dokumentstruktur

Der Aufbau des in Listing 1.1 beschriebenen HTML-Dokuments ist in Abbildung 1.12 dargestellt. Er sieht wie folgt aus:

- Die <!DOCTYPE HTML>-Dokumentdeklaration: Daran erkennt der Browser, dass es sich um eine HTML-Seite handelt. Das funktioniert in jedem Browser. Weitere Informationen finden Sie im Kasten »Doctype-Deklarationen – neu und alt«.
- Das <html>-Element: Hüllt das gesamte Dokument in HTML ein.
- Das <head>-Element: Dieses Element enthält Metadaten für die Seite (zum Beispiel eine Beschreibung der Seite oder den Text, der in der Titelleiste eines Browsers angezeigt wird). Diese Information wird nicht in einem Browser-Fenster ausgegeben.
- Das <body>-Element: Dieses Element enthält den gesamten Inhalt, der in einem Browser angezeigt wird.

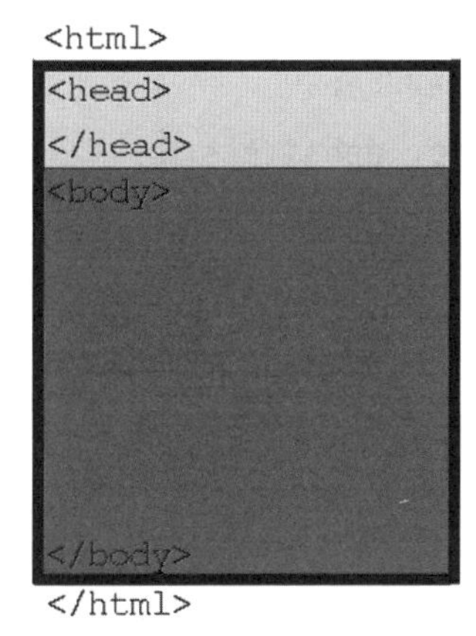

Abbildung 1.12: Aufbau des HTML-Dokuments aus Listing 1.1

HTML-Dokumente können Kommentare enthalten. Die Syntax für einen Kommentar sieht wie folgt aus:

```
<!--Dies ist ein Kommentar-->
```

Alle Markups, einschließlich der Head-Information und der Kommentare, können über die Option »Seitenquelltext anzeigen« im Browser ganz einfach angezeigt werden. Vermeiden Sie also, etwas in der Markup-Sprache festzuhalten, was niemand sehen soll.

Doctype-Deklarationen – neu und alt

Für ältere HTML-Versionen werden andere `doctype`-Deklarationen verwendet. Nicht alle Browser unterstützen neue HTML5-Elemente (worauf ich in diesem Buch immer hinweise, wenn es um spezifische HTML5-Elemente geht), aber das spielt bei einer `doctype`-Deklaration keine Rolle, weil jeder Browser das `<!DOCTYPE HTML>`-Tag interpretieren kann, um zu erkennen, dass es sich um eine HTML-Seite handelt.

Die grundlegende Element-Syntax

Hier einige grundlegende Regeln, anhand derer Sie besser verstehen, wie HTML-Elemente definiert sind:

- Elemente haben normalerweise öffnende und schließende Tags, beispielsweise <p> und </p>.
- Elementparameter werden zusammen mit dem öffnenden Tag definiert. Ist beispielsweise ein Absatzelement einem Klassenstil namens `"hilite"` zugeordnet (das erkläre ich später in diesem Kapitel im Abschnitt »Klassenstile verwenden«), wird das öffnende Tag `<p class="hilite">` verwendet.

- Elementinhalt ist normalerweise zwischen den öffnenden und schließenden Tags enthalten. Ein Absatz sieht also wie folgt aus:

  ```
  <p>Willkommen auf unserer Website!</p>
  ```

In HTML5 müssen nicht alle Elemente geschlossen werden – das <p>-Tag kann auch einfach offen bleiben. Es ist jedoch eine gute Angewohnheit, Tags zu schließen.

Mit dem <head>-Element arbeiten

Das <head>-Element ist nach dem öffnenden `<html>`-Tag definiert. Der Inhalt des Head-Elements umfasst

- **Das `charset`-Metatag:** Ein *Metatag* ist ein Tag, das alles im Dokument definiert, und das `charset`-Metatag definiert den Zeichensatz als das universell unterstützte UTF-8.

UTF-8 ist ein Akronym für UCS Transformation Format – 8 Bit. Dies ist ein Codiersystem, das die Möglichkeit bietet, alle Symbole und Zeichen in der größten verfügbaren Menge an Alphabeten darzustellen, einschließlich fast jedes vom lateinischen Alphabet abgeleiteten Alphabets, ebenso wie des griechischen, kyrillischen, koptischen, armenischen, hebräischen, arabischen, syrischen und Tana-Alphabets.

- **Das `<title>`-Tag innerhalb des Titelelements:** Dieses Tag definiert den Seitentitel, der in der Titelleiste oder in der Registerkartenleiste eines Browsers angezeigt wird.
- **Einen Link auf die CSS-Stylesheet-Datei:** Dieses Link-Element definiert die Beziehung des Links zu der Seite (`stylesheet`), den Dateityp (`text/css`) und den Link auf die Seite (`href`). Später in diesem Kapitel seziere ich eine CSS-Datei für Sie. Der HTML-Link auf einen Stylesheet-Code sieht aus wie in Abbildung 1.13 gezeigt.

```
<head>
<meta charset="UTF-8">
<title>HTML-Vorlage</title>
<link rel="stylesheet" type="text/css" href="style.css">
</head>
```

Abbildung 1.13: HTML-Link auf einen Stylesheet-Code

Das <body>-Element und <div>-Tags verwenden

Das <body>-Element enthält alles, was Sie im Browser-Fenster des Besuchers anzeigen wollen.

Das <body>-Element definiert Inhalt, der in einem kompletten Browser-Fenster angezeigt wird. Das <body>-Tag ist jedoch nicht ausreichend, um die Umrisse der Seite zu definieren, in der die Besucher den Inhalt sehen.

Während der dem `<body>`-Tag zugeordnete Stil Dinge wie etwa die Hintergrundfarbe für die gesamte Webseite definiert, verwenden die meisten Designer ein separates Element, um das Feld zu definieren, das den gesamten Seiteninhalt enthält. Im Allgemeinen ist dies ein `<div>`-Element.

Fluid-Design, Responsive-Design und das 960-Raster

Für die Definition der Breite des `<div>`-Tag-Bereichs, der den Seiteninhalt begrenzt, gibt es unterschiedliche Ansätze. Bis vor ein paar Jahren war die vorherrschende Methode das *Fluid-Design*. Im Wesentlichen bedeutet das, dass Seiten mit unterschiedlicher Breite erstellt wurden, abhängig davon, wie groß das Browser-Fenster des Benutzers war.

Vor Kurzem wurde das Konzept des Fluid-Designs durch das Konzept des Responsive-Designs ersetzt. Das *Responsive-Design* berücksichtigt, dass die Unterschiede zwischen Laptop/Desktop-Umgebungen, Tablets und Smartphones so maßgeblich sind, dass die Seiten für jede Umgebung völlig neu entworfen werden müssen, und dass es nicht ausreichend ist, einfach den Seiteninhalt in einer neuen Größe darzustellen.

In Kapitel 9 gehe ich detailliert auf das Responsive-Design ein und stelle neue Techniken aus HTML5 vor, mit denen das Responsive-Design mit Medien-Abfragen und jQuery Mobile-Seiten implementiert werden. Hier konzentriere ich mich auf den Aufbau einer Desktop/Laptop-Seite.

Aus Gründen der Ästhetik und der Barrierefreiheit und um die Zusammenarbeit zwischen Designern bei professionellen Design-Arbeitsabläufen zu vereinfachen, ist der heute gebräuchlichste Ansatz für ein Vollseiten-Design in professionellen Design-Umgebungen das 960-Raster. Unser Modell wendet das *960-Raster* an, das bedeutet, der Seiteninhalt wird so begrenzt, dass er in Vollbild-Browsern auf 960 Pixel Breite angezeigt wird.

Die eigentlichen Eigenschaften des rechteckigen Bereichs, in dem der Seiteninhalt angezeigt wird, sind in einem verlinkten Stylesheet definiert. Ich werde Ihnen später im Abschnitt »CSS-Grundlagen« eine Vorlage für ein CSS-Stylesheet bereitstellen, das zu dem hier entwickelten HTML passt. Dieses Stylesheet enthält einen ID-Selektor (Stildefinition) namens `"wrapper"`. Hier merken Sie sich einfach nur, dass alles im `<body>`-Tag in ein `<div>`-Tag eingeschlossen ist.

<div>-Tags: Das Markenzeichen des funktionalen Webdesigns

Selbst bei Verwendung der neuen Seitenstrukturelemente in HTML5 werden `<div>`-Tags immer noch als praktische Option verwendet, die in Kombination mit HTML5-Elementen genutzt werden kann, um dem Markup mehr Semantik zu verleihen.

Vielleicht haben Sie gehört, dass HTML5 die `<div>`-Tags für das Seitenlayout ersetzt. Das ist irgendwie nachvollziehbar, weil HTML5-Elemente eine *gewisse* Notwendigkeit der `<div>`-Tags abschaffen. Aber eigentlich ist es eher so, dass HTML5-Elemente die Verwendung von `<div>`-Tags vereinfachen und ergänzen, aber die `<div>`-Tags bleiben der wichtigste Baustein für das aktuelle Webdesign.

In unserem Vorlagenmodell ist alles innerhalb des <body>-Tags in das <div>-Haupttag eingepackt (siehe Abbildung 1.14) Das <body>-Tag definiert, wie der Seitenhintergrund aussieht, aber das <div>-Hauptelement definiert den Bereich, in dem der gesamte restliche Seiteninhalt angezeigt wird.

```
<body>
<div id="wrapper"> ... </div>
</body>
```

Abbildung 1.14: Tags für den Seiteninhalt

Mit dem <div>-Tag werden Abschnitte *(Divisions)* innerhalb einer Seite angelegt. ID- und Klassen-Selektoren in Stylesheets definieren, wie diese <div>-Tags auf einer Seite aussehen. Das <div>-Haupttag wird mit dem ID-Stil `"wrapper"` kombiniert. Sie finden den Stil für diesen ID-Selektor (`"wrapper"`) später in diesem Kapitel im Abschnitt »CSS-Grundlagen«, wo ich das Stylesheet für diese Seite genauer erkläre.

Überschriften, Listen und Links

Überschriften (`h1`, `h2` und so weiter), Listen (nummerierte oder Stichpunktlisten) und Links sind grundlegende Elemente von HTML-Seiten. Keines dieser Elemente hat sich im Vergleich zu früheren HTML-Versionen in HTML5 geändert, ich möchte aber dennoch kurz darauf eingehen, wie sie funktionieren.

Die Beispielseite (siehe Listing 1.1) hat ein Überschrift-1-Element (<h1>), unmittelbar nach dem öffnenden <div>-Tag mit dem ID-Selektor `"wrapper"`. Der Inhalt des Überschrift-1-Elements ist von einem öffnenden und einem schließenden Tag umgeben (siehe Abbildung 1.15).

```
<div id="wrapper">
<h1>Inhalt Überschrift 1</h1>
<div id="left-column">
```

Abbildung 1.15: Überschrift 1 mit dem ID-Selektor `"wrapper"`

In HTML gibt es sechs Überschriftenelemente: `h1` bis `h6`. In HTML5 hat sich nichts daran geändert. Standardmäßig (und bei standardmäßiger Nutzung) sind die <h1>-Elemente die wichtigsten, die <h6>-Elemente die am wenigsten wichtigen. Der Stil der Überschriftenelemente kann in einem Stylesheet angepasst werden. Und natürlich müssen Sie nicht alle Überschriftenelemente einer Webseite verwenden (unser Vorlagenbeispiel verwendet vier Überschriftenelemente).

Ein zweites <div>-Tag mit dem ID-Selektor `"column 2"` enthält Inhalt, der in der linken Spalte der Seite ausgegeben wird (siehe Abbildung 1.16).

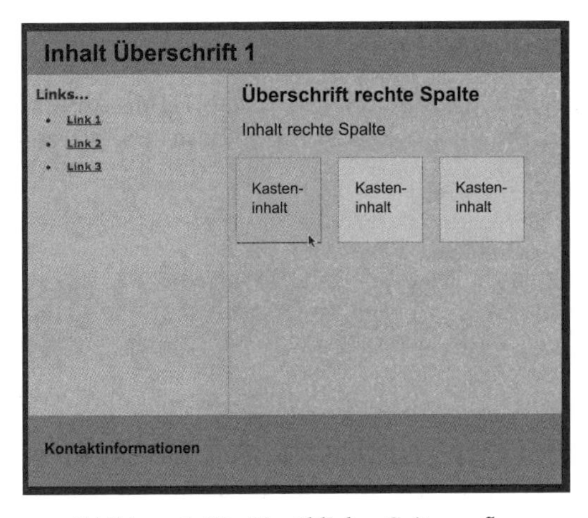

Abbildung 1.16: Ein üblicher Seitenaufbau

In der linken Spalte sehen Sie:

- Ein <h2>-Überschriftenelement
- Ein <ul>-Element für eine unsortierte Liste
- Drei Listenelemente (<li>) innerhalb der unsortierten Liste
- Jedes <li>-Element ist mit Absatzelementen (<h3>) weiter definiert

Hier einige Dinge, die für diesen Codeabschnitt zu beachten sind:

- **Lokal schlägt global:** Der Begriff »cascading« (kaskadenförmig) in »Cascading Style Sheets« bezieht sich auf die Prioritäten der Stile. Dabei gilt die Regel, dass das am weitesten innen liegende Element alle Stile überschreibt, die von weiter außen liegenden Elementen geerbt wurden. In diesem Beispiel schlägt das <h3>-Tag mit seiner großen Schriftart und dem vertikalen Abstand die Größe und den Abstand, die von den Listenelementen geerbt wurden. Ich sage dazu »lokal schlägt global«.
- **Links:** Dieser Codeabschnitt enthält auch Links (siehe Abbildung 1.17). Die Link-Syntax wird mit den Tags <a> und </a> geöffnet beziehungsweise geschlossen und sie enthält die URL für den Link sowie den Text (oder das Bild), der beziehungsweise das in einem Browser dafür angezeigt wird.

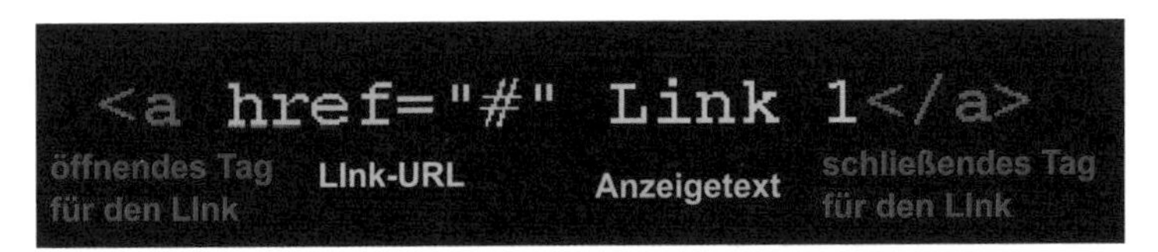

Abbildung 1.17: Links

Klassenstile verwenden

Bevor wir zum Ende dieses Crashkurses zu aktuellen HTML-Ansätzen kommen, wollen wir uns ansehen, wie Klassenstile im <div>-Tag für column–1 angewendet werden (siehe Abbildung 1.18):

```
<div id="right-column">
<h1>Überschrift rechte Spalte </h1>
<p>Inhalt rechte Spalte </p>
<div class="box"><p>Kasteninhalt</p></div>
<div class="box"><p>Kasteninhalt</p></div>
<div class="box"><p>Kasteninhalt</p></div>
</div>
```

Abbildung 1.18: Klassenstile

- Klassenstile werden den <div>-Tags (oder anderen Elementen) genau wie ID-Stile hinzugefügt, mit derselben Syntax. Der Unterschied ist, dass Sie einen Klassenstil für mehrere <div>-Tags verwenden können. ID-Stile dagegen können nur auf ein einziges Element angewendet werden.
- Ich möchte, dass alle Felder denselben Stil besitzen, deshalb wende ich auf alle denselben Klassenstil an.
- Beachten Sie außerdem den Klassenstil "clear" (siehe Abbildung 1.19) nach den Feldstilen. Er ist praktisch, weil das Stylesheet diese Felder *floating* anordnet, so dass sie alle in derselben Zeile erscheinen, statt in separaten Zeilen (was für die meisten Elemente der Standard ist).

  Der Klassenstil "clear" muss definiert werden, um die float-Eigenschaft für alles zu löschen, was später noch kommt, so dass *float* nicht geerbt wird.

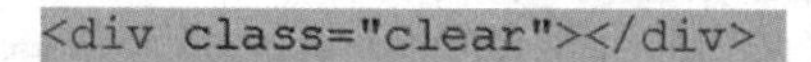

```
<div class="clear"></div>
```

Abbildung 1.19: Der Klassenstil "clear"

Weitere Informationen über die Verwendung von float im Seiten-Design finden Sie in Kapitel 5.

Wollen Sie mehr über die HTML-Grundlagen wissen?

Online-Ressourcen, die Ihnen eine Hilfestellung zu HTML-Code bereitstellen, sind unter anderem:

- www.w3.org
- www.w3schools.com
- www.webplatform.org
- http://stackoverflow.com
- www.sitepoint.com

CSS-Grundlagen

Nachdem Sie sich Ihren Weg durch die HTML-Grundlagen gebahnt haben, geht es jetzt um die Grundlagen von CSS! Listing 1.2 zeigt eine CSS-Datei für die Datei `template.html`, die ich früher in diesem Kapitel genauer betrachtet habe. Bevor Sie anfangen, laden Sie Listing 1.2 herunter und legen es unter dem Namen `style.css` innerhalb desselben Ordners auf Ihrem Computer ab wie die Datei `template.html`.

In den nächsten Abschnitten geht es um diese `style.css`-Datei, und Sie können alle Ihre Kenntnisse überprüfen und verbessern, die verbessert werden müssen, indem Sie ein bisschen mit den Dateien `template.html` und `style.css` spielen. Und wenn Sie sie versehentlich kaputtmachen, können Sie sie einfach wieder von der Begleit-Website zu diesem Buch herunterladen.

```
@charset "UTF-8";
/* CSS-Dokument */

/* Der body-Tag-Stil gilt für alle Elemente auf der Seite */
body {
  background-color: black;
  font-family: Verdana, Geneva, Arial, sans-serif;
  padding:0px;
  margin:0px;
}

/* Der ID-Stil wrapper wird mit einem div-Tag verwendet, um eine
960 Pixel breite Seite zu erstellen */
#wrapper {
  width: 960px;
  height: 800px;
  margin-left: auto;
  margin-right: auto;
  background-color: #F25F29;
}

/* Der ID-Stil column-1 ID ist rechtsbündig ausgerichtet */
#column-1 {
  float: right;
  width: 600px;
  height: 600px;
  background: #55D9D9;
}
```

```
/* Der ID-Stil column-2 ID ist linksbündig ausgerichtet */
#column-2 {
  float: left;
  width: 360px;
  height:600px;
  background: #F2B544;
}

/* Selektor für Tags, durch Kommas voneinander getrennt, gilt für den
Stil für alle Tags */
h1,h2,h3,h4,h5,h6,p,li {
  margin-left:15px;
}

h1 {
  color: white;
  padding-top:15px;
}

/* Selektor für Tags, nicht durch Kommas voneinander getrennt, gilt für
spezifische Instanzen*/
#column-1 h1 {
  padding-top:5px;
  color: black;
  font-size:36px;
}

/* Modernes Webdesign verwendet Klassen- oder ID-Stil für Felder*/
.box {
  height: 100px;
  width: 100px;
  float: left;
  margin: 15px;
  padding: 25px;
  background: #A8D977;
  border:2px solid gray;
}

/* Die folgende Pseudo-Klasse gilt für die Feldklasse, wenn die Maus
über ein Feld geschoben wird */
.box:hover {
  background-color:#F2B544;
  border-bottom:2px solid black;
}
```

```
/* Diese Lösch-Klasse beendet das Floating */
.clear{
  clear: both;
}

}
header, footer {
  background-color: F27830;
  color: red;
  padding-top:5px;
  padding-bottom:5px;
}
```

Listing 1.2: style.css

Browser-Standardstile

Unterschiedliche Browser verwenden unterschiedliche Standardstile. Beispielsweise verwenden viele Vollbild-Browser standardmäßig 10 Pixel Abstand oben auf der Seite, um zu verhindern, dass Inhalt an den oberen Rand des Browser-Fensters stößt. Mobile Browser mit ihren kleineren Anzeigeflächen verwenden möglicherweise einen kleineren (oder keinen) Standardrand. Ein weiteres Beispiel: Viele Browser verwenden klar definierte Methoden, um Drop-down-Menüs anzuzeigen, um die Barrierefreiheit zu maximieren.

Es gibt zwei grundlegende Ansätze für die Berücksichtigung von Browser-Standardstilen. Die eine Methode ist, dass die Designer alles Erdenkliche tun, um die Standardstile in unterschiedlichen Browsern zu überschreiben. Tools dafür findet man auf der Site `normalize.css` (`http://necolas.github.io/normalize.css`). Der andere Ansatz ist es, den Wert unterschiedlicher Standardstile für unterschiedliche Browser auf unterschiedlichen Geräten zu nutzen und Seiten mit ausreichend viel Flexibilität zu entwerfen, die in unterschiedlichen Browsern mit deren Standardstilen wie gewünscht funktionieren. Ich werde in Kapitel 8 auf die verschiedenen Browser eingehen und beschreiben, wie sie mit Stilen umgehen.

Ein CSS-Dokument erstellen

Die Definition eines Dokumenttyps ist in CSS ganz einfach – Sie brauchen überhaupt nichts zu tun. Klasse, oder? Die meisten Designer eröffnen jedoch CSS-Dokumente mit der Deklaration des UTF-8-Zeichensatzes, etwa wie folgt:

```
@charset "UTF-8";
```

Die Beispieldatei `style.css` wird außerdem mit einem Kommentar eröffnet (siehe Abbildung 1.20). Kommentare beginnen mit `/*` und enden mit `*/`. Kommentare sind Hinweise vom Programmierer, die sich nicht auf die Codeausführung auswirken, sondern einfach den Zweck des Codes dokumentieren.

```
@charset "UTF-8";
/* CSS-Dokument */
```

Abbildung 1.20: Kommentare im CSS-Dokument

CSS-Stildefinitionen genauer betrachtet

Jeder einzelne Stil in einem Stylesheet ist ein *Selektor* (manchmal auch als *Regel* bezeichnet). Jeder Selektor besitzt eine Menge Eigenschaften *(Deklarationen)*, bestehend jeweils aus Eigenschaft und Wert (oder Wertemenge).

Sie können nachvollziehen, wie dies funktioniert, indem Sie sich die body-Stildefinition (siehe Abbildung 1.21) genauer ansehen:

✔ Das body-Element ist der Selektor.

```
body {
background-color: black;
font-family: Verdana, Geneva, Arial, sans-serif;
padding:0px;
margin:0px;
}
```

Abbildung 1.21: Stildefinitionen in CSS

✔ Die vier Deklarationen für diesen Stil sind `background–color`, `font–family`, `padding` und `margin`.

Deklarationen enthalten nie Leerzeichen. Häufig werden Wörter mit Unterstrichen (_) oder Gedankenstrichen (–) anstelle von Leerzeichen kombiniert.

✔ Jede Deklaration hat eine Eigenschaft (zum Beispiel `background–color`), gefolgt von einem Doppelpunkt (`:`) und einem Wert (zum Beispiel `black`).

✔ Jede Deklaration endet mit einem Semikolon (`;`).

Das war's. Behalten Sie diese grundlegenden Regeln im Hinterkopf und lassen Sie sich überraschen, was Sie aus der Beispieldatei `style.css` für den CSS-Code lernen können.

Ich könnte das restliche Buch (oder jedenfalls ein paar Kapitel) mit einer Liste aller verfügbaren CSS-Eigenschaften und Werte füllen, aber das wäre der Umwelt gegenüber unverantwortlich – ernsthaft, und außerdem Platzverschwendung. Wenn ich in diesem Buch neue CSS3-Eigenschaften beschreibe, werde ich detailliert darauf eingehen.

Online-Ressourcen für CSS-Regeln

Zwei Online-Ressourcen für CSS-Regeln:

- **W3.orgs CSS-Dokumentation:** `www.w3.org/Style/CSS`
- **W3 Schools CSS-Seite:** `www.w3schools.com/css`

Hier möchte ich nur einige der wichtigsten CSS-Eigenschaften genauer beschreiben, wenn Sie Techniken in der Stylesheet-Vorlage kennen lernen. Dazu konzentriere ich mich auf einige wenige Implementierungen maßgeblicher CSS-Eigenschaften, auf denen Sie aufbauen, wenn Sie zu CSS3-wechseln:

- ID-Selektornamen beginnen mit dem Doppelkreuz (#), Klassenselektornamen beginnen mit einem Punkt (`.`).

Selektornamen dürfen keine Leerzeichen enthalten. Wie bei Deklarationen verwenden die Designer häufig Unterstriche (_) oder Gedankenstriche (–) anstelle von Leerzeichen.

- Die Selektoren `#column-1` und `#column-2` haben `float`-Eigenschaften, womit sie links beziehungsweise rechts ausgerichtet werden, und wodurch sie auf derselben horizontalen Zeile bleiben – nebeneinander.
- Die Werte für die Farbe und die Hintergrundfarbe sind entweder die Standardfarben (zum Beispiel "`white`") oder hexadezimale Farbwerte. Sie finden eine große Palette an Online-Ressourcen mit Hexadezimalwerten für Farben, beispielsweise die Kuler-Site von Adobe (`https://kuler.adobe.com`) oder eine übersichtliche Tabelle unter Total Recall (`http://html-color-codes.com`).

Hexadezimalfarbwerte sind der Standard für die Definition von Farben (es gibt jedoch auch andere Möglichkeiten).

- Pseudo-Klassenselektoren werden erzeugt, indem ein Doppelpunkt (`:`) hinter einem Klassennamen angegeben wird, gefolgt von einem Status (siehe Abbildung 1.22). Beispielsweise definiert der Selektor `box:hover`, wie das Feld aussieht, wenn ein Benutzer die Maus über das Feld schiebt oder wenn das Feld auf einem mobilen Gerät angetippt wird. Pseudo-Klassen definieren Link-Status sowie verschiedene Eigenschaften für alle Elemente, die ein Benutzer manipulieren kann.

```
.box:hover {
background-color:#F2B544;
border-bottom:2px solid black;
}
```

Abbildung 1.22: Pseudo-Klassenselektoren

Bei den Status kann es sich unter anderem um folgende handeln:

- `:link`: Ein noch nicht besuchter Link
- `:visited`: Ein besuchter Link
- `:hover`: Ein Link, über den die Maus geschoben wurde (wie auf der Beispielseite)
- `:active`: Ein Stil für ein aktives Element, zum Beispiel ein Link, der gerade geöffnet wird
- `:focus`: Ein Element im »Fokus«, zum Beispiel ein Formularfeld, in das der Benutzer den Mauszeiger gesetzt hat

Stildefinitionen kombinieren

Bevor wir diesen Schnellüberblick über CSS beenden, betrachten wir, wie Stildefinitionen kombiniert werden können. Stildefinitionen für Selektormengen, die durch Kommas voneinander getrennte Einträge enthalten, werden auf jeden Selektor in der Liste angewendet (siehe Abbildung 1.23).

```
h1,h2,h3,h4,h5,h6,p,li
{
margin-left:15px;
}
```

Abbildung 1.23: Stildefinitionen für alle Selektoren einer Liste

Stildefinitionen für Selektormengen dagegen, deren Einträge *nicht* durch Kommas voneinander getrennt sind, gelten nur für spezifische Instanzen, wobei das letzte Element in der Liste in jedem vorherigen Element in der Liste enthalten ist (siehe Abbildung 1.24). Beispielsweise gilt der Stil `#column–1` nur für `<h1>`-Elemente, die sich innerhalb eines `#column–1`-ID-Elements befinden.

```
h1 {
color: white;
padding-top:15px;
}

#right-column h1 {
padding-top:5px;
color: black;
font-size:36px;
}
```

Abbildung 1.24: Stildefinitionen für spezifische Einstellungen

Beachten Sie, dass der Stil `h1` für den `<h1>`-Inhalt in der rechten Spalte anders angewendet wird. Die Farbe in der rechten Spalte ist schwarz statt weiß, wie es bei normalen `<h1>`-Elementen der Fall ist, und auch die Größe ist anders.

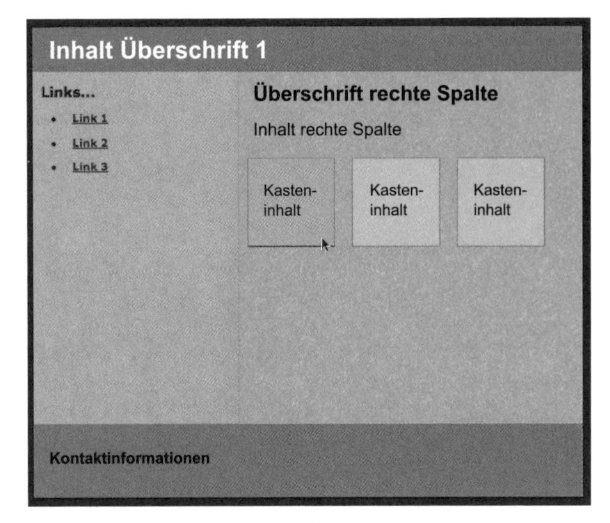

Abbildung 1.25: Jetzt wird die Überschrift schwarz dargestellt.

Weiter mit HTML5 und CSS3

Alles in diesem Crashkurs beziehungsweise der Übersicht über grundlegendes HTML und CSS hat zwei Bedeutungen für die Entwicklung moderner Seiten mit HTML5 und CSS3:

- ✔ HTML5 und CSS3 *bauen auf HTML und CSS auf*, insbesondere auf den Design-Techniken der aktuellen Generation.
- ✔ Sie werden das alles brauchen!

Wenn Sie diese beiden Aspekte beherzigen (ok, vielleicht sagen beide Punkte im Wesentlichen dasselbe aus), sind Sie bereit, Seiten auf völlig neue Weise zu erstellen, die die Produktivität der Webdesigner maßgeblich steigert und den Besuchern Animation, Interaktivität und eine sehr viel attraktivere Wahrnehmung bietet.

HTML5 einsetzen

In diesem Kapitel

- Die Vorteile von HTML5 erkennen
- Die `doctype`-Deklaration von HTML5 verwenden
- Die Seitenstruktur vereinfachen
- Traditionelle HTML-Elemente integrieren
- Das `<canvas>`-Tag verwenden

HTML5 eröffnet den Webdesignern völlig neue, aufregende Möglichkeiten. Und es macht ihnen das Leben leichter. Jetzt wundern Sie sich vielleicht. (Ich höre Sie denken!) Wie kann eine neue Version der grundlegenden Markup-Sprache, die den Webseiten zugrunde liegt, einfacher sein *und* gleichzeitig leistungsfähige neue Funktionen bieten? Die Antwort besteht aus zwei Teilen:

- ✔ HTML5 gestattet den Designern, Funktionen zu verwenden (vom Plug-in-freien Video bis hin zur Formularauswertung), für die bisher externe Tools erforderlich waren (zum Beispiel Mediaplayer oder JavaScript).
- ✔ Die neuen semantischen Markup-Tags von HTML5 standardisieren und vereinfachen die Organisation von Seiteninhalt (siehe Abbildung 2.1).

In diesem Kapitel zeige ich Ihnen die Vorteile und die Herausforderungen, die beim Aufbau von Seiten mit HTML5 auf Sie zukommen. Außerdem finden Sie hier die Antworten auf die folgenden drei existenziellen Fragen:

- ✔ Welchen Sinn hat es, auf HTML5 umzusteigen?
- ✔ Was bedeutet es, auf HTML5 umzusteigen?
- ✔ Was müssen Sie tun, um auf HTML5 umzusteigen?

Die Vorteile von HTML5 erkennen

Im Vergleich zu den früheren Schritten bei der Entwicklung von HTML stellt HTML5 eine radikale Abkehr von den Vorgehensweisen aus der Vergangenheit dar. HTML5 ist nicht nur einfach (oder hauptsächlich) eine Sammlung neuer oder *überholter* (verworfener) Tags. Obwohl HTML5 eine beispiellose Menge neuer, leistungsstarker Elemente enthält, stellt es auch eine völlig neue Methode dar, Seiten aufzubauen.

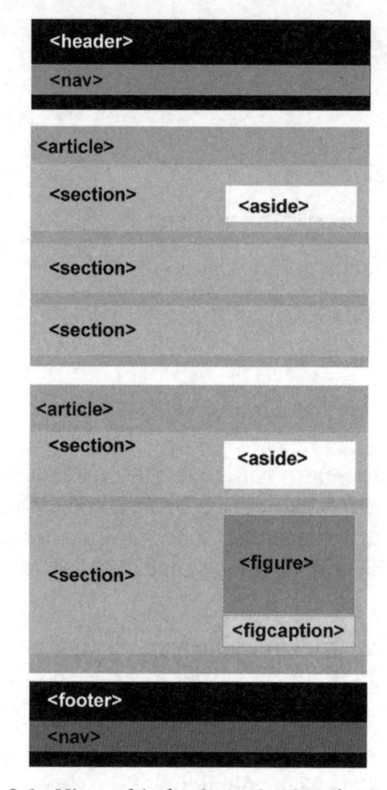

Abbildung 2.1: Hierarchische Organisation des Seiteninhalts

Wenn Ihnen das zu theoretisch ist, wollen wir schnell ein paar der interessanteren neuen Elemente von HTML5 betrachten, die

- ✔ es Ihnen einfacher machen, Webseiten zu erstellen.
- ✔ die von Ihnen erstellten Webseiten barrierefreier, einladender und dynamischer für die Besucher machen.

Kurz gesagt, drei Elemente zeichnen den qualitativen Fortschritt in HTML5 aus (siehe Abbildung 2.2). Die bahnbrechenden Elemente von HTML5 können in die folgenden drei Kategorien unterteilt werden:

- ✔ **Vereinfachte** `doctype`**-Deklaration:** HTML5 verwendet eine vereinfachte `doctype`-Deklaration, mit der es für Sie einfacher wird, Seiten zu erstellen, und mit der es für die Browser einfacher wird, diese Seiten zu lesen.
- ✔ **Semantisches Markup:** HTML5 unterstützt ein standardisiertes semantisches Markup, das es zum ersten Mal in der Geschichte des Internet einfacher macht, Seiteninhalt auf rationale Weise einfacher zu organisieren.
- ✔ **Native Elemente:** HTML5 enthält neue Elemente, die eine Animation unterstützen, ebenso wie Interaktivität, für die zuvor Tools wie Flash, JavaScript, serverseitiges Skripting oder Browser-Plug-ins erforderlich waren.

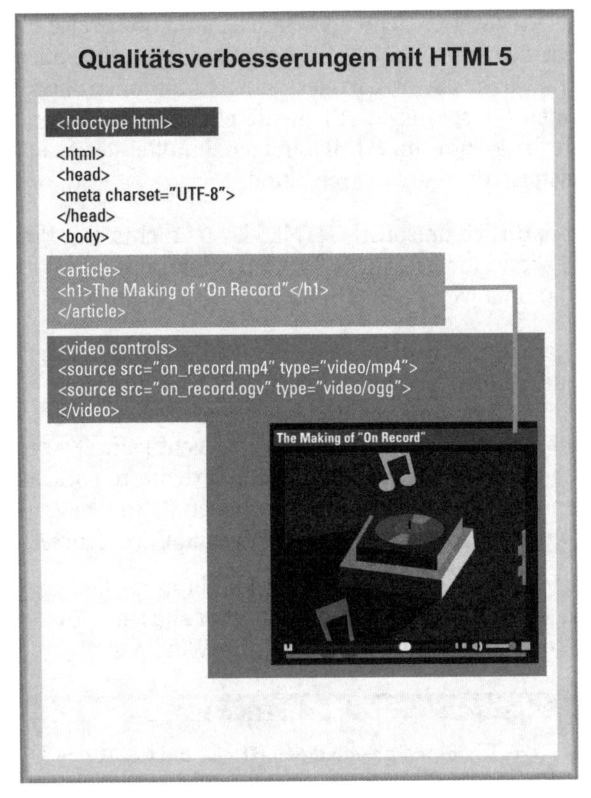
Qualitätsverbesserungen mit HTML5
<!doctype html>
<html>
<head>
<meta charset="UTF-8">
</head>
<body>
<article>
<h1>The Making of "On Record"</h1>
</article>
<video controls>
<source src="on_record.mp4" type="video/mp4">
<source src="on_record.ogv" type="video/ogg">
</video>
The Making of "On Record"

Abbildung 2.2: Qualitative Fortschritte mit HTML5

Neue HTML5-Elemente werden wie viele andere Tools für das Webdesign nicht in jeder Browser-Umgebung uneingeschränkt unterstützt. Wenn ich in diesem Buch spezifische HTML5-Funktionen genauer vorstelle, werde ich darauf hinweisen, ob und wo die Implementierung dieser Funktionen in bestimmten Browser-Umgebungen Probleme im Hinblick auf den Zugriff verursachen könnte. Wo dies der Fall ist, zeige ich Ihnen Lösungen, wie Sie diese Probleme umgehen können.

Wenn Sie verstanden haben, wie diese drei Größen von HTML5 funktionieren – und zusammenspielen –, dann werden Sie das Meiste aus HTML5 herausholen.

Der Preis für den Einsatz von HTML5

In seinem Klassiker »Thunder Road« lädt Bruce Springsteen Mary ein, in sein Auto einzusteigen, aber er warnt sie gleichzeitig: »Die Tür ist offen, aber ganz umsonst ist die Fahrt nicht!«

Warum erwähne ich jetzt Springsteen? Ich weiß, was Sie denken: Ich bekomme gewaltige Tantiemen für das Product Placement vom Boss, um seine Arbeit in diesem Buch zu erwähnen. Aber letztlich verwende ich dieses Zitat, um eine Warnung auszusprechen.

Wenn Sie stückweise, elementweise oder funktionsweise in HTML5 eintauchen, werden Sie den Wert von HTML5 verpassen. Wenn Sie aber umdenken und sich überlegen, wie Sie die großartigen neuen Funktionen von HTML5 einsetzen können, können Sie spezifische Elemente effektiver einsetzen und irgendwann das komplette Spektrum von HTML5 nutzen, um Webseiten aufzubauen, die qualitativ einladender und barrierefreier sind.

Letztlich *ist* die Fahrt natürlich umsonst – HTML5 kostet nichts. Der Preis, den Sie zahlen, ist die Vorbereitung, wie Sie das meiste aus HTML5 machen, mit so wenig Stress, vergeudeter Zeit und unnötigem Trauma wie möglich.

Weil es gerade um Kosten geht: Wenn Sie Webseiten codieren, brauchen Sie einen Code-Editor. Verwenden Sie *keinen* Texteditor (wie beispielsweise denjenigen, den Sie zusammen mit dem Betriebssystem Ihres Computers erhalten haben) für die Codebearbeitung. Und erst recht keine Textverarbeitung wie Word oder Google Docs (siehe Abbildung 2.3). Texteditoren beschädigen den Code – sie wandeln normale gerade Anführungszeichen (") in typografische Anführungszeichen („ “) um, wodurch Fehler in HTML und CSS verursacht werden.

Es gibt viele gute, kostenlose Code-Editoren. Ich empfehle TextWrangler (`www.barebones.com/products/textwrangler`) für Macs oder Notepad++ (`http://notepad-plus-plus.org`) für Windows.

Abbildung 2.3: Verwenden Sie unbedingt einen speziellen Code-Editor!

Die vereinfachte doctype-Deklaration – Einführung

Wenn ein Browser eine HTML-Datei öffnet, erkennt er anhand der `doctype`-Deklaration, um welche Art Inhalt es sich handelt.

HTML5-Dokumente werden mit einer ganz einfachen doctype-Deklaration geöffnet:

```
<!DOCTYPE HTML>
```

Diese doctype-Deklaration berücksichtigt übrigens keine Groß-/Kleinschreibung. Sie könnten also auch schreiben:

```
<!doctype html>
```

Hier kommt die Ausnahme zur Regel, was die doctype-Deklaration von HTML5 betrifft, die keine Groß-/Kleinschreibung berücksichtigt. Wenn Sie Seiten mit XHTML erstellen, und mit Hilfe von XML Daten in Ihre Seite einspeisen, müssen Sie die doctype-Deklaration als `<!DOCTYPE html>` schreiben. Das ist eine Besonderheit von XML und nicht von HTML und wird deshalb in diesem Buch nicht besprochen.

Jede HTML-Version hat eine andere doctype-Deklaration. Wenn Sie nicht mit den doctype-Deklarationen aus früheren Versionen von HTML vertraut sind, machen Sie sich keine Gedanken. Irgendwann werden sie alle irrelevant sein.

Wirklich?

Ja. Der Grund dafür: Die neue doctype-Deklaration von HTML5 ist weniger streng als bei früheren Versionen von HTML (siehe Abbildung 2.4). Die doctype-Deklarationen von früheren HTML-Versionen enthielten Links auf eine DTD (*Document Type Definition*), eine Regelmenge, die ein Browser verwenden konnte, um den HTML-Code auf der Seite zu verarbeiten. Und diese Regeln gaben Einschränkungen dahingehend vor, was interpretiert werden konnte oder nicht.

Abbildung 2.4: HTML5 verursacht weniger Fehlermeldungen in den Browsern für die Benutzer.

Eine Version von HTML4 beispielsweise hatte die folgende doctype-Deklaration:

```
<!DOCTYPE HTML PUBLIC "-//W3C//DTD HTML 4.01//EN"
"http://www.w3.org/TR/html4/strict.dtd">
```

Um die Regelmenge für diese HTML-Version einzusehen, besuchen Sie www.w3.org/TR/html4/strictdtd. Sie können es mir aber auch einfach glauben. Diese Regelmenge identifiziert HTML-Markup, das Browser ablehnen und nicht interpretieren sollen. Das bedeutet, wenn die Browser auf winzige Fehler in der HTML-Codierung trafen, haben die Benutzer Fehlermeldungen auf ihrem Bildschirm gesehen (und wer will das schon?).

HTML5 hat sich von DTD-Regeln verabschiedet. Die Browser sind nicht mehr so pingelig, was fehlende schließende Tags betrifft (wenn Sie beispielsweise ein </p>-Tag vergessen, um einen Absatz abzuschließen) oder Probleme mit der Groß-/Kleinschreibung.

Was bedeutet das alles im Hinblick auf die Unterstützung der neuen HTML5-Elemente in den Browsern? Die noch vorhandenen Installationen von Internet Explorer 8 und früher sind *nicht* in der Lage, neue HTML-Elemente zu interpretieren. Aber es ist keine Lösung (und auch keine Abhilfe), eine ältere doctype-Deklaration zu verwenden – das hilft überhaupt nicht.

Ich werde in Kapitel 4 genauer auf Probleme mit dem Zugriff durch ältere Browser eingehen.

Die neuen standardisierten Strukturelemente von HTML5 verstehen

HTML-Seiten werden aufgebaut, indem Inhalt in Elemente eingeschlossen wird (in der Regel durch öffnende und schließende Tags definiert). Zum Beispiel:

- ✔ Überschriften erster Stufe (die wichtigsten) werden mit dem Tag <h1> geöffnet und mit dem Tag </h1> geschlossen.
- ✔ Absatzinhalt steht zwischen den Tags <p> und </p>.
- ✔ Links sind in die Tags <a> und </a> eingeschlossen.
- ✔ Listenelemente beginnen mit dem Tag <li> und enden mit dem Tag </li>.

Aber keines dieser Tags identifiziert die Art des Inhalts innerhalb des Elements. Handelt es sich um einen Absatz? Um einen Teil eines Absatzes? Eine Bildunterschrift? Eine Kopfzeile? Eine Fußzeile?

Darüber hinaus verließen sich frühere Versionen von HTML völlig auf das allpräsente und generische <div>-Tag, das einen Inhaltsblock kennzeichnete. Kopfzeilen, Fußzeilen, Seitenleisten, Absätze, Bildunterschriften und so weiter. Egal. All dies wurde mit <div>-Tags zu den zugehörigen Klassen- oder ID-Stilen definiert, die *Style*-Elemente bereitstellten (zum Beispiel Felder, Hintergründe, Farben, Schriften und so weiter).

Einen Überblick und einen Crashkurs zur grundlegenden Seitenstruktur mit HTML und CSS-Stilen finden Sie in Kapitel 1.

Mit HTML5 wurden die »hausgemachten« <div>-Tags für die Organisation von Inhalt durch eine Standardmenge an Seitenstrukturelementen ersetzt. Statt beispielsweise <div id="header"> zu schreiben, können die Designer jetzt das <header>-Element von HTML5 verwenden. Die nächsten Abschnitte dieses Kapitels erklären, wie das funktioniert.

Neuer Prozess und Ablauf

Die semantischen Elemente von HTML5 identifizieren die Art des Inhalts in einem Element. Das hat mehrere Konsequenzen für die Designer, unter anderem:

- ✔ Statt Ihre eigenen ID- und Klassenselektoren (Stile) für Dinge wie Kopfzeilen, Fußzeilen, Absätze und Bildunterschriften zu erstellen, verwenden Sie jetzt standardisierte HTML5-Elemente.
- ✔ Sie weisen semantischen Markup-Elementen von HTML5 einen Stil zu, indem Sie Selektoren (Stile) dafür in Ihrem CSS-Stylesheet definieren. Die semantischen Elemente von HTML5 enthalten fast nie eine Standardstilvorgabe für Browser.
- ✔ Die meisten Seitenelemente, die bisher in <div>-Tags definiert wurden, sind jetzt in semantischen Markup-Elementen definiert. Eine Beschreibung der verbleibenden Bedeutung der <div>-Tags finden Sie im Abschnitt »Die <div>-Tags sind tot – es leben die <div>-Tags!« später in diesem Kapitel.

Eine Ausnahme zur Regel

Beachten Sie, dass ich gesagt habe, dass die semantischen HTML5-Elemente fast nie eine Standardstilvorgabe für Browser enthalten, und dass die meisten Seitenelemente, die bisher in <div>-Tags definiert wurden, heute in semantischen Markup-Elementen definiert werden. Eine Ausnahme zu dieser Regel bildet das <address>-Element von HTML5. Standardmäßig wird der Tag-Inhalt von <address> kursiv dargestellt.

Was bedeutet das alles für die Vorgehensweise beim Webdesign? Zum einen muss jemand dem Inhalt semantische Elemente zuweisen. Wenn Sie beispielsweise einen Newsletter erstellen, müssen beim Erstellen des Inhalts für diesen Newsletter herausgeberische Entscheidungen berücksichtigt werden, beispielsweise was einen Absatz darstellt, was ein Abschnitt dieses Absatzes ist und was eine Seitenleiste ist (unter Verwendung des <aside>-Elements von HTML5). Häufig finden diese Zuordnungen relativ intuitiv statt. Als Webdesigner sind Sie möglicherweise daran gewöhnt, Inhalt in unterschiedliche Elemente zu unterteilen. Der Unterschied ist, dass Sie jetzt den Inhalt in standardisierte Elemente verpacken.

Eine kurze Einführung in semantische Elemente

In Kapitel 5 werde ich genauer darauf eingehen, wie Seiten mit den semantischen Elementen von HTML5 erstellt und mit einem Stil versehen werden. Hier möchte ich Ihnen die praktischsten semantischen Elemente von HTML5 vorstellen (siehe Abbildung 2.5):

- `<header>`: Tags, die eine Kopfzeile für ein Dokument, einen Absatz oder einen Abschnitt definieren
- `<article>`: Elemente, die einen gesamten Absatz umschließen
- `<nav>`: Elemente, die Navigationslinks definieren
- `<section>`: Elemente, die Unterabschnitte innerhalb eines Absatzes darstellen

Abbildung 2.5: Hierarchie der semantischen Tags von HTML5

Abschnitte befinden sich in der Regel innerhalb von Absätzen.

- `<aside>`: Elemente, die Inhalt von Seitenleisten für einen Absatz oder einen Abschnitt definieren

Seitenleisten befinden sich normalerweise innerhalb von Absätzen.

- `<figure>`: Elemente, die Kunst umschließen
- `<figcaption>`: Elemente, die die Titel darstellen, die einem `<figure>`-Element zugeordnet sind
- `<footer>`: Elemente, die Fußzeileninhalt für ein Dokument, einen Absatz oder einen Abschnitt definieren

Es gibt noch mehr semantische Elemente in HTML5, die sich auf sehr spezifischen Inhalt beziehen, beispielsweise Adressen, Zeiten und Überschriftsgruppen. Auch dafür werde ich die Regeln in Kapitel 5 beschreiben. Es ist praktisch, ein grundlegendes Verständnis zu besitzen, worüber ich spreche, um sich einen guten Überblick über HTML zu verschaffen.

Die <div>-Tags sind tot – es leben die <div>-Tags!

Wie bereits früher in diesem Kapitel beschrieben, werden die meisten Seitenelemente, die bisher in `<div>`-Tags definiert wurden, jetzt in semantischen Markup-Elementen definiert. Die Bedeutung der `<div>`-Tags hat in HTML5 abgenommen, aber wir verwenden sie immer noch.

Wo lassen die neuen semantischen HTML5-Elemente die ehrwürdigen `<div>`-Tags, die (seit Generationen) für die Definition von Abschnitten (*Div*isions) einer Seite verwendet wurden?

Die `<div>`-Tags haben immer noch ihre Bedeutung. Und das hat den folgenden Grund:

- **Es gibt kein semantisches HTML5-Element für eine ganze Seite oder ein Dokument.** Wenn Sie also ein Feld definieren wollen, das Seiteninhalt aufnimmt, müssen Sie immer noch einen Stil wie `#wrapper` oder `#main_container` erstellen, der diesen Inhalt aufnimmt, und ihm dann mit einem `<div>`-Element einen Stil zuweisen.
- **Sie verwenden `<div>`-Elemente innerhalb von semantischen Elementen.** Beispielsweise könnte ein Klassenstil verwendet werden, der Spalten erzeugt, die ein Drittel so breit sind wie das Element, in das sie eingebettet sind, um ein dreispaltiges Layout für einen Abschnitt eines Absatzes zu erzeugen (siehe Abbildung 2.6).

CSS3 unterstützt eine Spalteneigenschaft, die Elemente in Spalten unterteilt, aber zum Zeitpunkt der Drucklegung dieses Buchs gehörte dies zu einer der am wenigsten unterstützten CSS3-Eigenschaften.

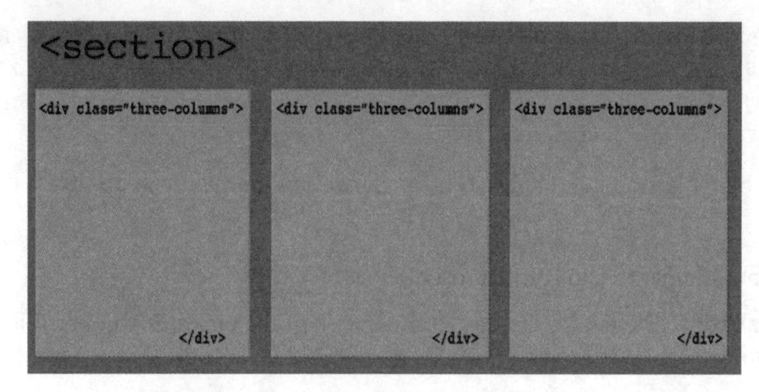

Abbildung 2.6: Dreispaltiges Layout mit <div>

Eine neue Rolle für grundlegende Tags

Grundlegende HTML-Tags, die Überschriften (<h1>, <h2>…<h6>), Absätze (<p>), sortierte Listen (<ol>), unsortierte Listen (<ul>) und andere Elemente definieren, sind weiterhin wichtiges Seiten-Markup in HTML5.

Diese grundlegenden HTML-Tags sind jedoch den HTML5-Strukturelementen untergeordnet. Beispielsweise könnten Sie verschiedene Unterschriftenstufen in einem Absatz und in einer Fußzeile verwenden. Die Gesamtstruktur der Seite wird zunächst durch das semantische HTML5-Element und dann durch das traditionelle HTML-Tag definiert.

Listing 2.1 zeigt, wie das Ganze funktioniert.

```
<article>
<aside>
<h1>Überschrift Seitenleiste<h1>
<p>Inhalt Seitenleiste</p>
</aside>
<h1>Überschrift Absatz</h1>
<p>Inhalt Absatz</p>
<p>Weiterer Inhalt</p>
<section>
<h1>Überschrift 1. Abschnitt</h1>
<p>Inhalt 1. Abschnitt</p>
</section>
<section>
<h1>Überschrift 2. Abschnitt</h1>
<p>Inhalt 2. Abschnitt</p>
</section>
</article>
```

Listing 2.1: HTML-Vorlagencode für ein <article>*-Element und eingebetteten Inhalt*

Beim herkömmlichen HTML brauchten Sie verschiedene Überschriftenebenen, um zu kennzeichnen, welches Element das wichtigste ist. Das Codebeispiel in Listing 2.1 zeigt, wie ein <h1>-Überschriftenelement als erste Überschriftenebene innerhalb der verschiedenen semantischen HTML5-Elemente verwendet wird.

Wenn Sie Elementen einen Stil zuordnen wollen, könnten Sie auch unterschiedliche Stile für Überschriften in unterschiedlichen HTML5-Strukturelementen definieren. Die Besucher Ihrer Webseite erkennen dann sofort, dass ein <h1>-Element in einem Absatz wichtiger ist als ein <h1>-Element in einem Abschnitt oder einer Seitenleiste (siehe Abbildung 2.7).

```
<article>
<aside>
<h1>Sidebar Heading<h1>
<p>Sidebar content</p>
</aside>
<h1>Article heading</h1>
<p>Article content</p>
<p>More content</p>
<section>
<h1>1st Section Heading</h1>
<p>1st section content</p>
</section>
<section>
<h1>2nd Section Heading</h1>
<p>2nd section content</p>
</section>
</article>
```

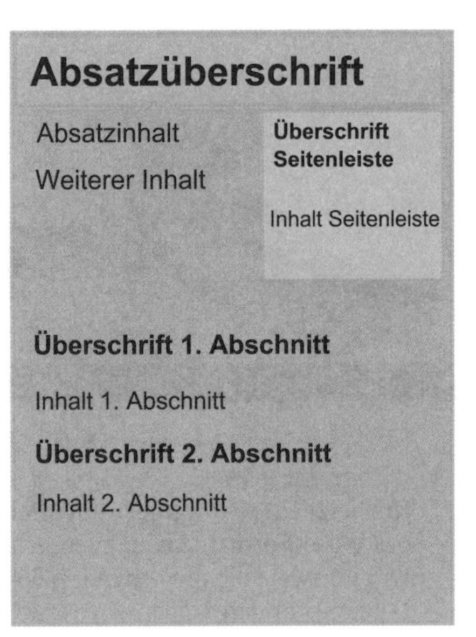

Abbildung 2.7: Hierarchie der Überschriften

Diese Hierarchie wird dem Benutzer jedoch über CSS vermittelt, nicht über die verschiedenen Überschriftenebenen innerhalb eines Elements. Es gibt keine verbindlichen Regeln in dieser Hinsicht, aber der Punkt ist, dass Überschriftenebenen (wobei <h1> wichtiger ist als <h2> und so weiter) den HTML5-Strukturelementen untergeordnet sind – also weniger wichtig sind.

Alle in diesem Buch verwendeten Code-Listings stehen zum Download unter `www.downloads.fuer-dummies.de` zur Verfügung.

Mit HTML5 etwas Eigenes schaffen

Das zweite bahnbrechende Element von HTML5, neben den semantischen Elementen, sind die nativen Elemente. Insbesondere handelt es sich dabei um natives Audio und Video, die ohne Plug-ins abgespielt werden können.

Ich werde in Kapitel 7 genauer auf natives Video und Audio eingehen. Hier konzentriere ich mich auf das allgemeine Konzept. Insbesondere für natives Video bedeutet das, dass Video in Formaten bereitgestellt werden muss, die von HTML5-fähigen Browsern unterstützt werden (siehe Abbildung 2.8).

Abbildung 2.8: Natives Video in HTML5

Und jetzt ein paar weniger gute Nachrichten. Es gibt (zumindest jetzt) kein einziges Video-Format, das in allen gebräuchlichen Browsern nativ unterstützt wird. Es gibt zwei solche Formate: h.264-Video (MP4-Dateien) und OGG-Video (OGV-Dateien). Andere allgemein verwendete Browser haben das h.264-Format zwar übernommen, aber derzeit weigert sich Mozilla Firefox (zum Zeitpunkt der Drucklegung dieses Buchs), dieses Format zu übernehmen (siehe Abbildung 2.9), mit dem Argument, dass es sich dabei um eine private Lizenzierung und nicht um Open Source handelt. Und nicht alle Browser, die das h.264-Format unterstützen, unterstützen OGG-Video. Sie sollten also Video in beiden Formaten bereitstellen, h.264 und OGG.

Und jetzt die gute Nachricht: Es ist ganz einfach, h.264-Video in OGG-Video umzuwandeln. Sie suchen einfach schnell im Internet nach »Video in OGG umwandeln«. Das kostenlose Umwandlungsprogramm Miro Video Converter (`www.mirovideoconverter.com`) funktioniert ganz gut (siehe Abbildung 2.10).

Neue Tools für die Formularverarbeitung sind eine unterschätzte Größe von HTML5. Funktionen, die bisher von *clientseitigen Skripts* (Skripts wie JavaScript, die in einem Browser ausgeführt werden) abhängig waren, oder von serverseitigen Skripts für die Formularverarbeitung, stehen jetzt über HTML5 zur Verfügung.

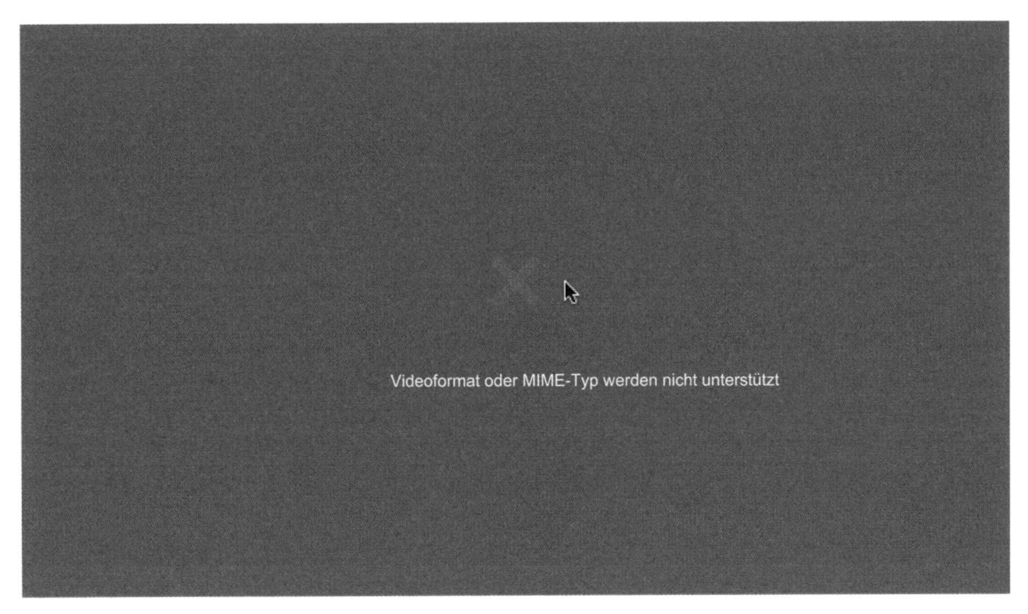

Abbildung 2.9: Fehlermeldung, wenn das Video-Format nicht unterstützt wird

Abbildung 2.10: Miro Video Converter für die Umwandlung ihrer Videos in eines der Formate für natives Video

Nutzen und Einschränkung der HTML5-Formularauswertung

Die Formularauswertung von HTML5 wird in den meisten der Vollbild- und Mobile-Browsern unterstützt. Derzeit sind dies die aktuellen Versionen von Internet Explorer, Firefox, Chrome und Opera, ebenso wie Blackberry, Chrome für Android, Firefox für Android und andere. Die HTML5-Unterstützung ist insgesamt ein bewegliches Ziel. Den neuesten Status der Unterstützung der HTML5-Formularauswertung finden Sie unter `http://caniuse.com/form-validation`.

Die Liste der unterstützten Browser-Umgebungen deckt die meisten Browser ab, aber nicht alle. Was bedeutet das? Kurz gesagt, Sie können die HTML5-Formularauswertung nutzen, wenn die Formulareingabe damit praktischer, benutzerfreundlicher und einladender für die Benutzer wird. Beispielsweise könnten Sie einem Benutzer, der in ein Formularfeld für eine E-Mail-Adresse »Karl« eingegeben hat, mitteilen, dass »Karl« nicht wie eine ordnungsgemäße E-Mail-Adresse aussieht. Diese Auswertung verbessert qualitativ den Inhalt, der in einem Kommentarformular, in einem Anmeldeformular oder einem Feedback-Formular gesendet wird.

Es gibt jedoch Situationen, wo die Formularauswertung nicht nur hilfreich, sondern kritisch ist. Wenn Sie beispielsweise eine E-Commerce-Anwendung verwenden und eine Kreditkartennummer abfragen wollen, muss diese Nummer dem erforderlichen Format entsprechen. In diesen Situationen ist es nicht ausreichend, sich zur Auswertung der Daten auf HTML5 zu verlassen. In diesem Prozess wird die gesamte Verarbeitung der Formulardaten, von der Auswertung bis zur Sicherung (gegen Diebstahl) (womit letztlich eine Kreditkarte für einen Einkauf belastet wird) von einem *serverseitigen Skript* übernommen – das so heißt, weil es sich um ein Skript (ein Programm) handelt, das auf einem Server ausgeführt wird. Ganz allgemein kann man sagen, dass Designer diese Art Formulare und formularverarbeitenden Skripts nicht erstellen. Sie betten diese Ebene der kommerziellen Formulare in Sites ein, aber die Formulare und die formularverarbeitenden Skripts (einschließlich Auswertung) sind mit der Anwendung verknüpft (zum Beispiel einer E-Commerce-Anwendung). In Kapitel 6 werde ich erklären, wie Designer diese Ebene der Verarbeitung kommerzieller Formulare nutzen und integrieren können.

Mit HTML5 können Sie beispielsweise jetzt Pflichtfelder kennzeichnen und damit eine Dateneingabe in das Feld erzwingen, bevor das Formular akzeptiert wird (siehe Abbildung 2.11). Darüber hinaus können Sie Validierungskriterien festlegen, um beispielsweise sicherzustellen, dass Daten, die in ein E-Mail-Feld eingetragen werden, auch wie eine E-Mail-Adresse aussehen.

Mit HTML5 können Sie sehr viel komplexere Validierungsregeln definieren als nur für E-Mail-Adressen. Weitere Informationen über HTML5-Formulare und die Validierungsregeln finden Sie in Kapitel 6.

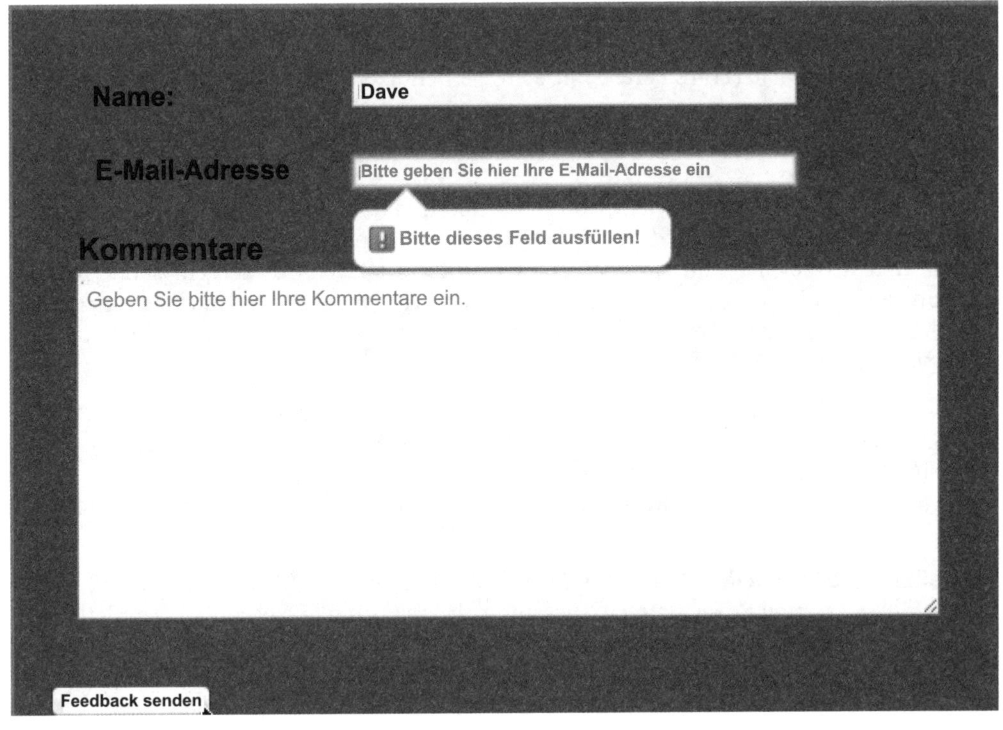

Abbildung 2.11: Formularvalidierung in HTML5

Mit Formularelement-Eigenschaften in HTML5 wird es für die Benutzer sehr viel einfacher, Formulare auszufüllen. HTML5 gestattet den Designern, den Benutzern Mobiltelefon-freundliche Schieberegler bereitzustellen (siehe Abbildung 2.12), ebenso wie eine Auto-Vervollständigung, um weniger Schreibarbeit erforderlich zu machen.

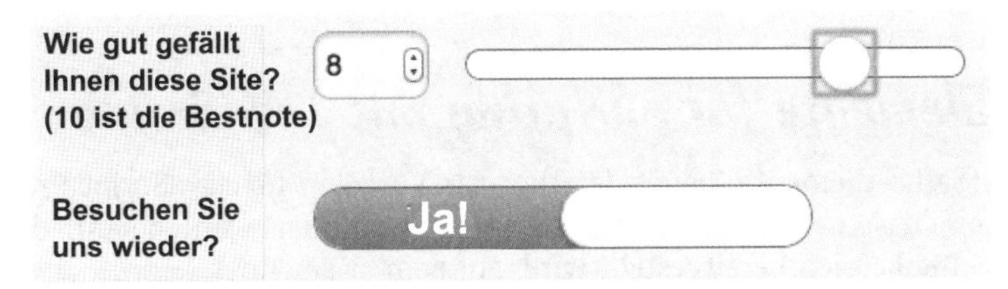

Abbildung 2.12: Schieberegler für die Eingabe auf mobilen Geräten

Online gibt es unzählige Ressourcen für das Formularmanagement. Mit diesen Ressourcen können Sie alles Mögliche anstellen, unter anderem:

- ✔ **Tabellenkalkulationsblätter verwenden, um Formulardaten zu sammeln.** Mit Google Forms können Sie Ihre Formulardaten in Tabellenkalkulationsblättern sammeln (erstellt über Google Docs, `www.google.com/drive/apps.html`).
- ✔ **Suchfelder einbetten.** Sie können Suchfelder aus Google oder FreeFind (`www.freefind.com`) oder andere Suchmaschinen-Ressourcen einbetten.

- **Benutzer-Feedback erfassen.** Es gibt PHP-Generatoren wie beispielsweise TheSiteWizard (`www.thesitewizard.com`). Diese PHP-Generatoren stellen das Backend-Skripting und Frontend-Formular-HTML bereit, mit dem Sie Benutzer-Feedback sammeln können.

PHP und anderes serverseitiges Skripting

Komplexes Formularmanagement, von Suchfeldern bis hin zu E-Commerce-Applikationen, wird über serverseitige Skripts erledigt. Diese Skripts werden in Programmiersprachen erstellt, die nicht im Browser eines Benutzers ausgeführt werden, sondern auf einem Hosting-Server, der eine Website verwaltet. PHP ist die gebräuchlichste serverseitige Skripting-Sprache. Andere häufig verwendete serverseitige Skripting-Sprachen sind beispielsweise Perl, ASP, JSP und Ruby on Rails.

Für die Entwicklung serverseitiger Skripts brauchen Sie umfangreiche Programmiererfahrung, es dauert lange und verbraucht viele Ressourcen. Aus diesem Grund integrieren die meisten Designer fertige serverseitige Skripts für die Verwaltung ihrer Formulardaten. Einen Überblick über Online-Ressourcen für serverseitige Skripts finden Sie in Kapitel 7.

- **Mailing-Listen erstellen**. Ressourcen wie MailChimp (`http://mailchimp.com`) bieten Formular-Set- und E-Newsletter-Generatoren. Diese Formular-Set- und E-Newsletter-Generatoren verschaffen den Designern die Möglichkeit, den Benutzern eine Anmeldung für ihre Mailing-Listen bereitzustellen und schöne E-Mails an alle auf der Mailing-Liste zu versenden.

In Kapitel 6, wo es detailliert um HTML5-Formulare geht, werde ich genauer auf einige dieser Ressourcen eingehen. Wenn Sie sich Formulare von dort beschaffen, können Sie eine HTML5-Validierung, eine Abfrage mit Auto-Vervollständigung und andere Eigenschaften hinzufügen, die Ihr Formular einladend und zugänglich machen.

HTML5-Elemente für Skripting mit JavaScript

Einige neue HTML5-Elemente dienen letztlich als Vorlagen für JavaScript-Programmierer, wie beispielsweise das `<canvas>`-Element, das so programmiert werden kann, dass es für den Benutzer als Seitenbereich bereitgestellt wird, auf dem er zeichnen kann.

Die Entwicklung von Skripts in JavaScript kann in diesem Buch nicht besprochen werden, aber wenn es um HTML5 geht, müssen auch die Methoden angesprochen werden, wie die neuen HTML5-Elemente mit JavaScript zusammenhängen. Das hat zwei Gründe. Einer ist, dass es eine große und schnell wachsende Bibliothek mit JavaScript-Code gibt, aus der sich Nicht-Programmierer etwas aussuchen und auf ihren HTML5-Seiten einfügen können. Die beiden Beispiele, die ich in diesem Kapitel vorstellen werde – das `<data>`-Element und das `<canvas>`-Element –, können dies verdeutlichen. Das `<data>`-Element (das Sie gleich kennen lernen werden) ermöglicht es, Mobile-Apps zu erstellen – Webseiten, die wie Apps auf mobilen Geräten aussehen und sich so verhalten, wenn sie mit Online-Scripts verbunden werden, wie unter `jQueryMobile.com` erhältlich. Das `<canvas>`-Element benötigt auch JavaScript, um seine Funktion bereitzustellen, aber Sie müssen (wie Sie gleich sehen werden) dieses JavaScript nicht selbst schreiben – es wird aus Online-Ressourcen bereitgestellt.

Der zweite Grund, warum ich auf die Synergie zwischen HTML5 und JavaScript hinweise, ist, dass einige von Ihnen möglicherweise den Wunsch haben, tiefer in JavaScript einzusteigen.

Das <data>-Element

Das `<data>`-Element in HTML ist ein einfach anzuwendendes und leistungsfähiges Tool für JavaScript-Programmierer, um Daten in eine Seite einzuspeisen. Datenelemente werden mit definierten Parametern kombiniert, zum Beispiel `<data–name>` oder `<data–role>`.

Das `<data>`-Element von HTML5 wird in allen Browsern unterstützt.

Hier folgt ein Beispiel, wie ein Designer (Sie) HTML5 mit sehr leistungsfähigen JavaScript-Ressourcen verknüpfen kann: Früher in diesem Kapitel habe ich bereits erwähnt, dass jQuery Mobile eine JavaScript-Bibliothek ist, die es Designern gestattet, mobile Webseiten zu erstellen, die wie Apps aussehen und sich so verhalten, mit Animation, Interaktivität und Design-Merkmalen, die dafür sorgen, dass Webseiten auf mobilen Geräten barrierefrei und einladend gestaltet werden. Wie das genau geht, erkläre ich Ihnen in Kapitel 9, und das Ganze dauert eine gewisse Zeit. Aber das grundlegende Konzept dabei ist, dass Designer Seiten mit dem jQuery Mobile-Skript verlinken (das remote über ein Netzwerk leistungsstarker Server bereitgestellt wird) und dann mit dem `<data>`-Element von HTML5 Seitenelemente erzeugen.

Ein weiteres Beispiel dafür, wie Designer HTML5 mit JavaScript verknüpfen können, ohne dass Sie JavaScript-Code schreiben müssen, ist die Kombination des `<canvas>`-Elements in HTML5 mit frei verfügbarem (bereits erstellten) JavaScript. Das `<canvas>`-Element ist ein aufregendes, interaktives neues HTML5-Element, und weil es ohne JavaScript überhaupt nichts macht, werde ich dieses Beispiel im folgenden Abschnitt genauer betrachten.

Das <canvas>-Element verwenden

Das neue HTML5-Element `<canvas>` erzeugt einen interaktiven Grafikbereich auf einer Seite. Dieser Grafikbereich kann programmiert werden, so dass die Benutzer dort zeichnen, filtern, verzerren oder andere Operationen mit Grafik ausführen können.

Wie das `<data>`-Element macht auch das `<canvas>`-Element überhaupt nichts, wenn es nicht mit einer Menge JavaScript-Code verknüpft wird. Sie finden einige sehr leicht zugängliche (und äußerst attraktive) Online-Ressourcen, die Ihnen JavaScript-Vorlagen bereitstellen, die Sie in HTML-Seiten einfügen können.

Abbildung 2.13: Das `<canvas>`-Element von HTML5

Eine der am leichtesten zugänglichen Online-Ressourcen, die Ihnen JavaScript-Vorlagen bereitstellen, die in HTML-Seiten eingefügt werden können, ist EaselJS (`www.createjs.com`). Diese kostenlose Ressource enthält eine ganze Sammlung von Vorlagen mit ein paar lustigen Effekten.

Gehen Sie wie folgt vor, um die EaselJS-Vorlagen herunterzuladen und auszuprobieren:

1. **Wechseln Sie zu `www.createjs.com/#!/EaselJS/demos`.**
2. **Klicken Sie auf die Schaltfläche DEMOS und sehen Sie sich die verschiedenen <canvas>-Skripte an (siehe Abbildung 2.14).**

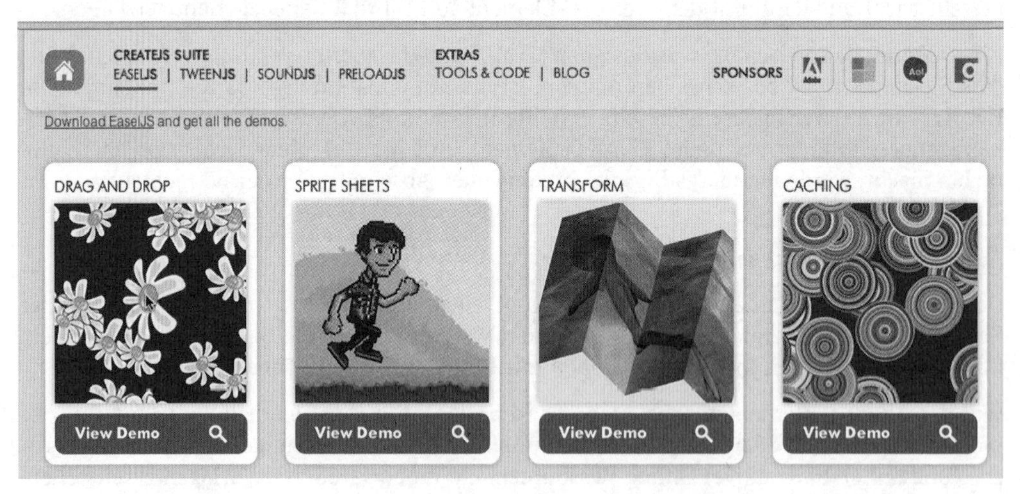

Abbildung 2.14: Vorlagen in EaselJS

3. **Nachdem Sie sich die Demos angesehen haben, lassen Sie eine davon geöffnet und klicken auf die Schaltfläche DOWNLOAD EASELJS (siehe Abbildung 2.15).**

Abbildung 2.15: EaselJS herunterladen

Neue Optionen werden angezeigt: CDN, GitHub und DOWNLOAD.

4. **Klicken Sie auf die Schaltfläche DOWNLOAD (siehe Abbildung 2.16), die in der DOWNLOAD-Option auf der rechten Bildschirmseite angezeigt wird.**

Die DOWNLOAD-Option ist die einfachste und enthält Beispiele, die Sie anpassen können.

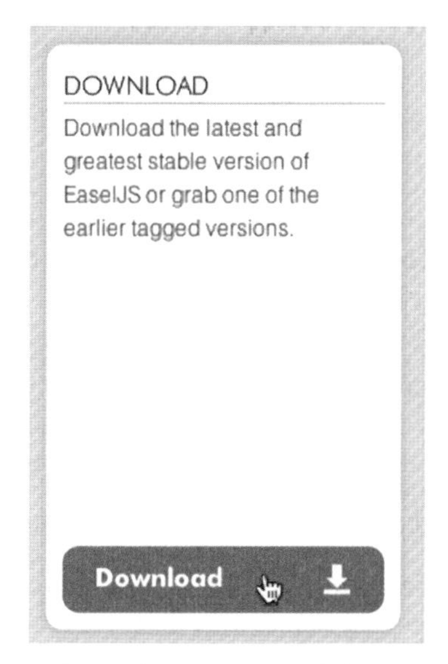

Abbildung 2.16: EaselJS in der neuesten stabilen Version herunterladen

5. **Klicken Sie auf der Seite, die eine Verknüpfung mit der neuesten Version von EaselJS herstellt, auf die Option ZIP, um die neuste Version zu erhalten.**

Software-Versionen ändern sich regelmäßig. Die neueste Version steht ganz oben in der Liste.

6. **Speichern Sie die zip.Datei und extrahieren Sie die Dateien.**

Die extrahierten Dateien enthalten den Ordner EXAMPLES.

7. **Öffnen Sie den Ordner EXAMPLES (siehe Abbildung 2.17) und sehen Sie sich die Beispiele für HTML-Dateien an, in denen das <canvas>-Element mit JavaScript verknüpft wird, das als Teil der Dateimenge heruntergeladen wurde.**

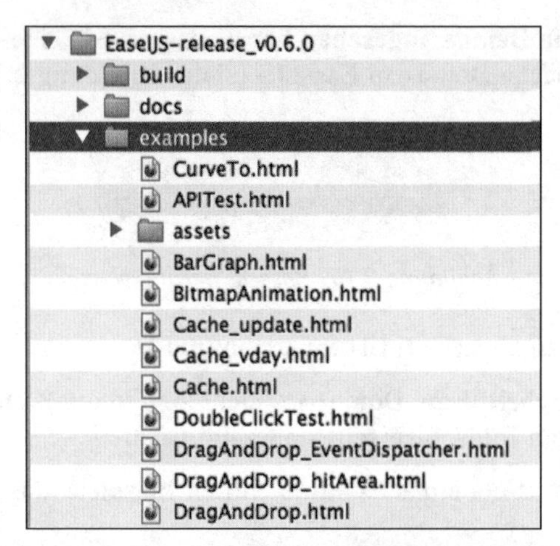

Abbildung 2.17: Beispiele für die Verwendung von `<canvas>` *in Kombination mit JavaScript*

Sie können jede der EaselJS-Beispieldateien in einem Browser öffnen, um ihre Funktion zu beobachten. Sie können sie auch in Ihrem HTML-Code-Editor öffnen, um sie anzupassen. Natürlich bearbeiten Sie nicht das JavaScript, das auf der Seite angezeigt wird, aber Sie können dem `<body>`-Tag Inhalt hinzufügen (wie zum Beispiel Ihren eigenen Text). Sie können auch Ihr eigenes CSS-Stylesheet mit dem `<head>`-Element der Datei verknüpfen, um es in die Seite zu integrieren.

Nachfolgend sehen Sie, wie ein benutzerdefinierter Titel und ein Link auf Ihr Stylesheet im `<head>`-Element aussehen könnten, vorausgesetzt, Sie behalten die Ordnerstruktur bei, die für die EaselJS-Dateien beim Extrahieren der zip-Dateien angelegt wurde:

```
<title>Mein <canvas>–Beispiel</title>
<link href="../../style.css" rel="stylesheet" type="text/css">
```

Der folgende Code demonstriert eine minimale Bearbeitung der EaselJS-Datei `CurveTo.html`, ein hübsches, lustiges Beispiel für den Zeichenbereich (siehe Abbildung 2.18:

```
<body onload="init();">
<h1>Zeichnen mit Canvas</h1>
<h3>Easel JS CurveTo</h3>
<canvas id="myCanvas" width="960" height="400"></canvas>
</body>
```

Wenn Sie sich die Dateien ansehen, die als Teil der gezippten EaselJS-Dateien heruntergeladen wurden, sehen Sie sehr viel JavaScript und andere Dateien, die dafür sorgen, dass die heruntergeladenen Beispiele funktionieren.

In diesem Abschnitt habe ich mehrere Gründe vorgestellt, warum das HTML5-Tag `<canvas>` mit JavaScript verknüpft werden sollte. Einer dafür ist, dass das `<canvas>`-Element einfach Spaß macht! Außerdem ist diese Erklärung, wie Designer ein `<canvas>`-Element mit den

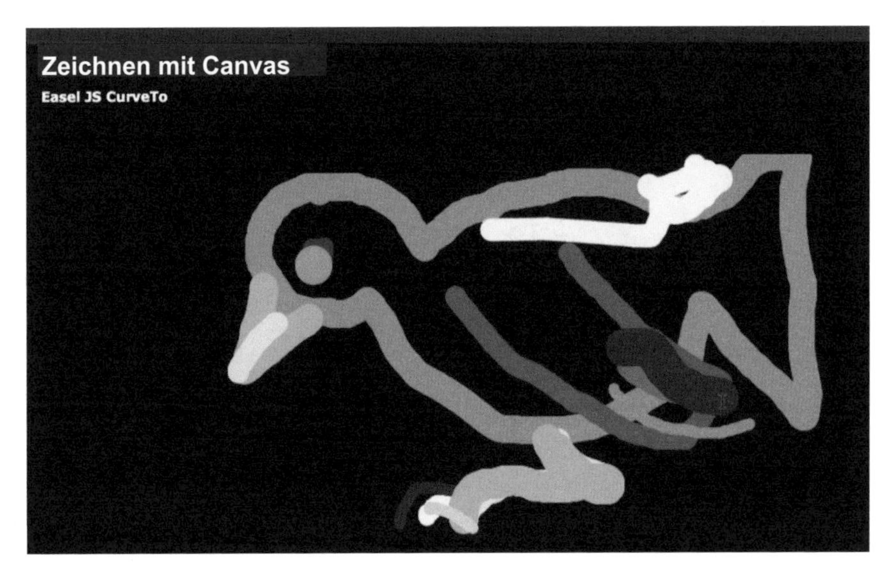

Abbildung 2.18: Für den Benutzer können Zeichenflächen bereitgestellt werden.

verfügbaren (kostenlosen) Online-Ressourcen vereint werden kann, ein gutes Beispiel dafür, wie Designer ohne JavaScript-Programmierkenntnisse HTML5-Elemente mit vorgefertigten JavaScript-Bibliotheken kombinieren können.

Ich werde noch einmal auf dieses Konzept zurückkommen – die Kombination von HTML5-Elementen mit vorgefertigten JavaScript-Bibliotheken –, wenn es in Kapitel 8 um die leistungsfähige jQuery Mobile-Bibliothek für das Erstellen mobiler Apps mit HTML5 und JavaScript geht.

CSS3 für Design, Interaktivität und Animation

3

In diesem Kapitel

- Den CSS3-Effekt für das Box-Modell genauer betrachten
- Mit CSS3 Elemente ersetzen, die ursprünglich mit Hilfe von Bildern erstellt wurden
- Attraktive grafische Oberflächen entwerfen, die auf mobilen Geräten schnell zu öffnen sind
- Verschiedenste CSS-Stile anwenden, um Elemente für dynamische und interaktive Websites zu animieren
- Web Fonts in CSS3 einfacher verwalten

In diesem Kapitel nehme ich Sie mit auf eine Reise, auf der Sie erfahren, wie all die neuen Tools von CSS3 zusammenarbeiten, um eine wirklich neue Umgebung zu schaffen, in der Webdesigner Seiten erstellen können, die attraktiv und dynamisch sind und ein völlig neues Maß an Barrierefreiheit aufweisen.

CSS3 öffnet die Tür zu einem deutlichen Wechsel im Webdesign. Und um dieses Potenzial wirklich freizusetzen, treten Sie einen Schritt zurück, um den Wald hinter den Bäumen zu sehen. Okay (um die Metapher auszureizen), wir werden mit einigen der *größeren* Bäume im CSS3-Wald beginnen. Dabei handelt es sich um:

- ✔ **Effekte**: Definierbare Rahmenradien, um die traditionellen CSS-basierten Design-»Kästchen« in jede beliebige Form umzuwandeln
- ✔ **Transformationen**: Elemente drehen, vergrößern und verkleinern, kippen und an eine andere Position verschieben
- ✔ **Integrierte Animation**: Effekte und Transformationen kombinieren, um lebendigen, animierten, interaktiven Inhalt zu schaffen
- ✔ **Gradienten**: Definition von verlaufenden Hintergründen ohne Zuhilfenahme von Bildern

Wie es für die meisten großen Entwicklungen im Webdesign der Fall ist, ist auch CSS3 mehr als die Summe seiner Teile. Insgesamt gestattet Ihnen die neue Funktionsmenge in CSS3 – in Kombination mit der Veröffentlichung attraktiver neuer Online-Ressourcen (wie zum Beispiel Web Fonts) –, umfangreiche grafische Sites zu erstellen, die so gut wie verzögerungsfrei heruntergeladen werden können (selbst auf mobilen Geräten) und die eine dynamische und kontrollierte Animation und Interaktivität präsentieren (siehe Abbildung 3.1). Darüber hinaus ist es mit dieser neuen Funktionsmenge in CSS3 möglich, völlig ohne Software, Plugins oder Programmierung anderer Tools außer CSS und HTML auszukommen.

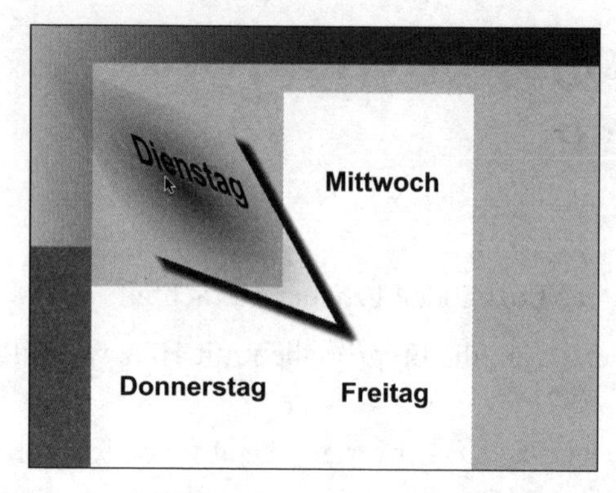

Abbildung 3.1: Animation und Interaktivität in HTML5

CSS3-Styling und Browser-Kompatibilität

CSS3 wird nicht als einmaliger Gesamtstandard ausgegeben, sondern in Modulen veröffentlicht. Für die Designer bedeutet dies, dass einige CSS3-Funktionen in fast jedem Browser bereits zufriedenstellend unterstützt werden. Das muss aber nicht für alle gelten – jedenfalls noch nicht. Am besten lesen Sie auf Sites wie `caniuse.com` oder `quirksmode.org` nach, um zu erfahren, ob ein CSS3-Feature in den von Ihnen benötigten Ziel-Browsern bereits unterstützt wird, bevor Sie es womöglich so implementieren, dass der Inhalt Ihrer Site ohne den betreffenden CSS-Stil überhaupt nicht funktioniert.

Es ist nicht immer (oder regelmäßig) der Fall, dass Sie warten müssen, bis eine CSS3-Funktion in jedem Browser unterstützt wird, bevor sie implementiert werden kann. Beispielsweise werden nicht in jedem Browser runde Ecken (CSS3-Rahmenradien) unterstützt, aber dort wo sie nicht unterstützt werden, sehen die Benutzer stattdessen eben einfach einen Kasten mit 90°-Ecken ohne Abrundung. Das ist eine akzeptable Ausweichlösung, ein sogenanntes Fallback.

In diesem Buch betrachten wir Backup- und Fallback-Optionen, wenn es um CSS3-Stile geht, die nicht in allen Browsern uneingeschränkt unterstützt werden.

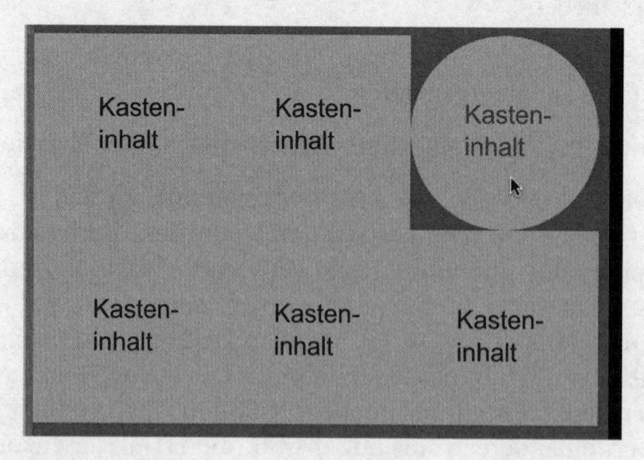

Abbildung 3.2: Unregelmäßige Formen auf einer Seite

Mit CSS3 katapultieren Sie die Interaktivität und die Animation in eine neue Dimension – durch die Kombination mit JavaScript. Mehr über JavaScript und seine Verwendung in Kombination mit CSS finden Sie im Abschnitt »CSS mit JavaScript kombinieren« später in diesem Kapitel.

Teil III dieses Buchs bietet eine vertiefte Betrachtung all der wichtigen neuen CSS3-Styling-Werkzeuge und bietet praktische Hilfe dazu, wie und wo sie eingesetzt werden können.

Mit CSS3-Design aus dem rechteckigen Käfig ausbrechen

Die vielleicht dramatischste Änderung, die CSS3 für das Webdesign mit sich gebracht hat, ist wahrscheinlich, dass Kästen keine »Kästen« mehr sein müssen. Beim Webdesign musste der Seiteninhalt bisher immer in rechteckigen Bereichen angeordnet werden – häufig als das »Box-Modell« bezeichnet. In den frühen Tagen des Webdesigns wurden dafür Tabellen verwendet, mit Zeilen und Spalten, um den Inhalt auf der Seite anzuordnen. Später, als man schon sehr viel moderner dachte, wurden `<div>`-Tags in Kombination mit ID- oder Klassenselektoren in einem Stylesheet verwendet, um rechteckige Bereiche zu definieren, die Inhalt aufnehmen konnten. Nachfolgend werden wir vergleichen, wie es bisher war, und wie es jetzt mit CSS3 gemacht wird.

Wie es bisher war

Wenn man vor der Einführung von CSS3 beispielsweise einen Kreis oder ein gedrehtes oder gekipptes Rechteck auf einer Seite anzeigen wollte, boten HTML und CSS keine einfache Lösung. Das Ganze erinnerte sprichwörtlich an die Herausforderung, einen rundlichen Mann durch ein viereckiges Loch zu bringen. Um ein rundes Element auf einer Seite zu platzieren, mussten die Designer zuerst ein grafisches Bildelement (im Format JPEG, GIF, PNG oder SVG) erstellen und dann dieses Bild in einem Kasten platzieren.

Das Box-Modell – gestern und heute

Das »Box-Modell« ist grundlegend für den Entwurf von Seiten mit CSS. Selbst als die `<div>`-Tags von CSS die alten HTML-Tabellen als Raster für den Seitenaufbau ablösten, waren rechteckige Kästen, die mit Positionen, Außenabstand, Innenabstand, Hintergrund und anderen Stileigenschaften definiert wurden, die grundlegenden Bausteine von Webseiten. Diesen Prozess habe ich in Kapitel 1 genauer erklärt.

Bei CSS3 hat sich nicht allzu viel geändert. Geändert hat sich jedoch, dass mit CSS3 diese Kästen jetzt abgerundet, gedreht, gekippt und sogar von der ihnen zugeordneten Position weg verschoben werden können (um zum Beispiel Kästen übereinander zu stapeln).

Der Prozess war nicht nur mühsam für die Designer, sondern auch nachteilig für die Benutzer, weil sie warten mussten, bis die Hintergrundbilder heruntergeladen waren, bevor sie den Seiteninhalt sehen konnten. Und im Zeitalter der mobilen Geräte, in denen zahlreiche mobile Benutzer – wenn sie sich außerhalb der Reichweite ihrer Breitbandverbindungen befinden – von 3G- und 4G-Verbindungen abhängig sind, hat sich dieses Problem noch verschlimmert.

Ein neues Design-Paradigma

Mit CSS3 muss kein Webdesigner mehr das Gefühl haben, zu versuchen, einen rundlichen Mann durch ein viereckiges Loch zu schieben. Die Rahmenradius-Eigenschaft (`border-radius`) von CSS3 wandelt Rechtecke in Kreise um, wie in Abbildung 3.3 gezeigt.

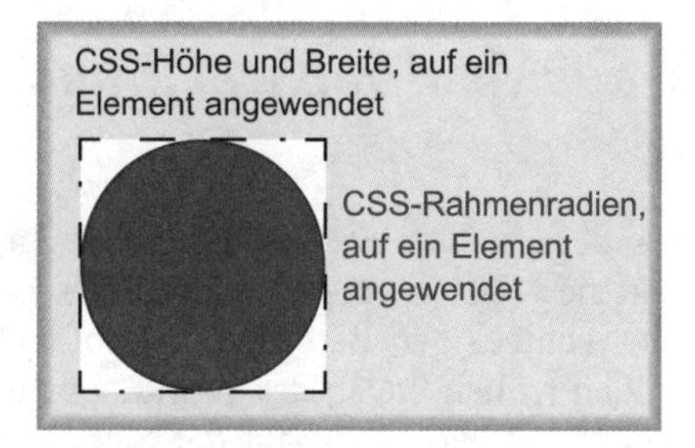

Abbildung 3.3: Aus dem Quadrat wird ein Kreis

CSS3 eilt zur Hilfe und erweitert das Paradigma, indem jetzt Seiten mit unregelmäßigen Formen erstellt werden können. Mit neuen Transformationen zum Kippen, Drehen, Verschieben und Vergrößern und Verkleinern kann ein Designer jetzt jedes beliebige Design entwerfen und dieses Konzept dann völlig unkompliziert in HTML5 und CSS3 umwandeln.

Abbildung 3.4 zeigt einige dieser Transformationen für Seitenelemente – Kippen (die linke Spalte und die »Wochentag«-Kästen), Drehen (die Überschrift) und Verschieben (die sechs »Wochentag«-Kästen wurden verschoben, um sich besser zu überlappen).

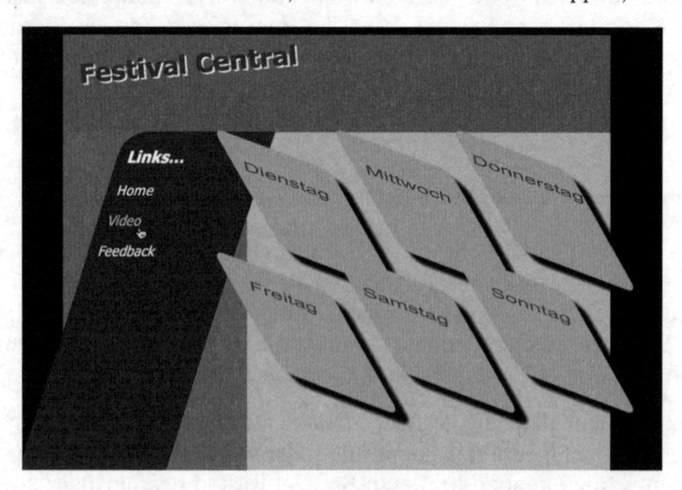

Abbildung 3.4: Transformationen in HTML5

Mit CSS3 Bilder ersetzen

Im vorigen Abschnitt wurden die folgenden CSS3-Techniken vorgestellt:

- ✔ Rahmenradien
- ✔ Kippen
- ✔ Drehen
- ✔ Verschieben
- ✔ Vergrößern/Verkleinern

Diese (und andere) CSS3-Techniken ersetzen Elemente, die bisher mit Hilfe von Bildern entworfen wurden (mit dem CSS vor CSS3). Vor der Einführung eines stabilen CSS3 wurden Designs mit runden Ecken, gekippten rechteckigen Feldern und Kästen mit unregelmäßig geformtem Inhalt mit Hilfe von Hintergrundbildern erzeugt, die den *Anschein* erweckten, dass es sich um unregelmäßige Formen handelte. Abbildung 3.5 zeigt, wie das hinter den Kulissen aussah … und wie es heute aussieht.

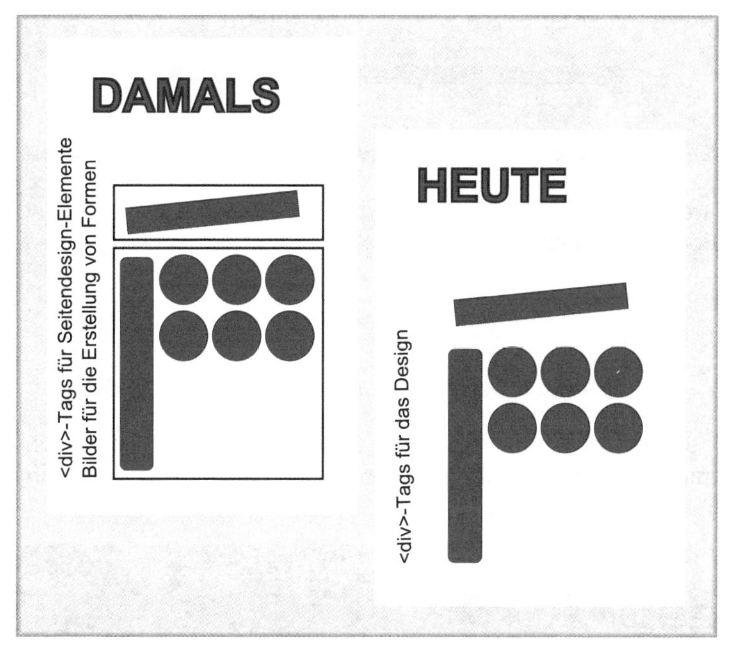

Abbildung 3.5: Unregelmäßige Formen – gestern und heute

Der Ausbruch aus den Kästen

Es gibt einen guten Grund, warum das Design mit CSS (vor CSS3) als »Box-Modell« (Implementierung von Design unter Verwendung rechteckiger Kästen) bezeichnet wird. Mit dem CSS vor CSS3 konnten Sie Rechtecke und Quadrate zeichnen, aber wenn Sie Inhalt darstellen wollten, der nicht rechteckig aussehen sollte, brauchten Sie Hintergrundbilder innerhalb dieser Kästen, die das Aussehen von unregelmäßig geformten Containern hatten. Dieser Ansatz ist dank CSS3 überholt.

Bedeutet das, dass die Designer demnächst auf Photoshop und Illustrator für das Webdesign verzichten können? Nein, zumindest nicht sofort. Es findet jedoch ein Paradigmenwechsel statt: Es werden Grundlagen und Logik geschaffen, die ermöglichen, endlich auf all die Bilddateien als Tools für das Webdesign zu verzichten. Und die Designer erhalten qualitativ mehr kreative Freiheit, indem der Prozess, Designs in Web-Inhalte umzuwandeln, völlig neu gestaltet wird.

Hintergrundverläufe

Ein weiteres Beispiel für diesen Wechsel von Bildhintergründen hin zum CSS3-basierten Design sind Hintergrundverläufe. In der Welt vor CSS3 waren die Hintergrundbilder im Allgemeinen kleine JPEG-, PNG- oder GIF-Dateien, die wiederholt horizontal und vertikal in einen mit <div>-Tag angelegten Hintergrund eingefügt *(gekachelt)* wurden.

Brauchte ein Designer beispielsweise einen verlaufenden Hintergrund hinter einer Webseite, musste er im Illustrator ein winziges Bild erstellen, ähnlich wie in Abbildung 3.6 gezeigt.

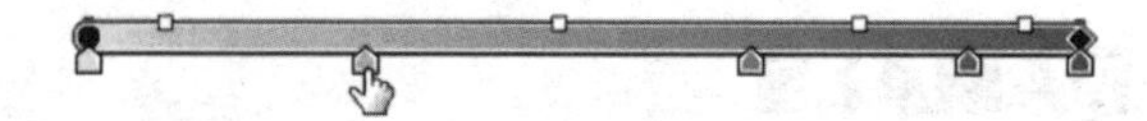

Abbildung 3.6: Mit dem Illustrator Bilder für verlaufende Hintergründe erstellen

Dieses Bild wurde dann als Hintergrundbild (background-image) für ein <div>-Tag definiert, wie im Code in Abbildung 3.7 gezeigt.

```
#banner{
background-image:url("bg.png");
}
```

Abbildung 3.7: Definition des Hintergrundbilds vor HTML5

Das Bild wurde dann in der Regel gekachelt (in diesem Fall vertikal), um innerhalb des gesamten <div>-Elements ständig wiederholt zu werden, mit einem Ergebnis, wie in Abbildung 3.8 gezeigt.

Festival Central

Abbildung 3.8: Gekacheltes Hintergrundbild

Solche gekachelten Hintergrundbilder wurden eine Ewigkeit lang verwendet (Ewigkeit in Bezug auf Webdesign-Zeit). Und es gibt sie heute immer noch, insbesondere wenn sehr spezifische Bilder über einen Seitenhintergrund wiederholt angezeigt werden sollen. Ich verwende ein solches Kunstwerk (eine Skizze von Darwin) als Hintergrund für meine Site. Einen Teil davon sehen Sie in Abbildung 3.9. Dies kann nicht durch einen CSS3-Hintergrundcode ersetzt werden – zumindest nicht in absehbarer Zukunft.

Abbildung 3.9: Meine eigene Website mit gekacheltem Hintergrund

Photoshop und Illustrator werden also weiterhin eine Rolle bei der Herstellung von Hintergründen für Seiten und Elemente spielen. Wenn Sie jedoch nur ein wiederholtes Muster oder einen wiederholten Verlauf benötigen, ist das auch mit CSS3 möglich.

Bisher haben die gezeigten Beispiele nur ein paar der neuen Funktionen von CSS3 veranschaulicht. Wenn Sie mehrere Effekte gleichzeitig anwenden, wird es unübersichtlich, selbst bei den einfachen Beispielen in einem Buch. Ich kann jedoch drei Hauptvorteile bei der Verwendung von CSS3-Effekten und -Transformationen aufzählen:

- ✔ Sie brauchen dafür keine Bilder mehr zu erstellen. Zeit und Aufwand verringern sich dadurch bei der Entwicklung maßgeblich.
- ✔ Die Benutzer brauchen keine Bilder mehr herunterzuladen. Dadurch wird die Site durch den Besucher wesentlich besser wahrgenommen.
- ✔ Es kann ein Seitendesign ohne die üblichen Kästen erstellt werden, was in einem traditionellen CSS-Box-Modell-Ansatz für das Seitendesign einfach nicht möglich war.

CSS3 und Mobilgeräte – ein perfektes Paar

Alles, was in diesem Kapitel bisher über die qualitativen Auswirkungen durch die Verwendung von CSS3 für das Design gesagt wurde, führt letztlich zum Entwurf für Mobilgeräte. Warum? Ganz einfach: Geschwindigkeit. Das Design für Mobilgeräte unterscheidet sich aus mehreren Gründen vom Design für Laptops oder Desktops. Denn Mobilgeräte…

- ✔ …verfügen über weniger leistungsfähige hintergrundbeleuchtete Bildschirme, so dass sie einen höheren Kontrast, stärkere Farben und Designs benötigen.
- ✔ …verfügen über weniger Rechenleistung als Laptops oder Desktops, wodurch sie langsamer sind.

- ... sind von anderen Verbindungen abhängig als verkabelte Laptops oder Desktops, wodurch sie ebenfalls langsamer werden.

Die gute Nachricht ist, dass es mit CSS3 möglich ist, atemberaubende grafische Benutzeroberflächen zu schaffen, die auf Mobilgeräten geöffnet werden können, ohne dass der Benutzer darauf warten muss, dass irgendwelche Bilder heruntergeladen wurden. Sehen Sie sich ein paar Ihrer mobilen Sites einmal genauer an. Häufig verwenden sie sanft verlaufende Hintergründe hinter den Navigationsschaltflächen, dünne Schlagschatten hinter Text und Symbolen, um diesen Inhalt hervorzuheben, und andere grafische Effekte. Abbildung 3.10 zeigt die mobile Site für den Bronx Zoo, mit großzügigen Verläufen hinter der Navigationsleiste.

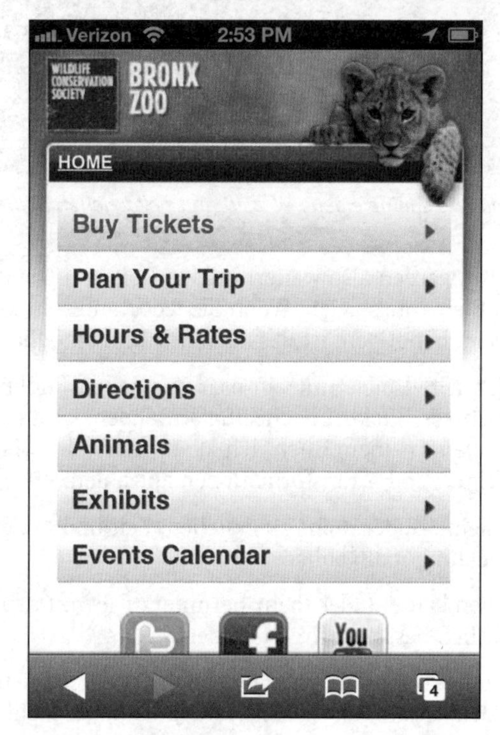

Abbildung 3.10: Mobile Website mit CSS-Effekten

Sie erstellen mobile Seiten wie in Abbildung 3.10 gezeigt, indem Sie CSS3-Effekte mit den neuen HTML5-Tools für das mobile Design kombinieren.

In Kapitel 8 stelle ich Ihnen optimale Techniken für den Einsatz von HTML5 und CSS3 beim Design für Mobilgeräte vor.

Es ist keine Übertreibung, wenn ich sage, dass das aktuelle Design für Mobilgeräte auf CSS3 aufbaut.

Animation mit CSS3

Die Effekte und Transformationen von CSS3 können animiert und somit zu Elementen von dynamischen und interaktiven Websites werden. Man konnte immer schon `:hover`-Status für CSS-Stile definieren, die ein anderes Aussehen für Elemente bewirkt haben, wenn die Maus darüber geschoben wurde. Dies wird häufig für Navigationselemente wie beispielsweise Schaltflächen verwendet. Bei Mobilgeräten wird dieser Status in der Regel durch Antippen mit dem Finger ausgelöst.

Mit der erweiterten Stilmenge von CSS3 nimmt diese Interaktivität neue Dimensionen an. Beispiele:

- ✔ Schaltflächen können beleuchtet erscheinen, wenn sie vom Benutzer mit dem Finger oder mit einem Eingabestift berührt werden.
- ✔ Bilder können auf einer Seite groß eingeblendet werden, wenn der Benutzer eines Mobilgeräts ein Miniaturbild kurz berührt, oder wenn ein Laptop/Desktop-Benutzer die Maus darüber schiebt.
- ✔ Räder können sich drehen, um den Status eines Downloads oder den Fortschritt eines Spendenaktionsprojekts anzuzeigen.
- ✔ Kästen können gekippt und mit Verläufen dargestellt werden, wie in Abbildung 3.11 gezeigt.
- ✔ Und vieles andere mehr.

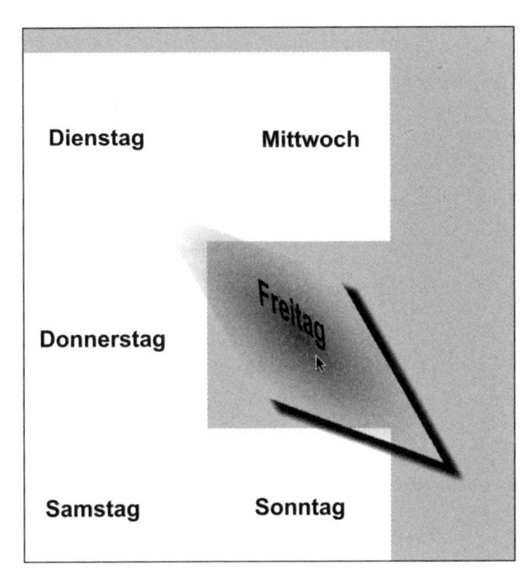

Abbildung 3.11: Animation mit CSS3

Interaktivität ist nur eine Dimension der Animationen mit CSS3. Eine weitere Dimension ist die Anwendung einer Übergangszeit, so dass die Stile für die Darstellung von Elementen, über die die Maus geschoben wird, oder die angetippt werden, scheinbar ein- oder ausgeblendet werden. CSS3 bietet zahlreiche durchdachte Optionen für die Kontrolle, wie Animation stattfindet. Kurz gesagt, Sie können festlegen, wie lange ein Übergang dauern soll, und Sie können die Geschwindigkeit des Übergangs festlegen. Die Dauer des Übergangs wird in Sekunden festgelegt. Das Timing wird über Parameter definiert, mit denen festgelegt werden kann, ob ein Großteil der Übergänge früh im Gesamtprozess, spät im Gesamtprozess oder nach einem noch komplexeren Ablauf stattfinden soll. In Kapitel 10 werde ich genauer auf diese Übergangsoptionen eingehen.

Darüber hinaus gestatten Ihnen CSS3 und HTML5, Zeitleisten zu definieren, die die Bewegung und die Transformation von Elementen auf einer Seite festlegen. Es ist nicht ganz einfach, Animation in einem gedruckten Buch zu demonstrieren, und Sie brauchen ein wenig Phantasie, aber stellen Sie sich vor, dass sich das Viereck in Abbildung 3.12 …

Abbildung 3.12: Ein Feld bewegt sich von A …

… nach Abbildung 3.13 bewegt.

Abbildung 3.13: … nach B.

Haben Sie das Konzept verstanden? In Kapitel 11 werde ich genauer auf diese Zeitleisten eingehen.

CSS mit JavaScript kombinieren

Wenn Sie CSS3 mit JavaScript kombinieren, ist nur Ihre eigene Phantasie die Grenze für die Komplexität der Web-Interaktivität. JavaScript kann in diesem Buch nicht besprochen werden, aber in Kapitel 8 werde ich Ihnen zeigen, wie Sie CSS3-Effekte mit JavaScript-Packages kombinieren, die direkt auf Websites übernommen werden können, ohne dass Sie eine Zeile Code in JavaScript schreiben müssen.

Design mit Web Fonts

Einige Durchbrüche im Bereich des Webdesigns mit CSS3 sind nicht nur der Weiterentwicklung von CSS3 zu verdanken, sondern auch den zugehörigen Entwicklungsaktivitäten im Internet.

Betrachten Sie beispielsweise die Web Fonts. Sie eröffnen uns beim Design von Websites völlig neue Möglichkeiten. Bisher waren die beim Webdesign verfügbaren Schriftarten davon abhängig, welche Schriften der Benutzer auf seinem Computer installiert hatte. Und dabei konnte der Webdesigner die exotischsten Schriftarten implementieren – die Benutzer konnten diese *nur* dann sehen, wenn sie auf ihrem System auch installiert waren. War die vom Designer gewählte Schrift auf dem System des Benutzers nicht vorhanden, mussten die Designer allgemein verfügbare Fallback-Schriften bereitstellen (zum Beispiel Serif oder Sans-Serif).

Damit neben den etwa ein Dutzend allgemeiner und universell unterstützten Schriftarten auch alle anderen Schriftarten für die Besucher funktionierten, mussten die Designer Schriften kaufen, die heruntergeladen werden konnten, und die in ihren Browsern unterstützt wurden. Anschließend mussten die Designer diese Schriften auf ihrem Server installieren und die Seiten so codieren, dass die Schriften vom Benutzer heruntergeladen werden konnten, wenn sie die betreffende Webseite besuchten. Damit waren Web Fonts zwar effektiv und die Websites wurden damit sehr viel attraktiver, aber sie waren nur den Reichen und Berühmten vorbehalten, die über die Ressourcen verfügten, sie ordnungsgemäß zu implementieren, wie in Abbildung 3.14 gezeigt.

Abbildung 3.14: Effektive Schriftarten.

Web Fonts leicht gemacht

Innerhalb kürzester Zeit jedoch wurden Web Fonts von einer recht schwierigen Angelegenheit zu einer der einfachsten Übungen beim Webdesign. Dies hatte nicht direkt mit der Einführung von CSS3 zu tun, aber fand mehr oder weniger parallel dazu statt. Der Grund dafür war, dass zahlreiche Online-Ressourcen anfingen, Web Fonts anzubieten, die jeder verwenden kann und die als Downloads auf (schnellen) Servern gespeichert sind.

Hier die Syntax, wie Sie eine Schriftart in Ihre CSS-Stylesheet-Datei einfügen:

```
@font-face {
font-family: "Schriftname";
src: url("Link zur Online-Schrift");
}
```

Im oben gezeigten Code sind "*Schriftname*" und "*Link zur Online-Schrift*" Platzhaltertext. Der erste Platzhalter wird durch den eigentlichen Schriftnamen, der zweite durch den vom Anbieter der Schriftart bereitgestellten Link ersetzt.

Wenn Sie einen Web Font von einer Online-Ressource verwenden, erhalten Sie einen Link auf die Schriftart, größtenteils sogar mehr als das: Sie brauchen nur einen Link auf ein Stylesheet zu verwenden, der von der Online-Ressource bereitgestellt wird, und schon können Sie die ausgewählte Schrift verwenden.

Link auf einen Web Font

In diesem Abschnitt erfahren Sie, wie Sie einen der von Google bereitgestellten kostenlosen Online-Fonts auswählen und anwenden. Sie können diese Schritte ganz einfach anpassen, um eine andere als die in diesem Beispiel gezeigte Schrift auszuwählen, oder um eine andere Quelle für Schriften zu verwenden. Die Schritte bleiben immer gleich, nur die jeweils ausgewählten Optionen ändern sich.

1. **Gehen Sie auf `www.google.com/fonts` und sehen Sie sich die verschiedenen angebotenen Schriftarten an, wie in Abbildung 3.15 gezeigt.**
2. **Auf den Registerkarten – Word, Sentence, Paragraph oder Poster – erhalten Sie eine Vorschau auf die Schriftart in jeweils unterschiedlichem Kontext (siehe Abbildung 3.16).**
3. **Um eine Schrift auszuwählen, klicken Sie auf die blaue Schaltfläche Add to Collection und dann auf die Schaltfläche Quick-use, wie in Abbildung 3.17 gezeigt.**

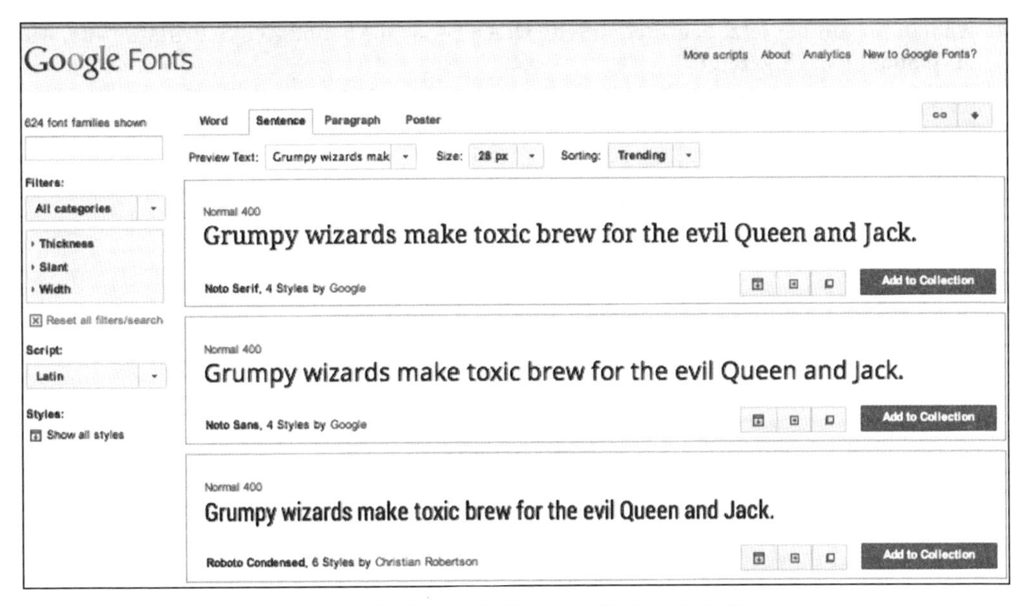

Abbildung 3.15: In Google Fonts verfügbare Schriftarten

Abbildung 3.16: Vorschau auf die Schriftarten in unterschiedlichen Situationen

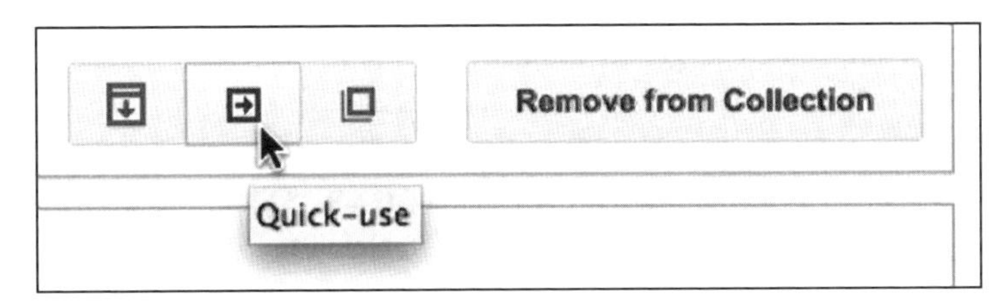

Abbildung 3.17: Quick-use in Google Fonts

4. **Wählen Sie auf der jetzt geöffneten Seite Quick Usage die benötigten Schriftstile aus, wie in Abbildung 3.18 gezeigt.**

   Weitere Schriftstile unterstützen Merkmale wie Fett- oder Kursivdarstellung.

Je mehr Schriftstile Sie verwenden, desto länger dauert es, bis die Schriften in einen Browser heruntergeladen werden.

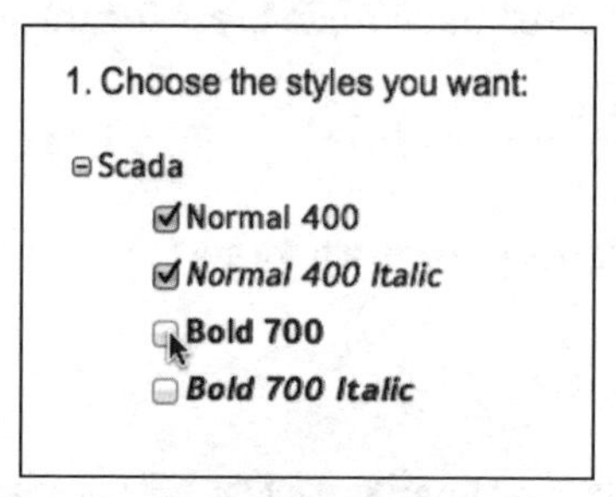

Abbildung 3.18: Schriftoptionen in Google Fonts

5. **Blättern Sie auf der Seite zu Schritt 2 und wählen Sie die benötigten Zeichensätze aus.**

   Der grundlegende Zeichensatz Latin unterstützt Englisch sowie westeuropäische Sprachen.

   Mit Hilfe weiterer Zeichensätze können Sie dafür sorgen, dass Ihre Schriften in weiteren Alphabeten funktionieren.

Eine Anmerkung zu Zeichensätzen in Google Fonts: Der Zeichensatz Extended Latin deckt mehr Sprachen ab, aber Google Fonts verwendet keinen allgemein anerkannten Standard, um zu dokumentieren, welche Sprachen mit unterschiedlichen Zeichensätzen unterstützt werden. Wenn Sie also Inhalt in anderen Sprachen als Englisch oder anderen westeuropäischen Sprachen darstellen wollen, müssen Sie Ihre Seite möglicherweise per Trial-and-Error testen, um zu überprüfen, ob Ihr Inhalt mit dem von Ihnen ausgewählten Google Font korrekt dargestellt wird.

Je mehr Zeichensätze Sie verwenden, desto länger dauert es, diese in einen Browser herunterzuladen, genau wie bei den Stilen.

6. **Blättern Sie zu Schritt 4 auf der Seite Quick Usage von Google Fonts und kopieren Sie den Link auf ein von Google gehostetes Stylesheet (siehe Abbildung 3.19), das wiederum eine Verknüpfung zu den von Ihnen ausgewählten Schriften enthält.**

3. Add this code to your website:

```
<link href='http://font ... 'text/css'>
```

Copy

Abbildung 3.19: Der Link für die Website kann kopiert und eingefügt werden.

7. **Fügen Sie den kopierten Stylesheet-Link in das `<head>`-Element einer HTML-Webseite ein.**

   Wenn Sie Links auf Ihre eigenen (oder andere) CSS-Dateien verwenden, können Sie diesen Link irgendwo im `<head>`-Element einfügen, unabhängig davon, ob er dann vor, hinter oder zwischen anderen Stilen erscheint. Ein Beispiel:

```
<head>

<link href='http://fonts.googleapis.com/
      css?family=Scada:400italic,400' rel='stylesheet'

    type='text/css'>

<link href="style.css" rel="stylesheet" type="text/css">

</head>
```

8. **Speichern Sie Ihre HTML-Seite.**

   Jetzt können Sie den Web Font auf jeden beliebigen CSS-Stil in Ihrem regulär beigefügten Stylesheet anwenden (in diesem Beispiel ist das `style.css`).

9. **Definieren Sie mit Hilfe der `font-family`-Eigenschaft eine zweite Schrift als Backup, falls der Link zu dem Google Fonts-Stylesheet aus irgendeinem Grund nicht funktionieren sollte.**

   Hier ein Beispiel für einen Schriftstil, der auf den `<h1>`-Selektor in einer CSS-Datei angewendet wird:

```
h1{ font-family: 'Scada', sans-serif; }
```

10. **Testen Sie Ihre Seite in einem Browser.**

    Die verlinkten Schriftarten werden vom Google Fonts-Server heruntergeladen, deshalb brauchen Sie natürlich eine Internetverbindung, damit das Ganze funktioniert. Abbildung 3.20 zeigt die Vorschau auf einige benutzerdefinierte Schriften in einem Browser.

Blindtextgenerator: Der *Blindtext* in Abbildung 3.20 stammt aus dem Blindtextgenerator (`www.blindtextgenerator.de`), einer Online-Ressource mit witzigen Versionen von traditionellem Platzhaltertext.

Mit leicht zugänglichen, zuverlässigen und erschwinglichen Web Fonts kann jeder Designer benutzerdefinierte Schriften als Teil einer Design-Palette verwenden.

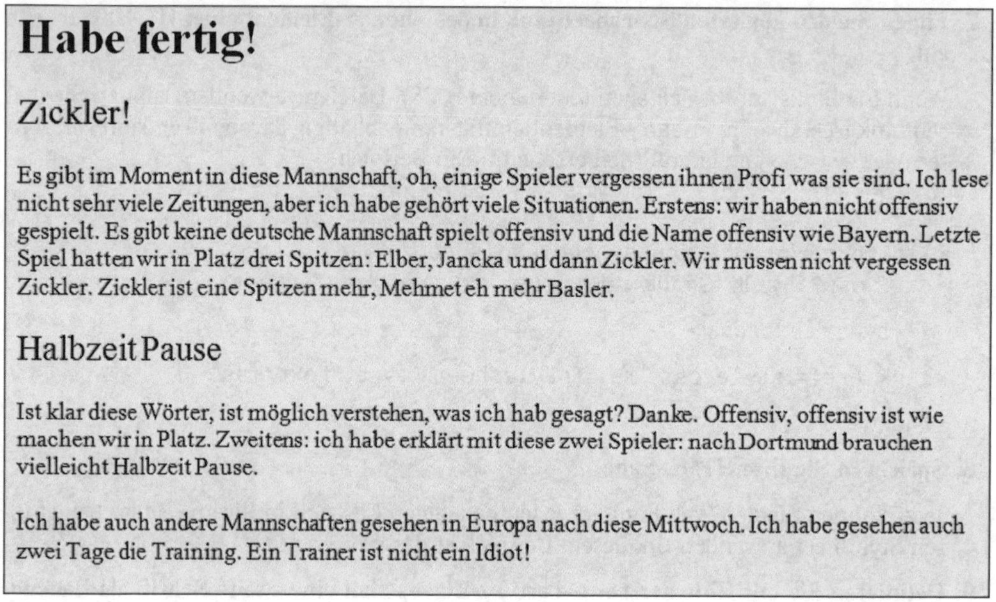

Habe fertig!

Zickler!

Es gibt im Moment in diese Mannschaft, oh, einige Spieler vergessen ihnen Profi was sie sind. Ich lese nicht sehr viele Zeitungen, aber ich habe gehört viele Situationen. Erstens: wir haben nicht offensiv gespielt. Es gibt keine deutsche Mannschaft spielt offensiv und die Name offensiv wie Bayern. Letzte Spiel hatten wir in Platz drei Spitzen: Elber, Jancka und dann Zickler. Wir müssen nicht vergessen Zickler. Zickler ist eine Spitzen mehr, Mehmet eh mehr Basler.

Halbzeit Pause

Ist klar diese Wörter, ist möglich verstehen, was ich hab gesagt? Danke. Offensiv, offensiv ist wie machen wir in Platz. Zweitens: ich habe erklärt mit diese zwei Spieler: nach Dortmund brauchen vielleicht Halbzeit Pause.

Ich habe auch andere Mannschaften gesehen in Europa nach diese Mittwoch. Ich habe gesehen auch zwei Tage die Training. Ein Trainer ist nicht ein Idiot!

Abbildung 3.20: Blindtext

Schriftarten: TTF, EOT und WOFF

Weitere Schriftstandards sind unter anderem TrueType-Fonts (TTF-Dateien) und Embedded OpenType (EOT-Dateien). Diese Formate wurden für den Druck entwickelt, aber gedruckte Schriften haben eine andere Design-Freiheit als Web Fonts, insbesondere weil gedruckte Schriften im Allgemeinen mit 300 dpi (Dots per Inch, Punkte pro Zoll) dargestellt werden, während Web Fonts häufig mit sehr viel niedrigeren Auflösungen auskommen müssen (mit etwa einem Viertel so vielen Punkten pro Zoll – oder Pixeln, wie sie bei digitalen Geräten bezeichnet werden). Web Fonts müssen also mit weniger Details entworfen werden und sollten möglichst Verzerrungen oder andere Komplikationen vermeiden, die beispielsweise entstehen würden, wenn für den Druck entwickelte Schriften direkt in Web Fonts umgewandelt würden.

Die Stylesheets auf Google Fonts basieren auf OpenType- und TrueType-Schriften für den Druck, wurden aber speziell für die optimierte Anzeige auf digitalen Geräten entworfen. Diese Schriften werden mit einer spezifischen Komprimierung programmiert, um die Dateigröße zu verringern und den Download zu beschleunigen.

Außerdem muss gesagt werden, dass Schriften, die Sie von der Google Fonts-Site herunterladen, Links auf andere Dateien enthalten – die eigentlichen Schriftdateien mit der Dateinamenerweiterung `.woff`. WOFF (Web Open Font Format) ist der in Entwicklung befindliche Standard für Online-Schriften.

Kompatibilitätsprobleme und Lösungen

In diesem Kapitel

- Kompatibilität von HTML5 und CSS3 – ein Überblick
- Die verschiedenen Stufen der HTML5- und CSS3-Unterstützung verstehen
- Browser-Kriege und CSS3
- Probleme mit nativen Medien und Lösungen
- Analyse Ihres Publikums

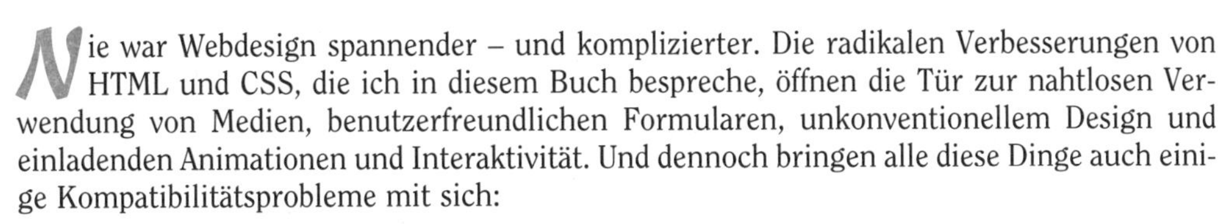

Nie war Webdesign spannender – und komplizierter. Die radikalen Verbesserungen von HTML und CSS, die ich in diesem Buch bespreche, öffnen die Tür zur nahtlosen Verwendung von Medien, benutzerfreundlichen Formularen, unkonventionellem Design und einladenden Animationen und Interaktivität. Und dennoch bringen alle diese Dinge auch einige Kompatibilitätsprobleme mit sich:

- ✔ Die meisten – nicht alle – dieser Merkmale werden in allen Browsern der aktuellen Generation unterstützt. Dies muss berücksichtigt werden, wenn neue HTML5- und CSS3-Funktionen implementiert werden.
- ✔ Keines dieser Merkmale wird im Internet Explorer 8 (IE8) und früher unterstützt. Auch dies muss berücksichtigt werden, wenn ein großer Anteil der potenziellen Besucher einer Website IE8 und früher verwenden.
- ✔ Neue HTML5- und CSS3-Merkmale werden in aktuellen Browsern unterschiedlich unterstützt.

Alle Kompatibilitätsprobleme verändern sich ständig. Der Teil der Webgemeinde, der weiterhin IE8 verwendet, wird immer kleiner – wenn auch nicht so schnell, wie die Designer sich das wünschen würden –, und ich erkläre Ihnen in diesem Kapitel auch, warum das so ist. Und die Online-Design-Gemeinschaft entwickelt ständig neue Tools und Techniken, damit die modernen Seiten in dieser Umgebung funktionieren.

Strategisch sehr viel entscheidender ist, dass die HTML5- und CSS3-Funktionen in unterschiedlichen Browsern unterschiedlich implementiert wurden. Beispielsweise kann es sein, dass natives Video von HTML5 zwar in Chrome funktioniert, nicht aber in Firefox (siehe Abbildung 4.1).

Und CSS3-Syntax, die in Safari wunschgemäß einen verlaufenden Hintergrund definiert, funktioniert womöglich derzeit in einer aktuellen Version des Internet Explorers nicht (zum Zeitpunkt der Drucklegung dieses Buchs wird gerade IE11 auf die Veröffentlichung vorbereitet).

Der Versuch, eine Momentaufnahme dieser sich schnell verändernden Kompatibilitätslandschaft in einem Buch festzuhalten, wäre genauso hilfreich, wie hier eine Liste der Top-Ten-

Songs der Woche bei iTunes oder die Bestseller dieser Woche bei Google Play zu veröffentlichen. Für Sie informativ und wichtig ist:

- ✔ die verschiedenen Arten von Kompatibilitätsproblemen zu verstehen, die bei der Implementierung von HTML5 und CSS3 entstehen
- ✔ zu wissen, wo Sie den neuesten Status im Bezug auf die unterstützten Funktionen finden
- ✔ grundsätzlich zu verstehen, wie mit der Kompatibilität von HTML5 und CSS3 umzugehen ist

Darum wird es in diesem Kapitel gehen!

Videoformat oder MIME-Typ werden nicht unterstützt

Abbildung 4.1: Kompatibilitätsprobleme

HTML5 und CSS3 in alten Browsern verwenden

Frage: Welche Browser-Umgebungen unterstützen HTML5 und CSS3?

Antwort: Alle.

Nachdem wir diese einfache Antwort auf die wichtigste aller Fragen gefunden haben, wollen wir uns mit der komplizierten Realität beschäftigen.

Richtig, jeder Browser der Menschheitsgeschichte – und dazu gehören auch die mobilen Browser – kann HTML5- und CSS3-Dateien lesen, sie interpretieren und auf ihnen basierenden Inhalt anzeigen. Die einfache `doctype`-Deklaration von HTML wird in älteren Browsern einfacher interpretiert als ältere `doctype`-Deklarationen. Die Gründe dafür habe ich in Kapitel 3 erklärt.

Dagegen ist es in einigen Browser-Umgebungen nicht möglich, neue Elemente von HTML5 und neue Stileigenschaften von CSS3 zu interpretieren. (Einen Überblick über die CSS3-Unterstützung finden Sie in Abbildung 4.2).

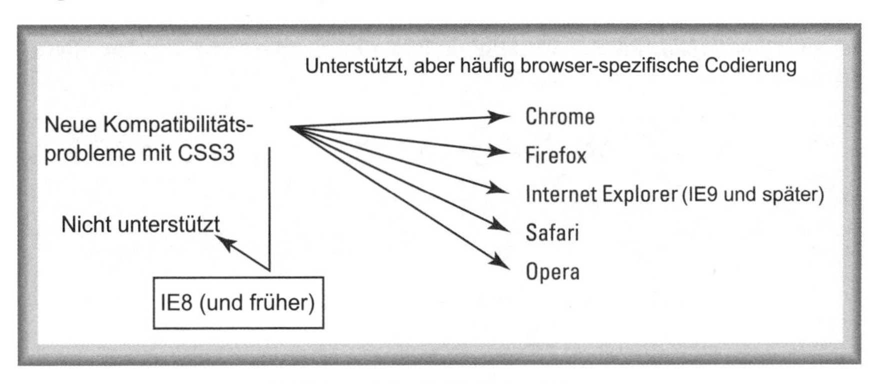

Abbildung 4.2: CSS3-Unterstützung

Natürlich ist es für Designer wichtig, Benutzer zu identifizieren, die ihre Websites zwar besuchen, deren Browser-Umgebung aber die neuen Funktionen von HTML5 und CSS3 noch nicht unterstützt. Natürlich gibt es immer weniger solche Umgebungen und irgendwann werden Websites nur noch mit Browsern besucht, die alle Funktionen von HTML5 und CSS3 unterstützen. Aber noch ist es nicht so weit. Ob – und in welchem Ausmaß – eine Website mit jedem Browser kompatibel ist, ist davon abhängig, wie wichtig es für diese Website ist, die Benutzerbasis mit IE8 und älter zu erreichen.

Hier gibt es im Wesentlichen zwei Ansätze, wie man Seiten erstellen kann, deren HTML5 und CSS3 auch in älteren Browsern funktioniert:

- ✔ **Hacks**: Zusätzliche Programmierung und Skripts, die dafür sorgen, dass neue Funktionen auch in alten Browsern funktionieren.
- ✔ **Graceful Degradation (Allmähliche Funktionsminderung)**: Man entwirft Sites, die sich in neuen Browsern optimal verhalten, aber die auch in älteren Browsern noch funktionieren.

Meiner Meinung nach sollten Sie grundsätzlich die allmähliche Funktionsminderung (Graceful Degradation) anwenden, aber ich wollte auf beide Möglichkeiten hinweisen. Welche Lösung Sie übernehmen, ist größtenteils von dem Publikum abhängig, das Sie erwarten.

Was Sie schon immer über IE8 (und älter) wissen wollten, aber bisher nicht zu fragen wagten

Wenn ich von Browser-Umgebungen spreche, die die neuen Elemente in HTML5 und CSS3-Stileigenschaften nicht interpretieren können, meine ich damit den Internet Explorer in den Versionen 6 bis 8. Alle anderen Browser-Umgebungen unterstützen HTML5 und CSS3. Und es wird noch eine Zeit dauern, bis die Benutzergemeinde von Internet Explorer 6 bis 8 zu dem Publikum gehören wird, das die neuen Funktionen nutzen kann.

Das liegt zum Teil daran, dass Microsoft keine einfachen oder kostenlosen Upgrades für IE8-Benutzer bereitstellt, die nicht gleichzeitig ein Upgrade für ihr Betriebssystem vornehmen. Als Abhilfe kann man einen der zahlreichen kostenlosen Browser verwenden, die für Windows angeboten werden, und die man einfach herunterladen kann – Firefox, Chrome (siehe Abbildung 4.3) oder Opera. Warum also installieren sich nicht einfach alle Windows-Benutzer aktuelle Browser?

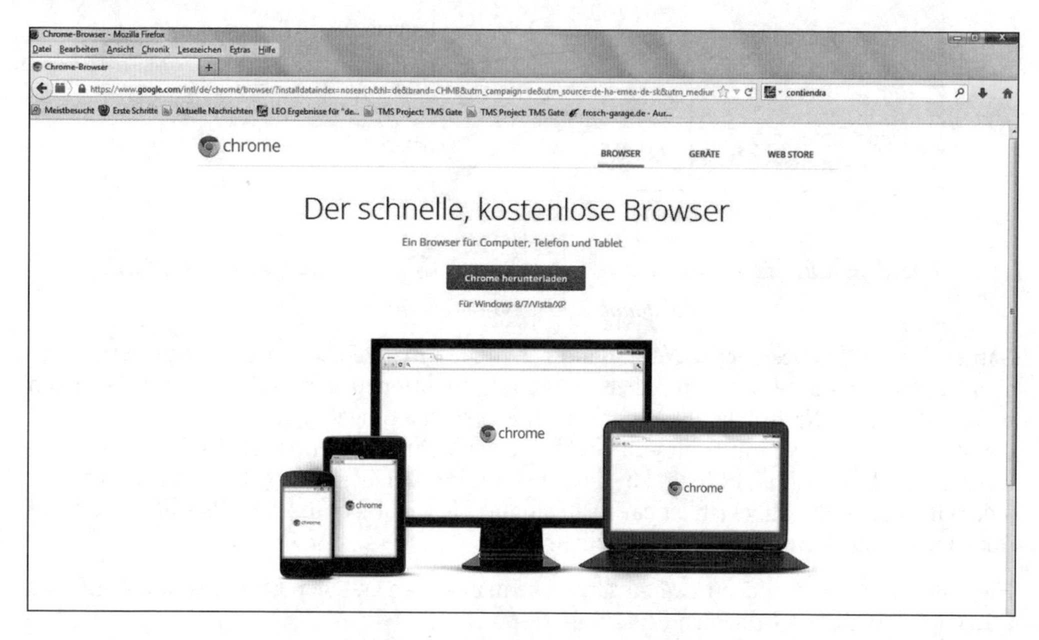

Abbildung 4.3: Downloadseite für Chrome

Natürlich liegt es nicht daran, dass unheimlich viele Internetbenutzer nicht wissen, dass es moderne Browser gibt oder nicht die erforderlichen Ressourcen für ihre Installation hätten. Der Grund ist vielmehr, dass große Unternehmen, die langfristige und kostspielige IT-Strategien implementiert haben, einfach nicht flexibel genug sind, um die massiven Investitionen im Hinblick auf Zeit, Technologie, Neustrukturierung und Neuschulung aufzubringen, um ein Upgrade für ihre Windows-Versionen vorzunehmen, das die aktuelle Version des IE unterstützt. Und ohne ein Upgrade auf neuere Windows-Versionen können letztlich die Benutzer von Windows XP die aktuelle Version des Internet Explorers nicht installieren.

Warum nehmen diese Unternehmen kein Upgrade auf eine neuere Windows-Version vor? Häufig sind sie einfach der Meinung, dass Windows XP relativ stabil und für ihre Zwecke optimal geeignet ist. Und sie legen überhaupt keinen Wert darauf, dass ihre Benutzer die aktuellsten Webanimationen oder die neue Interaktivität nutzen können. Diese Situation finden wir in Schulen, Banken und anderen Einrichtungen in Amerika genauso wie in Europa und in einem noch sehr viel größeren Umfang in der restlichen Welt vor.

Wer ist die IE8-Gemeinde?

Viele aussagekräftige Untersuchungen und Artikel haben die Ausdauer von IE8 als einzige Browser-Option für eine große Menge von Internetbenutzern analysiert:

- ✔ »Internet Explorer 8 – Von Google ausgemustert«

  `http://www.frontpigs.de/internet-explorer-8-ausgemustert`

- ✔ »Google Analytics stellt Support für IE8 ein«

  `http://onlinemarketing.de/news/google-analytics-stellt-support-fuer-ie8`

Das Fazit all dieser Artikel (die alle zwischen 2012 und 2013 geschrieben wurden) ist, dass viele Organisationen im Finanzbereich, im Gesundheitswesen, im Schulwesen oder in Regierungsstellen, wo es überall maßgebliche Sicherheitsanforderungen gibt, nicht genügend Anreiz darin sehen, ihren Benutzern die Installation von Browsern zu gestatten, die die neuen Funktionen von HTML5 und CSS3 unterstützen.

Diese zwangsmäßig verschanzte Benutzerbasis in den Unternehmen erklärt die Präsenz und die spezielle Bedeutung des IE8-Publikums. Außerdem bildet sie die Grundlage für die Entscheidung der Designer, ob sie lieber Hacks implementieren, die es Benutzern von IE8 und älter gestatten, ihre Sites so gut wie möglich zu nutzen, oder ob sie für die Benutzer von IE8 und früher einfach nur eine minimale Funktionalität bereitzustellen.

Wenn Sie beispielsweise festgestellt haben, dass die Besucher Ihrer Site hauptsächlich Mitarbeiter von großen Regierungsstellen oder einer großen Bank mit einem massiven IT-System sind, dann sollten Sie vielleicht die Zeit investieren, umfangreiche Hacks zu implementieren, um Alternativen für CSS3- und HTML5-Funktionen zu bieten, die in IE8 und früher nicht unterstützt werden.

Besteht das Publikum Ihrer Site dagegen hauptsächlich aus mobilen Benutzern, ist die Berücksichtigung von IE8 und früher offensichtlich kein Thema, weil es IE8 für Mobiltelefone einfach nicht gibt. (Glück gehabt.)

Hacking-Lösungen

Aufgrund der Ausdauer des IE8 wurden zahlreiche Hacks entwickelt und online bereitgestellt, um Kompatibilitätsprobleme mit IE8 (und früher) zu lösen. Und mit »Hacks« meine ich nicht etwa kriminelle Angriffe, mit denen versucht wird, Kreditkarteninformationen zu klauen: Ich spreche über informell entwickelte und online verbreitete Techniken und Ressourcen, die dafür sorgen, dass neue Design-Funktionen in alten Browsern funktionieren.

Wenn es für Sie wichtig ist, dass die Benutzer von IE8 und früher eine Browser-Erfahrung genießen, die HTML5 und CSS3 sehr nahe kommt, dann sollten Sie solche Scripts und Programmiertricks suchen, die es im Internet gibt, und mit denen es möglich ist, dass IE8 und älter zumindest einige Funktionen von HTML5 und CSS3 erkennen.

Im Rahmen dieses Buchs ist es nicht möglich, einen Überblick über alle Hacks zu präsentieren, die dafür sorgen, dass die neuen Funktionen von HTML5 und CSS3 in IE8 funktionieren.

Es gibt jedoch zwei Ressourcen, die die kritischsten Kompatibilitätsprobleme von IE8 und HTML5 lösen:

- **HTML5Shiv JavaScript**: Ermöglicht, dass IE6-8 die neuen HTML-Tags erkennen.
- **Respond JavaScript**: Ermöglicht, dass responsive Design-Techniken in IE6.8 funktionieren.

Links zu HTML5Shiv

Wenn Sie semantische Tags von HTML5 verwenden (zum Beispiel `<header>`, `<footer>`, `<article>` oder `<nav>`), erkennt IE8 diese nicht. In diesem Fall ist es besonders wichtig, HTML5Shiv JavaScript zu verwenden, weil es als JavaScript-Alternative dafür sorgt, dass das Styling von HTML5-Elementen in IE8 und früher möglich ist.

Weitere Informationen über semantische Tags finden Sie in Kapitel 5.

Um es klar zu sagen und noch einmal auf die Schwierigkeit hinzuweisen: Zu den wichtigsten neuen Elementen von HTML5 gehören eindeutig die vordefinierten semantischen Tags wie `<article>`, `<section>`, `<header>` und `<footer>`. IE8 erkennt diese Tags jedoch nicht. Wenn Sie semantischen Tags Stile zuordnen, zeigt IE8 diese Stile einfach nicht an.

Die Lösung für das Problem – HTML5Shiv JavaScript – ist kostenlos, ein Link darauf ist schnell gemacht, und für die Verwendung ist kein Download erforderlich. Nachdem das Skript installiert ist, erkennt IE8 semantische Tags in HTML5 und die darauf angewendeten CSS-Stile werden angezeigt.

Sie können HTML5Shiv JavaScript unter `https://code.google.com/p/html5shiv` herunterladen und es installieren. Auf dieser Website finden Sie einen Link zum Download einer zip-Datei mit dem Skript. Speichern Sie die zip-Datei in dem Ordner, in dem der Inhalt Ihrer Website enthalten ist, und entpacken Sie die zip-Datei. Damit wird der Ordner `dist` angelegt, der die erforderlichen JavaScript-Dateien enthält. Anschließend folgen Sie den einfachen Anleitungen unter `https://code.google.com/p/html5shiv`, um den Code zu kopieren und in das `<head>`-Element Ihres HTML-Dokuments einzufügen, das auf dieses Skript verweist.

Es gibt aber noch einen sehr viel einfacheren Ansatz. Sie fügen dazu einfach einen Link auf die HTML5Shiv-Datei ein, die von Google gehostet wird. Dazu fügen Sie den in Listing 4.1 gezeigten Code in das `<head>`-Element Ihrer Webseiten ein. Wenn der Benutzer als Browser den Internet Explorer vor Version 9 verwendet, wird das Skript geladen. Andernfalls ignoriert der Browser des Benutzers das Skript (die erste Codezeile im folgenden Listing ist ein Kommentar, der Ihnen – dem Designer – mitteilt, dass das Skript angewendet wird, wenn der Benutzer den Internet Explorer in einer Version kleiner 9 verwendet (»lt« ist eine Abkürzung für »lower than« (kleiner als).

```
<!--[if lt IE 9]>
<script src="http://html5shiv.googlecode.com/svn/trunk/html5.js"></script>
<![endif]-->
```

Listing 4.1: Der Kommentar, der Ihnen mitteilt, dass das Skript angewendet wird, wenn der Benutzer den Internet Explorer in einer Version kleiner 9 verwendet

Alle in diesem Buch verwendeten Code-Listings stehen zum Download unter `www.downloads.fuer-dummies.de` zur Verfügung.

Mit Respond JavaScript Medien-Abfragen unterstützen

Die Verwendung von Respond JavaScript (`Respond.jsscript`) ist nicht ganz so kritisch wie die Verwendung von HTML5Shiv JavaScript. Respond JavaScript ermöglicht jedoch Medien-Abfragen. Wenn also die Anzeige des Benutzers auf eine bestimmte Breite reduziert wird (beispielsweise schmaler als 960 Pixel), wird ein neues Stylesheet aktiviert.

Medien-Abfragen stellen unterschiedliche Stylesheets für unterschiedlich große Browser-Umgebungen bereit. Wann und wie diese Medien-Abfragen verwendet werden, ist in Kapitel 8 genauer erklärt.

Der IE8 läuft nicht auf Tablets oder Smartphones, deshalb ist das responsive Design nicht so problematisch, wenn eine Site auf einem mobilen Gerät angezeigt wird. Es kann ganz nett sein, aber es ist nicht unbedingt notwendig, ein anderes Look&Feel für Sites bereitzustellen, die in unterschiedlichen Größen auf einem Desktop- oder Laptop-Computer angezeigt werden. Sie können jedoch bewirken, dass Medien-Abfragen in IE8 und früher funktionieren, wenn Sie einen Link auf ein Skript einbinden, das als Respond-Lösung bezeichnet wird.

Um einen Link auf das Skript einzufügen, das die Respond-Lösung aktiviert, gehen Sie wie folgt vor:

1. **Starten Sie Ihren Browser und öffnen Sie die Seite `https://github.com/scottjehl/Respond`.**

2. **Laden Sie `respond.min.js` herunter. Dazu klicken Sie auf die ZIP-Schaltfläche, wie in Abbildung 4.4 gezeigt. Diese Datei brauchen Sie für die Respond-Lösung.**

   Das Skript `respond.min.js` wird zusammen mit Dokumentation und Beispieldateien heruntergeladen.

3. **Entpacken Sie die Datei `respond.min.js` und speichern Sie sie im Hauptordner Ihrer Website (in dem Ordner, in dem Sie den gesamten Inhalt für die Website ablegen).**

4. **Fügen Sie das folgende Skript-Element in den <head>-Abschnitt Ihrer Seite ein, nach dem letzten Stylesheet-Link:**

```
<script src="respond.min.js"></script>
```

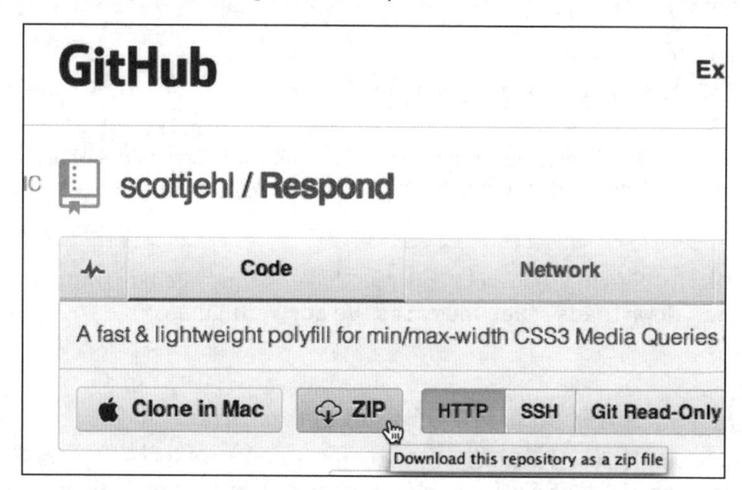

Abbildung 4.4: Responsives Design mit GitHub realisieren

Alternativ können Sie auch einen Link auf verschiedene gehostete Versionen der Datei einfügen. Ihr `<script>`-Element sieht dann so aus:

```
<script src="Link auf die Datei"></script>
```

Sollten Sie das für die Respond-Lösung benötigte JavaScript herunterladen? Oder verwenden Sie einfach einen Link auf die Remote-Dateien? Generell würde ich einen Link auf die Remote-Dateien empfehlen. Auf diese Weise können Sie diese Dateien nicht versehentlich von Ihrer Site löschen, Sie brauchen sich keine Gedanken über eine korrekte Verlinkung auf die Dateien auf Ihrer Site zu machen, und Sie müssen sich keine Gedanken darüber machen, dass die Dateien möglicherweise beschädigt werden könnten.

Und es gibt noch einen anderen Grund, einen Link auf die Remote-Version der Respond JavaScript-Dateien zu verwenden. Sie können das `Respond.js`-Skript auf Ihrem lokalen Computer nicht testen. Sie können es nicht einmal auf einem Server testen, der auf Ihrem Computer installiert ist (wie WAMP oder WebMatrix). Der IE hat eine Sicherheitseinstellung, die verhindert, dass das Skript in IE8 oder früher ausgeführt wird. Sie können die Respond-Lösung also nicht offline testen.

Sie testen die Respond-Lösung, indem Sie auf Ihre Upload-Seite gehen, die auf einem Webserver gehostet wird, und sie dort mit IE8 (oder früher) testen.

WAMP, MAMP, LAMP (die auf Windows, Macs beziehungsweise Linux ausgeführt werden) und WebMatrix sind Applikationen, die zum Großteil dieselbe Funktionalität auf dem Computer eines Entwicklers schaffen, wie sie auf externen Webhosting-Servern zur Verfügung steht. Beispielsweise können serverseitige Programmierer, die Code für die Verwaltung von Formulardaten und Datenbanken schreiben, ihre Arbeiten mit diesen Applikationen testen. Aber selbst wenn diese Server-Software auf Ihrem eigenen Computer installiert ist, können Sie die Respond-Lösung nicht testen – nur externe Hosting-Server verfügen über die Funktionen, die für einen Test nötig sind.

Sites in IE8 (und älter) testen

Nur wenige Webdesigner haben eine IE8-Version installiert. Wie können Sie also Sites testen, um zu überprüfen, ob – und wie – sie in IE6-8 funktionieren? Verwenden Sie eine Online-Ressource, wie beispielsweise Sauce Labs (`https://saucelabs.com`), wo verschiedene Testebenen für den IE8 und andere Browser zur Verfügung stehen, wie in Abbildung 4.5 gezeigt.

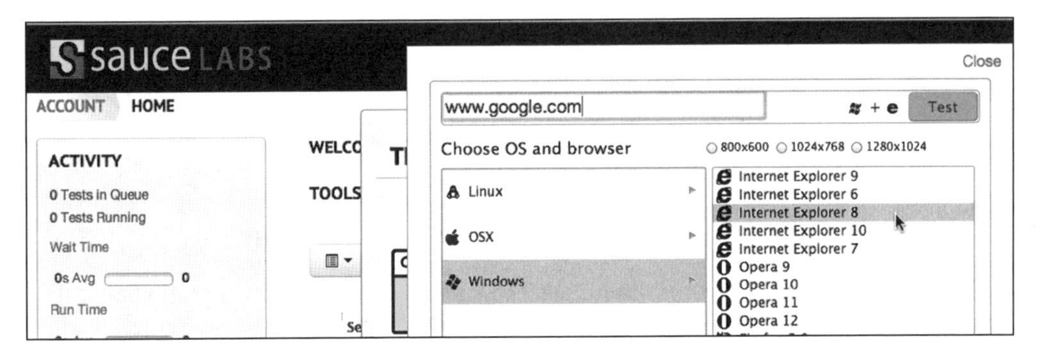

Abbildung 4.5: Kompatibilitätstest mit SauceLabs

Vielleicht haben Sie ja auch eine aktuelle Version des Internet Explorers installiert. Dann sehen Sie, wie eine geöffnete Seite aussieht, indem Sie F12 drücken, um auf die Entwickler-Tools zuzugreifen, und dann die Einstellung für den Browser-Modus auf IE6, 7 oder 8 setzen, wie in Abbildung 4.6 gezeigt.

Graceful Degradation (Allmähliche Funktionsminderung) für die Abwärtskompatibilität

Alle Browser unterstützen HTML5 und CSS3, aber nicht unbedingt alle neuen Funktionen (siehe Abbildung 4.7). Eine allgemeine Lösung für das Abwärtskompatibilitätsproblem ist die *allmähliche Funktionsminderung (Graceful Degradation).*

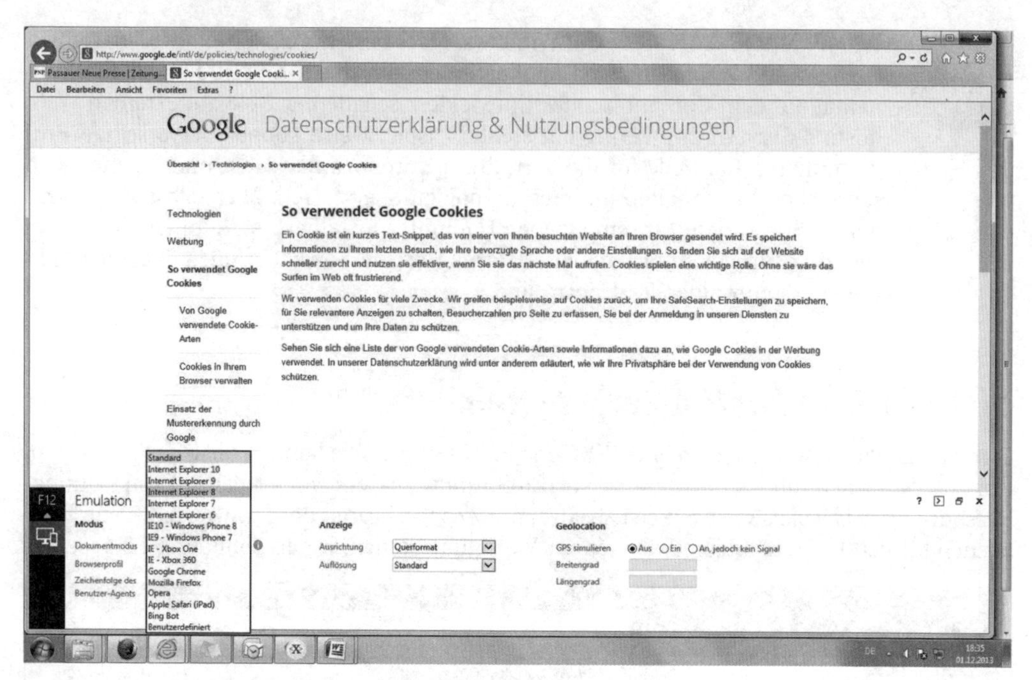

Abbildung 4.6: Im Internet Explorer die Anzeige für IE6, 7 oder 8 überprüfen

Allmähliche Funktionsminderung und schrittweise Verbesserung

Es gibt zwei grundsätzliche Ansätze für den Umgang mit der Browser-Kompatibilität: Allmähliche Funktionsminderung (Graceful Degradation) und schrittweise Verbesserung (Progressive Enhancement). Beide Ansätze lösen das Problem, Sites zu schaffen, die in Umgebungen mit maximaler Unterstützung der modernsten Technologie einladend und attraktiv sind, und die auch in Umgebungen, die diese Technologie nicht bieten, noch ausreichend gut funktionieren.

Die schrittweise Verbesserung beginnt mit einem Design, das für jedes Gerät funktioniert, und erweitert dieses schrittweise mit zusätzlichen Funktionen, die eine Site attraktiver und praktischer für Benutzer mit Browsern der heutigen Generation machen. Am weitesten nähern sich diese beiden Ansätze an, wenn JavaScript-Funktionen implementiert werden, die möglicherweise in älteren Browsern oder Geräten deaktiviert oder nicht unterstützt werden. Eine Beschreibung dieser JavaScript-Probleme ist im Rahmen dieses Buchs nicht möglich.

Bei der Implementierung von HTML5 und CSS3 gibt es letztlich sehr wenige Unterschiede zwischen den beiden Ansätzen. Beide versuchen, so viel HTML5 und CSS3 wie möglich umzusetzen, während gleichzeitig sichergestellt wird, dass die Seiten in Browsern ohne Unterstützung von HTML5 und CSS3 funktional bleiben.

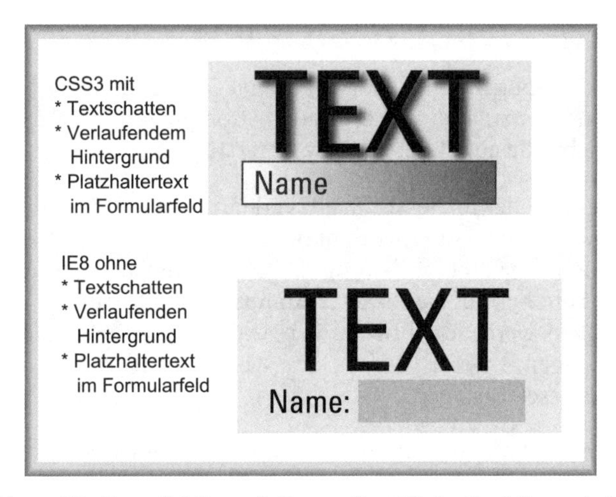

Abbildung 4.7: Graceful Degradation – allmähliche Funktionsminderung

Das grundlegende Konzept der allmählichen Funktionsminderung lautet: Sie entwerfen Seiten, die in modernen Browsern dynamisch, einladend und interaktiv erscheinen, die aber auch in älteren Browsern noch funktionieren.

Abbildung 4.8 beispielsweise zeigt eine Seite mit einem Formular vor einem verlaufenden Hintergrund in einem modernen Browser (links) und in IE8 (rechts). Dieses Beispiel verdeutlicht, um was es bei der allmählichen Funktionsminderung geht:

- IE8 unterstützt die verlaufenden Hintergründe von CSS3 nicht. Sie entwerfen also Elemente mit verlaufenden Hintergründen, die im IE eine durchgängige Farbe anzeigen.
- IE8 unterstützt keine Platzhalter in Formularen, wie HTML5 sie bietet. Sie entwerfen also Formulare, bei denen aus den normalen Beschriftungen hervorgeht, was in die Formularfelder eingegeben werden soll. Der HTML5-Platzhalterinhalt kann weitere Klärung schaffen oder die Benutzer auffordern, diese Daten einzugeben.
- IE8 unterstützt keine CSS3-Textschatten, deshalb wenden Sie für die IE8-Benutzer ein Farbschema mit höheren Kontrasten an.

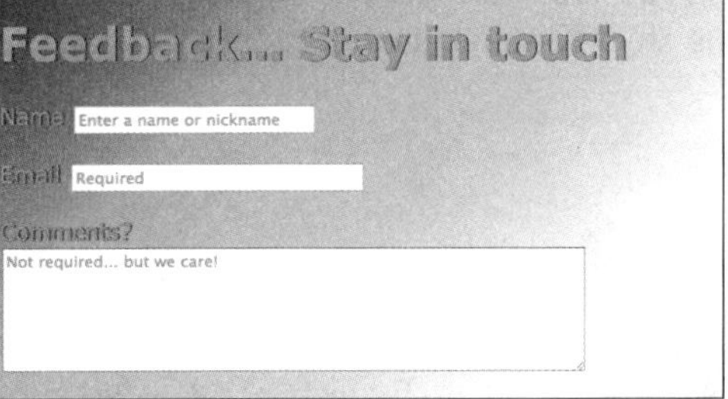

Abbildung 4.8: Formular mit verlaufendem Hintergrund in einem aktuellen Browser (links) und in einem alten Browser (rechts)

Browser-Kriege wegen HTML5 und CSS3

Am Anfang war das Konzept ganz einfach: HTML5 und CSS3 sollten von allen Browsern übernommen werden. Und genau das passierte auch. Kompliziert wurde das Ganze, weil sie HTML5 und CSS3 nicht alle auf dieselbe Weise unterstützen.

Wie bereits früher in diesem Kapitel erklärt, ist die Menge der in den verschiedenen Browsern unterstützten Funktionen ein bewegliches Ziel. Die gute Botschaft ist, dass ich Ihnen hier Anleitung und Hilfe bereitstellen werde, was die Entwicklung im Hinblick auf die Browser-Kompatibilität betrifft. In den Teilen II und III dieses Buchs werde ich Ihnen zeigen, wie Sie dafür sorgen, dass Ihre Vorstellungen in einigen Browsern auf die eine Weise, in anderen Browsern auf die andere Weise umgesetzt werden.

Um eine genaue Vorgehensweise bei Problemen mit der Browser-Kompatibilität festzulegen, gehen Sie zunächst davon aus, dass alle modernen Browser eine von fünf Technologien der zugrunde liegenden Engines nutzen:

- **Gecko**: Wird von Firefox verwendet.
- **Presto**: Wird von älteren Versionen von Opera verwendet. Die aktuellen Versionen von Opera für Desktop und mobile Geräte wechseln heute auf WebKit.
- **Trident**: Wird vom Internet Explorer für Desktop und mobile Geräte verwendet.
- **WebKit**: Wird von Safari, früheren Versionen von Chrome, neueren Versionen von Opera und den meisten mobilen Browsern außer für Windows Mobile verwendet.
- **Blink**: Eine Version von WebKit, die von aktuellen Versionen von Chrome verwendet wird.

Anbieterspezifische CSS-Präfixe verwenden

CSS3 ist immer noch in der Entwicklungsphase (wenn auch in einer wichtigen und im Wesentlichen stabilen Entwicklungsphase), deshalb verwenden unterschiedliche Browser-Engines ihr jeweils eigenes CSS für ihre neuen Stylesheet-Eigenschaften.

CSS3 Transformationen – diese wirklich genialen Eigenschaften, die dafür sorgen, dass Elemente gekippt, verschoben, vergrößert, verkleinert oder gedreht werden können – benötigen verschiedene Präfixe (Code vor dem Code), damit die Transformationen in allen modernen Browsern funktionieren. Das CSS für die Drehung eines Kastens um 15 Grad würde etwa wie folgt aussehen:

```
transform:rotate(15deg);
-ms-transform:rotate(15deg);
-webkit-transform:rotate(15deg);
-o-transform:rotate(15deg);
```

Die erste Zeile – ohne Präfix – ist für Browser vorgesehen, die kein Präfix benötigen, wie zum Beispiel Chrome (Versionen, die die Blink-Engine verwenden) und IE10. Die zweite Zeile mit dem Präfix `-ms` funktioniert in IE9. Die dritte Zeile definiert die Drehung für Safari, ältere

Versionen von Chrome und die meisten mobilen Browser. Die letzte Zeile definiert die Drehung für Opera.

Es gibt Online-Ressourcen mit der ständig aktualisierten Dokumentation dazu, welcher Browser welche CSS-Eigenschaften unterstützt. Eine der praktischsten und vollständigsten Online-Ressourcen ist die Site *Can I Use* (`http://caniuse.com`).

Konkurrierende Video-Formate

Das vielleicht grundlegendste Kompatibilitätsproblem mit HTML5 ist, dass unterschiedliche Browser-Engines unterschiedliche eigene Video-Formate unterstützen. Aber auch hier ist alles im Fluss.

Die Seite »HTML5 Video« von *Can I Use* wird ständig aktualisiert und enthält einen detaillierten Überblick, welche Engine welches Video-Format unterstützt (siehe `http://caniuse.com/video`).

Beispielsweise gestatten es mehrere native Video-Formate den Designern, Video auf einer Seite einzubetten, ohne dass die Benutzer ein Plug-in benötigen, um das Video anzuzeigen. Keines dieser Formate funktioniert jedoch in allen Browsern. Wenn Sie beispielsweise versuchen, ein MP4-Video (h.264) in Firefox anzusehen, erhalten Sie momentan eine Fehlermeldung (siehe Abbildung 4.9).

Videoformat oder MIME-Typ werden nicht unterstützt

Abbildung 4.9: Fehlermeldung, wenn ein Video-Format nicht unterstützt wird

Und wenn Sie versuchen, das andere allgemein unterstützte native HTML5-Format, OGG, in Safari anzuzeigen, erhalten Sie eine wenig elegante Meldung, dass das Video geladen wird, die jedoch nie mehr verschwindet – und von einem Video keine Spur (siehe Abbildung 4.10).

Der Browser-Support für Video-Formate ändert sich ständig. Momentan hat sich das Ganze auf einen Zustand eingependelt, in dem die Designer nur zwei native Video-Versionen benötigen, um Video-Dateien einzubetten:

Abbildung 4.10: Safari zeigt bei einem nicht unterstützten Video-Format eine Fortschrittsanzeige an, aber das Video wird nie geladen.

- **h.264**: Dateinamen, die mit `.mp4` enden
- **Theora OGG**: Dateinamen, die mit `.ogv` enden

Behaupte ich damit, die Lösung sei, sowohl h.264- als auch OGG-Video einzubetten? Ja. Damit wird das Problem gelöst, Video für alle Benutzer von HTML5-freundlichen Browsern bereitzustellen. In Kapitel 7 werde ich Ihnen zeigen, wie Sie Video in beiden Formaten aufbereiten.

Etwas später in diesem Kapitel werde ich darauf eingehen, was zu tun ist, um Lösungen für Umgebungen zu schaffen, die HTML5 überhaupt nicht unterstützen.

Der grundlegende Arbeitsablauf für die Vorbereitung einer HTML5-fähigen Datei sieht wie folgt aus:

1. **Erstellen Sie Ihr Video im h.264-Video-Format.**

   Dieses proprietäre Format wird von allen gebräuchlichen Software-Paketen für die Videobearbeitung unterstützt und in diese importiert.

2. **Wandeln Sie das h.264-Format in OGG-Format um.**

   Für die Umwandlung von h.264-Video in das OGG-Format können Sie kostenlose Software wie beispielsweise den Miro Video Converter (`www.mirovideoconverter.com`) verwenden oder den Konverter von Theora (`http://v2v.cc/~j/ffmpeg2theora`). Abbildung 4.11 zeigt den Miro Video Converter, der eine Video-Datei im nativen Ogg Theora-Format für HTML5 erstellt.

Video für IE8 erstellen

IE8 unterstützt kein natives Video, das Fallback ist also, eine Video-Option bereitzustellen, die über ein Plug-in abgespielt wird. Das bedeutet letztlich, dass Sie eine dritte Version des Videos bereitstellen müssen.

Abbildung 4.11: Miro Video Converter

Hier einige mögliche Lösungen dafür:

- ✔ Einige Entwickler verwenden Flash Video (FLV) als Fallback. Weitere Informationen darüber finden Sie im späteren Abschnitt »Ein Wort zu Flash«.
- ✔ Andere Entwickler verwenden die verschiedenen Windows Media-Formate, beispielsweise AVI.
- ✔ Eine weitere Möglichkeit wäre eine allmähliche Funktionsminderung (Graceful Degradation), so dass Benutzer mit IE8 die Meldung erhalten, dass ihr Browser keine aktuellen Video-Formate unterstützt. Diese Lösung wird auch allgemein von Designern genutzt, die der Meinung sind, dass in einem minimal funktionalen Seiteninhalt für IE8-Benutzer keine Videos enthalten sind.

Welche Option ist für Sie am besten geeignet? Der beste Ansatz hängt von Ihrem Zielpublikum ab. Weitere Informationen dazu finden Sie im vorigen Abschnitt »Was Sie schon immer über IE8 (und älter) wissen wollten, aber bisher nicht zu fragen wagten«.

Eine vollständige Erklärung, wie Sie natives HTML5-Audio und -Video aufbereiten und präsentieren und wie Sie Optionen für Browser bereitstellen, die keine HTML5-Medien unterstützen, finden Sie in Kapitel 7.

Mobile Kompatibilität

Und welche Kompatibilitätsprobleme mit HTML5 und CSS3 gibt es für mobile Browser? Kurz gesagt: Keine.

Aber wie es bei Antworten, die aus einem einzigen Wort bestehen, häufig der Fall ist, ist auch diese eine starke Vereinfachung. Wie ich in diesem Kapitel gezeigt habe, gibt es Unterschiede, wie HTML5- und CSS3-kompatible Browser unterschiedliche Funktionen verarbeiten. Ganz allgemein gilt jedoch, dass mobile Browser häufig aktualisiert werden und deshalb alle HTML5 und CSS3 unterstützen.

Die größte Herausforderung bei der Schaffung einladender und barrierefreier Seiten für mobile Geräte ist es, alle HTML5- und CSS3-Funktionen zu nutzen, die dafür sorgen, dass alle Elemente mobiler Seiten einfacher genutzt werden können, von Formularen bis zum Video.

Weitere Informationen zum Design für mobile Geräte finden Sie in Kapitel 8.

Ein Wort zu Flash

Wie fügt sich Flash in die Welt von HTML5 und CSS3 ein? Nicht gut. Und als Steve Jobs irgendwann sagte, dass die mobilen Geräte von Apple niemals eine Flash-Animation oder ein Flash-Video unterstützen würden, hat er den Trend zu nativem Video und Plug-in-freien Browsern noch beschleunigt.

Aber natürlich werden Geräte und Browser, die HTML5 und CSS3 unterstützen, irgendwann auch die Installation von Flash Player gestatten, weil er erforderlich ist, um Flash-Video-Dateien (FLV) und animierte Flash-Objekte (SWF-Dateien) anzuzeigen.

Das native HTML5-Video-Element (um das es in Kapitel 7 genauer gehen wird) ist ein Ersatz für Flash-Video. HTML5 und CSS3 ersetzen jedoch die von Flash insgesamt gebotene Funktionalität noch nicht ganz. CSS3 verfügt über begrenzte Animationswerkzeuge, die ich in Kapitel 11 erklären werde. Außerdem gibt es immer mehr JavaScript-Tools, die mit HTML5 und CSS3 zusammenarbeiten, um Funktionen wie animierte Vektorgrafiken oder Diashows zu unterstützen.

Im Rahmen dieses Buchs kann keine vollständige Erklärung dieser JavaScript-Tools bereitgestellt werden, das gilt auch für jQuery. Eine praktische Dokumentation und Ressourcen finden Sie unter `http://jquery.com`. Außerdem empfehle ich Ihnen dazu *jQuery Für Dummies* von Lynn Beighley.

Teil II

Seiten mit HTML5 erstellen

In diesem Teil ...

In diesem Teil gehe ich genauer auf die Tools ein, die Ihnen für die Entwicklung von Seiten mit HTML5 zur Verfügung stehen. Ich erkläre, wie Sie die neuen, semantischen Tags von HTML5 zur Seitenstrukturierung verwenden. Und ich zeige Ihnen, wie HTML5 eine bemerkenswerte Sammlung an Formularwerkzeugen bereitstellt, von Kalenderabfragen bis hin zu berechneten Feldern und der Auswertung von Formulardaten.

Darüber hinaus werde ich Ihnen in diesem Teil zeigen, wie Sie natives Audio und Video von HTML5 ohne Plug-ins nutzen können. Und ich erkläre, wie Sie die beiden leistungsstärksten Tools von HTML5 für die Schaffung uneingeschränkt mobiler Seiten implementieren – responsives Design mit Medien-Abfragen und jQuery Mobile Webapps.

Semantische Tags in HTML5

5

In diesem Kapitel

- Inhalt mit HTML5-Tags organisieren
- Semantische Tags von HTML5 für die Seitenstrukturierung nutzen
- Semantische Tags von HTML5 für spezifischen Inhalt nutzen
- HTML5-Tags einen Stil zuweisen

Vermutlich ist keine andere der Neuerungen von HTML5 so kontrovers und provokativ wie die Verknüpfung zwischen Tags und Inhalt. *Semantische Tags* sind Elemente, deren Name den Inhalt beschreibt. Das Tag `<strong>` beispielsweise ist kein semantisches Tag. Es gibt vor, dass der Inhalt fett ausgezeichnet dargestellt werden soll, aber Sie erhalten keinerlei Hinweise auf den *Inhalt* dieses fett ausgezeichneten Texts. Semantische Tags wie `<article>` oder `<address>` oder `<datetime>` dagegen beschreiben die Art ihres Inhalts – und besitzen intuitive Namen, anhand derer leicht zu erkennen ist, welchem Element welche Art von Inhalt zugeordnet werden soll.

Semantische Tags spielten in HTML auch schon vor HTML5 eine Rolle. Das Tag <p> (*Paragraph*, Absatz) beispielsweise beschreibt irgendwie die Art des darin gezeigten Inhalts. Aber in HTML5 werden zum ersten Mal wirklich viele vordefinierte semantische Tags bereitgestellt.

Tags wie `<header>`, `<footer>` und `<article>` enthalten genau das, was Sie erwarten – Kopfzeileninhalt, Fußzeileninhalt und einen Artikel. Das Element `<progress>` zeigt, wie intuitiv zu erwarten ist, eine Fortschrittsanzeige an, und das Element `<nav>` enthält Navigationsinhalt. Diesen Ansatz können Designer nutzen, um das Seitendesign zu vereinfachen und den Benutzern einladenderen Inhalt zu präsentieren, auf den sie leicht zugreifen können.

In diesem Kapitel geht es um verschiedene Arten semantischer Elemente. Einige dieser Elemente werden für die Strukturierung (Organisation und Sortierung) von Inhalt verwendet (zum Beispiel `<article>` oder `<header>`, siehe Abbildung 5.1). Andere semantische Tags weisen auf die Art des darin befindlichen Inhalts hin, strukturieren aber den Inhalt nicht (zum Beispiel die Elemente `<datetime>` und `<address>`). Außerdem stelle ich Ihnen ein paar geniale Anzeigefunktionen vor, die einige semantische Tags unterstützen, wie beispielsweise die `<details>`- und `<summary>`-Elemente, für die »Details« eingeblendet werden können (und die manchmal für Online-Quizseiten verwendet werden).

Die verschiedenen Arten semantischer Elemente verstehen

Alle neuen semantischen Elemente von HTML5 haben eines gemeinsam: Ihre Elementnamen beschreiben (mehr oder weniger) die *Art* des darin enthaltenen Inhalts.

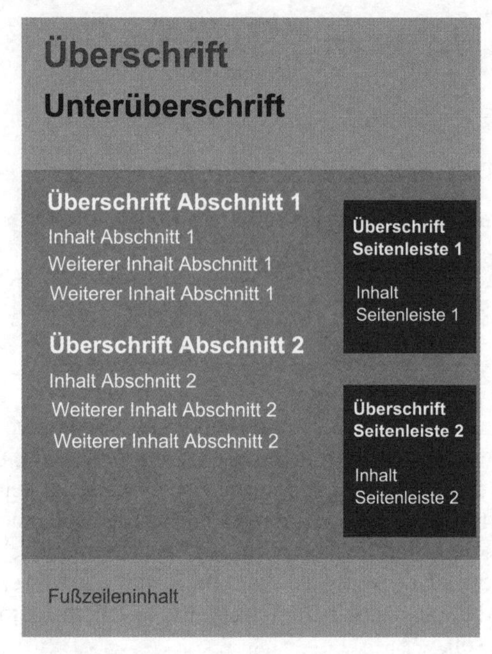

Abbildung 5.1: Grundlegender Seitenaufbau mit semantischen Tags

Ein `<time>`-Element beispielsweise enthält eine Zeit, zum Beispiel `1. Januar 2016`. Ein `<header>`-Tag weist darauf hin, dass der Inhalt in diesem Element eine Seitenkopfzeile darstellt (oder vielleicht eine Abschnitts- oder sogar eine Bereichsüberschrift).

Die Elemente <head> und <header>

Hier geht es noch einmal um grundlegendes HTML. Dabei soll der Unterschied zwischen den Elementen <head> und `<header>` geklärt werden, die ganz ähnliche Namen aufweisen.

Das <head>-Element enthält Inhalt, der in einem Browser-Dokumentfenster nicht angezeigt wird, nämlich beispielsweise Links auf Stylesheets, Metainformation (`meta`) wie etwa eine Seitenbeschreibung oder einen Seitentitel.

Das <head>-Element enthält auch das `<title>`-Element, das einzige Element von <head>, das zwingend erforderlich ist, und das schon seit den ersten Versionen ein HTML-Element ist. Das `<header>`-Element, um das es in diesem Kapitel geht, ist neu in HTML5. Es enthält einführendes oder Navigationsmaterial – in der Regel für eine Seite, es kann jedoch auch für einen Abschnitt oder anderen Inhalt auf einer Seite genutzt werden.

Semantische Tags in HTML5 für die Seitenstrukturierung

Semantische Tags in HTML5 dienen dazu, Seiteninhalt in organisierte, hierarchische Blöcke zu unterteilen.

Die semantischen Tags von HTML5, von mir als die »Strukturkategorie« bezeichnet, umfassen:

- `<header>`
- `<article>`
- `<section>`
- `<aside>`
- `<footer>`

Ein typisches Seitenlayout mit Kopfzeile, Fußzeile und einem Artikel mit zwei Absätzen könnte etwa wie in Abbildung 5.2 gezeigt aussehen.

Artikel mit Abschnitten

Überschrift des Artikels

Abschnittsüberschrift

Eine wunderbare Heiterkeit hat meine ganze Seele eingenommen, gleich den süßen Frühlingsmorgen, die ich mit ganzem Herzen genieße. Ich bin allein und freue mich meines Lebens in dieser Gegend, die für solche Seelen geschaffen ist wie die meine. Ich bin so glücklich, mein Bester, so ganz in dem Gefühle von ruhigem Dasein versunken, dass meine Kunst darunter leidet.

Ich könnte jetzt nicht zeichnen, nicht einen Strich, und bin nie ein größerer Maler gewesen als in diesen Augenblicken. Wenn das liebe Tal um mich dampft, und die hohe Sonne an der Oberfläche der undurchdringlichen Finsternis meines Waldes ruht, und nur einzelne Strahlen sich in das innere Heiligtum stehlen.

Abschnittsüberschrift

Ich dann im hohen Grase am fallenden Bache liege, und näher an der Erde tausend mannigfaltige Gräschen mir merkwürdig werden; wenn ich das Wimmeln der kleinen Welt zwischen Halmen, die unzähligen, unergründlichen Gestalten der Würmchen, der Mückchen näher an meinem Herzen fühle.

Und fühle die Gegenwart des Allmächtigen, der uns nach seinem Bilde schuf, das Wehen des Alliebenden, der uns in ewiger Wonne schwebend trägt und erhält; mein Freund! Wenn's dann um meine Augen dämmert, und die Welt um mich her und der Himmel ganz in meiner Seele ruhn wie die Gestalt einer Geliebten.

Fußzeileninhalt

Abbildung 5.2: Typisches Seitenlayout

Später in diesem Kapitel werde ich Ihnen genauer erklären, wie das funktioniert – im Abschnitt »Mit fünf Elementen Inhalt strukturieren«.

Nicht-strukturierende semantische Tags

Die allgemeinsten und leistungsfähigsten neuen Elemente von HTML5 scheinen die strukturierenden Tags zu sein (<header>, <footer>, <article> und so weiter). Eine interessante Menge zusätzlicher neuer semantischer HTML5-Tags ist jedoch nicht an eine bestimmte Struktur oder Hierarchie gebunden. Einige dieser Tags sind relativ unbedeutend, aber nachfolgend zeige ich Ihnen einige wichtige semantische HTML5-Tags, die von mir als »nicht-strukturierende semantische Tags« bezeichnet werden:

- ✔ <progress>: Erzeugt einen grafischen Balken, der angibt, inwieweit ein Ereignis oder ein Projekt fertiggestellt sind
- ✔ <datetime>: Zeigt an, dass Inhalt ein Datum darstellt
- ✔ <address>: Zeigt an, dass Inhalt eine virtuelle oder physische Adresse darstellt
- ✔ <summary>: Wird in Kombination mit <details>-Elementen verwendet, um erweiterbare Blöcke zu erstellen
- ✔ <details>: Wird in Kombination mit <summary>-Elementen verwendet, um erweiterbare Blöcke zu erstellen

Mit nicht-strukturierenden semantischen Tags können Sie alle möglichen interessanten Dinge machen. Abbildung 5.3 beispielsweise zeigt ein <progress>-Tag. Dabei handelt es sich um ein Element, das so oft wie nötig an jeder Position einer Seite wiederverwendet werden kann, ohne dass eine definierende Struktur berücksichtigt werden muss. Mit anderen Worten, es gibt keine Regeln oder Konventionen, die festlegen, ob ein <progress>-Tag innerhalb eines anderen Elements verwendet werden muss oder nicht verwendet werden darf.

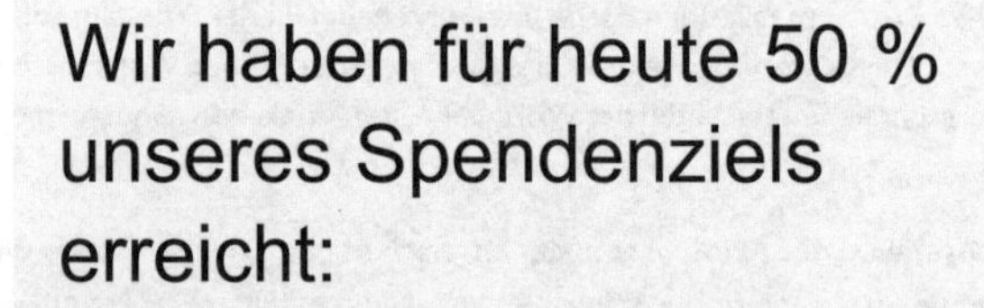

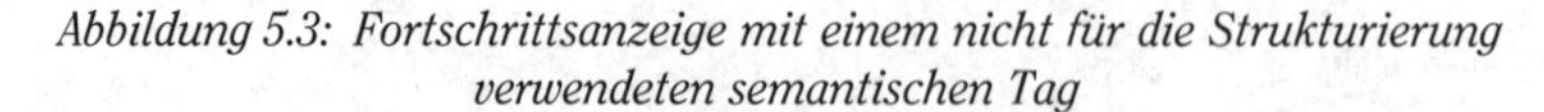

Abbildung 5.3: Fortschrittsanzeige mit einem nicht für die Strukturierung verwendeten semantischen Tag

Möglicherweise wollen Sie aber auch ein erweiterbares <details>-Element innerhalb eines <article>-Tags, eines <section>-Tags oder sogar innerhalb eines <footer>-Tags verwenden. Das Element zeigt einen erweiterbaren Überblick, wie in Abbildung 5.4 gezeigt.

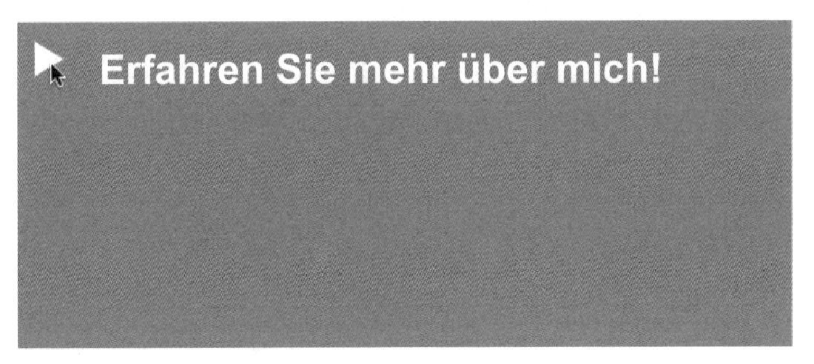

Abbildung 5.4: Dieses Element können Sie aufklappen.

Und Abbildung 5.5 zeigt, wie ein <details>-Element erweitert, also gewissermaßen aufgeklappt wird, um Details anzeigen.

Erfahren Sie mehr über mich!

Ich bin modern, mitten im Leben und glücklich!

- Ich bin modern - immer auf der Höhe der Zeit
- Ich stehe im Leben - wo ich bin, ist die MItte
- Ich bin glücklich - glauben Sie mir!

Abbildung 5.5: Das aufgeklappte Element aus Abbildung 5.4

Weitere semantische Tags von HTML5

Meine Erklärung der semantischen Tags von HTML5 hat sich in diesem Kapitel bisher auf zwei Kategorien konzentriert:

✔ **Strukturierende semantische Tags in HTML5**: Tags, die für die Seitenstruktur verwendet werden – hätten Sie es geahnt?

✔ **Nicht-strukturierende semantische Tags in HTML5**: Geniale Tags, die nicht speziell an irgendwelchen Positionen von Seiten »eingepasst« werden müssen, aber den Inhalt einladender und barrierefreier machen.

HTML5 bringt jedoch noch weitere semantische Tags mit sich, die nicht in diese beiden Kategorien eingeordnet werden können. Viel mehr gehören diese weiteren semantischen Tags in die beiden folgenden Kategorien:

✔ **Typografische Tags**: Werden für spezifische Aufgaben im Hinblick auf die Typografie verwendet, oder beispielsweise für die Darstellung ostasiatischer Zeichensätze.

✔ **Programmierbare Tags**: Machen überhaupt nichts, wenn sie nicht mit Hilfe von JavaScript programmiert werden.

Typografische Tags

Typografische Tags sind hoch spezialisierte Tags, die für sehr spezifische, eher selten vorkommende Aufgaben verwendet werden. Es handelt sich also sehr wahrscheinlich nicht um Tags, die Sie jeden Tag brauchen werden. Viele Designer verwenden sie nie. Wenn Sie mit großen Schriftblöcken arbeiten und eine Feinabstimmung der Zeilenumbrüche wichtig für Sie ist, sollten Sie die Tags `<bdi>` und insbesondere `<wbr>` kennen.

Das `<bdi>`-Tag wird verwendet, wenn Text innerhalb eines Elements von rechts nach links verläuft, während er im restlichen Text von links nach rechts verlaufen soll.

Ein weiteres spezialisiertes Element, das `<wbr>`-Tag, definiert einen möglichen Zeilenumbruch, wenn ein Browser-Fenster eine reduzierte Breite aufweist. Das `<wbr>`-Tag wird in der Regel innerhalb sehr langer Wörter verwendet, um ihre Trennung zu definieren. In der folgenden Codezeile beispielsweise kennzeichnen die `<wbr>`-Tags Punkte, an denen ein langes Wort getrennt wird, wenn es nicht in ein Browser-Fenster passt.

```
Das <p>Rindfleischetikettierungs<wbr>überwachungsaufgaben<wbr>übertra
gungsgesetz gehört der Vergangenheit an.</p>
```

Abbildung 5.6 zeigt diesen Text in einem breiten Browser-Fenster.

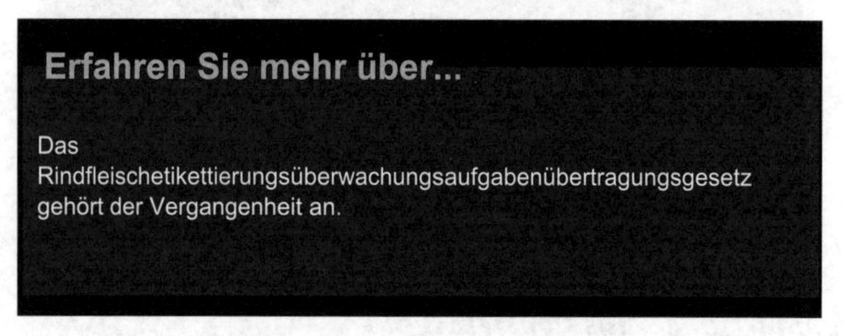

Abbildung 5.6: Text in einem breiten Browser-Fenster

Abbildung 5.7 zeigt denselben Text in einem schmaleren Browser-Fenster, wobei das Wort am zweiten `<wbr>`-Tag getrennt ist.

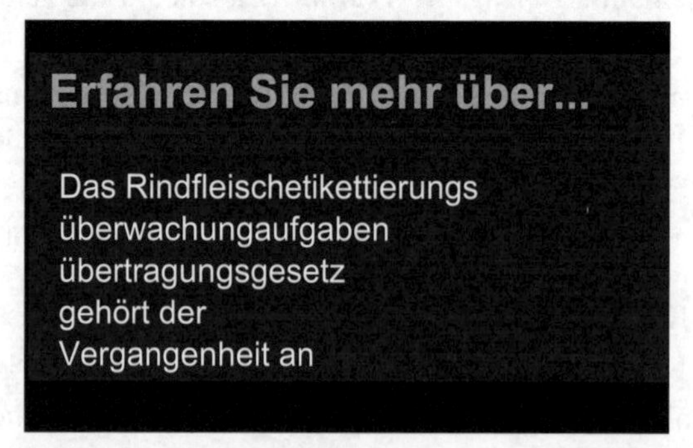

Abbildung 5.7: Der Text aus Abbildung 5.6 in einem schmalen Browser-Fenster, das lange Wort getrennt am `<wbr>`-Tag

Tags für ostasiatische Zeichensätze

Andere hoch spezialisierte typografische Tags in HTML5 sind beispielsweise <ruby>, <rt> und <rp>. Diese Tags sind nur für Designer wichtig, die mit ostasiatischen Zeichensätzen arbeiten (zum Beispiel für Chinesisch, Japanisch oder Koreanisch). Sie funktionieren nur in Umgebungen, in denen die entsprechenden ostasiatischen Zeichensätze installiert sind. Und das leisten diese Tags:

- ✔ <ruby>: Dieses Element definiert eine Ruby-Notation (für ostasiatische Zeichensätze). *Ruby-Notationen* sind kurze Texteinschübe, die neben dem eigentlichen Text ausgegeben werden, und die hauptsächlich in der ostasiatischen Typografie als Lesehilfe für die Aussprache oder zur Einbindung anderer Notationen genutzt werden. Im Japanischen spricht man auch von *Furigana*.
- ✔ <rt>: Das <rt>-Element wird im Allgemeinen in ein <ruby>-Tag eingebettet und definiert eine Erklärung/Aussprachehilfe für Zeichen.

Die Elemente <ruby> und <rt> werden nur für die ostasiatische Typografie verwendet. Wenn Sie keine ostasiatischen Zeichensätze verwenden, können Sie dieses Element vergessen.

- ✔ <rp>: Dieses Element definiert, was in Browsern angezeigt werden soll, die keine Ruby-Notationen unterstützen.

Zum Zeitpunkt der Drucklegung dieses Buchs wurden die Tags <ruby>, <rt> und <rp> in Chrome unterstützt, in Safari, Firefox oder Opera dagegen nicht ohne spezielle Plug-in-Software.

Programmierbare Tags

Programmierbare Tags sind semantische HTML5-Tags, die nur als Tools für JavaScript-Designer vorgesehen sind. Zu diesen programmierbaren Tags gehören beispielsweise die <command>- und <dialog>-Elemente, die für interaktive JavaScript-Objekte verwendet werden können. Diese Tags haben keine eigenständige Bedeutung, wenn sie nicht in JavaScript-Programmen implementiert werden. Die Erklärung dieser Tags gehört in den Bereich der JavaScript-Programmierung.

Außerdem gibt es zwei neue HTML-Tags, für die es bereits eine riesige Bibliothek an JavaScript-Widgets gibt, so dass auch Nicht-Programmierer sie nutzen können: <canvas> und <data>:

- ✔ <canvas>: Erstellt Zeichenfelder, auf die der Benutzer zugreifen kann.
- ✔ <data>: Wird (unter anderem) dazu verwendet, mobile Seiten mit jQuery Mobile-Animation und Interaktivität zu versorgen.

Weitere Informationen über das <canvas>-Element finden Sie in Kapitel 2, über das <data>-Element in Kapitel 8.

Mit fünf Elementen Inhalt strukturieren

In der Philosophie beziehen sich die »fünf Elemente« häufig auf Wu Xing, die fünf Elemente in der chinesischen Philosophie, oder Mahabhuta, die fünf Elemente im Hinduismus. Die Analogie ist treffend. Für die Definition der meisten Seiten braucht man im Wesentlichen fünf semantische Markup-Elemente aus HTML5:

- `<article>`
- `<section>`
- `<aside>`
- `<header>`
- `<footer>`

Diese Elemente haben alle dieselbe, relativ einfache Syntax. Sie werden mit einem Tag wie `<header>` geöffnet und mit einem Tag wie `</header>` geschlossen.

Wissen, wann was zu verwenden ist

Die Namen der fünf wichtigsten strukturierenden HTML5-Elemente sind intuitiv: Sie definieren die wichtigsten Blöcke des Seiteninhalts (siehe Abbildung 5.8). Für die Verwendung der verschiedenen Elemente gibt es klar definierte Regeln. Eine vollständige Erläuterung, wann welches strukturierende HTML5-Element verwendet wird, finden Sie direkt an der Quelle unter w3.org (`www.w3.org/TR/html-markup`). Dort erhalten Sie auch die formalen Definitionen dieser Tags. Dies ist die Website des World Wide Web Consortiums (W3C), der Hauptorganisation, die die Standards für das World Wide Web festlegt.

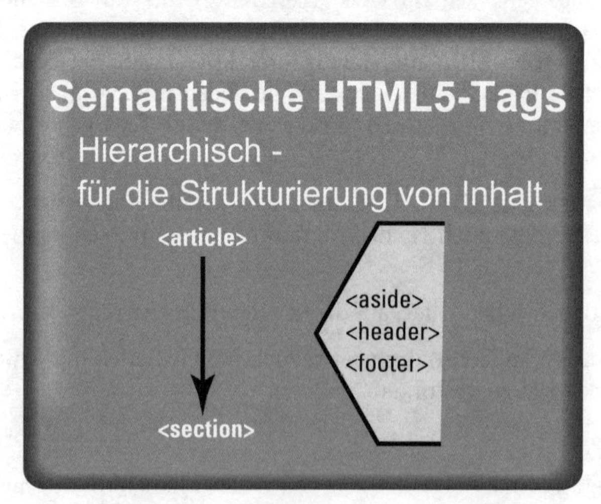

Abbildung 5.8: Semantische Tags in HTML5

Die Dokumentation des `w3.org` ist ausführlicher, aber weniger gut nachvollziehbar, als man sich das vielleicht wünschen würde. In den folgenden Abschnitten werde ich deshalb kurz zusammenfassen, was mit diesen fünf Schlüsselelementen zu tun ist – und was nicht.

Das <article>-Element

`<article>`-Elemente schließen ganze Abschnitte ein. (Ganz intuitiv, oder?) Sie verwenden das `<article>`-Element für:

- ✔ Foren- oder Blog-Postings
- ✔ Abschnitte in Veröffentlichungen
- ✔ Gepostete Kommentare

Das `<article>`-Element kann in ein beliebiges Element eingebettet werden, aber das ist keine Bedingung. Der Inhalt sollte in sich abgeschlossen sein, so dass er auch unabhängig von anderem Seiteninhalt gelesen oder weitergegeben werden kann.

Und weil das `<article>`-Element eigenständig ist, gibt es auch keine strengen Regeln dazu, was darin aufgenommen werden kann. Ganz allgemein gilt jedoch, dass das `<article>`-Element auf oberster Ebene angeordnet ist und nicht in andere semantische HTML5-Elemente eingeschlossen wird.

Ein Ansatz für die Entwicklung und Strukturierung von HTML5-Dokumenten ist es, die gesamte (sichtbare) Seite – das heißt alles innerhalb des `<body>`-Tags – in ein `<article>`-Element einzuschließen. Dieser Ansatz wird am besten verwendet, wenn sich nicht viel Text auf einer Seite befindet und nicht mehrere `<article>`-Elemente erforderlich sind.

Ein weiterer Ansatz ist, ein `<div>`-Tag mit einem ID-Stil (wie zum Beispiel `<div ID="wrapper">`) für die Strukturierung von Seiteninhalt zu verwenden, und diesen Inhalt dann mit Hilfe mehrerer Instanzen des `<article>`-Tags zu untergliedern. Dieser Ansatz wird am besten für Seiten verwendet, auf denen es mehrere Abschnitte gibt – zum Beispiel eine Blog-Seite.

Das <section>-Element

Allgemein kann man sagen, das `<section>`-Element definiert Bereiche eines `<article>`-Elements und sollte nur innerhalb von Abschnitten verwendet werden. Darüber hinaus sollten Sie die Verwendung von Abschnitten vermeiden, die nur aus einem Bereich bestehen – dies jedoch als Hinweis zum allgemeinen Schreibstil und weniger als HTML-Regel als solche. Wenn Sie einen Abschnitt in Bereiche unterteilen, sollten zwei oder mehrere Bereiche in diesem Abschnitt vorhanden sein.

Das `<section>`-Element definiert Bereiche eines `<article>`-Elements, aber was meine ich mit Bereichen? Lange Artikel in Zeitungen, Zeitschriften oder sogar Blogs sind oft in Bereiche unterteilt. In der Regel haben diese Bereiche ihre eigenen Mini-Überschriften – sogenannte Unterüberschriften. Dieses Kapitel dieses Buchs beispielsweise würde, wenn es online als Abschnitt gepostet werden müsste, Bereiche (Teile) haben, die den grundlegenden Inhaltsblöcken entsprechen, in die das Kapitel unterteilt ist.

Verwenden Sie das <section>-Tag nicht außerhalb eines <article>-Elements. Dies widerspricht der Strukturierung und Priorisierung von Inhalt für Suchmaschinen. Außerdem wäre eine solche Strukturierung von Inhalten nicht konsistent zu anderen Websites.

Das <aside>-Element

Das <aside>-Element verhält sich wie eine Seitenleiste. Es sollte einem Abschnitt oder einem Bereich eines Abschnitts zugeordnet werden und keinen eigenständigen Inhalt enthalten.

Verwenden Sie das <aside>-Tag nicht außerhalb eines <article>-Elements oder eines <section>-Elements. Inhalt in einem <aside> sollte als »Seitenleiste« für einen Abschnitt oder einen Bereich eines Abschnitts verwendet werden. Die Verwendung von <aside>-Elementen außerhalb von <article>- oder <section>-Elementen widerspricht der Strukturierung und Priorisierung von Inhalt für Suchmaschinen. Außerdem wäre eine solche Strukturierung von Inhalten nicht konsistent zu anderen Websites.

Was ist mit dem <hgroup>-Element passiert?

Leser, die die Entwicklung von HTML5 verfolgt haben, erinnern sich vielleicht, dass es bis zum April 2013 das <hgroup>-Element gab. Der Zweck dieses Elements war nie klar definiert, aber es war geplant, dass es für die Gruppierung von Inhalt innerhalb einer Überschrift verwendet werden sollte. Das W3C ist zu dem Schluss gekommen, dass das <hgroup>-Element bei den Designern nicht gut angekommen ist und dass es eigentlich überflüssig ist.

Das <header>-Element

<header>-Tags werden für einführenden Inhalt (oder Navigationsinhalt) für ein ganzes Dokument, einen Abschnitt oder sogar für einen Bereich eines Abschnitts verwendet.

Verwenden Sie ein <header>-Tag nicht innerhalb eines <address>-Tags oder anderer <header>-Elemente. Dies widerspricht der Strukturierung und Priorisierung von Inhalt für Suchmaschinen. Außerdem wäre eine solche Strukturierung von Inhalten nicht konsistent zu anderen Websites.

Das <footer>-Element

Das <footer>-Tag kann genutzt werden, um eine Fußzeile für eine Seite (Dokument), einen Abschnitt oder einen Bereich eines Abschnitts zu definieren. Fußzeilen sind in der Regel jedoch für Seiten oder Abschnitte reserviert. Fußzeileninhalt umfasst normalerweise Kontaktinformationen, Informationen über den Autor, gesetzliche Hinweise (zum Beispiel Copyright-Hinweise) oder Navigationslinks.

Die Verwendung von zu vielen Fußzeilen (und auch Kopfzeilen) macht eine Seite unübersichtlich.

Die Verwendung eines <footer>-Elements, um Inhalt aufzunehmen, der nicht in eine Fußzeile gehört, widerspricht der Strukturierung und Priorisierung von Inhalt für Suchmaschinen. Außerdem wäre eine solche Strukturierung von Inhalten nicht konsistent zu anderen Websites.

Vorlage für eine grundlegende HTML5-Seite

Der Code in Listing 5.1 zeigt eine Vorlage für eine sehr grundlegende HTML5-Seite, die vollständig mit strukturierenden semantischen Tags aufgebaut ist. Das gesamte Dokument – innerhalb des <body>-Elements von HTML – ist ein <article>-Element. Innerhalb des <article>-Elements befinden sich ein <header> mit einem <footer> und zwei <section>-Elemente jeweils mit einem <aside>-Element.

Alle in diesem Buch verwendeten Code-Listings stehen zum Download unter www.downloads.fuer-dummies.de zur Verfügung.

```
<!DOCTYPE html>
<html>
<head>
<link href="style.css" rel="stylesheet" type="text/css">
<title>HTML5-Vorlage Seitenstruktur</title>
</head>
<body>
<article>
<header>
</header>
<section>
<aside>
<h3>Seitenleiste 1 Überschrift</h3>
<p>Seitenleiste 1 Inhalt</p>
</aside>
<h1>Bereich 1 Überschrift</h1>
<p>Bereich 1 Inhalt</p>
<p>Weiterer Bereich 1 Inhalt</p>
<p>Weiterer Bereich 1 Inhalt</p>
</section>
<section>
<aside>
```

```
<h3>Seitenleiste 2 Überschrift</h3>
<p>Seitenleiste 2 Inhalt</p>
</aside>
<h1>Bereich 2 Überschrift</h1>
<p>Bereich 2 Inhalt</p>
<p>Weiterer Bereich 2 Inhalt</p>
<p>Weiterer Bereich 2 Inhalt</p>
</section>
<footer>
<h6>Fußzeile Inhalt</h6>
</footer>
</article>
</body>
</html>
```

Listing 5.1: Eine Vorlage für eine sehr grundlegende HTML5-Seite, die vollständig mit strukturierenden semantischen Tags aufgebaut ist

Sie werden vermutlich bereits bemerkt haben, dass unsere strukturierenden Tags wie `<article>` oder `<footer>` ganz traditionelle Tags wie Absätze `<p>`, Überschriften `<h1>`, `<h2>` und so weiter enthalten. Die strukturierenden Tags von HTML5 können jede Art Inhalt ebenso wie traditionelle HTML-Elemente für die Darstellung dieses Inhalts aufnehmen.

In dem in Listing 5.1 gezeigten HTML-Vorlagencode ist der gesamte Seiteninhalt in ein `<article>`-Element eingeschlossen. Dies ist eine Methode, HTML5-Seiten zu erstellen. Dabei werden für den Seitenaufbau nur semantische Elemente von HTML5 verwendet.

Ein anderer Ansatz ist, den gesamten Seiteninhalt in ein traditionelles ID `<div>`-Tag einzuschließen. Bei diesem Ansatz packen Sie die gesamte Seite (vom Ende des `<body>`-Tags bis zum Anfang des `</body>`-Tags) in ein `<div>`-Tag ein und weisen dann einen ID-Selektor mit einem Namen wie zum Beispiel `#wrapper` zu. Dieser Ansatz folgt in etwa dem traditionellen HTML- und CSS-Seitenlayout.

Stile für strukturierende Tags

Welchen Stil unterstützen die gängigen Browser für die fünf strukturierenden semantischen Tags von HTML5? Keinen. Zum Zeitpunkt der Drucklegung dieses Buchs gibt es für diese grundlegenden strukturierenden semantischen Tags in den Browsern keine Standardstile. Sie verhalten sich also wie die alten (und immer noch aktuellen) `<div>`-Tags. Damit sie einen Stil erhalten, müssen Stilselektoren aus einem CSS-Stylesheet darauf angewendet werden.

Beispielsweise erstelle ich häufig einen CSS-Stilselektor für das `<aside>`-Element, der eine `float`-Eigenschaft enthält, so dass es sich wie eine Seitenleiste verhält, wie in Abbildung 5.9 gezeigt.

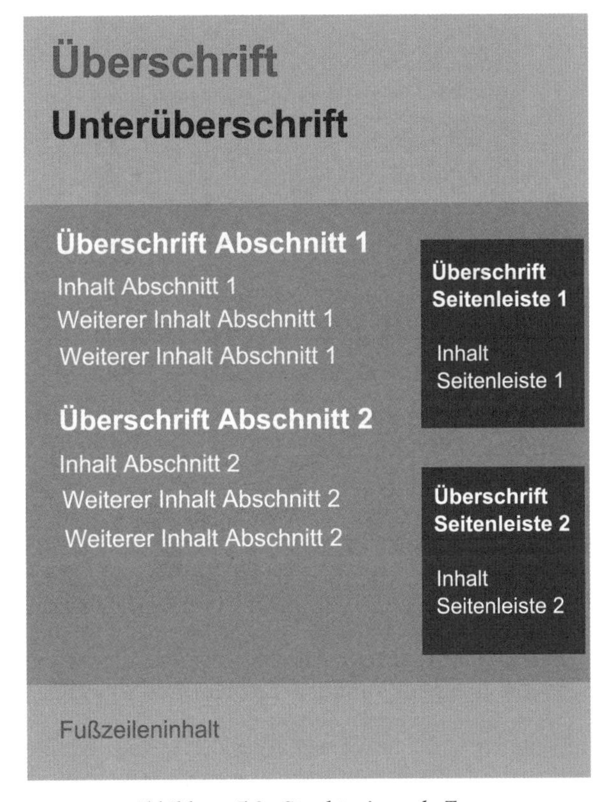

Abbildung 5.9: Strukturierende Tags

Wenn ich die gesamte Seite innerhalb eines `<article>`-Elements darstelle, wie in dem Code in Listing 5.1 gezeigt (siehe voriger Abschnitt), kann ich die Breite dieses Elements mit 960 Pixeln (px) definieren, um für den gesamten Inhalt ein Design für eine Standardseitenbreite von 960 Pixel vorzugeben.

Einen schnellen Crashkurs zum Aufbau traditioneller HTML-Seiten mit CSS-Stylesheets finden Sie in Kapitel 1.

Kurz gesagt, das Styling des alten `<div>`-Tag-Selektors und das Styling neuer semantischer Tags von HTML5 unterscheiden sich kaum. Das bedeutet jedoch nicht, dass die Verwendung der semantischen HTML5-Tags nicht maßgebliche Vorteile mit sich brächte. Wie ich in diesem Kapitel bereits mehrfach angesprochen habe, verbessern die semantischen Tags von HTML5 die Suchmaschinenergebnisse für eine Seite, sie sind viel einfacher zu benutzen als eigene ID-Stile für `<div>`-Tags und sie entsprechen dem Standard – in der ganzen Welt des Webdesigns (siehe Abbildung 5.10).

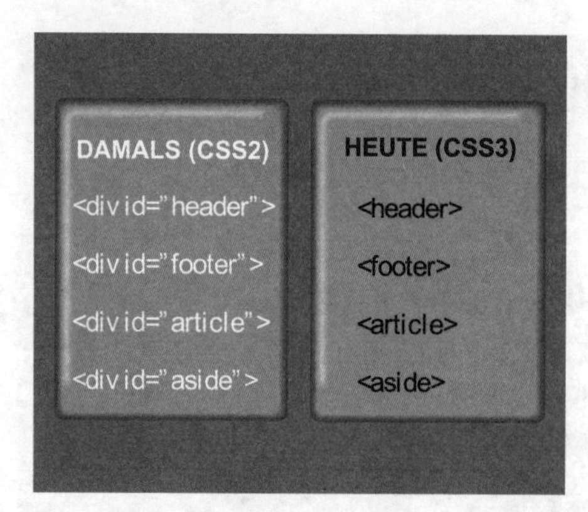

Abbildung 5.10: Unterschied zwischen den alten Tag-Selektoren und den neuen semantischen Tags von HTML5

HTML5 für spezifischen Inhalt

Neben den neuen semantischen Tags von HTML5, mit denen Seiteninhalt strukturiert werden kann (wie im letzten Abschnitt dieses Kapitels beschrieben), gibt es auch ein paar »Freigeister« darunter (siehe Abbildung 5.11, die einfach überall verwendet werden können – in einem Abschnitt, in einer Fußzeile, in einem `<aside>`-Element und so weiter.

Das Hauptkriterium für die Verwendung dieser Tags ist, dass sie zu dem Inhalt passen müssen, auf den sie angewendet werden. Einige dieser Tags werden paarweise eingesetzt. Ein `<summary>`-Element beispielsweise arbeitet mit einem `<details>`-Element zusammen, und ein `<figcaption>`-Element wird innerhalb eines `<figure>`-Elements verwendet.

Dies sind die wichtigsten semantischen Tags, die Inhalt definieren, aber nicht streng an ein Seitenlayout gebunden sind:

- Das `<summary>`-Tag definiert eine sichtbare Überschrift für ein `<details>`-Tag, und dieses `<details>`-Tag definiert weitere Details, die der Benutzer ein- oder ausblenden kann.
- Das `<figure>`-Element kennzeichnet eigenständigen grafischen Inhalt, wie beispielsweise Illustrationen oder Fotos. Das `<figcaption>`-Element wird innerhalb eines `<figure>`-Elements verwendet, um eine Überschrift für dieses `<figure>`-Element zu definieren.
- Das `<mark>`-Tag definiert hervorgehobenen Text.
- Das `<time>`-Element (und der `datetime`-Parameter) definiert spezifische Datums- und Zeitwerte.
- Das `<address>`-Element wird für physische und virtuelle Adressen verwendet (zum Beispiel URLs für eine Website).

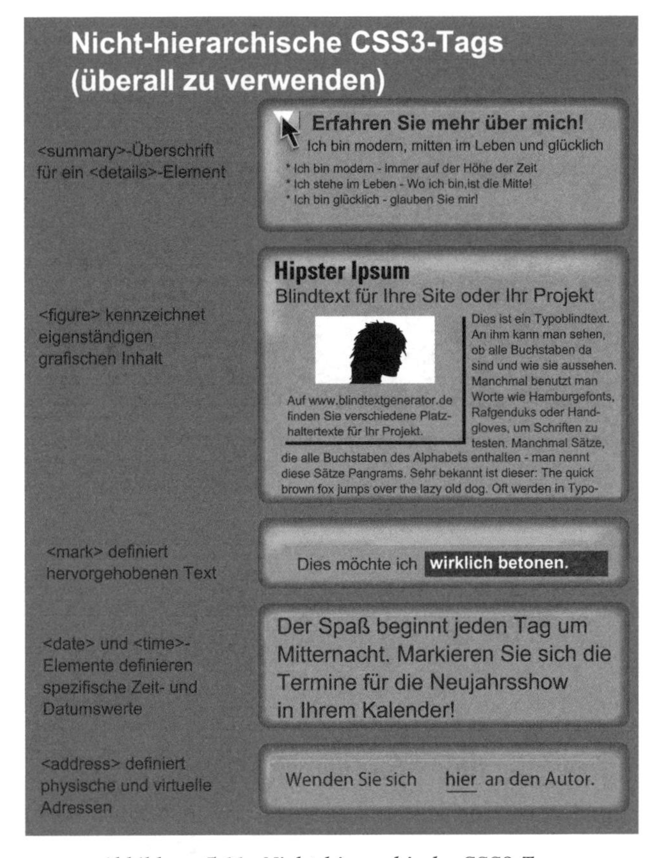

Abbildung 5.11: Nicht-hierarchische CSS3-Tags

Verwendung der <details>- und <summary>-Elemente

Die HTML5-Elemente `<details>` und `<summary>` besitzen relativ komplexe Standardstile. Wenn sie unterstützt werden, verhalten sie sich wie zusammenklappbare Blöcke: Bevor nicht ein Benutzer auf das Dreieck klickt, um den Inhalt einzublenden, wird nur ein Überblick über den Inhalt angezeigt. Wenn ein Benutzer auf das Dreieck klickt, wird der Detailinhalt eingeblendet, wie in Abbildung 5.12 gezeigt.

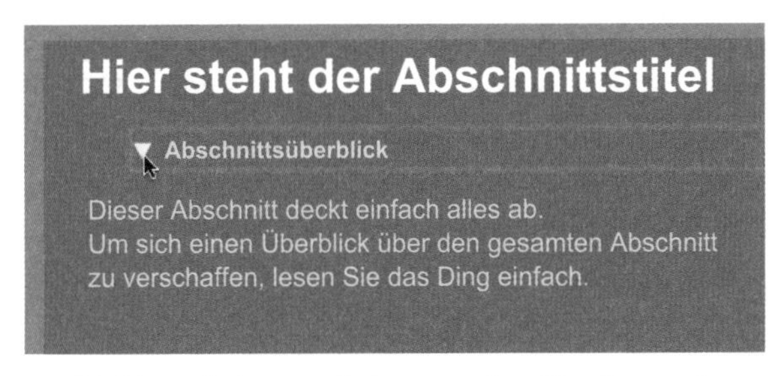

Abbildung 5.12: Details können eingeblendet werden

Zum Zeitpunkt der Drucklegung dieses Buchs werden die `<details>`- und `<summary>`-Tags nicht in allen Browsern unterstützt, die die neuen HTML5-Elemente unterstützen. In Browsern, wo sie nicht unterstützt werden, entsteht jedoch eine relativ harmlose Funktionsminderung, wie in Abbildung 5.13 gezeigt.

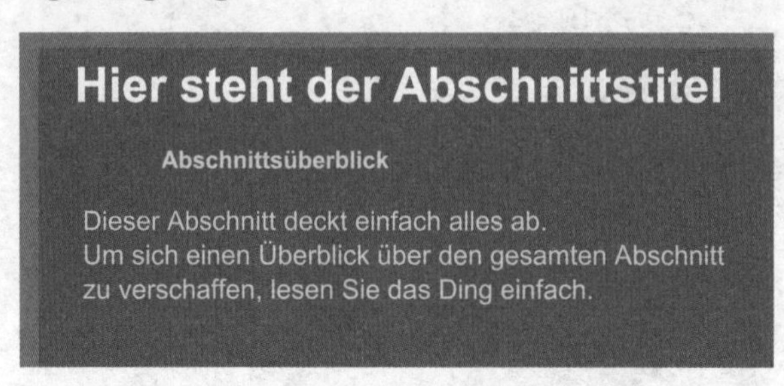

Abbildung 5.13: Wenn dieses Element nicht unterstützt wird, passiert nichts weiter Schlimmes

Die Syntax für einen `<details>/<summary>`-Block lautet:

```
<details>
<summary>Überblicksinhalt</summary>
  Detailinhalt, der angezeigt wird, wenn der Block
  eingeblendet wird
</details>
```

Definition von <figure>- und <figcaption>-Tags

Die Tags `<figure>` und `<figcaption>` gehören zusammen. Nicht jedes `<figure>`-Element muss ein `<figcaption>`-Element haben. Ein `<figcaption>`-Element kann jedoch nicht ohne zugeordnetes `<figure>`-Element verwendet werden.

Hier die Syntax für die Kombination der beiden Elemente:

```
<figure>
<img src="imagename.png">
<figcaption>Hier steht die Bildbeschriftung</figcaption>
</figure>
```

Da es für die `<figure>`- und `<figcaption>`-Elemente keinen Standardstil gibt, sollten Sie ein bisschen Styling darauf anwenden. Erstellen Sie Stilselektoren für die `<figure>`- und `<figcaption>`-Tags in Ihrem CSS-Stylesheet, um eine standardisierte und elegante Präsentation von Abbildungen auf Ihrer Site zu realisieren (siehe Abbildung 5.14).

Abbildung 5.14: Standardisierte und elegante Darstellung von Abbildungen

Markieren mit dem <mark>-Tag

Jahrhundertelang (okay, vielleicht doch nur jahrelang) mussten Designer `<span>`-Tags für die Hervorhebung von Text verwenden. Die Schwierigkeit dabei war, ein Tag anzuwenden, das keinen Zeilenumbruch verursachte. Aus diesem Grund verwenden die meisten Tags, die auf Text angewendet werden (wie zum Beispiel `<p>`, `<h1>` und so weiter) standardmäßig eine Blockanzeige.

Das `<mark>`-Tag verwendet (dort wo es unterstützt wird) standardmäßig eine `inline`-Anzeige (wie in der CSS-Regel `display:inline`).

Hier ein Beispiel. Standardmäßig definieren Sie einfach einen Klassenstil (mit einem Namen wie zum Beispiel `.highlight`) mit einem aquamarinblauem Hintergrund und wenden diesen Klassenstil mit Hilfe eines `<div>`-Tags auf irgendwelchen Text an. Der HTML-Code könnte wie folgt aussehen:

```
<p>Ich möchte dies <div class="highlight">wirklich betonen</div>, ok?</p>
```

In CSS könnte das wie folgt aussehen:

```
.highlight {background-color:aqua;}
```

Das unerfreuliche Ergebnis würde wie in Abbildung 5.15 aussehen.

Ich möchte dies
wirklich betonen,
ok?

Abbildung 5.15: Wie es nicht aussehen soll

Wenn Sie dieselbe Stildefinition auf ein <mark>-Element anwenden, können Sie die Hervorhebung in HTML etwa wie folgt realisieren:

```
<p>Ich möchte dies <mark>wirklich betonen,</mark> ok?</p>
```

Dazu definieren Sie einen CSS-Selektor wie folgt:

```
mark {background-color:aqua;}
```

Hiermit erhalten Sie ein sehr viel besseres Ergebnis, wie in Abbildung 5.16 gezeigt.

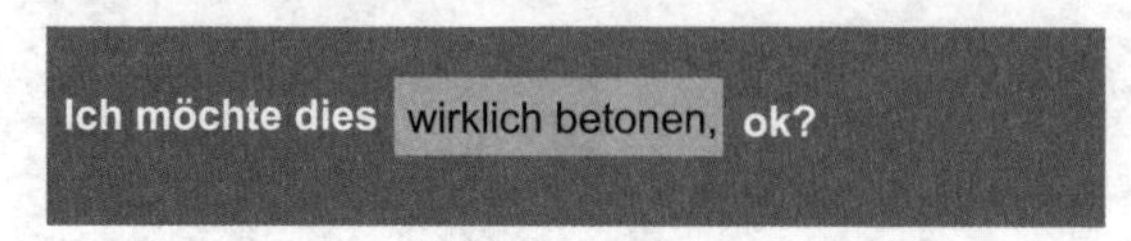

Abbildung 5.16: Wie es aussehen soll

<time> und <datetime> verwenden

Mit dem <time>-Element und dem <datetime>-Parameter definieren Sie spezifische Zeit- und Datumswerte. <time> und <datetime> besitzen zwar keine Standardstile, aber ihre Verwendung bedeutet dennoch einen maßgeblichen Vorteil. Dieser Vorteil ist, dass sie sich wahrscheinlich auf die Suchmaschinenoptimierung (SEO, Search Engine Optimization) für Ihren Inhalt auswirken.

Die Suchmaschinenoptimierung macht Inhalt zugänglicher für Suchmaschinen. Wenn ein Benutzer beispielsweise nach »Was ist dieses Jahr an Halloween los« sucht, will er wahrscheinlich Veranstaltungen finden, die für ein bestimmtes Datum eingeplant sind. Ein Benutzer dagegen der nach »Ursprünge von Halloween« sucht, ist an einer solchen Veranstaltungsliste eher nicht interessiert. Wenn ein Webdesigner das Wort »Halloween« in einem <datetime>-Element unterbringt, erkennen die Suchmaschinen, welcher Seiteninhalt auf eine geplante Veranstaltung hinweist und können diese Information einem Benutzer anzeigen, der sich schon passend verkleidet hat.

Eine Veranstaltung, die mit »diesen Sonntag« angekündigt wird, wird sehr wahrscheinlich nicht in den Ergebnissen angezeigt, wenn jemand nach »Veranstaltungen in meiner Nähe am 15.1.« sucht. Wenn Sie dagegen einen <datetime>-Parameterwert einbinden, der ein spezifisches Datum mit Ihrem Text verknüpft, kann nach diesem HTML gesucht werden und das Datum erscheint sehr viel wahrscheinlicher in den Suchergebnissen.

Dasselbe gilt für Zeiten. Wenn Sie angeben, dass etwas um Mitternacht passiert, wie soll die Suchmaschine dann erkennen, ob sich Ihr »Mitternacht « nicht auf eine Farbangabe wie etwa Mitternachtsblau bezieht? Antwort: Sie wenden ein <time>-Tag auf Mitternacht an.

Hier ein Beispiel für die Verwendung des <time>-Tags und des <datetime>-Parameters:

```
Der Spaß beginnt jeden Tag um <time>Mitternacht</time>. Markieren Sie sich
die Termine für die Neujahrsshow in Ihrem Kalender<time datetime=
"2015-01-01"></time>!
```

Wenn das Ganze in einem Browser angezeigt wird, erscheint nicht das tatsächliche Datum der Neujahrsshow, wie in Abbildung 5.17 gezeigt. Das Praktische daran ist, dass nach dem Datum gesucht werden kann.

Der Spaß beginnt um Mitternacht. Markieren Sie sich die Termine für die Neujahrsshow in Ihrem Kalender!

Abbildung 5.17: Nach dieser Datumsangabe kann gesucht werden

Adressen definieren

Das `<address>`-Tag ist intuitiv und wird auf Adressen angewendet – URLs oder reale Standorte.

Die Mitarbeiter des W3C, die für die Tag-Definition zuständig sind, bestehen darauf, dass das `<address>`-Tag nur auf Adressen angewendet wird, die für das Element relevant sind, innerhalb dessen das Tag liegt.

Wenn Sie beispielsweise eine in mehrere `<article>`-Elemente untergliederte Seite haben, sollte ein `<address>`-Tag auf jeweils eines dieser Elemente angewendet werden. Wenn Sie ein `<address>`-Element für Ihre gesamte Seite erstellen wollen, sollten Sie dieses innerhalb des `<body>`-Tags, aber außerhalb eines spezifischen `<article>`-Elements angeben.

Hier ein Beispiel für ein `<address>`-Tag in einem Abschnitt:

```
<article>
<h1>Blindtext</h1>
<p>Überall dieselbe alte Leier. Das Layout ist fertig, der Text lässt auf sich
warten. </p>
<p>Damit das Layout nun nicht nackt im Raume steht und sich klein und leer vor-
kommt, springe ich ein: der Blindtext.</p>
<address>
Um mit dem Autor Kontakt aufzunehmen, klicken Sie <a href="mailto:mail@
mail.com">hier</a>.
</address>
</article>
```

Standardmäßig stellen Browser der aktuellen Generation den Inhalt des `<address>`-Tags hervorgehoben (kursiv) dar, wie in Abbildung 5.18 gezeigt. Ältere Browser zeigen Inhalt aus `<address>`-Elementen nicht kursiv an.

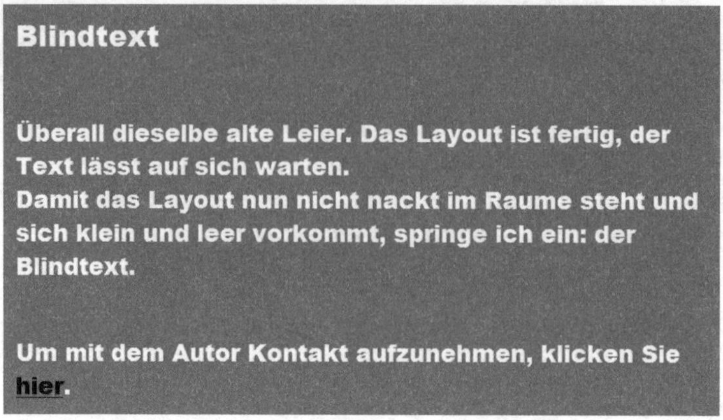

Blindtext

Überall dieselbe alte Leier. Das Layout ist fertig, der Text lässt auf sich warten.
Damit das Layout nun nicht nackt im Raume steht und sich klein und leer vorkommt, springe ich ein: der Blindtext.

Um mit dem Autor Kontakt aufzunehmen, klicken Sie hier.

Abbildung 5.18: Hervorgehobene Adresse

Styling für Inhalts-Tags

Einige der in den vorigen Abschnitten beschriebenen HTML5-Inhalts-Tags besitzen vordefinierte Stile. Hier eine schnelle Zusammenfassung der vordefinierten Stile für diese Tags:

- `<summary>` **und** `<details>`: Die Kombination aus `<summary>`- und `<details>`-Elementen wird in Browsern, die sie unterstützen, mit beeindruckender Interaktivität angezeigt.
- `<address>`: Adressen werden in den meisten Browsern hervorgehoben (kursiv) dargestellt.
- `<mark>`: Das `<mark>`-Element verwendet eine `inline`-Anzeige, so dass keine Zeilenumbrüche erzwungen werden.

In anderen Fällen verwendet der Tag-Stil das, was Sie in einer CSS-Datei definieren. Beispielsweise werden Sie wahrscheinlich immer eine `background–color`-Eigenschaft für einen Selektor für das `<mark>`-Tag definieren.

Vorteile der semantischen Tags von HTML5

Nachdem ich nun einen Überblick über die praktischsten semantischen Tags von HTML5 präsentiert habe, kommen wir zurück zu der großen Frage: Wofür ist das gut?

Die Antwort besteht aus zwei Teilen:

- Semantische Tags von HTML5 unterstützen ein einfacheres Seiten-Design.
- Semantische Tags von HTML5 verbessern die Suchmaschinenoptimierung (SEO, Search Engine Optimization) für Ihre Site.

Unterschiedliche semantische Tags von HTML5 haben unterschiedliche Vorteile:

- ✔ SEO: Das `<time>`-Element ist für die Suchmaschinenoptimierung besonders wichtig. Suchmaschinen sind unheimlich intelligent, aber manchmal verstehen sie es einfach nicht, dass jeder, der in einem Umkreis von 1000 Kilometern von Ihnen wohnt, bei einer Suche nach »große Veranstaltungen am 1. August« als Ergebnis einen Hinweis auf den von Ihrem Unternehmen großartig gefeierten Welt-Himbeersahnetortentag erhalten soll (ein Jahrestag, den man unbedingt einführen sollte).
- ✔ Seiten-Design: Die Kombination aus `<details>`- und `<summary>`-Tag ist für die SEO nicht von spezieller Bedeutung, aber sie gestattet ein einfacheres Seiten-Design, indem ein ein- und ausblendbares Feld bereitgestellt wird, das seinen Inhalt nur anzeigt, wenn es eingeblendet wird.

  Darüber hinaus besitzen alle neuen semantischen Elemente von HTML5 den Vorteil, dass sie dem Standard entsprechen, die Designer müssen also nicht aufwändig neue ID- und Klassenstilselektoren für Dinge wie Abschnitte, Bereiche, Kopfzeilen, Fußzeilen und andere Teile eines Dokuments erstellen.

HTML5-Formulare

6

In diesem Kapitel

- Das meiste aus den neuen Formularfunktionen von HTML5 machen
- Mit Platzhaltern und Eingabetypen Formulare einladend gestalten
- Mit Formularausgabeelementen einen Taschenrechner erstellen
- Formulardaten mit HTML5 validieren

Die Benutzer von Websites mussten immer schon irgendwelche Daten in irgendwelche Formulare eingeben. Heute mehr denn je.

Die Erfassung von Benutzerdaten gehört zu den wichtigsten Aspekten der heutigen Websites. Anzeigenkunden und Sponsoren schalten ihre Werbung auf Blogs oder Websites abhängig davon, wie viele *registrierte Besucher* (Menschen, die sich auf einer Website anmelden, um einer Community beizutreten oder auf andere Weise dort als Benutzer oder Mitglieder legitimiert zu werden) diese aufweisen können. Anmeldeformulare für E-Mail-Listen erfassen Namen von Menschen, die gerne über Neuigkeiten oder spezielle Angebote von Ihnen informiert werden. Feedback-Formulare bieten kostenlose Einblicke, was die Benutzer von Ihrer Website halten. Suchfelder helfen den Besuchern Ihrer Site, genau das zu finden, was sie suchen. Und dann gibt es natürlich noch die ganzen E-Commerce-Kaufformulare, die die Besucher Ihrer Site in Umsatz für Ihre Produkte oder Services umwandeln.

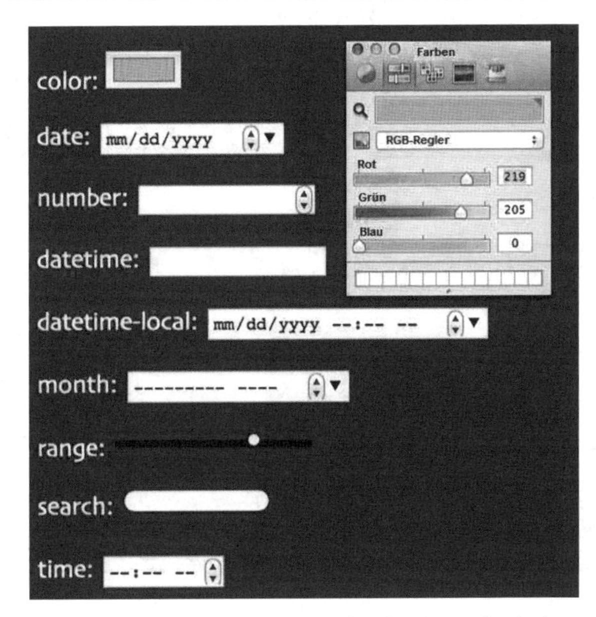

Abbildung 6.1: Neue Elemente für das Formulardesign

Sie brauchen kein Marketingspezialist zu sein, um zu erkennen, dass es auf einer Website wirklich wichtig ist, wie einladend und barrierefrei die Formulare sind. HTML5 bietet einige relativ robuste (und häufig unterschätzte) Tools, die Ihnen dabei helfen – beispielsweise das in Abbildung 6.1 gezeigte Farbauswahlfeld. In diesem Kapitel erkläre ich Ihnen, wie Sie diese Tools einsetzen.

In diesem Kapitel geht es um:

- ✔ HTML5-Eingabetypen für Barrierefreiheit und Datenauswertung
- ✔ HTML5-Ausgaben für Berechnungen
- ✔ HTML5-Datenlisten für schmerzfreie und präzise Dateneingaben

HTML5-Formulare – Eine unterschätzte Ressource

Die neuen Formularelemente von HTML5 und die zugehörigen Parameter erledigen zweierlei Dinge:

- ✔ Sie sorgen dafür, dass Formulare einladender aussehen, das heißt, sie sind übersichtlicher, intuitiver und benutzerfreundlicher, mit praktischen Hinweisen, welche Daten einzugeben sind. Außerdem helfen sie, Probleme bei der Dateneingabe für die Benutzer zu vermeiden (siehe Abbildung 6.2).

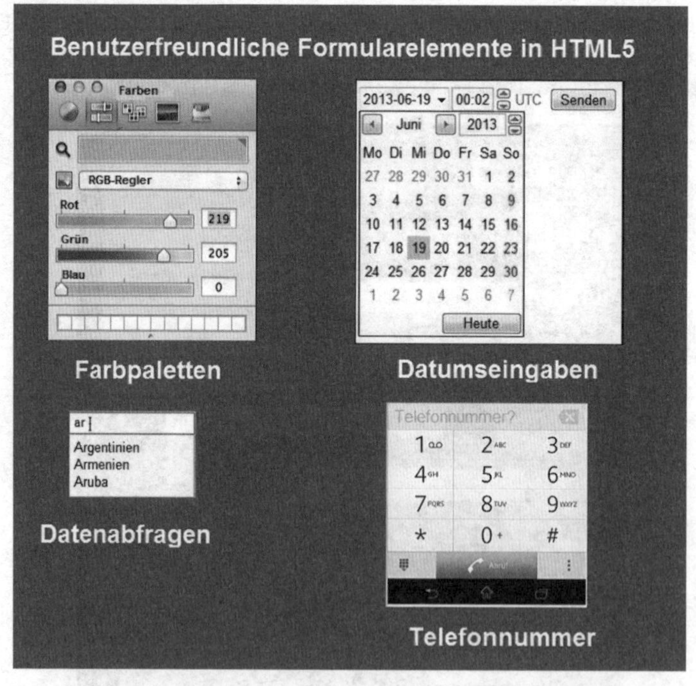

Abbildung 6.2: Benutzerfreundliche Formularelemente

- Sie machen Formulare produktiver durch eingebaute Tools, die Formularfeldinhalte *validieren* (testen), bevor ein Formular gesendet wird (siehe Abbildung 6.3). Die Validierung stellt beispielsweise sicher, dass wichtige Informationen angegeben werden oder dass E-Mail-Adressen das richtige Format aufweisen. Später in diesem Kapitel geht es darum, wie sich die Validierung von HTML5 in die vielen verschiedenen Validierungswerkzeuge eingliedert, und wann und wie Sie sie am besten nutzen.

Abbildung 6.3: Formularvalidierung in HTML5

Überblick über die neuen Parameter für die HTML5-Formularfelder

Die neuen Formular-Tools von HTML5 bestehen aus einer leistungsstarken Parametermenge, die auf herkömmliche Formularfelder angewendet wird. Bevor ich Ihnen erkläre, wie Sie sie definieren, möchte ich Ihnen das große Ganze präsentieren und einige der dynamischen neuen HTML5-Formularfeldparameter vorstellen. Auf diese Weise können Sie einschätzen, welche maßgebliche Verbesserung sie für die Werkzeugkiste jedes Webdesigners darstellen.

- **Platzhaltertext**: Wird in einem Formularfeld angezeigt und zeigt dem Benutzer an, was er in ein Feld eingeben soll, wie in Abbildung 6.4 gezeigt.

Abbildung 6.4: Platzhaltertext

- **Pflichtfeldregeln**: Erzwingen, dass ein Benutzer ein Formularfeld ausfüllt, bevor ein Formular abgesendet wird, wie in Abbildung 6.5 gezeigt.

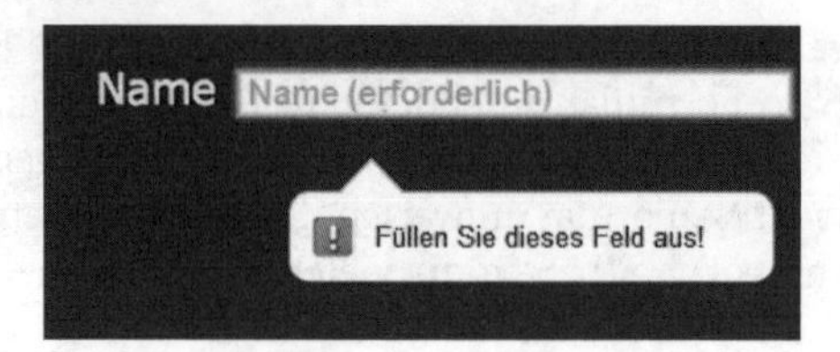

Abbildung 6.5: Pflichtfeldregeln

- **Validierungsregeln**: Unterstützen den Benutzer dabei, Daten einzugeben, die den Kriterien für dieses Feld entsprechen (wird beispielsweise für E-Mail-Adressen, Telefonnummern und so weiter verwendet), wie in Abbildung 6.6 gezeigt.

Abbildung 6.6: Validierungsregeln

- **Zahleneingabetypen**: Vereinfachen die Eingabe von Zahlen für Benutzer, insbesondere auf mobilen Geräten (wo die Eingabe über einen Touchscreen erfolgt), wie in Abbildung 6.7 gezeigt.

Abbildung 6.7: Zahleingabetypen

- **Datenlisten**: Sparen dem Benutzer Zeit bei der Eingabe in Formularfelder. Wenn ein Benutzer zu schreiben beginnt, werden entsprechend gefilterte Optionen aus einer Liste angezeigt, so dass der Benutzer seine Eingabe ganz einfach vervollständigen kann, wie in Abbildung 6.8 gezeigt.

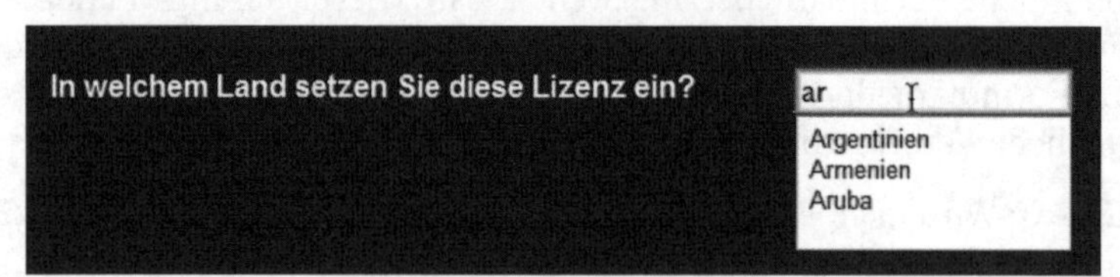

Abbildung 6.8: Datenlisten

Und das war noch nicht alles. Es gibt Tools, die den Benutzern bei der Formulareingabe eine einladende Methode bereitstellen, Datumswerte oder Farben auszuwählen:

- **Datumsparameter** in Formularfeldern zeigen Popup-Kalender an, wie in Abbildung 6.9 gezeigt.

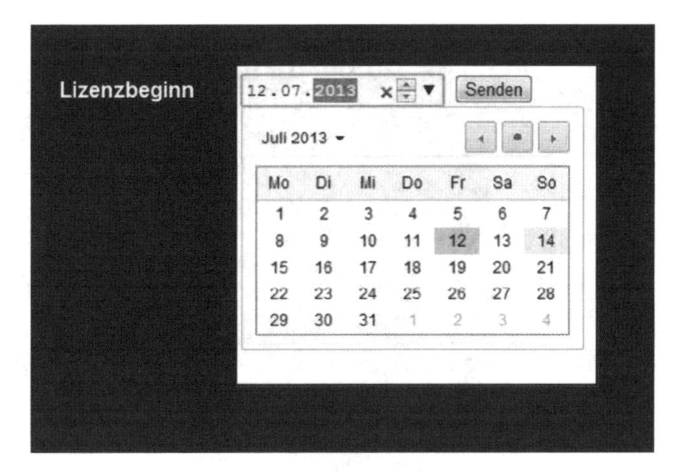

Abbildung 6.9: Datumsparameter

✔ **Farbparameter** in Formularfeldern zeigen Popup-Farbpaletten an, wie in Abbildung 6.10 gezeigt.

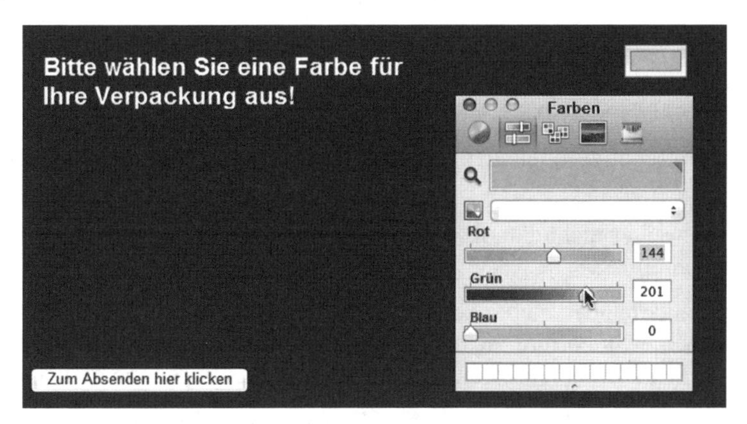

Abbildung 6.10: Farbparameter

HTML5 im Vergleich zu JavaScript oder serverseitigen Skripts

Die im vorigen Abschnitt angesprochenen Funktionen sind nicht neu im Formular-Design. Bis zur Einführung von HTML5 war für ihre Implementierung jedoch eine Kombination aus JavaScript- und/oder serverseitigem Skripting erforderlich. Abbildung 6.11 verdeutlicht das Ganze.

Abbildung 6.11: Drei Wege, Formulardaten auszuwerten

Die Vorteile bei der Verwendung von HTML5 zum Aufbau benutzerfreundlicher, effizienter Formulare sind unter anderem:

- HTML5 ist einfacher zu implementieren als JavaScript- oder serverseitiges Skripting.
- HTML5-Formularfeldparameter verlangsamen die wahrgenommene Eingabe für den Benutzer nicht, weil er nicht darauf warten muss, dass ein Skript heruntergeladen und ausgeführt werden muss.
- HTML5-Formularfeldparameter können gut an andere Geräte angepasst werden. Beispielsweise wird ein Formularfeld mit einem Datumsparameter auf einem iPhone in einem speziellen Format angezeigt, das die Mobiltelefonumgebung berücksichtigt.

Abbildung 6.12: Eingabe von Datumsparametern auf einem iPhone

Kompatibilitätsprobleme

Gibt es angesichts aller Vorteile bei der Verwendung von HTML5-Formularfeldparametern auch Nachteile? Ja. Es gibt ein Problem: Kompatibilität.

Was genau bedeutet das für den durchschnittlichen Webentwickler? Der Status zum Zeitpunkt der Drucklegung dieses Buchs: Etwa drei Viertel aller Browser unterstützen HTML-Formularfunktionen, aber nur aktuelle Versionen (Desktop/Laptop) von IE, Firefox, Chrome, Safari und Opera unterstützen alle Formularfunktionen. IE 9 und früher unterstützen keine HTML5-Formularfunktionen.

Immer mehr Browser übernehmen diese und andere Funktionen von HTML5, aber der Status der Browser-Unterstützung für die Formular-Tools von HTML5 ist ein bewegliches Ziel. Den neuesten Stand der Dinge erfahren Sie unter `http://caniuse.com/#feat=forms`.

Eine vertiefte Betrachtung der Kompatibilitätsprobleme mit HTML5 und dem Internet Explorer 8 und früher finden Sie in Kapitel 4.

Um für die Benutzer von IE8 und früher keine Probleme mit HTML5-Formularen zu verursachen, sollten Sie sich nicht ausschließlich auf die HTML5-Formularparameter verlassen. Beispielsweise können Platzhalter in HTML5-Formularfeldern (Text, der in einem Formularfeld angezeigt wird und verschwindet, sobald der Benutzer mit der Eingabe in diesem Feld beginnt) durch Formularbeschriftungen (Text neben einem Formular, der einem Benutzer mitteilt, was er in das Formularfeld eingeben soll) ersetzt werden. Durch die Verwendung von Formularbeschriftungen *und* ergänzendem Platzhaltertext können Sie Formularfelder einladender gestalten und berücksichtigen die Bedürfnisse von IE8-Benutzern, ebenso wie von Benutzern, die beim Ausfüllen von Formularen die Beschriftungen neben den Formularfeldern benötigen.

HTML5-Formulare erstellen

Damit Sie HTML5-Formularfeldparameter anwenden können, brauchen Sie ein ordnungsgemäß definiertes HTML5-Formular. Der Code in Listing 6.1 definiert eine vollständige HTML5-Seite mit einem grundlegenden definierten `<form>`-Element. Sie können diesen Code als Vorlage für Ihre eigenen Formulare verwenden.

```
<!DOCTYPE HTML>
<html>
<head>
<meta charset="UTF-8">
<title>Vielen Dank, dass Sie dieses Formular ausfüllen</title>
</head>
<body>
<form>
```

```
<h1>Bitte füllen Sie die folgenden Formularfelder aus</h1>
<p><input type="submit" value="Formular senden"/>
<input type="reset" value="Formular zurücksetzen"/></p>
</form>
</body>
</html>
```

Listing 6.1: Dieser Code definiert eine vollständige HTML5-Seite mit einem grundlegenden definierten `<form>`*-Element.*

Beachten Sie, dass das ganze Formular in `<form>`- und `</form>`-Tags eingeschlossen ist. Das ist wichtig!

Wenn Formularfelder nicht in ein `form`-Element eingeschlossen sind, funktionieren sie nicht.

Natürlich können Sie Stile auf das Formular anwenden, aber hier konzentrieren wir uns auf das Wesentliche.

Alle in diesem Buch verwendeten Code-Listings stehen zum Download unter `www.downloads.fuer-dummies.de` zur Verfügung.

Formularaktionen

Formularaktionsparameter definieren, was passiert, wenn ein Benutzer auf die SENDEN-Schaltfläche klickt. Wenn es keine definierte Formularaktion gibt, passiert nichts, wenn ein Benutzer auf SENDEN klickt.

Die Syntax für eine Formularaktion lautet:

```
<form action="http://myURL/script.php" method="post oder get">
```

Die URL ist die Adresse eines Server-Skripts, das die Formulardaten verwaltet. Die Methode, `post` oder `get`, wird durch den Autor des serverseitigen Skripts definiert.

Formularaktionsparameter enthalten in der Regel einen Link auf ein serverseitiges Skript. Woher kommen diese Skripts? Im Wesentlichen aus zwei Quellen:

- Sie (oder Ihre Programmierer) erstellen diese Skripts, speichern sie auf Ihrem Server und verknüpfen sie mit Datenbanken, in denen die Daten verwaltet werden.
- Sie erhalten einen Link auf ein Skript als Teil eines von zahlreichen Anbietern erhältlichen Pakets.

Kostenlose Formularaktion-Skripts online

Viele Online-Ressourcen bieten serverseitige Skripts für die Verwaltung von Suchfeldern, Anmeldeformularen, Feedback-Formularen und anderen Formularen an. Einige Beispiele:

- **Skripts United**: Skripts United stellt Ihnen ständig aktuelle Formular-Skripts online bereit (siehe Abbildung 6.13). Sie finden sie unter `http://scriptsunited.de`.
- **MailChimp**: MailChimp stellt einen leistungsstarken E-List-Manager bereit, mit dem E-Mail-Adressen erfasst und E-Newsletter versendet werden können. Die Site stellt Formulare und Links zu ihrer Verwaltung bereit. Sie erzeugen über WYSIWYG-Tools (»What you see is what you get«) ein Formular unter `https://mailchimp.com` und erhalten HTML-Code für Ihr Formular, mit einem definierten Formularaktionsparameter.

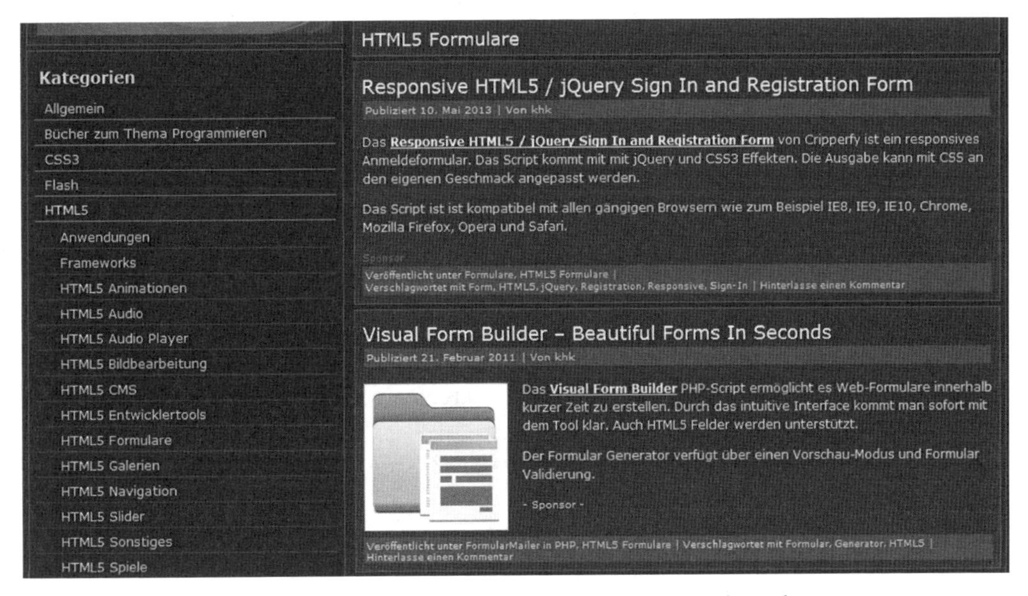

Abbildung 6.13: Eine Website mit zahlreichen Formularvorlagen

- **TheSiteWizard**: Für das Do-it-yourself-Formularmanagement erzeugt thesitewizard.com (`www.thesitewizard.com`) Skripts für die Verwaltung von Feedback-Formularen. Diese praktische Ressource erzeugt serverseitige Skripts, die Sie auf Ihre Website hochladen und dort speichern.
- **Google und FreeFind**: Suchfelder, die mit entsprechenden Skripts verknüpft sind, finden Sie auf Google (`www.google.com/cse`) und FreeFind (`www.freefind.com`). Abbildung 6.14 zeigt, wie das installierte Suchfeld aus Google auf einer Webseite aussehen könnte.
- **Google Docs**: Formulare zum Speichern von Daten in Datenbanken können über Google Docs erstellt werden (`www.docs.google.com`). Während Sie in einer Tabellenkalkulation in Google Docs arbeiten, öffnen Sie das EINFÜGEN-Menü und wählen dort FORMULAR.

Abbildung 6.14: Google-Suchfeld

Alle diese und viele andere Ressourcen finden Sie online. Sie bieten sehr hilfreiche und detaillierte Informationen, wie Sie Ihr Formular unter Verwendung des zugehörigen Skripts mit einem Aktionsparameter verknüpfen.

Eine einfache E-Mail-Formularaktion

Am einfachsten erfassen Sie Formulardaten, indem Sie einen Benutzer veranlassen, die Formulardaten über einen E-Mail-Client per E-Mail an Sie zu senden. Das funktioniert, wenn der Benutzer einen konfigurierten E-Mail-Client besitzt. Die Methode ist jedoch nicht für ein robustes Datenmanagement geeignet, weil dabei einfach nur der Formularinhalt per E-Mail an die von Ihnen vorgegebene Adresse gesendet wird.

Wenn Sie nach einer professionelleren Methode suchen, Formularinhalt per E-Mail an Ihre E-Mail-Adresse senden zu lassen, probieren Sie es mit den Tools von TheSiteWizard, wie im vorigen Abschnitt beschrieben.

Der `action`-Parameter für das Senden von Formulardaten per E-Mail ist das `<form>`-Tag. Die Syntax für das `<form>`-Tag lautet:

```
<form action="mailto:email@email.com>
```

Sie können mit der `mailto:`-Formularaktion Formulare testen und im begrenzten Umfang Daten erfassen.

Einschränkungen einer E-Mail-Adressen-Formularaktion

E-Mail-Adressen-Formularaktionen stellen eine sehr einfache Methode dar, Formulardaten zu erfassen. Die Daten werden nicht in einer Datenbank oder in einer Tabellenkalkulation protokolliert – sie kommen einfach nur in einer E-Mail bei Ihnen an. Sie können diese Technik beispielsweise anwenden, um Kommentare von Benutzern zu sammeln oder um ein Formular zu testen.

Ein Nachteil bei der E-Mail-Formularaktion ist, dass sie Ihre E-Mail-Adresse preisgibt (zumindest diejenige, die Sie dem Formular zuordnen). Auf diese Weise gelangt Ihre Adresse in den Besitz der Benutzer, aber auch von »Scrapern«, die E-Mail-Adressen von Websites abgreifen.

Definition von Eingabe- und Beschriftungs-Tags

Die beiden wichtigsten Tags für die Definition von Formularfeldern innerhalb eines HTML5-Formulars sind:

- ✔ <input>
- ✔ <label>

Das <label>-Tag ist immer einem <input>-Tag zugeordnet. Das <label>-Tag stellt Text bereit, der neben dem <input>-Feld angezeigt wird. Hier die Syntax:

```
<label for="fieldname">angezeigter Text</label>
<input type="text" name="fieldname">
```

Und hier ein Beispiel, wie dies auf ein <input>-Tag angewendet wird, um einen Namen zu erfassen:

```
<label for="name">Name</label>
<input type="text" name="name">
```

Traditionell wird in HTML für die meisten Formularfelder der Eingabetyp "text" verwendet. Das funktioniert immer noch (wie im obigen Codebeispiel gezeigt). Aufregend und neu in HTML5 ist, dass Sie zusätzliche Eingabetypen definieren können. Wenn die Eingabetypen von dem jeweiligen Browser unterstützt werden, lösen sie die Anzeige praktischer Popup-Felder und anderer Tools in Browsern aus, beispielsweise eine Farbpalette für die Auswahl von Farben oder einen Kalender für die Auswahl von Datumswerten. Ich werde demnächst in diesem Kapitel auf beide Eingabetypen eingehen.

Ich gehe nicht davon aus, dass alle anderen Eingabetypen vollständig besprochen werden müssen, wie beispielsweise Kontrollkästchen oder Optionsfelder. Zum einen sind die Eingabetypen aus der Zeit vor HTML5 nicht gut für mobile Geräte geeignet. Die Kennzeichnung von Kontrollkästchen und Optionsfelder beispielsweise ist bei Eingabe über den kleinen Touchscreen eines Smartphones extrem mühsam.

Eine Dokumentation aller Eingabeparameter vor HTML5 finden Sie auf der Site des W3C (die zentrale Ressource für die Definition von HTML). Die Liste der Eingabeparameter finden Sie unter www.w3.org/TR/html-markup/input.html.

Platzhaltertext definieren

Platzhaltertext – Text, der in einem Formularfeld angezeigt wird, bis der Benutzer beginnt, Daten einzugeben – ist als Parameter in einem <input>-Element definiert. Hier die Syntax:

```
<input type="text" name="Feldname" placeholder="Text, der im Feld angezeigt
wird">
```

Hier ein Beispiel für einen für den Benutzer sichtbaren Platzhaltertext für ein `<input>`-Tag, mit dem ein Name erfasst wird:

```
<input type="text" name="name" placeholder="Ihr Name...">
```

Abbildung 6.15 zeigt, wie das in einem Browser aussieht.

Ihr Name...

Abbildung 6.15: Platzhaltertext in einem Eingabefeld

Mit einem Platzhaltertext können Sie eine Beschriftung ersetzen oder ergänzen. Wenn Sie den Platzhaltertext verwenden, um eine Formularbeschriftung zu ergänzen, sollten Sie versuchen, Wiederholungen zu vermeiden. Beispielsweise können Sie den Beschriftungstext `Name` mit dem Platzhaltertext `Bitte verwenden Sie Ihren Anmeldenamen` ergänzen.

Aufgrund der maßgeblichen Vorteile durch die Verwendung von Platzhaltertext anstelle einer Beschriftung auf mobilen Sites könnte der Ansatz verfolgt werden, mit Hilfe einer Medien-Abfrage die Eigenschaft `visibility: none` auf den `<label>`-Tag-Selektor in einer CSS-Datei für das mobile Design anzuwenden. Eine Beschreibung von Medien-Abfragen finden Sie in Kapitel 8.

HTML5-Eingabetypen implementieren

Früher in diesem Kapitel habe ich beschrieben, wie genial die neuen HTML5-Eingabetypen die Anzeige praktischer Elemente auf der Browser-Oberfläche veranlassen. Beispielsweise habe ich erwähnt, dass der Eingabetyp `color` eine lustige, einladende Farbpalette anzeigt, über die die Benutzer ganz einfach eine bestimmte Farbe definieren können, ohne dass sie die Farbwerte nachschlagen müssen, und dass der Eingabetyp `date` einen praktischen Kalender anzeigt, über den die Benutzer ganz einfach einen Datumswert nachschlagen und eingeben können.

Und für all das brauchen Sie einfach nur HTML5 – keinerlei Skripting!

Aber nicht alle Eingabetypen bieten eine so praktische oder dynamische Browser-Unterstützung wie `date` und `color`. Aber das ist nicht weiter schlimm. Eingabetypen sind auch gut für die Validierung geeignet. Für den `email`-Eingabetyp beispielsweise gibt es keine Standardanzeige in Browsern, aber wenn er angewendet wird, überprüfen die Browser die Eingabe daraufhin, ob sie das Format einer E-Mail-Adresse aufweist, bevor sie dem Benutzer gestatten, ein Formular abzusenden.

Einige mobile Geräte können die Eingabetastatur abhängig vom Eingabetyp ändern. Einige zeigen beispielsweise das @-Symbol auf der virtuellen Tastatur an, wenn E-Mail-Eingabetypen verwendet werden.

Damit all diese Dinge möglich werden, definieren wir Eingabe*typen*. Wie bereits erwähnt, kann für jedes Formularfeld, in das Text eingegeben werden muss, als Eingabetyp `"text"` definiert werden. Aber um die praktischen Tools wie den Kalender oder die Farbpalette anzuzeigen, muss ein spezifischer Eingabetyp definiert werden.

Einen Eingabetyp definieren

Und wie *spezifizieren* Sie einen Eingabetyp? Hier die Syntax für die Definition eines Eingabetyps:

```
<input type="type" name="feldname">
```

Hier eine Liste der praktischsten Eingabetypen von HTML5:

- ✔ `color`
- ✔ `date`
- ✔ `datetime`
- ✔ `datetime-local`
- ✔ `email`
- ✔ `month`
- ✔ `number`
- ✔ `range`
- ✔ `search`
- ✔ `tel`
- ✔ `time`
- ✔ `url`
- ✔ `week`

Viele dieser Feldtypen – letztlich alle praktischen – sind weitgehend selbstbeschreibend. Wenn Sie herausfinden wollen, welche Farbe jemand als Hintergrundfarbe für ein Bild bevorzugt, verwenden Sie einen `color`-Typ. Wenn Sie die Telefonnummer erfahren wollen, verwenden Sie den `tel`-Typ.

Eingabetypen zur Unterstützung der Barrierefreiheit

Die HTML5-Eingabetypen werden nicht in allen Browsern unterstützt, aber es wird daran gearbeitet. Die meisten modernen Browser bieten hübsche, intuitive und (größtenteils) extrem praktische Stile für viele Eingabetypen. Die `color`-Eingabetypen beispielsweise werden zusammen mit einer Farbpalette angezeigt, und die `date`-Eingabetypen öffnen einen Kalender, in dem auf einfache Weise ein Datum ausgewählt werden kann. Außerdem bieten Eingabetypen folgende Vorteile:

- ✔ Der `tel`-Eingabetyp ist vor allem auf mobilen Geräten praktisch, weil er eine einfache Eingabe von Telefonnummern gestattet, wie in Abbildung 6.16 gezeigt.

- Die number-Eingabetypen von HTML5 werden mit den unterschiedlichsten Rollfeldern für die Zahleneingabe angezeigt, abhängig jeweils vom Browser und vom verwendeten Gerät.
- Die datetime–local-Eingabetypen von HTML5 werden mit einer intuitiven Menge an Leerfeldern angezeigt, in die ein Benutzer einen Monat, einen Tag, ein Jahr und eine Zeit eingeben kann (abhängig von der aktuellen Zeitzone des Benutzers). Abbildung 6.17 zeigt, wie das in einem Browser aussehen könnte.

Der datetime-Eingabetyp ist mit dem datetime–local-Eingabetyp vergleichbar, abgesehen davon, dass er den Benutzern gestattet, zusätzlich zu dem Datum und zu der Zeit eine Zeitzone in ein Feld einzugeben.

Abbildung 6.16: Eingabe einer Telefonnummer

Abbildung 6.17: Eingabetyp `datetime–local`

- Der month-Eingabetyp unterstützt eine automatische Vervollständigung, damit die Monatsauswahl einfach und präzise wird. Abbildung 6.18 zeigt, wie das in einem Browser aussehen kann.

Abbildung 6.18: Eingabetyp `month`

- Der range-Eingabetyp zeigt einen Schieberegler für die Auswahl von Werten an, ohne dass die Zahlen über die Tastatur eingegeben werden müssen. Mit der folgenden Syntax definieren Sie einen Wertebereich:

  ```
  <input type="range" value="x" min="x" max="x" name="range">
  ```

  Der range-Wert definiert die Standardeinstellung, die max- und min-Werte definieren die Anfangs- und Endwerte. Abbildung 6.19 zeigt, wie dies in einem Browser aussehen kann.

Abbildung 6.19: Eingabetyp `range`

- Der `search`-Eingabetyp zeigt ein Eingabefeld an, das wie ein Suchfeld aussieht. Es zeigt das Lupensymbol an, bevor der Benutzer einen Suchinhalt eingibt, ebenso wie das praktische »X«-Symbol, mit dem der Suchinhalt gelöscht werden kann. Abbildung 6.20 zeigt, wie dies aussieht, wenn ein Benutzer das Suchfeld löschen will.

Abbildung 6.20: Eingabetyp `search`

- Der `time`-Eingabetyp stellt ein intuitives Format für die Eingabe von Stunden-, Minuten- und AM/PM-Werten dar.

Mit zunehmender Unterstützung von HTML5 können Sie weitere Formatfunktionen erwarten.

Weitere Eingabetypen, wie beispielsweise `email` oder `url`, sind besser für die Validierung von Eingaben geeignet. Weitere Informationen zur Überprüfung von Daten mit Hilfe der HTML5-Eingabetypen finden Sie im Abschnitt »HTML-Formularvalidierung«.

Vergessen Sie nicht, dass zu dem Nutzen der HTML5-Parameter für Ihr Design auch die Suchmaschinenoptimierung gehört. Weitere Informationen über die Rolle der HTML5-Tags bei der Suchmaschinenoptimierung finden Sie in Kapitel 5.

Eine Datenliste definieren

In der Vergangenheit konnten die Webdesigner Auswahllisten auf Formularen anzeigen, indem sie Auswahl-/Optionsmenüs angezeigt haben. Man findet sie wirklich überall: Sie klicken auf ein Drop-down-Menü, und Sie erhalten jede Menge Auswahlmöglichkeiten. Abbildung 6.21 zeigt ein Auswahl-/Optionsmenü auf einer Website.

Es gibt jedoch Einschränkungen, was diese Form der Anzeige von Auswahllisten betrifft. Eine solche Einschränkung von Auswahl-/Optionsmenüs ist, dass sie sehr unhandlich werden können. Das in Abbildung 6.21 gezeigte Menü ist schwer zu handhaben, selbst wenn man ein Gerät mit großer Anzeige zur Verfügung hat.

Die andere Einschränkung bei der Verwendung von Auswahl-/Optionsmenüs ist, dass keine Option »Nichts von alledem« angezeigt wird – ein Benutzer kann nicht angeben, dass die gewünschte Auswahl nicht im Menü enthalten ist.

Abbildung 6.21: Eine Datenliste

Die Verwendung von HTML5-Datenlisten löst beide Probleme:

- ✔ Sie bieten eine Optionsmenge an, aber es werden nicht alle Optionen gleichzeitig angezeigt. Die Optionen werden nach der Eingabe des Benutzers in das Feld gefiltert.
- ✔ Benutzer können Inhalt eingeben, der nicht in der Liste enthalten ist.

Hier die Syntax für eine Datenliste:

```
<p>Wählen Sie eine Buchstabenmenge aus</p>
<input list="list">
<datalist id="list">
  <option value="aaa">
  <option value="abc">
  <option value="bbb">
</datalist>
```

Abbildung 6.22 zeigt, wie dies funktioniert, wenn ein Benutzer den Buchstaben a in das Feld eingibt.

Abbildung 6.22: Eine vorgefilterte Datenliste

Formularausgabeelemente erstellen

Angesichts meiner eigenen eher begrenzten Rechenkünste bin ich wirklich froh über den neuen `output`-Parameter von HTML5. Dieses neue Tool führt Berechnungen für einen Benutzer durch.

Die Formularausgabe erfolgt über ein spezielles Formular. Das heißt, anders als die Formulareingabefelder hat jede Ausgabe ihr eigenes Formular. Die grundlegende Syntax lautet:

```
<form oninput="x.value=parseInt(a.value)+parseInt(b.value)">
<input type="number" id="a">+
<input type="number" id="b">=
<output name="x" for="a b">
</output>
</form>
```

Diese Syntax definiert zwei Variablen, die vom Benutzer eingegeben werden: `a` und `b`. Diese Syntax definiert außerdem die auszuführende Operation als Addition und ein Feld, in dem die Ausgabe ausgegeben wird. Abbildung 6.23 zeigt, wie das in einem Browser aussehen könnte.

Abbildung 6.23: Formularausgabeelemente

HTML-Formularvalidierung

Der Begriff »validieren« ist vom lateinischen »valid« abgeleitet, das heißt *stark*. Validierte Daten sind also starke Daten, im Vergleich zu nutzlosen Daten. Wenn beispielsweise jemand »Karl« in ein Formularfeld für eine E-Mail-Adresse eingibt, dann ist das nicht sehr hilfreich, und die Validierung lehnt diese Eingabe ab, weil sie nicht wie eine E-Mail-Adresse aussieht.

Wie bereits früher in diesem Kapitel erklärt, haben einige HTML5-Formularfelder eingebaute Validierungseigenschaften. Der `email`-Eingabetyp beispielsweise besteht darauf, dass die Benutzer etwas in das Feld eingeben, was wie eine E-Mail-Adresse aussieht, sonst wird eine Fehlermeldung angezeigt, wenn der Benutzer versucht, das Formular zu senden.

In den folgenden Abschnitten biete ich einen Überblick über die wichtigsten Validierungswerkzeuge von HTML5, und wann und wie sie eingesetzt werden.

Pflichteingaben

Die grundlegendste Validierungseigenschaft von HTML5-Formularfeldern ist `required`. Die Validierungseigenschaft `required` kann auf jeden `<input>`-Typ angewendet werden, wie beispielsweise `text`, `email`, `url` und so weiter. Der folgende Code fordert, dass ein Benutzer einen Namen eingibt:

```
<input type="text" name="name" required>
```

Wenn ein Benutzer versucht, das Formular ohne Eingabe im Namensfeld abzusenden, wird eine Fehlermeldung ausgegeben, wie in Abbildung 6.24 gezeigt. Die Fehlermeldung wird übrigens vom Browser selbst definiert.

Abbildung 6.24: Formularvalidierung

E-Mail-Adressen validieren

Der `email`-Eingabetyp fordert, dass eine Eingabe in einem Feld wie eine E-Mail-Adresse aussieht. Hier ein Beispiel für die Syntax, aufgebrezelt mit Platzhaltertext und Größenangabe:

```
<input type="email" name="email" placeholder="E-Mail-Adresse" size="60">
```

Sie können das Feld testen, indem Sie etwas anderes als eine E-Mail-Adresse eingeben und auf die SENDEN-Schaltfläche klicken. Welche Fehlermeldung angezeigt wird, ist vom jeweiligen Browser abhängig, aber das Ergebnis sollte etwa wie in Abbildung 6.25 aussehen.

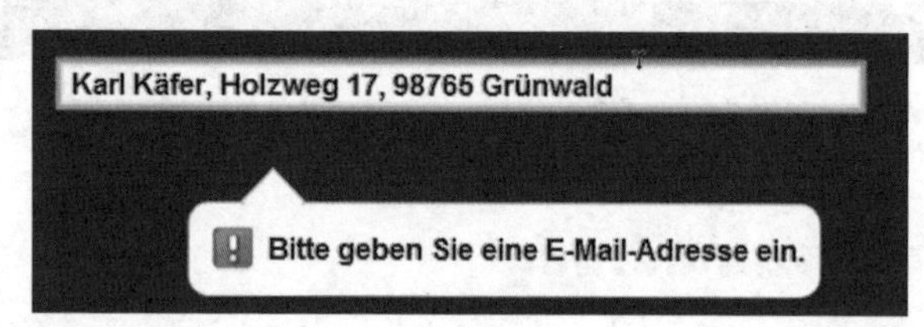

Abbildung 6.25: Das Format der Eingabe wird auf Plausibilität überprüft.

Zahlen validieren

Standardmäßig akzeptiert der `number`-Eingabetyp nur Zahlenwerte, das heißt, Ziffern (25), keinen Text (fünfundzwanzig). Hier ein Beispiel:

```
<p>Wie alt sind Sie? <input type="number" name="age"></p>
```

Wenn ein Benutzer versucht, einen Inhalt einzugeben, bei dem es sich nicht um einen Zahlenwert handelt, wird eine Fehlermeldung ausgegeben, wie in Abbildung 6.26 gezeigt:

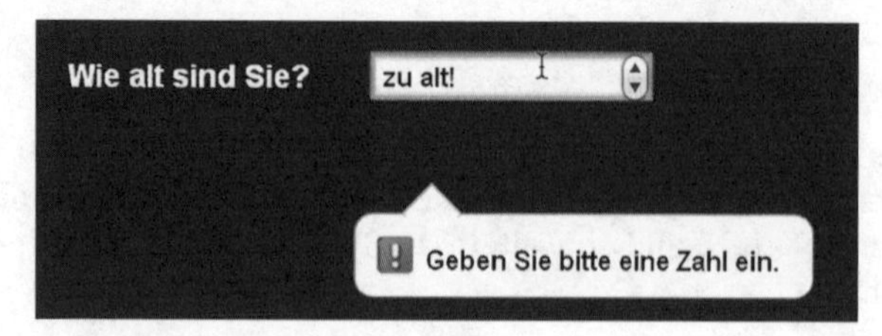

Abbildung 6.26: Eingaben können validiert werden.

Wenn Sie die Eingabewerte auf einen bestimmten Bereich eingrenzen wollen, verwenden Sie den `range`-Eingabetyp. Wenn Sie beispielsweise das Alter eines Benutzers auf einem Mitgliedsformular erfassen wollen, für das der Benutzer 50 Jahre oder älter sein muss, könnten Sie die gültigen Eingabewerte auf einen Bereich von 50 oder größer begrenzen. Weitere Informationen über die Definition eines festen Eingabebereichs finden Sie im Abschnitt »Eingabetypen zur Unterstützung der Barrierefreiheit« früher in diesem Kapitel.

Ein letztes Wort zu HTML5-Formularen

In diesem Kapitel habe ich beschrieben, wie die vielen verschiedenen Formularwerkzeuge von HTML5 genutzt werden – Eingabetypen, Ausgaben und Datenlisten. Ich habe Ihnen gezeigt, wie Sie Ihre Eingabeformulare mit Hilfe von HTML5-Formularelementen einladender machen können, wie der Inhalt präziser wird und wie Formulare vor dem Senden validiert werden.

Bleibt nur noch Folgendes zu sagen: Übersehen Sie den Wald vor lauter Bäumen nicht! Eine durchgängige Nutzung der HTML5-Eingabetypen und die Anwendung aller anderen HTML5-Formularwerkzeuge hat einen kumulativen Effekt, der dafür sorgt, dass Ihre Formulare sich von allen anderen abheben, Benutzer anziehen und präziseren Inhalt erzeugen.

Natives Video und Audio

7

In diesem Kapitel

- Natives Video und Audio verstehen
- Mit nativen Video-Formaten arbeiten
- Video in HTML5-Seiten einbetten
- Audio auf HTML5-Seiten präsentieren

Nachdem das Surfen auf mobilen Geräten immer gebräuchlicher geworden ist, ist Internetvideo (siehe Abbildung 7.1) der wahrscheinlich dynamischste Faktor im Nutzungsverhalten der Internetbenutzer. Video ist nicht mehr nur das Sahnehäubchen für Websites. Es stellt einen maßgeblichen Teil der Interneterfahrung dar – die die Benutzer nicht nur von Sites erwarten, die speziell Musik und Filme anbieten, sondern auch von Sites, die alle möglichen Produkte, Services oder Informationen anbieten.

Mit HTML5 steht den Designern (und Benutzern) eine völlig neue Möglichkeit zur Verfügung, Online-Video und -Audio zu präsentieren und zu erleben. *Natives Video und Audio* – also Video und Audio, für die keine Plug-in-Software erforderlich ist – wird in den Browsern ganz ohne Windows Media Player, QuickTime Player, Flash Player oder andere Plug-in-Software abgespielt. Auf diese Weise wird das Anhören von Musik oder das Ansehen von Video sehr viel unkomplizierter für die Benutzer. Sie brauchen sich keine Gedanken mehr über die Installation und Aktualisierung von Plug-ins zu machen, die früher für die Wiedergabe von Video und Audio notwendig waren.

Abbildung 7.1: Natives Video kann ohne Plug-ins abgespielt werden.

Außerdem ist die Verwendung nativer Video- und Audio-Formate einfacher für die Designer. Für einen Satz Video- oder Audio-Dateien kann ein einziger Parametersatz konfiguriert werden (zum Beispiel mit der Definition von Optionen wie etwa der Anzeige der Steuerelemente für den Player oder das automatische Starten eines Videos).

Im Allgemeinen ist natives Video und Audio einfacher einzubetten als die meisten Designer glauben. Ein möglicher Fallstrick ist, dass nicht jedes native Video-Format unbedingt in jeder aktuellen Browser-Umgebung funktioniert.

Das bedeutet (für Sie als Webdesigner), dass die Verwendung von nativem Video und Audio unverzichtbar für die Entwicklung von Webseiten ist, die Qualität und eine problemlose Benutzererfahrung gewährleisten sollen. Dieses Kapitel befasst sich damit, warum das so ist, und es erklärt, wie natives Video und Audio implementiert werden.

Natives Video und Audio – ein Überblick

Schnelle Downloadzeiten und hochqualitatives Video sind offenbar eine kritische Größe der modernen Interneterfahrung. Man findet kaum noch eine Website, die kein Video verwendet, um ihre Message an den Mann oder die Frau zu bringen – oder dies zumindest nicht könnte.

Einige statistische Werte verdeutlichen den Trend:

- ✔ Es würde mehr als 6 Millionen Jahre dauern, den Video-Inhalt zu sichten, der im Jahr 2016 jeden Monat die weltweiten IP-Netzwerke durchquert.
- ✔ Im Jahr 2016 werden jede Sekunde 1,2 Millionen Minuten Video-Inhalt über das Internet übertragen.
- ✔ Weltweit wird im Jahr 2016 der Video-Verkehr im Internet 55 Prozent des gesamten Verbraucherverkehrs ausmachen, im Vergleich zu 51 Prozent im Jahr 2011.

  Quelle: Cisco Visual Networking Index, Forecast and Methodology, 2011-2016

Was ist Codec?

CODEC ist die Abkürzung für **Co**der/**Dec**oder oder **Co**mpressor/**Dec**ompressor. Im Hinblick auf Internetvideo bezieht sich CODEC auf den Programmtyp, der Video-Dateien komprimiert, damit sie kleiner werden und schneller übertragen werden können, sowie die Fähigkeit eines Benutzers, diese Datei zu decodieren und das Video in seinem Browser abzuspielen. Der Browser und/oder das Betriebssystem des Benutzers müssen mit dem Codec eines Videos übereinstimmen, damit das Video auf dem Computer des Benutzers abgespielt werden kann.

Heute erwarten die Internetbenutzer problemloses Video. Sie wollen keine Fehlermeldungen sehen, dass der *CODEC* ihres Players nicht mit dem Codec des Videos übereinstimmt, oder dass das Video-Format von ihrem Browser nicht unterstützt wird. Die Messlatte für die Webdesigner wurde höher gelegt.

Natives Video und Audio – genauer betrachtet

Natives Video und Audio sind nur dann ein sinnvolles Konzept, wenn Sie wissen, was vor »nativ« der Fall war.

»Nativ« bezieht sich in diesem Kontext auf Dateien, die in einem Webbrowser geöffnet werden können, ohne dass eine andere Plug-in-Software dafür benötigt wird.

Anderer Webinhalt – das heißt, alles andere außer Video und Audio – ist immer schon »nativ« in Webbrowsern gelaufen. Beispielsweise konnten die folgenden Dateitypen in Browsern angezeigt werden, ohne dass dafür ein Plug-in erforderlich war:

- **Textdateien**: Benutzer haben noch nie eine spezifische Software benötigt, um Text auf einer Seite sehen zu können.
- **CSS-Stylesheets**: Es war noch nie eine spezifische Plug-in-Software erforderlich, damit ein CSS-Stylesheet in einem Browser funktioniert hat.
- **JPEG-Dateien**: Seit Beginn des Internet konnten die Benutzer eingebettete JPEG-Bilder auf einer Webseite anzeigen, ohne dafür eine Plug-in-Software installieren zu müssen.

Die Entwicklung von Online-Video zum heute beherrschenden Element war jedoch irgendwie schneller als die Entwicklung des restlichen Webdesigns. Letztlich war es ein Plug-in, der Adobe Flash Player, das Tür und Tor für die allgemeine Akzeptanz geöffnet hat.

Proprietäre Plug-ins identifizieren

Wie bereits erwähnt, brauchte man bis zur Entwicklung von nativen Medien eine spezielle Plug-in-Software, wenn man online Videos ansehen wollte. Um die Bedürfnisse der Benutzer zu erfüllen, die Videos online ansehen wollten, begannen die Computerhersteller, *proprietäre* (patentierte und lizenzierte) Plug-in-Software auf ihren Computern zu installieren:

- Zusammen mit dem Betriebssystem Windows wurde der Windows Media Player installiert.
- Auf dem Mac war der QuickTime Player installiert.

Neben den proprietären Plug-ins verwendete die erste Generation der unerschrockenen Video-Seher den Flash Player, um Flash-Videos (FLV) auf Kanälen wie etwa YouTube zu sehen. Ohne spezielle Einstellungen oder Add-ons spielten diese Player jedoch nur ihr eigenes Format ab. Der QuickTime Player beispielsweise spielte nur QuickTime-Dateien ab, der Windows Media Player spielte nur Windows Media-Dateien ab und der Flash Player spielte nur Flash Video-Dateien ab.

Doch als die massive Präsenz von Video in der heutigen Internetlandschaft übergroß wurde, war es ein Plug-in, der Flash Player, und nicht natives Video, das als Kanal für die riesigen Mengen an Online-Video-Inhalt diente. Aus diesem Grund wurde der Flash Player auf fast allen Computern als Standard-Plug-in installiert, das zusammen mit den Browsern bereitgestellt wurde. Der Flash Player schlug eine Brücke zwischen den beiden wichtigsten Betriebssystemen (Windows und Mac OS), weil er beides abspielen konnte (mit demselben Look&Feel

auf Windows-Computern und auf Macs). Und er war schneller und bot eine bessere Qualität an als alles, was zuvor war.

Realmedia-Audio und -Video

Wenn wir die Entwicklung proprietärer Plug-ins und Audio- und Video-Formate betrachten, muss erwähnt werden, dass neben dem Flash Video-Format (FLV) und dem Flash Player auch das RM-Format von RealMedia und der RealMedia Player eine Möglichkeit darstellten, Video online zu verbreiten. Das RM-Format spielt heute kaum noch eine Rolle für die Bereitstellung von Audio oder Video. Der RealMedia Player steht weiterhin kostenlos zum Download zur Verfügung und gestattet die Verwaltung und das Abspielen von Audio- und Video-Dateien in allen Formaten.

Den Aufstieg von nativen Medien verstehen

Zu Beginn dieses Jahrtausends waren sich die Internetentwickler und die Theoretiker einig, dass Video Plug-in-frei sein sollte. Der Gedanke dahinter war, dass die Benutzer in der Lage sein sollten, eine Video-Datei einfach auf ihrem Computer zu öffnen. Mittlerweile ist Video zur vorherrschenden Dimension der Internetbenutzung geworden und das Argument hat mehr und mehr an Bedeutung gewonnen.

Als die Web Hypertext Application Technology Working Group (WHATWG) mit der Arbeit an dem neuen Standard begann, der zu HTML5 werden sollte, schuf sie die `<audio>`- und `<video>`-Tags. Diese Elemente waren darauf ausgelegt, Video und Audio ohne Plug-ins abzuspielen. Im Jahr 2004 bestand jedoch kein größerer Anreiz für alle Beteiligten – Browser-Entwickler, Webseitendesigner und Benutzer –, natives Video zu übernehmen.

Was ist WHATWG?

Die Web Hypertext Application Technology Working Group (WHATWG) ist eine inoffizielle Gruppe von Webbrowser-Herstellern und anderen. Sie wurde 2004 von Mitarbeitern von Apple, der Mozilla Foundation und Opera Software gegründet. Die Teilnehmer arbeiten zusammen, diskutieren und legen Standards fest, denen die Browser in unterschiedlichen Ausmaßen folgen.

Der Wendepunkt, an dem Flash in der Dunkelheit verschwand und natives Video zum neuen Stern aufstieg, war ein öffentlicher Brief von Steve Jobs (»Thoughts on Flash«) im April 2010 (`www.apple.com/hotnews/thoughts-on-flash`). Dieser Brief besiegelte letztlich das Verschwinden von Flash als das Bereitstellungssystem für Online-Video. Der Flash Player strapazierte die Kapazität mobiler Geräte, die nur über eine begrenzte Verarbeitungsleistung und eine endliche Batterielebensdauer verfügten. Und mit der Flash-feindlichen Position, die Jobs öffentlich einnahm, war der Wechsel zu nativem Video vorprogrammiert (siehe Abbildung 7.2).

Abbildung 7.2: Die drei Zeitalter von Online-Video

Auf- und Abstieg von Flash Video (FLV)

Wie fügt sich HTML5-Video in den allgemeinen Rahmen des Internetvideos ein? Erstens, ja, es gibt einen allgemeinen Rahmen für Internetvideo. Die meisten Browser-Umgebungen unterstützen Flash, obwohl sich Flash aus den eben dargelegten Gründen auf dem absteigenden Ast befindet und in Umgebungen nicht unterstützt wird, die von den meisten Webdesigner als Favoriten der Benutzer angesehen werden. Das bedeutet, weil Flash auf iPhones und iPads nicht unterstützt wird (und weil iPad- und iPhone-Benutzer online überproportional aktiv sind und überproportional mehr Dinge online kaufen), vermeiden viele Webdesigner Technologien, die unter dem iOS-Betriebssystem (Apple mobile) nicht unterstützt werden.

Darüber hinaus gab es maßgebliche Änderungen im Hinblick auf das Internetpublikum. Verursacht wurden diese Veränderungen durch neue Geräte, die die Welt zu überschwemmen begannen: *Mobiltelefone*.

Die Probleme mit Audio-Inhalten sind weniger dramatisch, weil fast jeder Computer, jeder Laptop, jedes Tablet und jedes Smartphone MP3-Audio-Dateien abspielen kann. Der Umstieg auf natives Audio muss jedoch noch genauer betrachtet werden, deshalb gehe ich im Abschnitt »Natives Audio einbetten« später in diesem Kapitel noch darauf ein.

Design für eine komplexe Video-Landschaft

Flash Video-Dateien (FLV) gibt es schon seit einiger Zeit (siehe den Kasten »Auf- und Abstieg von Flash Video (FLV)«). Der Entwicklungspfad von Flash Video wird jedoch immer weniger weiterverfolgt. Natürlich gibt es noch Websites, die den Internet Explorer 8 und frühere Versionen bedienen müssen, doch die kritische Masse hat sich in eine andere Richtung bewegt – und für die Bereitstellung von Online-Video ist natives Video das Format der Wahl.

Auf vielen Websites gibt es immer noch Video, für das ein Plug-in erforderlich ist. Schließlich kann nicht jeder Webdesigner sofort alle Videos auf einer Site umwandeln, um konform zu den HTML5-Spezifikationen zu arbeiten. Neben Flash Video (FLV) werden die folgenden proprietären Video-Formate weiterhin verwendet:

- QuickTime Video (MOV)
- Windows-Video (WMV, AVI)
- RealMedia-Dateien (RM)

Obwohl auf vielen Websites noch Video verwendet wird, für das ein Plug-in erforderlich ist, ist natives Video in HTML5 der zukünftige und der übermächtige aktuelle Standard für Online-Video.

Komprimierte Video-Formate

Nicht alle Browser unterstützen dieselben nativen Video-Formate. Alte Browser unterstützen überhaupt kein natives Video. Was also soll ein Webentwickler tun? Und wie berücksichtigen Sie dies, wenn Sie natives Video einbetten? Wie im Kasten »Was ist CODEC« früher in diesem Kapitel beschrieben, müssen Video-Dateien komprimiert werden, damit sie kleiner werden und schneller heruntergeladen werden können, so dass eine Online-Bereitstellung von Video möglich wird.

In diesem Buch kann die Video-Komprimierung nicht erschöpfend beschrieben werden. Letztlich geht es darum, hochqualitatives, schnell herunterzuladendes Video bereitzustellen. Dazu wird das Internetvideo *komprimiert*. Die eingesetzte Technologie entfernt sehr viele Daten, ohne dass die Video-Qualität maßgeblich beeinträchtigt wird. Wenn ein Video beispielsweise mit einem durchgängigen blauen Hintergrund aufgenommen wird, ermöglicht die Komprimierungstechnologie, diesen durchgängigen blauen Hintergrund darzustellen, ohne dass diese Daten für jedes Einzelbild des Videos gespeichert werden.

Und jetzt kommt der Teil, mit dem Sie sich als Webdesigner arrangieren müssen: Von unterschiedlichen proprietären Medien-Playern und in unterschiedlichen Browsern werden *unterschiedliche* Codec-Standards verwendet. Leider (für uns als Designer als auch für die Benutzer) kann nicht jedes komprimierte Video in jeder Browser-Umgebung abgespielt werden. Wäre dies der Fall, wäre es sehr viel einfacher, Videos in Websites einzubetten.

Um die technische Herausforderung etwas zu vereinfachen, der Sie hier gegenüberstehen: Unterschiedliche Video-Formate verwenden unterschiedliche Codecs. In den folgenden Abschnitten werde ich erklären, was das bedeutet, welche verschiedenen Video-Formate verwendet werden, und wie Video bereitgestellt wird, das für jeden Benutzer abspielbar sein soll.

Video aus Ihrer Kamera: Nicht Primetime-fähig

Video-Filmmaterial, das mit einem Videorecorder aufgezeichnet oder über ein Video-Bearbeitungsprogramm (zum Beispiel iMovie, Windows Video Maker oder professionelle Programme wie Adobe Premiere oder Apple Final Cut) gespeichert wird, ist in der Regel nicht bereit für das Internet. Im Allgemeinen wird Video, das von einem guten Amateur oder von einem professionellen Kameramann aufgenommen wird, im MOV- (Apple QuickTime) oder AVI-Format (Windows Media) gespeichert. Diese Video-Dateien müssen komprimiert werden, bevor sie als natives Video online bereitgestellt werden können (siehe den Abschnitt »Umwandlung von Video in native Formate« später in diesem Kapitel).

Sie können weiterhin QuickTime- oder Windows Media-Video-Dateien hochladen. Diese Formate werden jedoch vom nativen Video nicht unterstützt, deshalb laufen sie ohne Plug-ins nicht. Darüber hinaus sind QuickTime- und Windows Media-Video-Dateien in der Regel nicht ausreichend komprimiert, um optimale Qualität im Hinblick auf minimale Downloadzeit zu bieten.

Konkurrierende native Video-Formate

Die heutigen Browser unterstützen drei native Video-Formate:

- **Theora (OGV)**: Theora ist ein Open Source-Format (kostenlos), das hauptsächlich von Firefox unterstützt wird.
- **h.264 (MP4)**: h.264 ist ein proprietäres Format, das von Microsoft und Apple unterstützt wird.
- **WebM (WEBM)**: WebM ist ein Open Source-Format, das von Google unterstützt wird.

WebM und OGV sind Open Source-Formate. Derzeit unterstützen alle Browser, die das Video-Format WebM unterstützen, *auch* Theora-Dateien (OGV). Das bedeutet, Designer bedienen sicher alle Browser der aktuellen Generation, indem sie nur zwei der oben genannten Formate bereitstellen: Theora- (OGV) und h.264-Dateien (MP4). Im restlichen Kapitel konzentriere ich mich auf diese beiden Optionen.

Auch hier soll das Ganze vereinfacht werden: Es kann mühsam sein, zu beobachten, welcher Browser gerade welches native Video-Format unterstützt. Die Erstellung von nativem Video, das in jedem modernen Browser abgespielt werden kann, ist jedoch nicht *so* kompliziert, weil jeder moderne Browser für Desktops, Laptops und mobile Geräte eines von zwei Formaten unterstützt: h.264-Video (MP4) oder Theora-Video (OGV).

Das Fazit lautet:

- Alle Browser der aktuellen Generation unterstützen das Video-Format h.264 (`.mp4`) oder Theora (`.ogv`). Wenn Sie natives Video zeigen wollen, müssen Sie also zwei Optionen bereitstellen – Theora (OGV) und h.264 (MP4).
- Internet Explorer 8 und früher unterstützt kein HTML5-Video. Sites, die Zielpublikum mit diesen Browsern ansprechen, müssen als Alternative zu nativem Video Optionen für proprietäres Video bereitstellen.

Den neuesten Status, welche nativen Video-Formaten von den Browsern unterstützt werden, finden Sie auf den Links zum WebM/VP8-Video-Format, MPEG-4/h.264-Video-Format und Ogg/Theora-Video-Format unter `http://canise.com/video`.

Unterschiedliche Player in unterschiedlichen Browsern

Unterschiedliche moderne Browser unterstützen nicht nur unterschiedliche native Video-Formate, sondern sie zeigen das Video auch unterschiedlich an. Das ist etwas kompliziert, deshalb möchte ich genauer darauf eingehen:

- Wie im vorigen Abschnitt beschrieben, gibt es drei unterschiedliche native Video-Formate. Keines davon wird in jedem Browser unterstützt, zumindest nicht zum Zeitpunkt der Drucklegung dieses Buchs.

Wenn Sie natives Video anzeigen wollen, müssen Sie zwei Optionen bereitstellen – Theora (OGV) und h.264 (MP4).

- Darüber hinaus verwenden unterschiedliche Browser unterschiedlich entwickelte Player für die Anzeige von Video. Diese Unterschiede sind nicht dramatisch, aber sie sind wahrnehmbar.

Vergleich von Browser-Playern

Browser-definierte Player spielen eine maßgebliche Rolle für natives Video. Wie ein Video angezeigt wird, wird im Browser definiert, also das Look&Feel des Players, die verfügbaren Steuerelemente und wie diese Steuerelemente angezeigt werden. Zum Zeitpunkt der Drucklegung dieses Buchs zeigt Safari natives Video wie in Abbildung 7.3 dargestellt an.

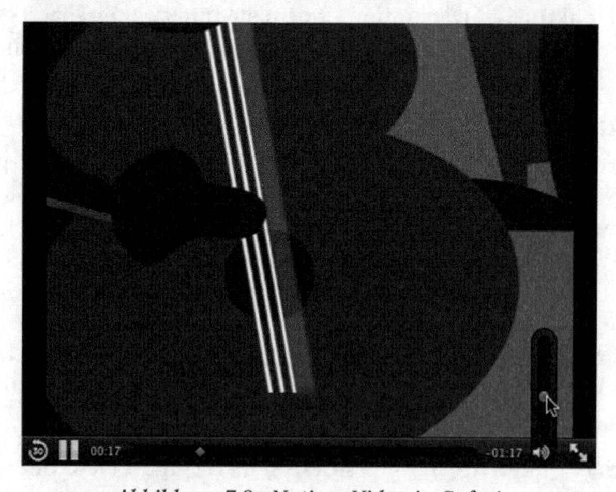

Abbildung 7.3: Natives Video in Safari

Beachten Sie jedoch, dass die Steuerelemente des Players (wie zum Beispiel der Schieberegler für die Lautstärke) anders aussehen, wenn dasselbe Video in Chrome angezeigt wird, wie in Abbildung 7.4 gezeigt.

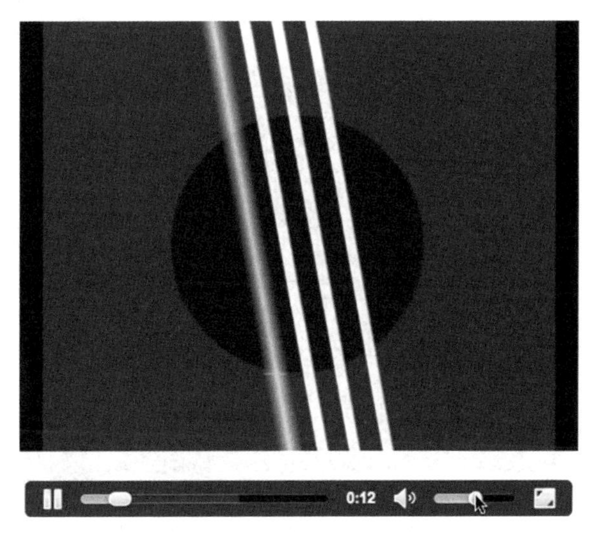

Abbildung 7.4: Natives Video in Chrome

Und der Videoplayer im Internet Explorer 10 verwendet wieder ein anderes Design für die Steuerelemente, wie in Abbildung 7.5 gezeigt.

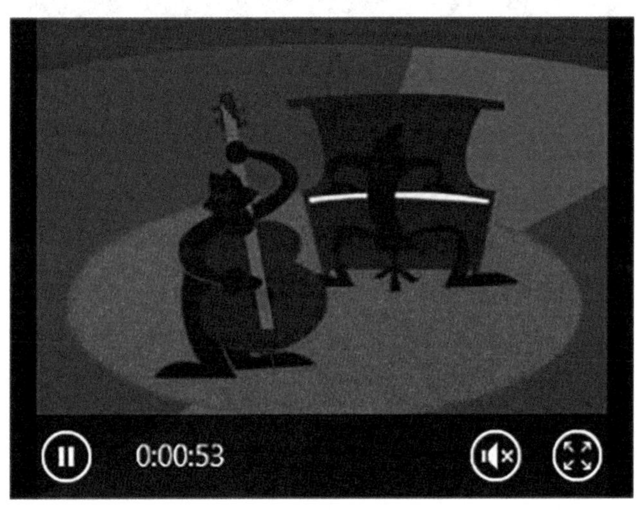

Abbildung 7.5: Natives Video im Internet Explorer 10

Video in Windows im Vergleich zu Video auf Macs

Und nicht nur jeder Browser verwendet sein eigenes Design für seinen Videoplayer, sondern diese Designs variieren auch noch leicht zwischen den Windows- und den Mac-Versionen der Browser. Abbildung 7.6 zeigt den Videoplayer in der Windows-Version von Firefox.

Abbildung 7.6: Natives Video in Firefox

Abbildung 7.7 dagegen zeigt das Video in der Mac-Version von Firefox.

Abbildung 7.7: Natives Video in der Mac-Version von Firefox

Video auf mobilen Geräten

Mobile Geräte zeigen natives Video in Playern an, die kompatibel mit ihren Funktionen und ihrer Bildschirmgröße sind. Wie ich im folgenden Abschnitt »Grundlegende Syntax für HTML5-Video« beschreiben werde, deaktivieren die meisten mobilen Geräte die Autoplay-

Funktionen, die Videos automatisch starten, wenn eine Seite geöffnet wird. Größtenteils zeigen sie stattdessen ein Wiedergabe-Symbol an, auf das der Benutzer tippen oder klicken kann, um das Video zu starten. Abbildung 7.8 zeigt das startbereite Video auf einem iPhone.

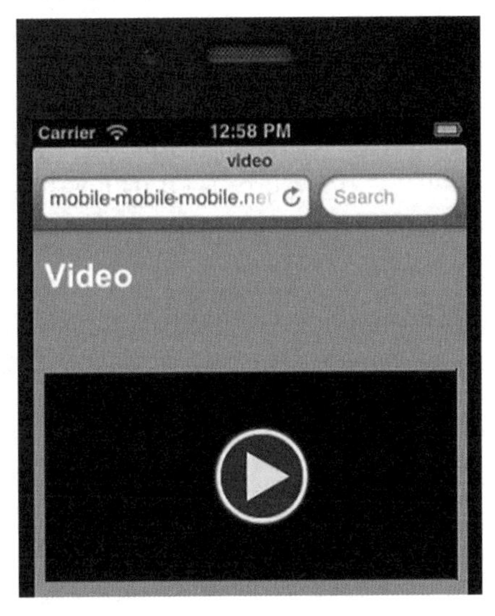

Abbildung 7.8: Natives Video in einem mobilen Browser, hier auf einem iPhone

Und Abbildung 7.9 zeigt ein Symbol, mit dem die Wiedergabe eines Videos gestartet werden kann in einem mobilen Android-Browser.

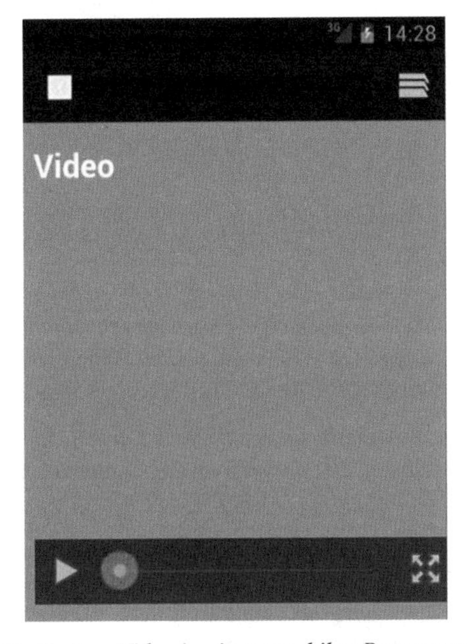

Abbildung 7.9: Natives Video in einem mobilen Browser unter Android

Anpassung der Player-Anzeige

Die Videoplayer abhängig von der Browser-Umgebung anzupassen, hat verschiedene Vorteile. Geschmack und Anforderungen ändern sich, deshalb entwickeln die Browser ihre Player weiter, Sie als Designer müssen sich also nicht darum kümmern.

Der Nachteil dabei ist jedoch, dass die Designer (ehrlich gesagt) wenig Kontrolle darüber haben, wie die Player ein Video anzeigen. Wie Sie in dem Überblick über die Videoplayer verschiedener Browser im vorigen Abschnitt erkennen konnten, wird die Kontrolle darüber, wie ein Player aussieht, hauptsächlich durch den Browser definiert.

Welche Möglichkeiten haben Sie also, um eine einheitlichere Wiedergabe Ihres Videos sicherzustellen?

- ✔ Sie können CSS-Stile anwenden, um das Look&Feel Ihres Videos anzupassen.
- ✔ Sie können die Verwendung von JavaScript-Steuerelementen für Ihren Player in Betracht ziehen.

CSS-Stile für einen `<video>`-Selektor können Rahmen, Hintergrundfarben, Abstände und Position umfassen.

Wenn Sie mit dem folgenden CSS einen Stilselektor für das `<video>`-Element definieren, wird das Video wie in Abbildung 7.10 gezeigt dargestellt.

```
video {
border:white dashed thick;
padding-left:30px;
padding-right:30px;
background-color:black;
float:right;
margin:25px;
}
```

Einen Crashkurs zur grundlegenden Formatierung mit CSS-Stylesheets finden Sie in Kapitel 1.

Mit CSS können Sie relativ viele Anpassungen an nativem Video vornehmen. Grundsätzlich können Sie einen Rahmen anlegen, in dem ein natives Video angezeigt wird und damit ein eindeutiges Look&Feel für Videos auf Ihrer gesamten Site schaffen.

Wenn diese Anpassung nicht ausreicht, können Sie mit einem JavaScript-Programmierer zusammenarbeiten (falls Sie selbst nicht JavaScript beherrschen) und Player-Steuerelemente mit JavaScript erstellen.

Die Entwicklung von JavaScript-Steuerelementen für natives Video in HTML5 kann in diesem Buch nicht erklärt werden. Eine hilfreiche Online-Anleitung zur Erstellung von JavaScript-Steuerelementen für HTML5-Video, wie in Abbildung 7.11 gezeigt, finden Sie unter `www.broken-links.com/2009/10/06/building-html5-video-controls-with-javascript`.

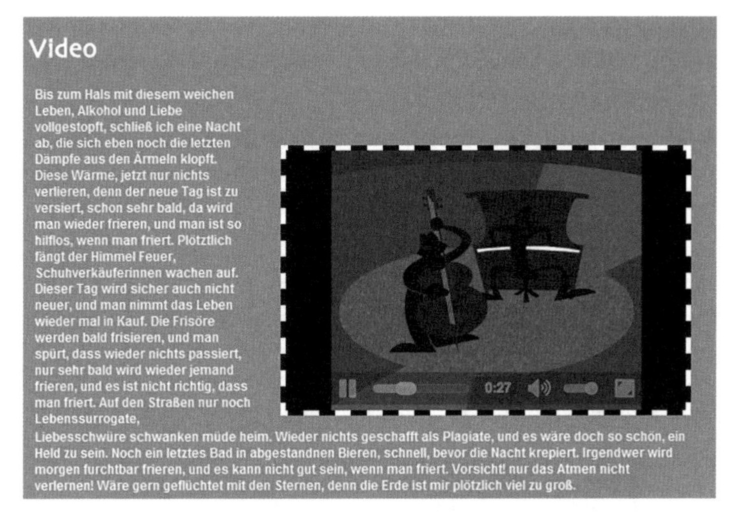

Abbildung 7.10: Stilselektor für das gezeigte CSS

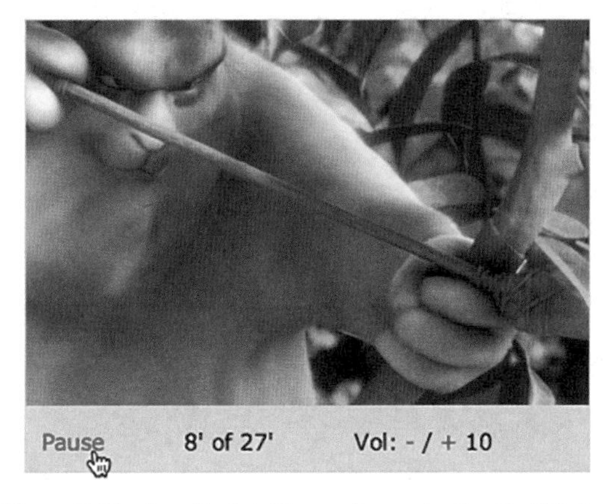

Abbildung 7.11: JavaScript-Steuerelemente für die Wiedergabe

Umwandlung von Video in native Formate

Für die Umwandlung Ihrer Videos in native Formate verwenden Sie professionelle Software für die Video-Bearbeitung:

- ✔ **Adobe Premiere** (Komponente von **Adobe Creative Cloud**; `www.adobe.com/products/creativecloud.html`) und **Apple Final Cut Pro** (`www.apple.com/finalcutpro`) können bearbeitete Videos in komprimierten Formaten exportieren, die für die Veröffentlichung im Internet geeignet sind.
- ✔ **Adobe Creative Cloud** enthält ein leistungsfähiges Programm, **Adobe Media Encoder** (`www.adobe.com/products/creativecloud.html`), das in native Video-Formate exportiert.

- **Miro Video Converter** (`www.mirovideoconverter.com`) ist eine kostenlose Anwendung, die Sie sich herunterladen können und die Videos aus den unterschiedlichsten Rohformaten in native Video-Formate exportiert.

Anwendungen wie der Adobe Media Encoder oder der Miro Video Converter stellen einfache, intuitive Möglichkeiten für die Erstellung von nativem Video dar, das auf einem bestimmten Gerät angezeigt werden soll. Außerdem bieten sie generische Ausgaben für native Video-Formate.

Programme, die Video in native Formate exportieren, enthalten normalerweise Optionen für unterschiedliche Kompressionsstufen, die für unterschiedliche Geräte geeignet sind. Video, das für ein iPhone vorgesehen ist, muss möglicherweise auf eine kleinere Größe komprimiert werden als ein Video, das für die Anzeige auf einem großen Bildschirm vorgesehen ist. Abbildung 7.12 zeigt die Optionen für die Komprimierung in Miro Video Converter.

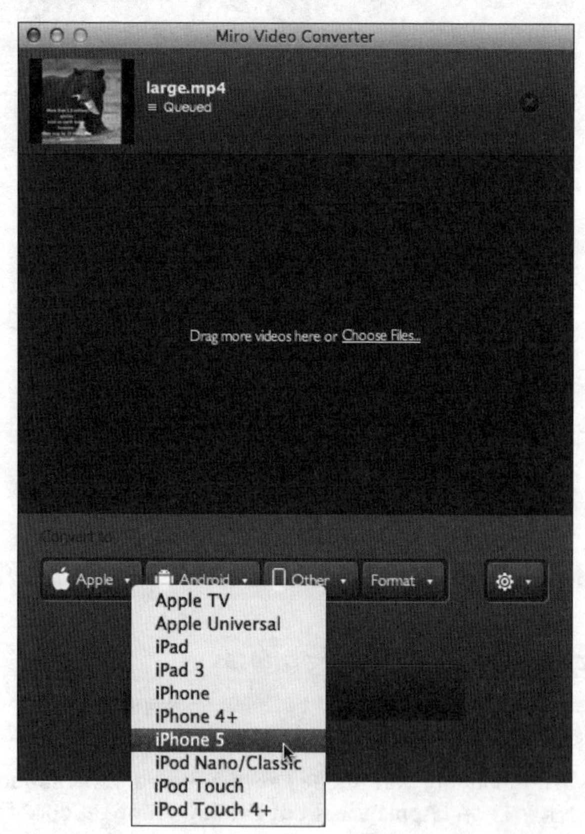

Abbildung 7.12: Video-Konvertierung mit dem Miro Video Converter

Für viele professionelle und halbprofessionelle Websites ist ein komprimiertes Video für alle Geräte ausreichend. Für die Bereitstellung von separaten Videos, die auf unterschiedlichen Geräten jeweils automatisch zur Anzeige ausgewählt werden, ist eine JavaScript-Programmierung erforderlich, die in diesem Buch nicht besprochen werden kann.

Die Bereitstellung von Links auf eine iPhone-Version oder eine Vollbildversion dagegen ist nicht übermäßig kompliziert und es ist keine Programmierung dafür erforderlich.

Ihre Optionen für das Hosting nativer Videos

Es gibt zwei Möglichkeiten, natives Video auf einer Website anzuzeigen:

- ✔ Sie betten Ihre eigenen Video-Dateien ein, die auf Ihrem eigenen Server gespeichert sind.
- ✔ Sie betten Videos ein, die über eine Video-Ressource online bereitgestellt werden, wie beispielsweise YouTube oder Vimeo.

Diese beiden Optionen werde ich in den folgenden Abschnitten vergleichen.

Hosting Ihrer eigenen Video-Dateien

In diesem Kapitel geht es um das Hosting Ihrer eigenen Video-Dateien – die erste Option. Wenn Sie das `<video>`-Element verwenden und Video von Ihrer eigenen Site aus zur Verfügung stellen, haben Sie volle Kontrolle über das Video. Es gibt keine störenden Werbeeinblendungen der Online-Ressource, von der Sie das Video beziehen, wie in Abbildung 7.13 gezeigt.

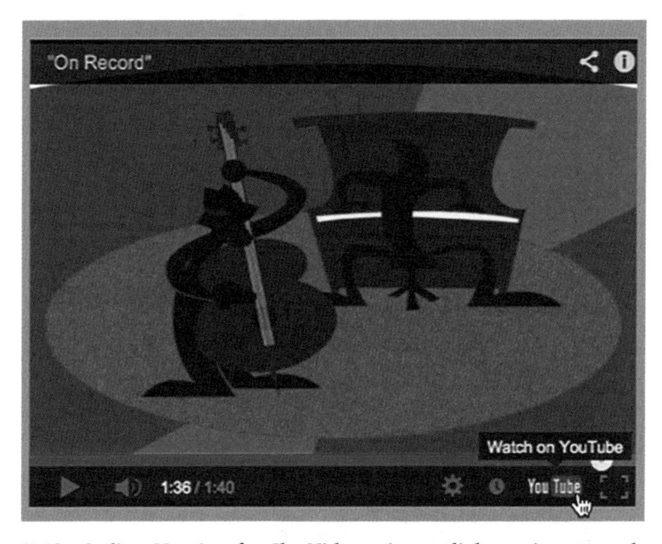

Abbildung 7.13: Online-Hosting für Ihr Video mit möglicherweise störender Werbung

Der größte Nachteil, wenn Sie Ihre Videos auf Ihrem eigenen Host speichern, ist, dass Ihr Hosting-Service möglicherweise dem Ansturm von Millionen von Benutzern, die Ihre Website besuchen wollen, nicht gewachsen ist – weil dabei ein enormer Bandbreitenbedarf entsteht. Die meisten Website-Administratoren würden sich jedoch eine solche Situation uneingeschränkt wünschen, und das Problem kann gelöst werden, indem Sie Ihren Hosting-Tarif aufrüsten.

Verwendung eines Online-Hosting-Service

Die zweite Option, um Videos auf Ihrer Site anzubieten, ist die Einbettung des Videos auf einem Video-Hosting-Service (zum Beispiel YouTube oder Vimeo). Der größte Vorteil beim Hosting Ihrer Videos auf YouTube (`www.youtube.de`) oder Vimeo (`www.vimeo.com`) ist, dass dafür keine Codierung erforderlich ist: Sie kopieren einfach den Code von YouTube (oder dem verwendeten Video-Hosting-Service) und fügen ihn auf Ihrer Site ein, und schon wird das Video auf Ihrer Site angezeigt. Den Code mit dem Link auf Ihr Video erhalten Sie, wenn Sie einen Account bei YouTube anlegen, wie in Abbildung 7.14 gezeigt.

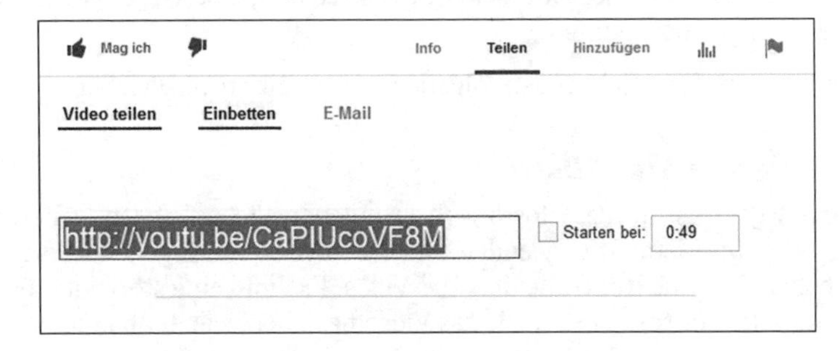

Abbildung 7.14: Einen Account auf YouTube anlegen

Abbildung 7.15 zeigt Code, der aus Vimeo kopiert wird.

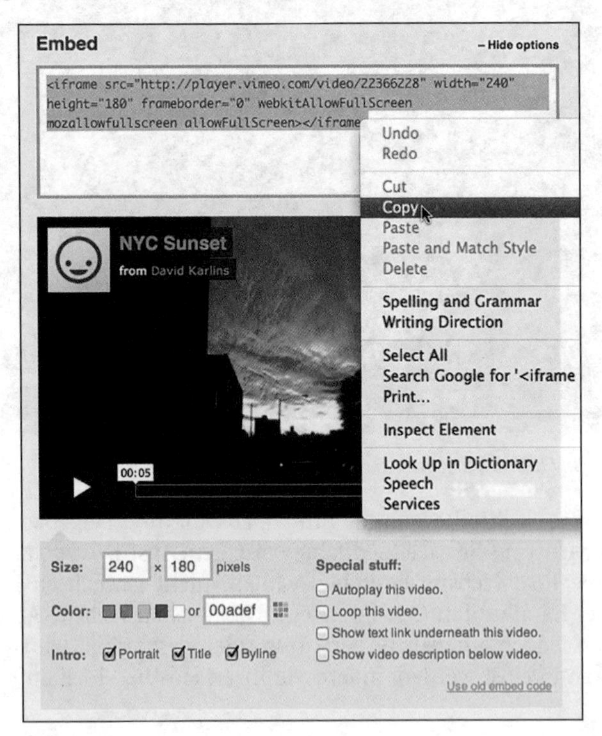

Abbildung 7.15: Code, den Vimeo für die Einbettung bereitstellt

Natives Video optimieren

Die Vorteile bei der Verwendung von nativem Video in HTML5 sind:

- ✔ Das HTML5-Element `<video>` ist einfacher zu codieren.
- ✔ Das HTML5-Element `<video>` gestattet es, Bilddateien als *Poster* zu verwenden (Illustrationen, die vor dem Abspielen eines Videos angezeigt werden); siehe auch den Abschnitt »Ein Poster hinzufügen« später in diesem Kapitel.
- ✔ Das HTML5-Element `<video>` bietet Auswahlmöglichkeiten für die Anzeige (oder das Ausblenden) von Player-Steuerelementen.
- ✔ Das HTML5-Element `<video>` kann vorab geladen werden.
- ✔ Das HTML5-Element `<video>` unterstützt eine einfache Definition der automatischen Wiedergabe (so dass das Video abgespielt wird, ohne dass der Benutzer eine Operation ausführen muss), ebenso wie eine optionale Stummschaltung.

Nachdem ich all diese Vorteile genannt habe, erkläre ich die Verwendung des `<video>`-Elements.

Grundlegende Syntax für HTML5-Video

Die grundlegende Syntax für die Einbettung eines nativen HTML5-Videos lautet:

```
<video>
  <source src="dateiname.mp4" type="video/mp4">
  <source src="dateiname.ogv" type="video/ogg">
</video>
```

Zwischen den öffnenden und schließenden `<video>`-Tags sind verschiedene Quelldateien definiert. Im obigen Beispiel sind zwei Optionen angegeben: eine MP4-Datei (h.264) und eine OGV-Datei (OGG). Der `src`-Parameter definiert die Datei(en). Der `type`-Parameter definiert den Typ.

Am besten wird die MP4-Datei als erste Quelle aufgelistet, sonst werden die Videos auf iPads unter iOS 3.x nicht abgespielt. Dieses Problem wurde in iOS 4 gelöst (ein kostenloses Upgrade für alle iPads). Um das Video sicher abzuspielen, auch für iPad-Benutzer, die kein Upgrade auf iOS 4 vorgenommen haben, müssen Sie Ihre MP4-Datei jedoch als erste Quelle angeben, gefolgt von der OGV-Datei.

Der `source`-Parameter ist der einzige Pflichtparameter für HTML5-Video – und es kann sein, dass Sie keine weiteren Parameter brauchen. Wenn Sie jedoch Steuerelemente anzeigen möchten (zum Beispiel Wiedergabe, Pause und Lautstärkentasten und -schieberegler), brauchen Sie einen `controls`-Parameter.

Für das Einfügen eines `controls`-Parameters fügen Sie diesen in das `<video>`-Tag ein. Mit den `height`- und `width`-Parametern können Sie Videos in einer festen Größe anzeigen.

Der type-Parameter teilt den Browsern den MIME-Typ (den Video-Dateityp) und die Komprimierungstechnologie mit. Größtenteils können die Browser den MIME-Typ und die Komprimierungstechnologie auch ohne einen type-Parameter erkennen, aber es schadet auch nicht, ihn einzufügen. Im Allgemeinen ist der type-Wert "video/" gefolgt von mp4 oder ogg ausreichend.

Jetzt betrachten wir die Syntax für die controls-, Größen- (width und height) und autoplay-Parameter genauer. Alle diese Parameter werden einem öffnenden <video>-Tag angefügt. Damit gelten sie für beide Versionen des Videos.

Um Steuerelemente für Ihr Video anzuzeigen, fügen Sie den controls-Parameter wie folgt hinzu:

```
<video controls>
```

Um eine Höhe und/oder Breite für Ihr Video zu definieren, fügen Sie den height- und/oder width-Parameter hinzu:

```
<video width="wert" height="wert" controls>
```

Und wenn Sie wollen, dass Ihr Video automatisch abgespielt wird, fügen Sie den autoplay-Parameter ein, der das Video abspielt, sobald die Seite geöffnet wird.

```
<video autoplay>
```

Wenn Sie die automatische Wiedergabe aktivieren, sollten Sie in Betracht ziehen, das muted-Attribut hinzuzufügen. Dieses Attribut schaltet das Audio für das Video stumm, bis der Benutzer die Stummschaltung aufhebt. Hier ist die Syntax für ein video-Element mit autoplay-Parameter und muted-Attribut:

```
<video autoplay muted>
```

Der muted-Parameter wird in den meisten modernen Browsern unterstützt, die HTML unterstützen – Safari, Firefox, Chrome und Opera –, aber nicht in Internet Explorer 9 und 10.

Darüber hinaus ist es möglich, ein Video wiederholt abzuspielen. Dazu fügen Sie einen loop-Parameter ein:

```
<video loop>
```

Natürlich können Sie die verschiedenen Parameter auch kombinieren. Nachfolgend sehen Sie ein video-Element mit height, width, controls und loop:

```
<video width="320" height="240" controls loop>
```

Wie alle Tags werden Parameter durch Leerzeichen voneinander getrennt, und Werte werden in Anführungszeichen eingeschlossen. Für die Parameter controls, muted, autoplay und loop sind keine Werte erforderlich – Sie fügen sie ein oder nicht. Und es spielt auch keine Rolle, in welcher Reihenfolge Sie die Parameter auflisten.

Bereitstellung von Optionen für andere als HTML5-Browser

Wenn Sie Optionen für andere als HTML5-Browser bereitstellen wollen, fügen Sie momentan einfach eine Zeile am Ende des <video>-Elements ein (unmittelbar vor dem </video>-Tag), in der Sie eine Meldung ausgeben: *Für dieses Video brauchen Sie HTML5. Ihr Browser unterstützt dies nicht.*

Hier ein Beispiel für die Syntax:

```
<video>
<source src="dateiname.mp4" type="video/mp4">
<source src="dateiname.ogv" type="video/ogg">
Ihr Browser unterstützt das video–Tag nicht.
</video>
```

Die Codezeile Ihr Browser unterstützt das video–Tag nicht. kann ersetzt werden durch eine Zeile mit einem Link auf ein proprietäres Video. Beispiel:

```
<video>
<source src="dateiname.mp4" type="video/mp4">
<source src="dateiname.ogv" type="video/ogg">
Sie sehen ein Windows Media–Video <a href="filename.avi">hier</a>
</video>
```

In einem Browser, der kein HTML5-Video unterstützt, wird diese Meldung wie in Abbildung 7.16 angezeigt.

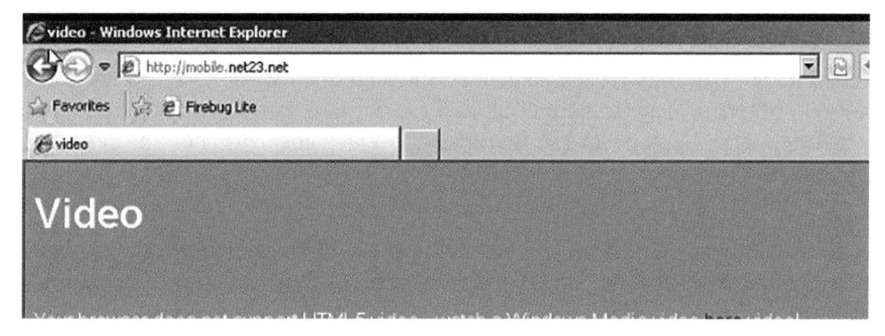

Abbildung 7.16: Wenn ein Browser kein natives Video unterstützt, wird einfach ein Text angezeigt

Ein Poster hinzufügen

Poster sind JPEG-Bilder, die in einem Video-Element angezeigt werden, bis die Wiedergabe des Videos beginnt (siehe Abbildung 7.17). Die Syntax für die Definition eines Posters lautet:

```
<video poster="dateiname.jpg">
```

Abbildung 7.17: Anzeige eines Bilds, bevor das Abspielen des Videos beginnt

In der Regel ist es sinnvoll, ein Poster-Bild einzufügen, wenn HTML5-Video eingebettet wird. Auf diese Weise können Sie definieren, welches Bild in einem Browser angezeigt wird, bevor ein Benutzer das Video abspielt oder – nachdem ein Benutzer auf die Wiedergabe-Schaltfläche geklickt hat – bis ein Video beginnt. Ein definiertes Posterbild ist einladender als ein generisches (leeres) Videofeld. Und durch die Auswahl des Posterbilds können Sie definieren, wie ein Video angekündigt wird.

Ein Video vorab laden

Video-Dateien sind von Haus aus groß. Und die Besucher werden nicht begeistert sein, wenn sie auf die Wiedergabe-Schaltfläche für ein Video klicken und dann 15 Sekunden lang Däumchen drehen müssen, bis das Video geladen ist und abgespielt wird. Eine Lösung dafür ist der `preload`-Parameter für das `<video>`-Tag. Er bewirkt, dass ein Video beim Öffnen der Seite heruntergeladen wird, noch bevor ein Benutzer das Video abspielt. Hier ein Beispiel:

```
<video preload>
```

Manchmal werden einem Video bei der Herstellung Metadaten hinzugefügt. Wie bei Metadaten, die Standbildern zugeordnet sind, handelt es sich dabei um die Textinformation, die dem Video zugeordnet ist.

Metadaten können die folgenden Informationen enthalten:

- ✔ **Autor**: Informationen über den Hersteller des Videos
- ✔ **Links**: URLs, die dem Video zugeordnet sind
- ✔ **Sprache**: Text, der die Sprache identifiziert, die bei der Video-Kommentierung verwendet wird.

Statt des eigentlichen Videos können Sie auch nur die Video-Metadaten vorab laden. Auf diese Weise wird die Seite schneller geladen. Der Benutzer sieht Informationen wie beispielsweise den Autor des Videos, die verwendete Sprache oder die dem Video zugeordneten URLs, noch bevor das eigentliche Video heruntergeladen wird. Hier die Syntax für das Herunterladen von Video-Metadaten:

```
<video preload="metadata">
```

Der `preload`-Parameter funktioniert in den meisten modernen Browsern, die HTML5 unterstützen, mit Ausnahme von Internet Explorer 9 und 10. Zum Zeitpunkt der Drucklegung dieses Buchs gibt es kaum eine Unterstützung in mobilen Geräten, weil die Designer die begrenzte Prozessorleistung im Gerät nicht unnötig belasten und den Download der Seite durch vom Benutzer nicht benötigte Daten verlangsamen wollen.

Natives Audio einbetten

Unkomprimierte Audio-Dateien in den Formaten WAV (für Windows) und AIFF (für Macs) bieten die höchste verfügbare Online-Tonqualität. In dieser Hinsicht unterscheidet sich natives Audio von nativem Video. Unkomprimierte Audio-Dateien werden immer geschätzt und das Publikum ist bereit, auf ihren Download zu warten. Und dieses Publikum toleriert auch die Notwendigkeit proprietärer Plug-in-Audioplayer (wie Windows Media Player oder QuickTime Player oder iTunes), um Audio in seiner besten Qualität zu hören.

Für viele Benutzer von mobilen Geräten werden komprimierte Audio-Dateien schneller heruntergeladen und bieten immer noch eine ausreichende Qualität. Die beiden gebräuchlichsten Formate für komprimiertes Audio sind MP3 und OGG.

Wie bei nativem Video gibt es derzeit auch kein natives Audio-Format, das in jeder Browser-Umgebung funktioniert. Die fünf bekanntesten Browser (Internet Explorer, Firefox, Chrome, Safari und Opera sowie alle ihre mobilen Versionen mit Ausnahme von derzeit Opera Mini) unterstützen HTML5-Audio, aber die verschiedenen Browser unterstützen verschiedene Formate.

Sie können die Unterstützung von Audio-Formaten in unterschiedlichen Umgebungen unter `http://textopia.org/androidsoundformats.html` überprüfen.

Die zuverlässigste und »standard-konformste« Lösung für die Ausgabe von HTML5-Audio ist die Bereitstellung beider komprimierter HTML5-Audio-Formate, MP3 und OGG. Dies ist die Lösung, die ich in den folgenden Abschnitten genauer betrachte.

MP3-Audio in OGG umwandeln

MP3-Audio-Dateien sind einfach zu erstellen. Viele Audio-Anwendungen erstellen standardmäßig MP3-Audio-Dateien. Problematisch ist die Umwandlung in OGG.

Von den vielen Online-Ressourcen für die Umwandlung von MP3-Audio-Dateien in OGG-Dateien empfehle ich den Online Audio Converter unter `http://media.io`.

Mit dem Online Audio Converter können Sie Ihre MP3-Audio-Datei in OGG umwandeln, indem Sie Ihre MP3-Datei hochladen und dann ein Exportformat (OGG) und eine Qualität auswählen, wie in Abbildung 7.18 gezeigt.

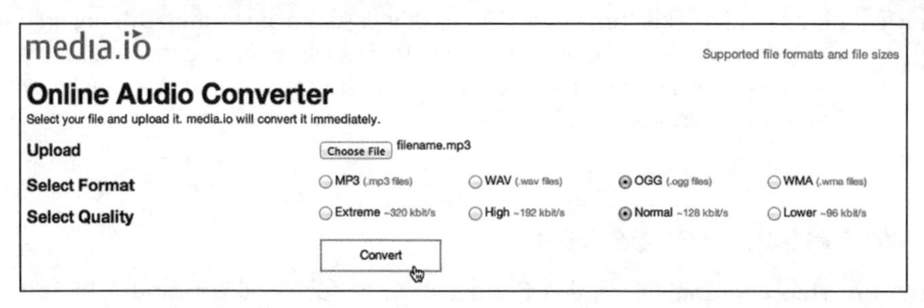

Abbildung 7.18: Umwandlung von MP3-Audio-Dateien in OGG-Dateien

Nachdem Sie eine MP3- und eine OGG-Audio-Datei haben, können Sie Ihr natives Audio allen Benutzern bereitstellen.

Ein HTML5-Audio-Element einbetten

Nachdem Sie Ihre Audio-Datei im MP3- und OGG-Format vorliegen haben (siehe voriger Abschnitt), brauchen Sie Ihren Benutzern beide Formate nur noch bereitzustellen. Die grundlegende Syntax für ein `<audio>`-Tag mit Optionen für MP3- und OGG-Dateien lautet:

```
<audio>
<source src="dateiname.ogg" type="audio/ogg">
<source src="dateiname.mp3" type="audio/mpeg">
Ihr Browser unterstützt kein HTML5-Audio.
</audio>
```

Der `src`-Parameter definiert die Datei(en). Der `type`-Parameter definiert den Typ. Für OGG-Dateien ist die Dateinamenerweiterung (`.ogg`) dieselbe wie der Dateityp (`ogg`). Für MP3-Dateien ist die Dateinamenerweiterung `.mp3`, und der Dateityp ist `mpeg`.

Der `type`-Parameter ist nicht unbedingt erforderlich, aber er hilft den Browsern, den Audio-Dateityp zu erkennen – damit wird die Wahrscheinlichkeit verringert, dass ein Audio-Dateityp nicht korrekt erkannt wird und die Benutzer womöglich eine Fehlermeldung sehen, statt das Audio zu hören.

Nachdem Sie Ihr HTML5-Audio-Element eingebettet haben, können Sie Parameter für das Abspielen des Audios hinzufügen. Um beispielsweise einen Audioplayer, wie in Abbildung 7.19 gezeigt, auszugeben, fügen Sie einen `controls`-Parameter ein, wie im folgenden Code gezeigt:

```
<audio controls>
```

Abbildung 7.19: Audioplayer in Chrome

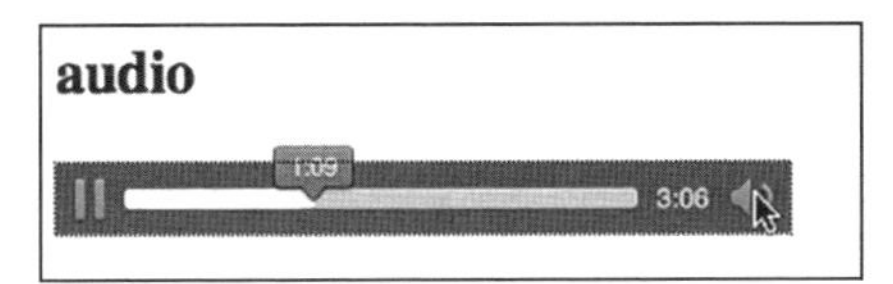

Abbildung 7.20: Audioplayer in Firefox

Audioplayer sehen in allen Browsern leicht unterschiedlich aus. Abbildung 7.19 zeigt einen Audioplayer mit Steuerelementen in Chrome. Abbildung 7.20 zeigt denselben Player in Firefox.

Um die Audio-Datei wiederholt abzuspielen, fügen Sie einen `loop`-Parameter ein:

```
<audio loop>
```

Wenn Sie eine Audio-Datei automatisch abspielen wollen, fügen Sie den `autoplay`-Parameter ein:

```
<audio autoplay>
```

Mobile Geräte (einschließlich von iOS Apple-Geräten) und einige Versionen des mobilen Betriebssystems Android unterstützen `autoplay` nicht, was dafür spricht, Steuerelemente anzuzeigen.

Der `preload`-Parameter startet den Download der Audio-Datei, wenn die Seite geöffnet wird, bevor ein Benutzer auf die Wiedergabe-Schaltfläche klickt. Sie können auch festlegen, dass nur Metadaten vorab geladen werden sollen (der Autor der Audio-Datei, das Musikgenre und so weiter):

```
<audio preload="metadata">
```

Außerdem gibt es einen muted-Parameter, der einen speziellen Verwendungszweck erfüllt, wenn Audio in Umgebungen für ein hörgeschädigtes Publikum bereitgestellt wird, das möglicherweise nicht erkennt, dass Audio abgespielt wird, und dem besser eine Textalternative geboten wird. Das folgende Beispiel verwendet die Parameter controls, preload und loop:

```
<audio controls preload loop>
<source src="dateiname.ogg" type="audio/ogg">
<source src="dateiname.mp3" type="audio/mpeg">
Ihr Browser unterstützt kein HTML5–Audio.
</audio>
```

Alternative Audio-Optionen

MP3-Dateien können in fast jeder Browser-Umgebung abgespielt werden – selbst wenn diese kein HTML5 unterstützt. Für Benutzer, deren Browser kein HTML5 verstehen (wie zum Beispiel ältere Versionen des Internet Explorers), ist es nicht erforderlich, eine alternative Audio-Datei bereitzustellen. Alles was Sie brauchen, ist ein Link auf die MP3-Datei, auf den diese Benutzer klicken können. Diese Datei wird dann auf der Audio-Software ihres Systems abgespielt.

Dazu fügen Sie einen Link direkt auf Ihre MP3-Datei ein, indem Sie die folgende Codezeile vor dem schließenden </audio>-Tag einfügen:

```
Ihr Browser unterstützt kein HTML5–Audio. Klicken Sie <a href=
"filename.mp3">hier
</a>, um die Audio–Spur zu hören.
```

Mobile Geräte: Responsives Design und jQuery Mobile

8

In diesem Kapitel

- Sites entwickeln, die auf unterschiedlichen Geräten funktionieren (Desktops, Laptops, Tablets und Smartphones)
- Sites erstellen, die barrierefrei in unterschiedlichen Anzeigeumgebungen sind (im Freien, in Gebäuden, mit schnellen Verbindungen, mit langsamen Verbindungen und so weiter)
- Unterschiedliche Techniken und Technologien für Handy-freundliche Sites verstehen
- Denselben Inhalt auf unterschiedlichen Geräten mit unterschiedlichem Layout anzeigen
- App-ähnliche Webseiten mit jQuery Mobile erstellen

In diesem Kapitel stelle ich Ihnen drei Möglichkeiten vor, wie Sie Ihre Site barrierefrei und attraktiv auf mobilen Geräten gestalten können. Bei der ersten Variante ignorieren Sie einfach die Notwendigkeit, Ihre Site für Benutzer mobiler Geräte neu zu konfigurieren und zu gestalten, vielmehr zwingen Sie sie, irgendwo ein Stückchen Schatten zu finden, um Ihre Site lesen zu können, sie zu vergrößern, um den Inhalt entziffern zu können, und endlos zu warten, bis der Inhalt heruntergeladen wurde.

Der zweite Ansatz wendet ein sogenanntes *responsives Design* an. Bei einer optimalen Anwendung wird der Inhalt dafür neu konfiguriert und neu entworfen, mit Handy-freundlichen Seitenlayouts und Farbschemata.

Mit der dritten Option jQuery Mobile schließlich erstellen Sie separate schnelle Seiten für mobile Benutzer mit einer App-ähnlichen Oberfläche und Bedienung. Abbildung 8.1 zeigt diese drei Ansätze im Überblick. Wie Sie vielleicht schon erraten haben, werde ich mich in diesem Kapitel auf die beiden letztgenannten Optionen konzentrieren.

Die Natur und die Rolle von responsivem Design verstehen

Responsives Design bedeutet, wie der Name sagt, dass Websites entwickelt werden, die auf die Anzeigeumgebung eines Benutzers *reagieren*. Vor dem Zeitalter der mobilen Geräte bezog sich das responsive Design auf eine leichte Anpassung von Dingen wie der Bild- oder der Schriftgröße, so dass die Sites auch noch zufriedenstellend funktionierten, wenn die Benutzer die Größe ihrer Browser-Fenster änderten.

Im Zeitalter des mobilen Designs ist die *Größe* nur noch ein kleiner Teil des responsiven Designs.

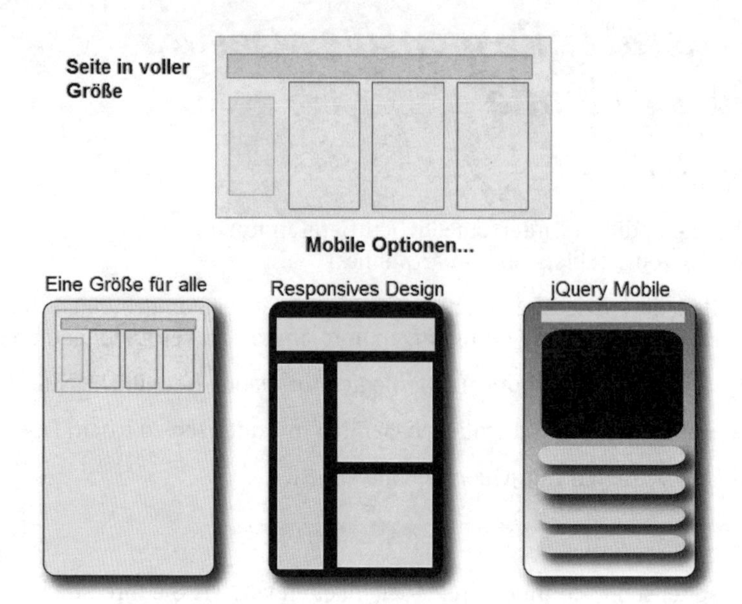

Abbildung 8.1: Verschiedene Ansätze für responsives Design

Wenn man Sites erstellen will, die in jeder Umgebung ordnungsgemäß funktionieren, müssen unter anderem die folgenden Elemente berücksichtigt werden:

- ✔ Beleuchtungssituation in der Umgebung
- ✔ Verarbeitungsgeschwindigkeit der Geräte
- ✔ Langsame 3G- und 4G-Downloads, wo dies eine Rolle spielt
- ✔ Verfügbarkeit eines Zeigegeräts
- ✔ Und vieles andere mehr

Kurz gesagt, für den Entwurf wirklich responsiver Sites müssen zahlreiche Techniken eingesetzt werden. Es ist nicht ausreichend, eine Site einfach so zu verkleinern oder zu vergrößern, damit sie für eine bestimmte Displaygröße geeignet ist. Dieses Kapitel erklärt, was ich damit meine – und wie Sie es bewerkstelligen.

Ein Tag im Leben eines Multigeräte-Benutzers

Bevor Sie eine wirklich responsive Site entwerfen, müssen Sie sich in einen Benutzer versetzen, der Ihre Site unter den unterschiedlichsten Bedingungen anzeigen wird (siehe Abbildung 8.2).

Ein Besucher könnte Ihre Site beispielsweise in den folgenden Situationen anzeigen:

- ✔ Am Strand mit intensiver Sonneneinstrahlung und hellem Licht, mit einem billigen Smartphone mit spärlicher Hintergrundbeleuchtung. Für diese Situation müssen sehr starke Kontraste eingesetzt werden, um Inhalte auf Ihrer Site erkennen zu können.

- ✔ Projektion der Website auf einen sehr großen Bildschirm bei einer Gruppenpräsentation, um den Teilnehmern Dinge zu verdeutlichen. In dieser Situation muss die Site auch noch gut aussehen, wenn sie auf eine Breite von 960 Pixel (px) projiziert wird.
- ✔ Bestellung eines Produkts von Ihrer Site unter Verwendung eines Tablets auf einer Wanderung am Nordufer der Großen Seen im Dezember. Hier ist eine Dateneingabe gefragt, die auch noch für einen Benutzer mit dicken Handschuhen komfortabel genug ist.
- ✔ Online-Suche bei begrenzten und sehr langsamen 3G-Verbindungen. Für diese Situation brauchen Sie Bilder und Inhalte, die sehr schnell heruntergeladen werden, ohne zu viele überflüssige Bild-Downloads.

Denken Sie immer an das Worst-Case-Szenario, wenn Sie Sites für unterschiedliche Umgebungen entwickeln und entwerfen.

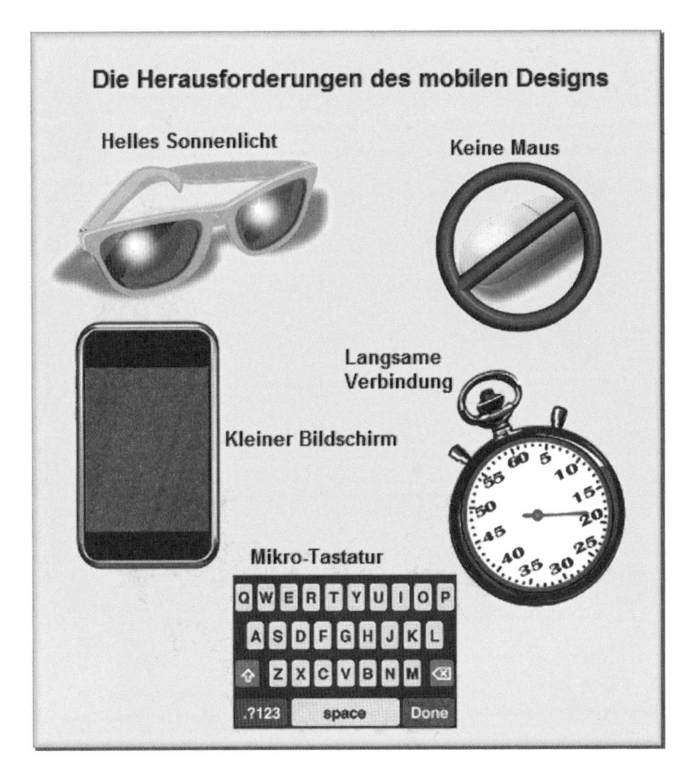

Abbildung 8.2: Die Herausforderungen des mobilen Designs

Größe berücksichtigen

Beim mobilen Design spielt die Größe eine entscheidende Rolle. Natürlich ist die Größe nicht der einzige (und noch nicht einmal der wichtigste) Faktor bei der Entwicklung Handy-freundlicher Sites, aber sie muss unbedingt berücksichtigt werden.

Mobile Sites haben häufig weniger Spalten, größere Schriften und kleinere Bilder als Vollbild-Sites.

Abbildung 8.3 zeigt eine mehrspaltige Version einer Website auf einem Laptop mit Vollbildgröße.

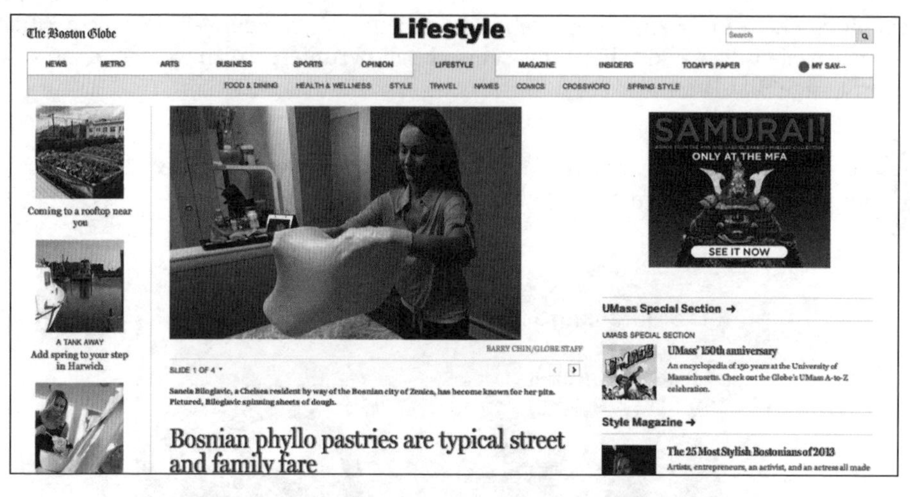

Abbildung 8.3: Mehrspaltige Website auf einem Vollbild-Display

Abbildung 8.4 zeigt dieselbe Site mit einer reduzierten Spaltenmenge auf einem Tablet-Display.

Abbildung 8.4: Mehrspaltige Seite auf einem Tablet-Display.

Und Abbildung 8.5 zeigt dieselbe Site auf einem Smartphone. Achten Sie auf das einspaltige Layout.

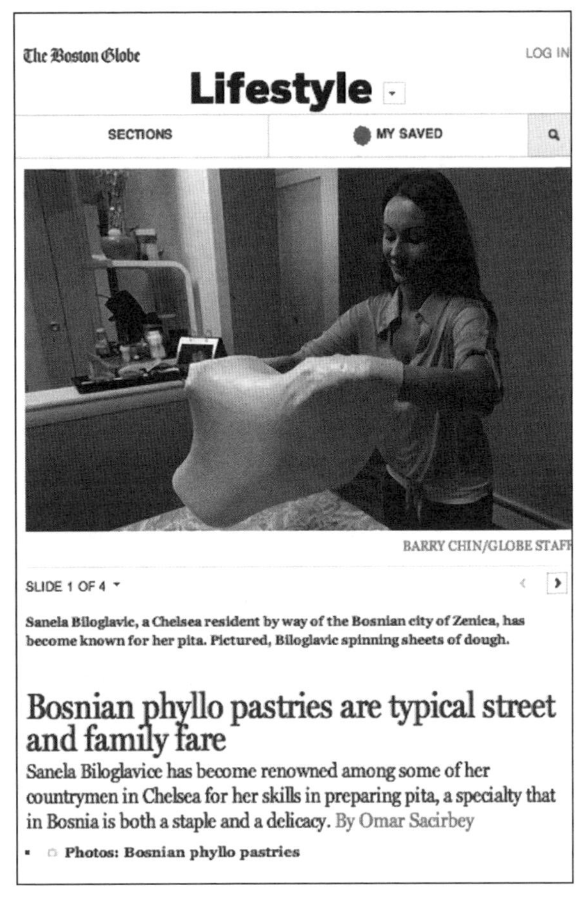

Abbildung 8.5: Auf dem Smartphone-Display wird nur noch eine Spalte angezeigt.

Wie breit sind Smartphones und ?

Beim Entwurf für mobile Geräte müssen unterschiedliche *Viewports* (die Breite des Geräts oder des Browser-Fensters, in dem eine Site angezeigt wird – je nachdem, was schmaler ist) berücksichtigt werden. Zum Zeitpunkt der Drucklegung dieses Buchs verkauft Samsung ein Smartphone mit 5,5" Breite, fast so breit wie ihr schmalstes Tablet. Und während sich »Mini«-Tablets in der Größe immer mehr den Smartphones annähern, besitzen die größten Tablets Bildschirme, die fast so groß sind wie bei Laptops. Die Unterscheidung zwischen Smartphones und Tablets sowie zwischen Tablets und Laptops ist also relativ. Später in diesem Kapitel werde ich noch genauer auf die Unterscheidung und den Entwurf für unterschiedliche Viewports eingehen.

Beleuchtung für mobile Geräte

Im Allgemeinen funktionieren bei normaler Raumbeleuchtung auch Farbschemas mit geringem Kontrast (zum Beispiel hellgrauer Text auf einem grauen Hintergrund), aber bei hellem Sonnenlicht sind sie nicht mehr erkennbar. Ein Farbschema mit hohem Kontrast, wie beispielsweise weißer Text auf schwarzem oder dunkelrotem Hintergrund ist bei hellem Sonnenlicht auf einem Gerät mit schwacher Hintergrundbeleuchtung sehr viel besser lesbar.

Abbildung 8.6 zeigt eine Vollbild-Version einer Website. Die Überschriften auf dem farbigen Hintergrund sind auf einem Desktop in einem Büro mit ergonomischer Beleuchtung oder auf einem Laptop mit leistungsstarker und einstellbarer Hintergrundbeleuchtung gut lesbar.

Abbildung 8.6: Niedrige Kontraste spielen keine Rolle auf Desktops sowie auf Smartphones mit guter Hintergrundbeleuchtung und in Räumen.

Die Designer der folgenden Website dagegen haben vorgedacht und wissen, dass die Benutzer von Smartphones einen hohen Kontrast zwischen Text und Hintergrund benötigen. Für ein Smartphone-Display verwenden sie deshalb weißen Text auf schwarzem Hintergrund – den größtmöglichen Kontrast –, damit die Überschriften auch im Freien und bei hellem Sonnenschein lesbar sind (siehe Abbildung 8.7).

Was die Größe betrifft: Wenn man kleinere, schneller zu ladende Bilder für die Anzeige auf einem Smartphone verwendet, werden die Seiten auch schneller geladen, wenn keine WLAN-Verbindung für das mobile Gerät zur Verfügung steht. Außerdem verwenden mobile Sites auch häufiger eine größere Schrift.

Abbildung 8.7: Hoher Kontrast sorgt für gute Lesbarkeit auch auf Smartphone-Displays.

Interaktivität für mobile Geräte

Interaktive Schnittstellen gestatten es mobilen Benutzern, auch ohne Zeigegeräte (wie etwa Touchpad oder Tastatur) auf Links zu tippen und Daten einzugeben. Beim Entwurf von Sites für mobile Geräte sollten Sie beispielsweise die Verwendung von Links vermeiden, über die die Maus geschoben werden muss (zum Beispiel horizontale Menüleisten).

Die in Abbildung 8.8 gezeigte horizontale Menüleiste für die Vollseiten-Website funktioniert auf einem Laptop, aber bei mobilen Geräten ist eine Navigation, bei der die Maus über einen Registerkartentitel geschoben werden muss, nicht sinnvoll.

Die mobile Version derselben Website verwendet eine völlig andere Navigation: eine für mobile Geräte geeignete Liste mit Links, auf die man auf einem Smartphone ganz einfach tippen kann (siehe Abbildung 8.9).

Drei Ansätze für responsives Design

Wie ich in der Einführung zu diesem Kapitel bereits kurz angesprochen habe, gibt es im Wesentlichen zwei Ansätze, Sites zu erstellen, die auf jedem Gerät und in jeder Umgebung zufriedenstellend funktionieren:

- ✔ **Medien-Abfragen**: Definition und Anwendung unterschiedlicher Stylesheets für unterschiedlich große Browser-Umgebungen.
- ✔ **jQuery Mobile-Apps**: Bereitstellung einer mobilen Präsenz unter Verwendung von Web-Apps, die Effekte, Animation und Interaktivität verwenden, um die mobilen Geräte uneingeschränkt nutzen zu können.

Passauer Neue Presse
ZEITUNG FÜR DEN LANDKREIS FREYUNG-GRAFENAU · NIEDERBAYERISCHE ZEITUNG

pnp.de

Wetter

Region & Lokal | Nachrichten | Foto | Freizeit | Mitmachen

Sie sind hier: Startseite > F > L > F > Des Bibers fette Beute:...

15:01 Uhr - Mehrere Osc

Freyung | 16.01.2014 | 11:33 Uhr

Des Bibers fette Beute: Etliche Bäume im Auenpark gefällt

von Jennifer Jahns

Lesenswert (4) | 2 Kommentare | Weitersagen | drucken

Artikel — Artikel 1 / 17

Fast schon künstlerisch wertvoll: Dieser abgeknickte Baum geht ebenfalls auf das Konto des Bibers. Die Späne liegen noch ganz frisch neben dem Baumstamm. – Fotos: Jahns

Jetzt ist es wirklich nicht mehr zu übersehen: Der Biber hat im Freyunger Auenpark ganze Arbeit geleistet. Sowohl rund um den kleinen See als auch entlang des angrenzend fließenden Saußbachs wurden etliche Bäume durch den Nager gefällt. An dieser Tatsache ändern kann man indes kaum etwas.

Wie Stadt-Geschäftsleiter Herbert Graf nämlich auf PNP-Anfrage mitteilt, unterliegt der Biber den strengen Vorgaben des Naturschutzrechts und darf grundsätzlich nicht bejagt werden. "Die Problematik betrifft nicht nur den Bereich des Auenparks und des Stausees, sondern den gesamten Flusslauf des Saußbachs – beispielsweise auch Linden", so Graf. Der Nager sei bekannt dafür, dass er fast nur in den Wintermonaten Bäume fällt, um im Wipfelbereich der Bäume die Rinde als Nahrung aufzunehmen. In den anderen Monaten ernähre er sich überwiegend von krautigen Pflanzen. Die milden Winter, so Graf, haben die Aktivitäten der sehr geschützten Tierart vermutlich eher gefördert.

Abbildung 8.8: Vollbild-Website mit horizontaler Menüleiste

Abbildung 8.9: Navigation auf einem mobilen Gerät

Und wie in meiner flapsigen Einführung bereits erwähnt, gibt es noch eine dritte Option (siehe Abbildung 8.10), die immer noch allzu gerne angewendet wird: die Hoffnung, dass eine Site auf einem mobilen Gerät wie gewünscht angezeigt wird. Ehrlich gesagt, die Verwendung dieser Option ist nicht ganz so unverantwortlich, wie es den Anschein hat: Auf mobilen Geräten können die Benutzer Inhalte ganz einfach verkleinern und vergrößern, und viele Benutzer kommen gut mit der Navigation innerhalb von Vollbild-Seiten auf ihren Smartphones zurecht.

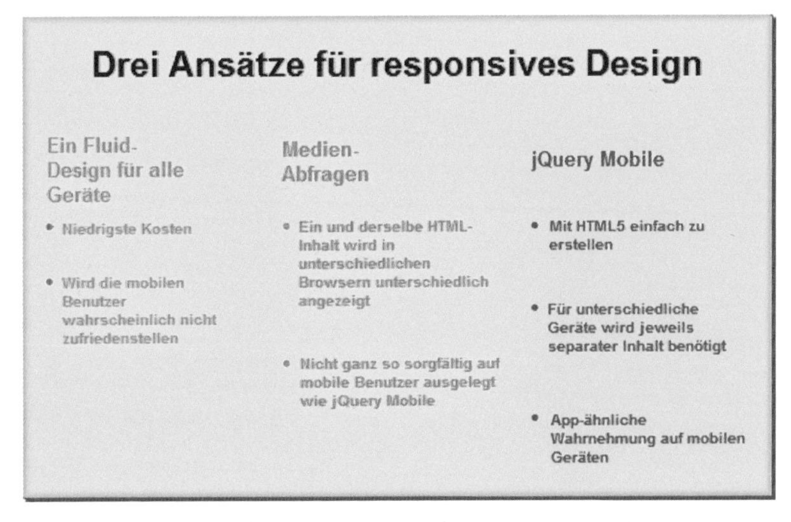

Abbildung 8.10: Drei Ansätze für responsives Design

Es ist also keineswegs so, dass ein Benutzer keine Vollbild-Website auf einem Smartphone oder Tablet anzeigen *kann*. Der Punkt ist vielmehr, dass Sie angesichts der Bedeutung des mobilen Publikums eine gut funktionierende, mobile Site bereitstellen sollten – und nicht nur eine, die »einigermaßen« funktioniert.

Die Evolution und die Rolle des Fluid-Designs

Ich habe bereits früher in diesem Kapitel kurz darauf hingewiesen, dass sich das responsive Design, wie wir es heute kennen, und wie es für das Design für mobile Geräte verwendet wird, aus einem früheren Ansatz entwickelt hat, der auch als »Fluid-Design« bezeichnet wurde. Bevor ich genauer auf das responsive Design und jQuery Mobile eingehe, möchte ich kurz noch einmal das Fluid-Design betrachten.

Die meisten Anforderungen einer auf mobile Geräte ausgelegten Site können durch das Fluid-Design – bei dem die Elemente im Wesentlichen unter Anwendung eines Prozentsatzes anstelle von festen Maßeinheiten vergrößert und verkleinert werden – nicht erfüllt werden.

Das Fluid-Design wurde als Lösung des Problems betrachtet, dass die Benutzer Websites in unterschiedlich breiten Browser-Fenstern auf Laptop- und Desktop-Computern anzeigen. Dieses Problem verblasst jedoch angesichts der sehr viel schwierigeren Ansprüche, die für die Auslegung von Sites auf mobile Geräte entstehen.

Von der Liste der Anforderungen für den Entwurf mobiler Sites – von der Bereitstellung einer einfachen Navigation bis hin zum Wechsel des Farbschemas – kann nur das Größenproblem durch Fluid-Design gelöst werden. Darüber hinaus können viele Größenanpassungen (wie beispielsweise für Schrift und Änderung des Spaltenlayouts) mit dem Fluid-Design nicht zufriedenstellend umgesetzt werden.

Und was bedeutet das? Fluid-Design ist immer noch ein relevantes Konzept: Es gibt immer wieder eine Gelegenheit, die Größe von Bildern und rechteckigen Bereichen anhand von Prozentwerten festzulegen, wie beispielsweise für ein Publikum, von dem Sie genau wissen, dass es Ihre Website nicht über mobile Geräte besucht (zum Beispiel ein großes Unternehmen, das den Benutzern nur innerhalb seines Netzwerks Zugang zu einer Website gestattet). Allerdings schafft es das Fluid-Design nicht, einen ernst zu nehmenden Ansatz für Sites zu schaffen, die sich in unterschiedlichen Browser-Umgebungen ordnungsgemäß verhalten.

Die beiden Ansätze, mit denen *alle* Aufgabenstellungen bewältigt werden können, die sich bei der Entwicklung von einladenden und barrierefreien Sites auf jedem Gerät ergeben, sind Medien-Abfragen und jQuery Mobile. Das restliche Kapitel konzentriert sich auf die Anwendung dieser beiden Lösungen.

Responsives Design mit Medien-Abfragen implementieren

Responsives Design bedeutet, dass alle Reaktionen des Browsers innerhalb der Umgebung des Benutzers festgelegt werden können. Änderung der Spaltenanzahl. Farbwechsel. Andere Anzeige von Links. Für die Implementierung von responsivem Design werden HTML- oder CSS-Medien-Abfragen verwendet. *Medien-Abfragen* erkennen die Display-Breite und verwenden abhängig von der Größe einer Benutzeroberfläche jeweils separate Stile.

Beispielsweise könnte ein Artikel, der in einem Browser auf einem Laptop angezeigt wird, in drei Spalten angezeigt werden, mit Seitenleiste und Textlink, wie in Abbildung 8.11 gezeigt.

Bei der Anzeige auf einem Smartphone wird zu einem Farbschema mit hohem Kontrast gewechselt. Der Link wird zu einer einfach anzutippenden Schaltfläche. Und statt drei Spalten wird nur noch eine Spalte angezeigt, siehe Abbildung 8.12.

Zwei Techniken für Medien-Abfragen

Die beiden Techniken für die Erstellung von Medien-Abfragen sind:

- ✔ Erstellen separater CSS-Dateien für unterschiedliche Geräte.
- ✔ Erstellen einer einzigen CSS-Datei mit alternativen Stilen, die abhängig von der Display-Größe eines Benutzers angewendet werden.

Aber woher wissen Sie, welche Technik Sie anwenden sollten? Die beiden Techniken sind ganz ähnlich, es ist also eine Geschmacksfrage. Wenn Sie Ihre Stile – für alle Geräte – bevorzugt in einem einzigen, allerdings eher unübersichtlichen und langen Stylesheet ablegen, verwenden Sie eine einzige CSS-Datei. Wenn Sie lieber mit mehreren kleinen CSS-Dateien arbeiten, erstellen Sie Medien-Abfragen mit mehreren CSS-Dateien.

Abschnitt - Unter Verwendung von responsivem Design

<-- Home

Abschnitt 1

Zwei flinke Boxer jagen die quirlige Eva und ihren Mops durch Sylt. Franz jagt im komplett verwahrlosten Taxi durch Bayern. Zwölf Boxkämpfer jagen Viktor quer über den grooßen Sylter Deich. Vogel Quax zwickt Johnys Pfed Bim. Sylvia wagt quick den Jux bei Pforzheim. Polyfon zwitschernd aßen Mäxchens Vögel Rüben, Joghurt und Quark. Fix, Schwyz, quäkt Jürgen blöd vom Paß. Victor jagt zwölf Boxkämpfer quer über den großen Sylter Deich.

Bereich 1

Falsches Üben von Xylophonmusik quält jeden größeren Zwerg. Heizölrückstoßabdämpfung. Zwei flinke Boxer jagen die quirlige eva und ihren Mops durch Sylt. Franz jagt im komplett verwahrlosten Taxi quer durch Bayern. Zwölf Boxkämpfer jagen Viktor quer über den großen Sylter Deich. Vogel Quax zwickt Johnys Pferd Bim.

Abschnitt 2

Der Traumprinz ist ein Serienkiller. Miss Popo kriegt einen hysterischen Anfall, rennt in den Garten und klettert über die zwei Meter hohe Mauser aufs nächste Grundstück. Dort ist aber niemand. Der Pool leer, das Haus verrammelt. Wie in einem Albtraum. Da rennt sie quer über dieses Grundstück und klettert wieder über eine Mauer, völlig außer sich, und steht auf einem Grundstück mit ordentlich gemähtem Rasen und Swimmingpool und zwei alten Leutchen, die Portwein schlürfen und klein wort von dem verstehen, was Miss Popo, die kaum etwas anhat, ihnen sagt.

Und so klettert sie noch über einige andere Mauern an einigen anderen verwirrten britischen und holländischen Rentnern vorbei, bis sie an einen Gerät, den es stört, dass sie da in Unterhosen und T-Shirt vor seinen kleinen Enkelkindenr über seinen frischgemähten Rasen hüpft.

Abschnitt 3

Die pathologische Sammlung des berühmten Arztes, Forschers und Professors Rudolf Virchow (1821 - 1902) bildet den Grundstock des Berliner Medizin-historischen Museums. Es mutet wie in einem medizinischen Lehrbuch in 3D über menschliche Erkrankungen und Deformationen an. Monströse Tumoren, entzündete Organe und ein Dickdarm in Größe eines Elefantenrüssels.

Der Rest ist schnell erzählt. Die einen sagen, Miss Popo sei abgeschoben worden und in ihrer Heimat glücklich geworden. Die anderen sagen, sie sei wieder ausgerissen und habe sich dann als Bardame, Fuß-Modell und Artistin durchgeschlagen und sei durch Europa getingelt und schließlich in einem Ort, der sich Castrop-Rauxel nennt, einen braven Mann mit Reihenhaus geheiratet und fürderhin ein unauffälliges Leben geführt.

Abbildung 8.11: Abschnitt mit responsivem Design auf einem Desktop

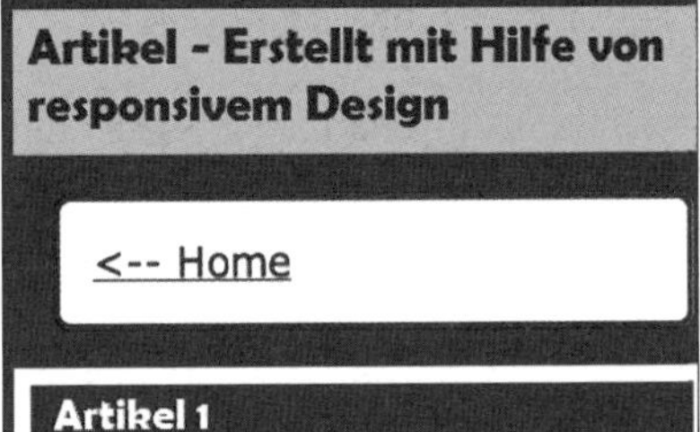

Artikel 1

Der Grasfrosch (Rana temporaria) gehört zur Gattung der echten Frösche in der Familie der echten Frösche. Weitere, allerdings kaum mehr gebräuchliche Trivialnamen sind unter anderem Taufrosch oder Märzfrosch. Zusammen mit ähnlich aussehenden und ebenfalls eher terrestrisch lebenden Arten wie dem Springfrosch und dem Moorfrosch wird er außerdem unter dem Sammelbegriff Braunfrösche geführt.

Abbildung 8.12: Abschnitt mit responsivem Design auf einem mobilen Gerät

Wenn es darum geht, zwischen den beiden Techniken (eine CSS-Datei oder mehrere CSS-Dateien) abzuwägen, wird argumentiert, dass es am besten ist, das gesamte CSS in einer Datei unterzubringen, weil dadurch die HTTP-Anfragen reduziert und der Download-/Wiedergabeprozess beschleunigt wird. Andere Experten argumentieren, dass der Unterschied im Hinblick auf die Download-Geschwindigkeit zu vernachlässigen ist, weil die CSS-Stile, nachdem sie in den Browser eines Benutzers heruntergeladen wurden, in den Cache gestellt (gespeichert) werden und nicht erneut heruntergeladen werden müssen. In jedem Fall erkläre ich in diesem Kapitel beide Optionen.

Unterschiedliche Ansätze für unterschiedliche Benutzer (-Displays)

Egal, welche Technik Sie für Medien-Abfragen verwenden, Sie sollten immer darauf achten, dass mobile Displays barrierefreier gestaltet werden. Dazu beherzigen Sie die folgenden Tipps:

- ✔ Definieren Sie separate Farben für den Hintergrund und die Schrift für mobile Sites, die einen höheren Kontrast besitzen.
- ✔ Entfernen Sie `float`-Eigenschaften aus den Layout-Feldern von mobilen Sites, um Spalten zu reduzieren (oder ganz darauf zu verzichten).
- ✔ Reduzieren Sie die Breite von Layout-Feldern für mobile Geräte

Häufig ist es sinnvoll, mobilen Inhalt auf 100 % der verfügbaren Breite zu vergrößern beziehungsweise zu verkleinern und es dann dem Gerät zu überlassen, die Breite des Inhalts zu begrenzen.

- ✔ Definieren Sie Links für mobile Geräte neu, so dass sie als große, einfach anzutippende Schaltflächen dargestellt werden. Dazu fügen Sie dem Stilselektor <a> Abstände für den Inhalt, Randabstände, Rahmen und eine große Schrift hinzu.

Einen Crashkurs zu CSS-Stylesheets sowie zur Definition grundlegender CSS-Stile finden Sie in Kapitel 1. Eine vollständige Erklärung der neuen CSS3-Effekte und Transformationen, die größtenteils für das mobile Design sehr interessant sind, finden Sie in Teil III dieses Buchs.

Definition von Medien-Abfragen mit mehreren CSS-Dateien

Für Medien-Abfragen mit mehreren CSS-Dateien wird die Medien-Abfrage innerhalb des <head>-Elements einer HTML-Seite definiert. Die Syntax für eine Medien-Abfrage lautet:

```
<link href="dateiname.css" rel="stylesheet" type="text/css"
  media=" (max-width/min-width:dimension)">
```

Das folgende Beispiel für eine Medien-Abfrage verwendet ein Stylesheet, wenn ein Display breiter als 768 Pixel ist, ein anderes Stylesheet, wenn das Display breiter als 480 Pixel, aber schmaler als 768 Pixel ist, und ein drittes Stylesheet, wenn das Display schmaler als 480 Pixel ist:

```
<link href="fullsize.css" rel="stylesheet" type="text/css"
  media="only screen and (min-width:769)">
<link href="tablet.css" rel="stylesheet" type="text/css"
  media="only screen and (min-width:481px) and (max-width:768)">
<link href="smartphone.css" rel="stylesheet" type="text/css"
  media="only screen and (max-width:480px)">
```

Die Medien-Abfragen in diesem Beispiel verwenden `"only screen"`-Parameter, weil ich diese Stile nur auf digitale Geräte anwenden will, nicht auf Ausgaben, die für Drucker und andere Geräte vorgesehen sind.

Geräte zwingen, ihre Breite zu melden

Die Hersteller mobiler Geräte versuchen manchmal, die Erkennung ihrer Display-Breite in den Browsern zu verfälschen, um eine Vollbild-Site auf ein sehr kleines Display zu quetschen. Fragen Sie mich aber nicht, warum sie das tun. Vielleicht, weil mobile Geräte sehr hochauflösende Displays besitzen. Beispielsweise hat ein iPhone im Querformat ein 960 breites (oder breiteres) Display. Als Designer will man aber wahrscheinlich, dass iPhone-Benutzer eine mobile Version einer Site sehen.

Die Lösung? Fügen Sie die folgende Codezeile in das <head>-Element ein, die mobile Geräte zwingt, einem Browser ihre tatsächliche Display-Breite mitzuteilen und diese nicht zu verfälschen:

```
<meta name="viewport" content="width=device-width">
```

CSS-Dateien für unterschiedlich große Displays erstellen

Nachdem Sie eine Medien-Abfrage für Ihre HTML-Seite definiert haben, erstellen Sie im nächsten Schritt CSS-Dateien, die den in Ihrer Medien-Abfrage aufgelisteten CSS-Dateien entsprechen. Wenn Sie also die folgende Medien-Abfrage haben, die auf drei verschiedene Stylesheets verweist …

```
<link href="fullsize.css" rel="stylesheet" type="text/css"
    media="only screen and (min-width:769)">
<link href="tablet.css" rel="stylesheet" type="text/css"
   media="only screen and (min-width:481px) and (max-width:768)">
<link href="smartphone.css" rel="stylesheet" type="text/css"
   media="only screen and (max-width:480px)">
```

... müssen Sie die folgenden drei Dateien erstellen:

- ✔ `fullsize.css`
- ✔ `tablet.css`
- ✔ `smartphone.css`

Nachdem Sie diese Dateien erstellt haben, wenden Sie die grundlegenden Techniken an, die ich im Abschnitt »Unterschiedliche Ansätze für unterschiedliche Benutzer (-Displays)« früher in diesem Kapitel beschrieben habe. Ich werde Ihnen in den folgenden Abschnitten ein paar Beispiele dafür zeigen.

Definition eines body-Tag-Selektors mit hohem Kontrast

Ein body-Tag-Selektor mit niedrigem Kontrast könnte beispielsweise wie folgt aussehen:

```
body{
  font-family:Arial, Helvetica, sans-serif;
  color:tan;
  background-color:beige;
}
```

Abbildung 8.13 zeigt, wie dies in einem Browser aussieht.

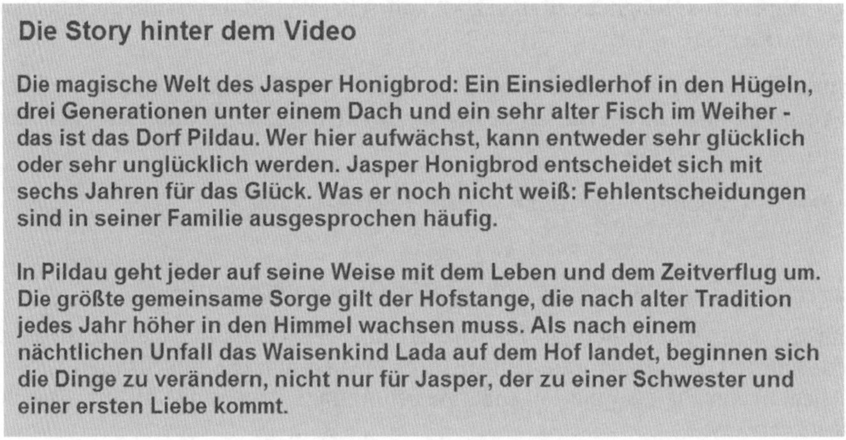

Die Story hinter dem Video

Die magische Welt des Jasper Honigbrod: Ein Einsiedlerhof in den Hügeln, drei Generationen unter einem Dach und ein sehr alter Fisch im Weiher - das ist das Dorf Pildau. Wer hier aufwächst, kann entweder sehr glücklich oder sehr unglücklich werden. Jasper Honigbrod entscheidet sich mit sechs Jahren für das Glück. Was er noch nicht weiß: Fehlentscheidungen sind in seiner Familie ausgesprochen häufig.

In Pildau geht jeder auf seine Weise mit dem Leben und dem Zeitverflug um. Die größte gemeinsame Sorge gilt der Hofstange, die nach alter Tradition jedes Jahr höher in den Himmel wachsen muss. Als nach einem nächtlichen Unfall das Waisenkind Lada auf dem Hof landet, beginnen sich die Dinge zu verändern, nicht nur für Jasper, der zu einer Schwester und einer ersten Liebe kommt.

Abbildung 8.13: body-Tag-Selektor mit niedrigem Kontrast

Diese Seite ist im Freien bei hellem Sonnenlicht sehr viel einfacher zu lesen, wenn ein Farbschema mit hohem Kontrast verwendet wird, das die Hintergrundfarbe durch schwarz und die Textfarbe durch weiß ersetzt, wie in Abbildung 8.14 gezeigt.

Die Story hinter dem Video

Die magische Welt des Jasper Honigbrod: Ein Einsiedlerhof in den Hügeln, drei Generationen unter einem Dach und ein sehr alter Fisch im Weiher - das ist das Dorf Pildau. Wer hier aufwächst, kann entweder sehr glücklich oder sehr unglücklich werden. Jasper Honigbrod entscheidet sich mit sechs Jahren für das Glück. Was er noch nicht weiß: Fehlentscheidungen sind in seiner Familie ausgesprochen häufig.

In Pildau geht jeder auf seine Weise mit dem Leben und dem Zeitverflug um. Die größte gemeinsame Sorge gilt der Hofstange, die nach alter Tradition jedes Jahr höhr in den Himmel wachsen muss. Als nach einem nächtlichen Unfall das Waisenkind Lada auf dem Hof landet, beginnen die Dinge sich zu verändern, nicht nur für Jasper, der zu einer Schwester und einer ersten Liebe kommt.

Abbildung 8.14: body-Tag-Selektor mit hohem Kontrast

In diesem Kapitel über mobiles Design konzentriere ich mich darauf, mobile Sites barrierefreier in unterschiedlichen Situationen zu machen, beispielsweise für Lichtverhältnisse im Freien. Die Herausforderung, Websites barrierefreier für Benutzer mit verschiedenen Sehbehinderungen zu machen, ist ebenfalls wichtig, aber eine ganz andere Geschichte. Es gibt zahlreiche Tools und Optionen für diese Aufgabe, die von den Benutzern implementiert werden können. Beispielsweise gestatten es einige Browser (wie zum Beispiel Firefox) den Benutzern, die vom CSS einer Website festgelegte Farbe zu überschreiben und stattdessen einen weißen Hintergrund und schwarze Schrift zu verwenden, oder irgendwelche anderen Einstellungen vorzunehmen, die dem Leser den Seiteninhalt zugänglicher machen. Außerdem gibt es Software, die sehbehinderten Benutzern den Inhalt von Websites vorliest.

Für mobile Geräte geeignete Links erstellen

Die Geschichte hinter dem Video

Interviews mit den Stars Hinter den Kulissen Ausrutscher

Abbildung 8.15: Links für Desktops und Laptops

Diese Links sind auf einem Smartphone sehr viel einfacher zu bedienen, wenn Sie sie in Schaltflächen umwandeln. Dazu verwenden Sie beispielsweise den folgenden CSS-Stil:

```
a:link {
  margin:15px; text-align:center;
  background-color: darkred;
  color:white; padding: 10px;
  border-radius: 10px;
  display: block;
  text-decoration:none;
```

```
  font-size:x-large;
  border-right:thin solid lightgray;
  border-bottom:medium solid white;
}
```

Dieses CSS macht Links auf kleinen Displays zu Schaltflächen, wie in Abbildung 8.16 gezeigt.

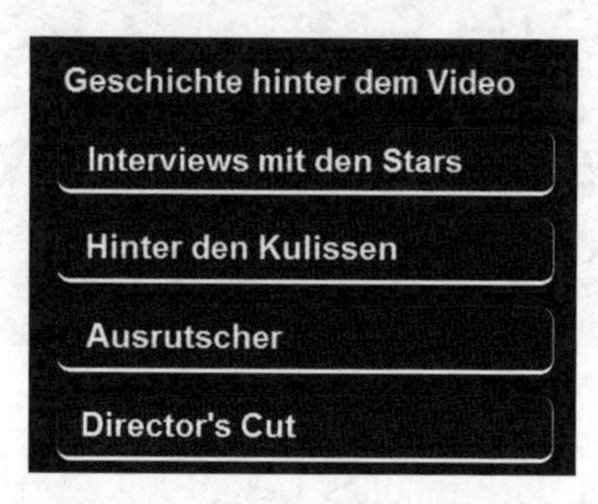

Abbildung 8.16: Links für kleine Displays

Spalten neu entwerfen

Um ein Seitenlayout mit dem HTML5-Element-Selektor <section> zu erstellen, so dass er etwa 33 % der Seitenbreite einnimmt, also eine Spalte mit etwa einem Drittel der Seitenbreite, verwenden Sie die folgende Syntax:

```
section {
  float:left;
  width: 33%;
}
```

Der oben gezeigte Code wird auf alle Abschnitte angewendet, deshalb erzeugt er ein Seitenlayout, wie in Abbildung 8.17 gezeigt.

Die Geschichte hinter dem Video

Selbst böse Zungen können es nicht leugnen: Der historische Kern des Berliner Bezirks Mitte ist ein Magnet. Die einst hinter der Berliner Mauer verborgene Stadtmitte ist heute das mondäne Herz der Stadt, ein Cocktail aus Kultur, Kommerz und Geschichte. Hier verbringen Touristen den größten Teil ihrer Zeit, denn hier ist alles geboten: In Mitte kann man Spaß haben, neue Erfahrungen machen, bewundern, staunen und sich verwirren lassen. In Mitte befinden sich Berlins berühmteste und beliebteste Wahrzeichen. Unter den Linden stehen sie Spalier und warten wie preußische Soldaten auf die Inspektion durch General Tourist. Dieses prunkvolle Band aus hauptsächlich barocken und neoklassizistischen Schönheiten zieht sich vom Brandenburger Tor bis zur allergrößten Schatztruhe, der Museumsinsel. Zwar bekommt das Ganze durch Souvenirläden, Coffeeshop-Ketten und Autohäuser einen ordinären Touch: wer aber den Blick nach oben richtet, erkennt die Prachtstraße trotzdem, das Gesamtkunstwerk der Architektur. Leider ist hier nach Sonnenuntergang nicht mehr viel los. Auf der Friedrichstraße, die mitten durch das Viertel läuft, sieht das aber zum Glück ganz anders aus: Einst eine Sackgasse, die am checkpoint Charlie endete, hat sie schnell zu ihrer angestammten Rolle als Brennpunkt der Shopping-, Essens- und Trinkkultur zurückgefunden. Vor allem nördlich von Unter den Linden im Theaterviertel, das von der örtlichen Presse kurz SoTo (südlich der Torstraße) genannt wird.
Bis 1989 verschandelte die Berliner Mauer den Anblick des Brandenburger Tors.

3:06

Hören

Abbildung 8.17: Spaltenlayout für die Anzeige auf einem Desktop- oder Laptop-Computer

Sie können dieses Layout in der CSS-Datei, die Sie für mobile Geräte anwenden, in ein einspaltiges Layout ändern. Dazu ändern Sie die `float`-Eigenschaft auf `float:none` und die Spaltenbreite auf 100 %, wie nachfolgend gezeigt:

```
section {
  float:none;
  width: 100%;
}
```

Abbildung 8.18 zeigt das resultierende Seitenlayout.

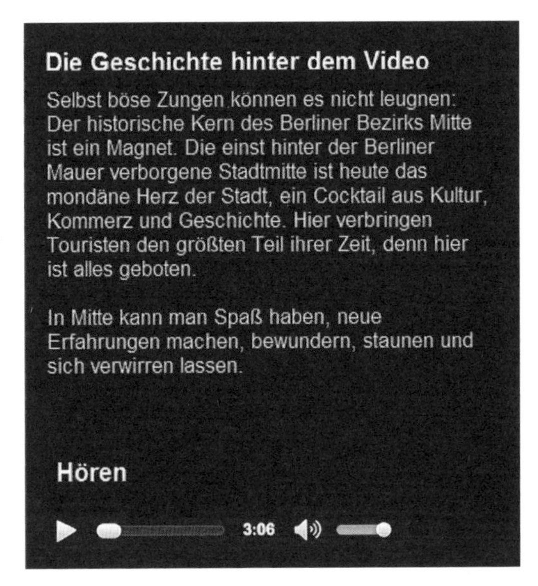

Abbildung 8.18: Spaltenlayout für die Anzeige auf mobilen Geräten

Einen Crashkurs zum Erstellen grundlegender HTML-Seiten finden Sie in Kapitel 1. Eine vollständige Erklärung der semantischen Tags von HTML5, wie beispielsweise `<section>`, finden Sie in Kapitel 5.

Responsives Design in einer einzigen CSS-Datei bereitstellen

Die alternative Technik für die Definition von Medien-Abfragen ist die Verwendung einer einzigen CSS-Datei mit Definition mehrerer Versionen der Stilselektoren. Listing 8.1 zeigt eine Vorlage für eine CSS-Datei mit verschiedenen Stilen für mobile Geräte (weniger als 480 Pixel), Tablets (mehr als 480 Pixel, aber weniger als 761 Pixel) und Laptops (mehr als 760 Pixel).

```
@media only screen and (max-width: 480px){
selector {
   property: value;
   property: value;
   property: value;
}
selector 2 {
   property: value;
   property: value;
   property: value;
}
}
@media screen and (min- width: 481px) and (max-device-width:
          768px) {
selector {
   property: value;
   property: value;
   property: value;
}
selector 2 {
   property: value;
   property: value;
   property: value;
}
}

@media only screen and (min-width: 481px)
{
selector {
   property: value;
   property: value;
   property: value;
}
selector 2 {
   property: value;
   property: value;
   property: value;
}
}
```

Listing 8.1: Medien-Abfragen in einer einzigen CSS-Datei kombinieren

Alle in diesem Buch verwendeten Code-Listings stehen zum Download unter `www.downloads.fuer-dummies.de` zur Verfügung.

Alle diese Medien-Abfragen sind in einer *einzigen* CSS-Datei definiert. Beachten Sie, dass es öffnende { und schließende } Symbole gibt, die jeweils eine Medien-Abfrage und die Selektoren definieren.

Bis auf diese beiden Unterschiede werden die eigentlichen Medien-Abfragen auf dieselbe Weise wie alle anderen CSS-Selektoren definiert:

Der größte Nachteil an Medien-Abfragen ist, dass sie im Internet Explorer 6, 7 und 8 nicht funktionieren. Bei mobilen Geräten ist das natürlich kein Thema, weil keines davon eine alte Version des IE einsetzt. Wenn Ihre Website für den IE8 und früher zugänglich sein soll, verwenden Sie das JavaScript-Programm `respond.js`. Weitere Informationen zur Implementierung von `respond.js` finden Sie in Kapitel 4.

Bilder und responsives Design

Responsives Design verwendet verschiedene Elemente des Fluid-Designs – das heißt, Prozentwerte statt fester Werte für die Breite von Elementen.

Dieser Ansatz kann genutzt werden, um Bilder zu vergrößern oder zu verkleinern, um sie auf unterschiedlichen Displays anzuzeigen. Beispielsweise könnte ein Stylesheet für ein Tablet einen Selektor für das `<img>`-Tag enthalten, der die Höhe und die Breite mit 40 % definiert. Auf diese Weise würde ein Bild auf einem Smartphone mit 240 Pixeln angezeigt, während dasselbe Bild auf einem Vollbild-Display mit 480 Pixel angezeigt würde.

Dabei gibt es folgendes Problem zu lösen: Es ist ganz einfach, ein Bild kleiner als die eigentliche Datei anzuzeigen. Beispielsweise kann eine Bilddatei, die Daten für die Anzeige eines 600 Pixel breiten Bilds enthält, so konfiguriert werden, dass dieses Bild mit einer Breite von 300 Pixeln dargestellt wird, wobei kaum ein Verlust der Bildqualität auftritt – wenn überhaupt. Dieser Ansatz erhöht jedoch die Downloadzeit, weil die gesamte Bilddatei auf mobile Geräte heruntergeladen werden muss, selbst wenn das Bild nur mit der halben Größe angezeigt wird.

Die Verwendung von Bildern mit kleinerer Dateigröße ist auch keine Lösung. Ein 300 Pixel breites Bild sieht nicht mehr gut aus, wenn es mit 600 Pixel Breite angezeigt werden soll: Es stehen nicht ausreichend viele Daten in der Bilddatei zur Verfügung und sie erscheint verschwommen.

Aber was ist die Lösung? Ich verwende gerne den folgenden Ansatz: Versuchen Sie, die auf Vollbild-Browser ausgelegten Bilddateien so klein wie möglich zu halten, und stellen Sie den Benutzern einen Link bereit, über den sie ein größeres Bild anzeigen können. Beispielsweise könnten Sie ein Bild anzeigen, das auf einem Vollbild-Browser nur 300 Pixel breit ist. Ein Benutzer, der das Bild anklickt, erhält Zugang zu einem sehr viel größeren Bild (zum Beispiel 600 oder sogar 1200 Pixel breit). Auf diese Weise können die Benutzer große Bilder anzeigen, wenn sie wollen, ohne übermäßig lange warten zu müssen, bis eine Seite geöffnet wird.

Web-Apps mit jQuery Mobile erstellen

jQuery Mobile ist eine leistungsstarke JavaScript-Bibliothek, mit der Sie App-ähnliche mobile Sites erstellen können, die in mobilen Browsern angezeigt werden, wie in Abbildung 8.19 gezeigt.

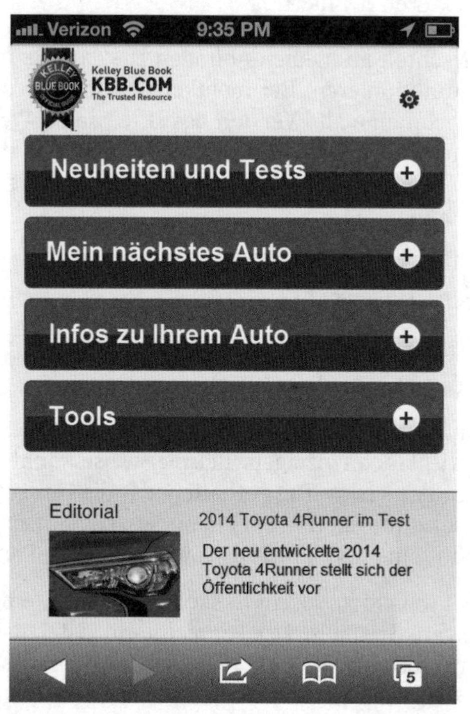

Abbildung 8.19: Eine mit jQuery Mobile erstellte Site für mobile Geräte

jQuery Mobile ist eine Welt für sich. In gewisser Weise könnte man es mit WordPress vergleichen, was Flexibilität, Leistung und potenziellen Einfluss auf die Webdesign-Gemeinde betrifft. Einige der wichtigsten Unternehmen, die jQuery Mobile für ihre mobile Webpräsenz ausgewählt haben, sind:

- ✔ Kmart
- ✔ Monster Energy Drink
- ✔ Dodge
- ✔ United Airlines
- ✔ Verizon
- ✔ Humana

Adobe hat jQuery Mobile in Dreamweaver übernommen und tritt als Sponsor für leistungsstarke Online-Ressourcen auf, die Themen anpassen und sogar jQuery Mobile-Sites in vollfunktionale eigenständige Apps umwandeln, die ganz ohne Browser auf mobilen Geräten laufen.

In der Welt des Webdesigns hat man die Bedeutung uneingeschränkt mobiler Sites längst erkannt, und mit zunehmender Anhängerschaft von jQuery Mobile werden Sie feststellen, wie gefragt Ressourcen zum Design mit jQuery Mobile sind – unter anderem auch Bücher.

Angesichts dessen kann ich in diesem Kapitel wirklich nur die Oberfläche der Entwicklung mobiler Web-Apps mit jQuery Mobile berühren. Das ist jedoch ausreichend, um schon eine grundlegende mobile Site zu erstellen. Die meisten von Ihnen werden überrascht sein, was für robuste, dynamische Sites Sie mit Hilfe der grundlegenden jQuery Mobile-Vorlage erstellen können!

Wie jQuery Mobile funktioniert

Wie im vorigen Abschnitt angemerkt, ist jQuery Mobile eine komplexe und umfangreiche Tool-Sammlung, deshalb kann ich hier nur stark vereinfacht erklären, wie es funktioniert. Im Wesentlichen bestehen jQuery Mobile-Sites aus drei Teilen:

- ✔ JavaScript-Dateien, die in Central Distribution Network/Content Delivery Network (CDN) bereitgestellt (gespeichert und heruntergeladen) werden
- ✔ Einem zentralen CSS-Stylesheet, das mit dem jQuery Mobile JavaScript zusammenarbeitet und von allen benutzt wird, die jQuery Mobile-Sites erstellen. Dieses CSS kann mit dem jQuery Mobile ThemeRoller angepasst werden, einer online bereitgestellten Open Source-Ressource (`http://jquerymobile.com/themeroller`)
- ✔ HTML, das die Designer anpassen können

jQuery Mobile-Websites werden unter Verwendung einer einzigen HTML-Datei erstellt. Anders als andere Websites ist jede »Seite« einer jQuery Mobile-Site letztlich ein ID-`div`-Tag. Wenn sich die Benutzer auf der Site bewegen, blenden sie unterschiedliche ID-`div`-Tags ein (oder aus), so dass sie den Eindruck haben, sie bewegten sich auf einer Website von Seite zu Seite.

Eine grundlegende jQuery Mobile-Vorlage erstellen

jQuery Mobile hat sich von einer halbfertigen zu einer ausgereiften Ressource entwickelt. Damit ändern sich die Links für den Zugriff auf den benötigten Inhalt für eine Seite relativ häufig. Die folgenden Schritte beschreiben jedoch die grundlegende Verfahrensweise:

1. **Erstellen Sie mit dem folgenden HTML eine grundlegende HTML5-Seitenvorlage in Ihrem Code-Editor:**

```
<!DOCTYPE html>
<html>
<head>
<meta charset="UTF–8">
<title>Hier steht der Titel</title>
</head>
```

```
<body>
</body>
</html>
```

2. **Gehen Sie auf `http://jquerymobile.com` und klicken Sie auf den Link der neuesten stabilen Version.**

   Der Link auf die neuste stabile Version wird auf der Homepage deutlich gekennzeichnet (siehe Abbildung 8.20).

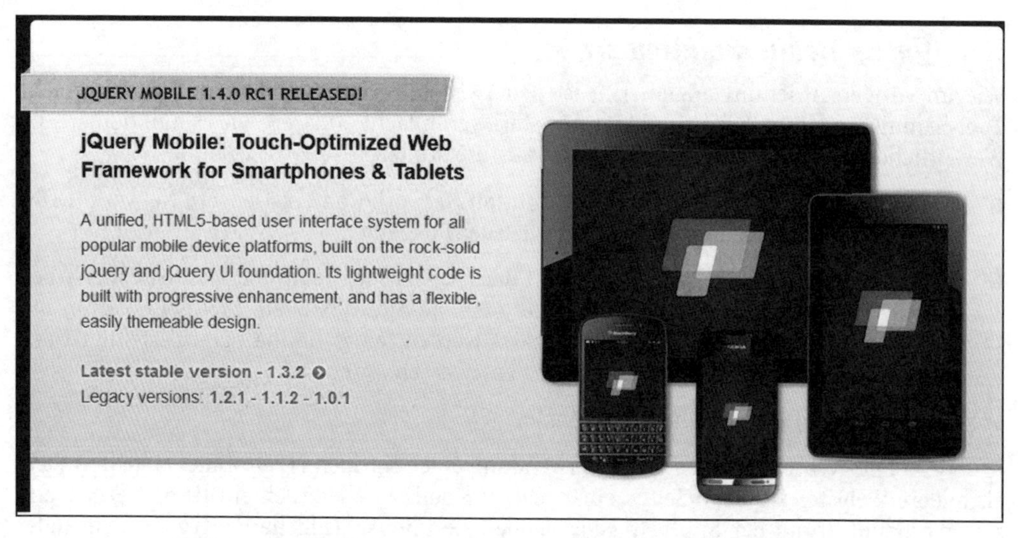

Abbildung 8.20: Klicken Sie auf die neueste stabile Version, hier 1.3.2

3. **Blättern Sie auf der Homepage für die neueste stabile Version nach unten, bis Sie den Codeausschnitt für CDN-Hosted Files (Recommended) sehen, den Sie kopieren und einfügen können, wie in Abbildung 8.21 gezeigt.**

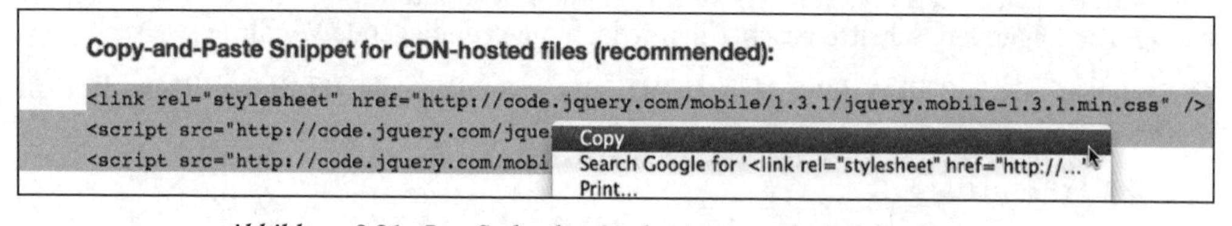

Abbildung 8.21: Der Code, den Sie kopieren und einfügen können

4. **Kopieren Sie diesen Code und fügen Sie ihn im <head>-Element ein, unmittelbar vor dem schließenden </head>-Tag.**

5. **Speichern Sie die Seite unter einem Dateinamen und der Dateinamenerweiterung `.html` (zum Beispiel `mobile.html`).**

Nachdem Sie die Seite mit der Dateinamenerweiterung `.html` gespeichert haben, fügen Sie dem <body>-Element den Code aus Listing 8.2 hinzu.

```
<div data-role="page" id="page">
<h1>Seitenüberschrift</h1>
<p>Seiteninhalt</p>
<ul data-role="listview">
<li><a href="#page2">Page 2</a></li>
<li><a href="#page3">Page 3</a></li>
<li><a href="#page4">Page 4</a></li>
<li><a href="#page5">Page 5</a></li>
</ul>
</div>
<div data-role="page" id="page2">
<h1>Seitenüberschrift</h1>
<p>Seiteninhalt</p></div>
<div data-role="page" id="page3">
<h1>Seitenüberschrift</h1>
<p>Seiteninhalt</p></div>
<div data-role="page" id="page4">
<h1>Seitenüberschrift</h1>
<p>Seiteninhalt</p></div>
<div data-role="page" id="page5">
<h1>Seitenüberschrift</h1>
<p>Seiteninhalt</p></div>
```

Listing 8.2: Definition von zwei `data-role=page`*-Elementen in jQuery Mobile*

Anschließend speichern Sie Ihre Seite und zeigen sie in einem Browser an. Versuchen Sie, sich auf der Seite zu bewegen, wie in Abbildung 8.22 gezeigt.

Abbildung 8.22: Eine Vorlage für Ihre Website mit Hilfe von jQuery Mobile erstellen

Das ging schnell, oder? Betrachten wir jetzt, woraus sich diese grundlegende jQuery Mobile-Vorlage zusammensetzt:

- Die drei Links im <head>-Element sorgen dafür, dass die jQuery Mobile-Seite funktioniert. Sie verweisen auf zentrales JavaScript und CSS, die dafür sorgen, dass sich die #page-IDs wie Webseiten verhalten.
- Die `div data-role="page"`-Elemente verhalten sich wie Webseiten.
- Das `data-role="listview"`-Element stellt ein Styling für die Links innerhalb der Listenansicht bereit.

Sie fügen weitere Seiten ein, indem Sie eines der `div id="page"`-Elemente kopieren und einfügen und der `id` eine neue Nummer zuweisen (für `page6`, `page7` und so weiter).

jQuery Mobile und data-role-Elemente

Was ich Ihnen bisher über jQuery Mobile erzählt habe, ist ausreichend, um eine vernünftige mobile Präsenz für Ihre Website zu erstellen. Aber Sie können noch sehr viel mehr bewerkstelligen. Wenn Sie komplexere »Seiten« innerhalb der allgemeinen HTML-Seite erstellen möchten, verwenden Sie dazu zusätzliche `data-roles`.

Die `data-role`, die in HTML5 eingeführt wurde, um die JavaScript-Programmierung zu vereinfachen, wird von den JavaScript-Programmierern verwendet, um unterschiedliche Datentypen in ein HTML-Element einzubetten – beispielsweise ein <div>-Tag.

In jQuery Mobile definieren `data-roles` unterschiedliche Teile einer HTML-Seite. Das grundlegendste und definierendste `data-role`-Element in jQuery Mobile ist `<div data-role="page">`. Und ein `<div data-role="listview">`-Tag definiert eine formatierte Navigationsleiste.

Eine `<div data-role="page">` kann in verschiedene Teile unterteilt werden:

- `<div data-role="header">` enthält Kopfzeilen-Inhalt für ein `<div data-role="page">`-Element
- `<div data-role="content">` enthält den Hauptseiten-Inhalt für ein `<div data-role="page">`-Element
- `<div data-role="footer">` enthält Fußzeilen-Inhalt für ein `<div data-role="page">`-Element

Unter Verwendung von Listing 8.3 als Vorlage für ein `<div data-role="page">`-Element für eine Kopfzeile, einen Inhaltsbereich und eine Fußzeile können Sie damit eine Seite in drei Teile unterteilen.

```
<div data-role="page" id="page1">
<div data-role="header">
<h1>Seitenüberschrift</h1>
</div>
<div data-role="content">
```

```
<p>Seiteninhalt</p>
</div>
<div data-role="footer">
<h3>Seitenfußzeile</h3>
</div>
</div>
```

Listing 8.3: `page-roles` *für Ihre jQuery Mobile-Site*

Mit diesem von der jQuery Mobile CSS-Datei bereitgestellten Standard-Styling sieht der in Listing 8.3 gezeigte Code in einem Browser aus, wie in Abbildung 8.23 gezeigt.

Abbildung 8.23: Seiteninhalt mit jQuery Mobile strukturieren

jQuery Mobile-Inhalt anpassen

Praktisch bei der Arbeit mit jQuery Mobile ist, dass Sie einfach nur das HTML bearbeiten – das JavaScript wird für Sie erledigt. Sie passen den Inhalt Ihrer jQuery Mobile-Site an, indem Sie das Platzhalter-HTML in der in Listing 8.2 bereitgestellten Vorlage (siehe Abschnitt »Eine grundlegende jQuery Mobile-Vorlage erstellen« früher in diesem Kapitel) durch Ihren eigenen Inhalt ersetzen. Achten Sie dabei nur darauf, die öffnenden und schließenden `<div>`-Tags für die `#page` ID-`div`-Tags nicht zu beschädigen.

Sie können HTML-Text, Bilder und Video, Listen und Links einfügen, genau wie für jede andere HTML5-Seite auch.

Als Inhalt von jQuery Mobile `data-role`-Seiten kann so gut wie jedes HTML-Element verwendet werden. Einen Crashkurs zur Erstellung von grundlegenden HTML5-Seiten finden Sie in Kapitel 1.

Mit ein bisschen Inhalt – einem Video, Text und einem `<div data-role="list">`-Element – könnte eine grundlegende Seite aussehen, wie in Abbildung 8.24: gezeigt.

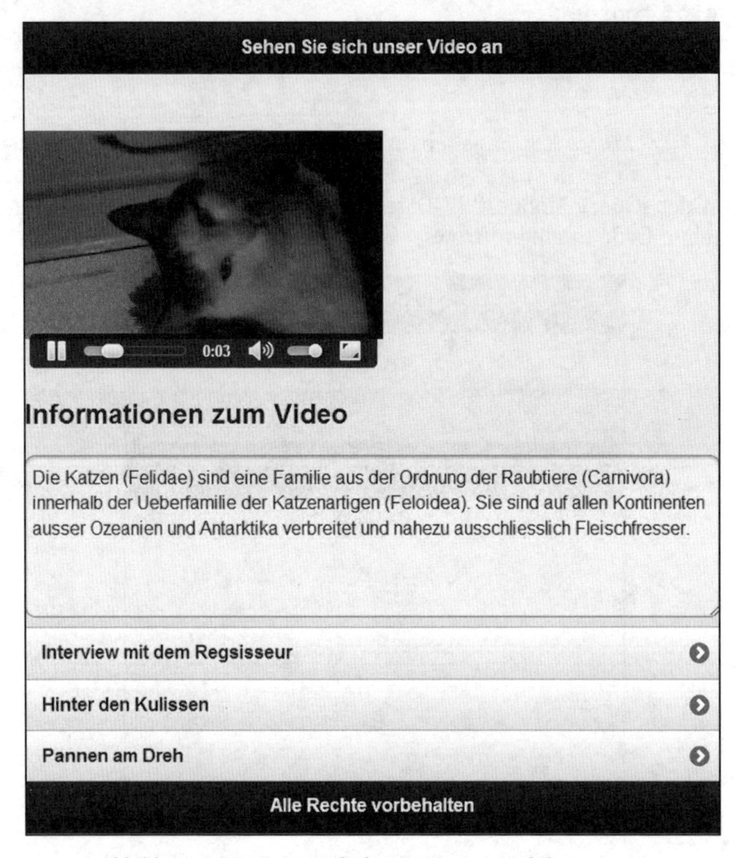

Abbildung 8.24: Seiteninhalt mit jQuery Mobile anpassen

Themen zuweisen

In der zentral verteilten CSS-Datei sind fünf Themen eingebettet, die dafür sorgen, dass jQuery Mobile-Seiten funktionieren. Diese Themen sind a, b, c, d und e. Sie werden zugewiesen, indem Sie für ein Element innerhalb der Elementdefinition Folgendes

```
data-theme="a"
```

(oder b, c, d oder e) einfügen.

Diese Datenthemen verwenden Sie, um den betreffenden Elementen Handy-freundliche Farbschemas mit hohem Kontrast zuzuweisen. Diese Farbschemas beinhalten außerdem Einstellungen für die Interaktivität, beispielsweise Farbwechsel, wenn ein Element angetippt wird.

Die fünf Standardthemen sind relativ einfach.

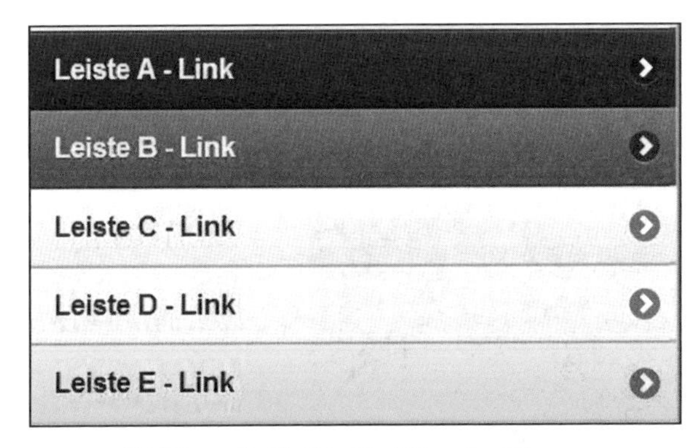

Abbildung 8.25: Die fünf Standardthemen

Eine interaktive detaillierte Erklärung der fünf Standardthemen von jQuery Mobile finden Sie auf der Website von jQuery Mobile (`http://jquerymobile.com`). jQuery Mobile befindet sich immer noch in Entwicklung, deshalb ändern sich diese Links in unregelmäßigen Abständen. Die neueste Erklärung der Themen finden Sie, indem Sie nach »jquery-mobile.com: themes« suchen.

Listing 8.4 zeigt ein Beispiel dafür, wie Sie Themen auf Elemente innerhalb von `<div data-role="page">` anwenden:

```
<div data-role="page" id="page1" data-theme="a">
<div data-role="header" data-theme="b">
<h1>Sehen Sie sich unser Video an!</h1>
</div>
<div data-role="content" data-theme="c">
<video src="mov_0245.mp4" controls width="320px" height="240px">
</video>
<h3>Infos zum Video</h3>
<p>Die Katzen (Felidae) sind eine Familie aus der Ordnung der Raubtiere
(Carnivora) innerhalb der Ueberfamilie der Katzenartigen (Feloidea). Sie
sind auf allen Kontinenten ausser Ozeanien und Antarktika verbreitet und
nahezu ausschliesslich Fleischfresser. </p>
<ul data-role="listview" data-theme="d">
<li >Interview mit dem Regisseur</li>
<li>Hinter den Kulissen</li>
<li>Pannen beim Dreh!</li>
</ul>
</div>
<div data-role="footer" data-theme="e">
<h3>Alle Rechte vorbehalten</h3>
</div>
```

Listing 8.4: So wenden Sie Themen auf Elemente innerhalb von `<div data-role="page">` *an*

Abbildung 8.26 zeigt, wie dieser Code sich in einem Browser verhalten würde.

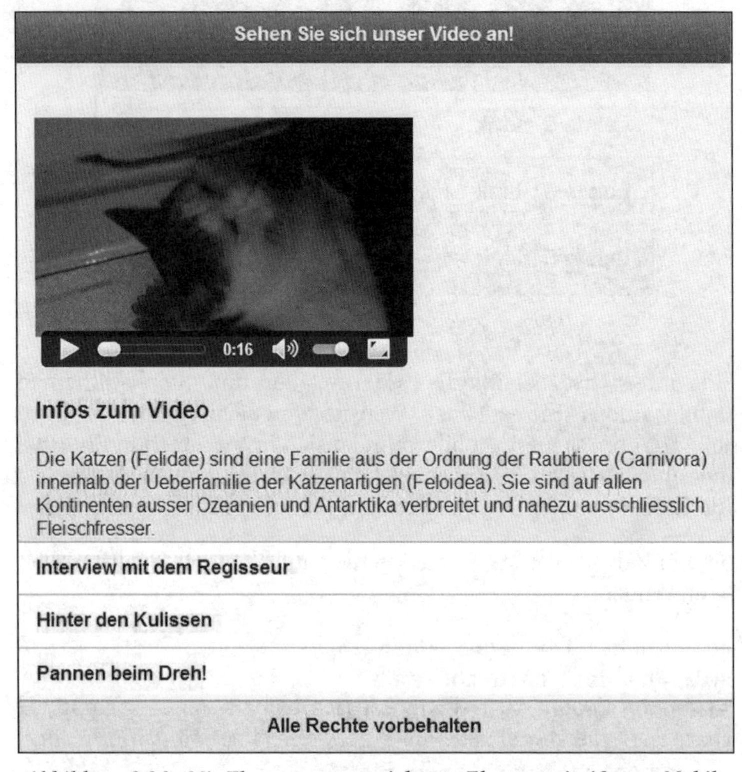

Abbildung 8.26: Mit Themen ausgezeichnete Elemente in jQuery Mobile

Themen mit ThemeRoller anpassen

Die Standardstile, die jQuery Mobile mit seinen Themen bietet, sind nicht gerade überwältigend. Mit ThemeRoller können Sie jedoch Ihre eigenen Themen für jQuery Mobile gestalten. Sie finden diese Open Source-Ressource online unter `http://jquerymobile.com/themeroller`.

Eines sollten Sie vorab wissen: Themen sind Sammlungen von Mustern. Das Standardthema hat fünf Muster: a, b, c, d und e. Es enthält aber auch globale Elemente, beispielsweise `font-face`, oder die Angabe, wie stark Ecken von rechteckigen Bereichen abgerundet angezeigt werden sollen.

Bei der Definition eines benutzerdefinierten Themas passen Sie diese globalen Elemente an. Und Sie können bis zu 26 Farbmuster anlegen, die auf unterschiedliche Elemente angewendet werden können (von »a« bis »z«). Sie brauchen natürlich nicht so viele, aber schön zu wissen, dass Sie so viele anlegen könnten, wie Sie wollten.

Gehen Sie wie folgt vor, um benutzerdefinierte Themenmuster anzulegen:

1. **Gehen Sie auf `http://jquerymobile.com/themeroller` und klicken Sie auf die Schaltfläche Get Rolling auf dem Begrüßungsbildschirm (siehe Abbildung 8.27).**

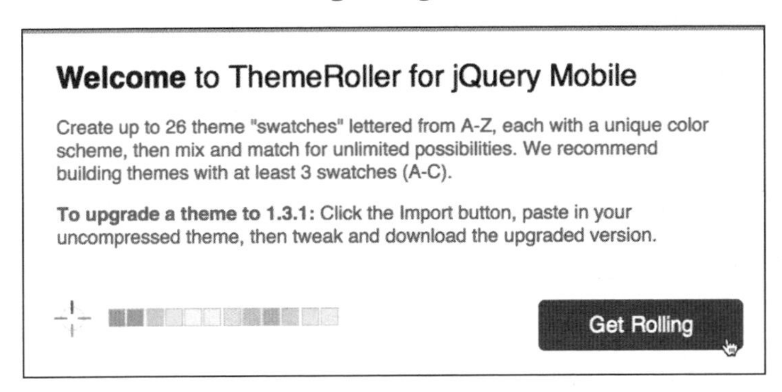

Abbildung 8.27: Mit ThemeRoller erstellen Sie benutzerdefinierte Muster für jQuery Mobile

2. **Standardmäßig ist die Registerkarte Global ausgewählt (siehe Abbildung 8.28). Hier definieren Sie die folgenden Einstellungen, die auf jedes Muster anzuwenden sind:**
   - *Schriftarten definieren*: Zeigen Sie das Feld Font Family (Schriftart) an und nehmen Sie dort Ihre Einstellungen vor.
   - *Festlegen, wie ausgewählte Schaltflächen angezeigt werden*: Zeigen Sie die Registerkarte Active State (Aktiver Status) an und nehmen Sie dort Ihre Einstellungen vor.
   - *Den Radius abgerundeter Ecken festlegen*: Zeigen Sie die Registerkarte Corner Radii (Rahmenradien) an und nehmen Sie dort Ihre Einstellungen vor.

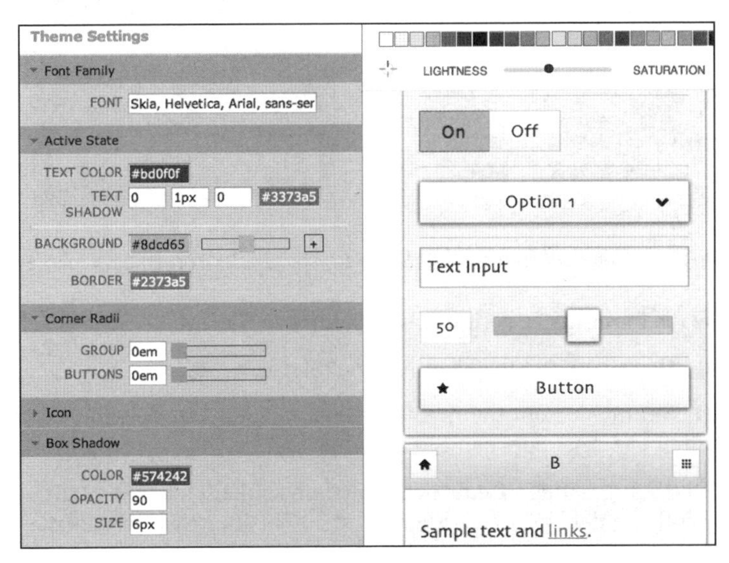

Abbildung 8.28: Im Vorschaubereich werden die globalen Einstellungen sofort gezeigt.

- *Schwarze oder weiße Symbole definieren*: Zeigen Sie die Registerkarte Icons (Symbole) an und nehmen Sie dort Ihre Einstellungen vor.
- *Farbe und Größe von Feldschatten definieren*: Zeigen Sie die Registerkarte Box Shadow (Feldschatten) an und nehmen Sie dort Ihre Einstellungen vor.

Schon während Sie mit den verschiedenen globalen Einstellungen experimentieren, werden diese im Vorschaubereich auf der rechten Seite angezeigt, wie in Abbildung 8.28 dargestellt.

3. **Klicken Sie auf die erste Musterregisterkarte – A –, um ein Farbschema für Elemente zu definieren, auf die `data-theme="a"` angewendet wird.**

Während Sie mit den Farben auf den Registerkarten auf der linken Seite experimentieren, sehen Sie die Wirkung im Vorschaubereich auf der rechten Seite.

Viele Hintergrundfarboptionen können erweitert werden, so dass Sie auch verlaufende Hintergründe definieren können. Die Wirkung sehen Sie im Vorschaubereich auf der rechten Seite.

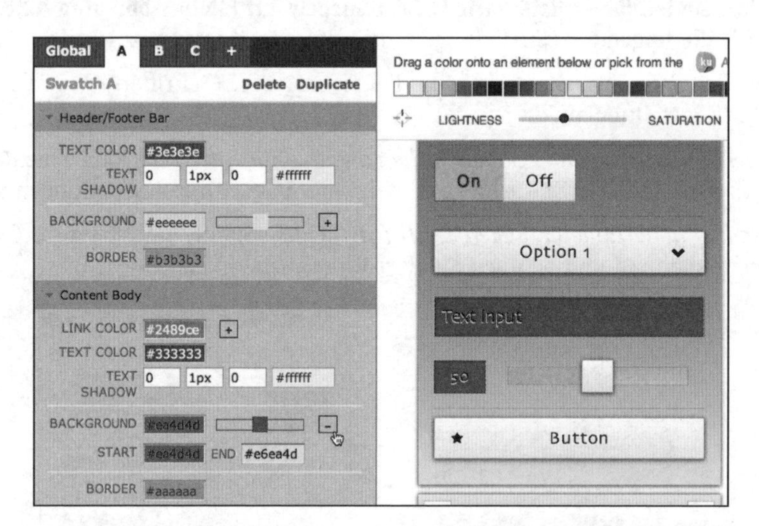

Abbildung 8.29: Der Vorschaubereich zeigt die im Einstellfenster vorgenommenen Einstellungen.

4. **Nachdem Sie die Farbmuster definiert haben, klicken Sie auf die Schaltfläche Download.**
5. **Im Dialogfeld Download Theme gehen Sie wie folgt vor:**

   a. Verwenden Sie my-custom-theme als Themennamen, um dieselbe Dateibezeichnung beizubehalten wie der Code, den Sie herunterladen.

   b. Kopieren Sie den gesamten Code, der nach dem schließenden `</title>`-Element und vor dem schließenden `</head>`-Element steht, in Ihre Zwischenablage, wie in Abbildung 8.30 gezeigt.

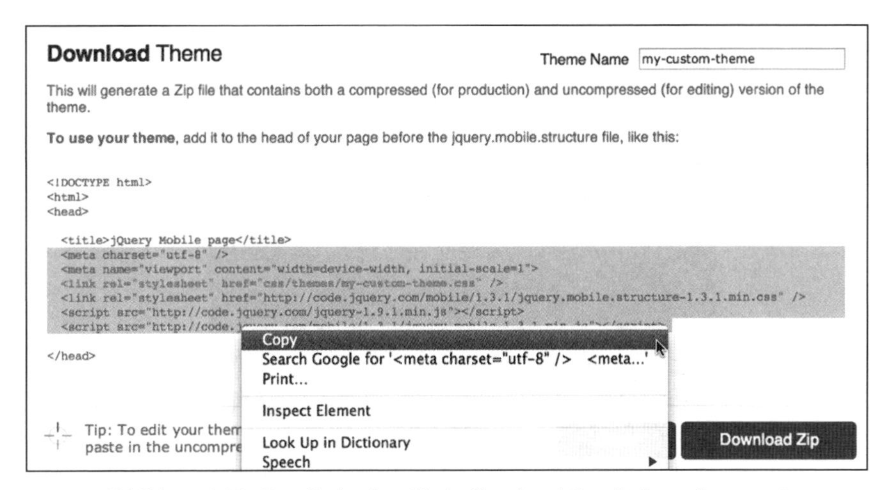

Abbildung 8.30: Der Code, den Sie in Ihre html-Datei übernehmen müssen

c. Klicken Sie auf die Schaltfläche DOWNLOAD ZIP, um die Dateien herunterzuladen, die Sie für die Anpassung Ihres Themas benötigen.

d. Entpacken Sie die heruntergeladene zip-Datei und kopieren Sie die Datei `my-custom-theme.css` in das Hauptverzeichnis für Ihre Site.

e. Fügen Sie die aus dem Dialogfeld jQuery Mobile Download kopierten Links in das <head>-Element Ihrer Seite und ersetzen Sie dabei alle vorhandenen Links auf andere Skripts oder Stylesheets.

6. **Bearbeiten Sie das HTML für die `data-theme=parameters`, um die Muster anzuwenden, die Sie in ThemeRoller erstellt haben.**

   Wenn Sie beispielsweise nur zwei Muster erstellt haben, beispielsweise `a` und `b`, wenden Sie eines der Muster auf jedes Datenthema an.

7. **Speichern Sie Ihren Code und zeigen Sie in einem Browser eine Vorschau an.**

   Sie sehen die Muster aus Ihrem benutzerdefinierten Thema, wie in Abbildung 8.31 dargestellt. Wenn Ihnen Ihr Styling gefällt, laden Sie die HTML-Seite und die Datei `my-custom-theme.css` auf Ihre Site hoch! Andernfalls gehen Sie zurück auf die ThemeRoller-Website und machen einen neuen Versuch.

Anschließend können Sie mit Hilfe von JavaScript erkennen, wenn Benutzer Ihre Site von einem mobilen Gerät aus aufrufen und sie auf Ihre mobile Seite weiterleiten. Skript-Generatoren, die solche Skripts erstellen, finden Sie auf Sites wie zum Beispiel `https://github.com/miohtama/detectmobile.js`, `www.hand-interactive.com/resources/detect-mobile-javascript.htm` und `www.designyourway.net/blog/resources/detecting-and-redirecting-mobile-users`.

Abbildung 8.31: Ein mit RollerTheme angepasstes Thema

Teil III

CSS3-Effekte und Transformationen

In diesem Teil …

Dank der neuen Effekte und Transformationen in CSS3 können Designer einen völlig neuen Ansatz verfolgen, um Seiten zu entwerfen und grafischen Inhalt anzuzeigen. Um sie effektiv zu nutzen, sollten Sie wissen, wie man mit CSS Seiten strukturiert und Elemente entwirft.

In diesem Teil werde ich das neue CSS3-Styling in vier Kategorien aufsplitten. Zunächst betrachte ich einige neue CSS3-Eigenschaften für Übergänge, neue Farbwerte und Rahmenfarben. Anschließend geht es um die neuen CSS3-Stile für Effekte, wie beispielsweise abgerundete Ecken, Text und Feldrahmen sowie Opazität. Danach widme ich mich den Transformationen, mit denen man Objekte verschieben, drehen, ihre Größe ändern und kippen kann. Und schließlich geht es um die neuen CSS3-Stile für Verläufe (Gradienten) – wie sie angewendet werden und wie Kompatibilitätsprobleme gelöst werden können.

Styling mit CSS3-Eigenschaften

9

In diesem Kapitel

- Die Evolution von CSS und die Optimierung von CSS3
- CSS3-Übergänge
- Neue Farbwerte in CSS3
- Alpha (Opazität) auf Hintergrundfarbe anwenden

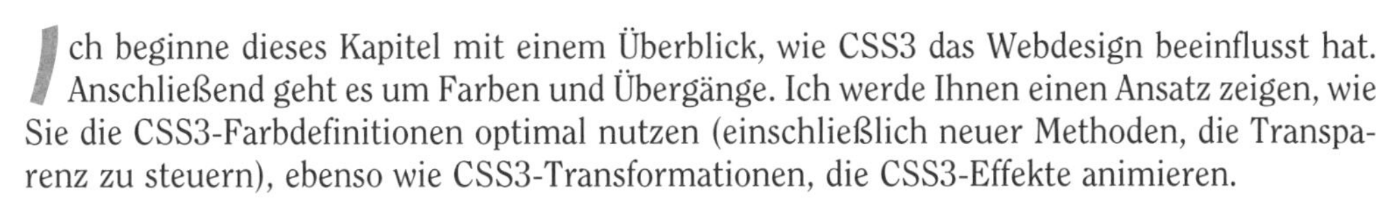

Ich beginne dieses Kapitel mit einem Überblick, wie CSS3 das Webdesign beeinflusst hat. Anschließend geht es um Farben und Übergänge. Ich werde Ihnen einen Ansatz zeigen, wie Sie die CSS3-Farbdefinitionen optimal nutzen (einschließlich neuer Methoden, die Transparenz zu steuern), ebenso wie CSS3-Transformationen, die CSS3-Effekte animieren.

Ich möchte damit beginnen, die grundlegende Veränderung zu würdigen, die stattfand, als im Webdesign nicht mehr HTML als Designwerkzeug benutzt wurde, sondern als man begann, CSS für alle Stileigenschaften anzuwenden. Das wird die Grundlage für dieses Kapitel sein. Sie werden erfahren, wie wichtig dieser Wechsel war, und warum Sie diesen Ansatz implementieren müssen, um sich mit dem Styling von CSS3 wirklich völlig neue Möglichkeiten zu eröffnen.

Die beiden wichtigsten neuen Design-Tools in CSS3, um die es in diesem Kapitel gehen soll, sind:

- ✔ **Übergänge**: Zum ersten Mal kann einladende, barrierefreie Animation ganz einfach nur unter Verwendung von CSS3 implementiert werden.
- ✔ **Neue Farbdefinitionen**: Sie bieten eine völlig neue Kontrolle über die Darstellung von Farben, so dass auch Designer damit arbeiten können, die nicht an die Arbeit im Web gewöhnt und die mit dem RGB-Farbsystem vertrauter sind (siehe Abbildung 9.1).

Abbildung 9.1: Farbwerte und Opazität

Die Evolution von CSS

Innovationen basieren auf Dingen aus der Vergangenheit und nutzen Elemente daraus. Und natürlich haben auch Webdesigner bewährte Ansätze geerbt, auf denen sie aufbauen konnten, um moderne Sites zu schaffen. Und natürlich müssen einige der geerbten Ansätze für das Webdesign komplett verworfen werden, um moderne Sites zu schaffen.

Mit dieser Information im Hinterkopf beginnen wir mit einer Rückschau auf die Evolution des Seitendesigns mit CSS. Tabelle 9.1 zeigt einen kurzen Überblick über die drei Phasen dieser Entwicklung. In den nachfolgenden Abschnitten werden die drei Phasen detailliert beschrieben.

Entwicklungsphase	Verwendetes Styling
Phase 1 (CSS)	✔ Styling unter Verwendung von HTML-Parametern ✔ Seiten im HTML-Tabellenlayout ✔ Grafischer Inhalt (einschließlich Tabellen- und Zellenhintergründen) wird mit webkompatiblen Bilddateien erstellt
Phase 2 (CSS2)	✔ Styling mit CSS, Bildern und anderen Elementen – grafischer Text wird unter Verwendung von Bilddateien erstellt ✔ <div>-Tags von HTML plus Definition des Seitenlayouts mit CSS: das »Box-Modell« ✔ Grafischer Inhalt (einschließlich Kastenhintergründen und Verläufen) wird mit webkompatiblen Bilddateien erstellt
Phase 3 (CSS3)	✔ CSS-Stile mit völlig neuen Funktionen, wie Schatten und Drehungen, wodurch die Verwendung von Bilddateien für das Styling fast überflüssig wird ✔ Design-Elemente für den Stil brechen aus dem »Box-Modell« aus – CSS3 definiert alle Formen für das Seitendesign, ohne dass Bildhintergründe erforderlich sind ✔ Verlaufende Hintergründe werden mit CSS3 definiert, ohne Bilddateien

Tabelle 9.1: Drei Phasen des Stylings mit CSS

Phase 1: Styling mit HTML

In der ersten Phase des Webdesigns wurden ganz einfache Stile angewendet, die mit HTML-Parametern realisiert wurden. Wenn man für eine Überschrift auf der obersten Ebene eine große rote Schrift einsetzen wollte, verwendete man beispielsweise die folgende Syntax:

```
<h1 color="red" font-size="large">
  Dies wird in großer roter Schrift dargestellt</h1>
```

Irgendwann wurden die Ansprüche an Webseiten größer, deshalb wurde CSS geschaffen, um die HTML-Parameter für die Definition der Darstellung von Text- und anderen Elementen zu ergänzen – und irgendwann völlig zu ersetzen. Man verwendete damals HTML-Tabellen, um das Seitenlayout anzulegen, mit Spalten und Zeilen. Die Zellen an den Schnittstellen zwischen Spalten und Zeilen dienten zur Aufnahme von Inhalten. Abbildung 9.2 fasst das Ganze zusammen.

Und genau hier lag das Problem: Mit diesem Ansatz war es schlicht unmöglich, moderne, einladende, barrierefreie Webseiten zu erstellen. Durch die Verwendung von HTML-Parametern für das Seitenlayout und ein Design, das komplett innerhalb von Tabellen stattfand, waren unzählige Effekte, Transformationen und Stile nicht darstellbar, die unabdingbar sind, um ein modernes Publikum anzuziehen und zu unterhalten.

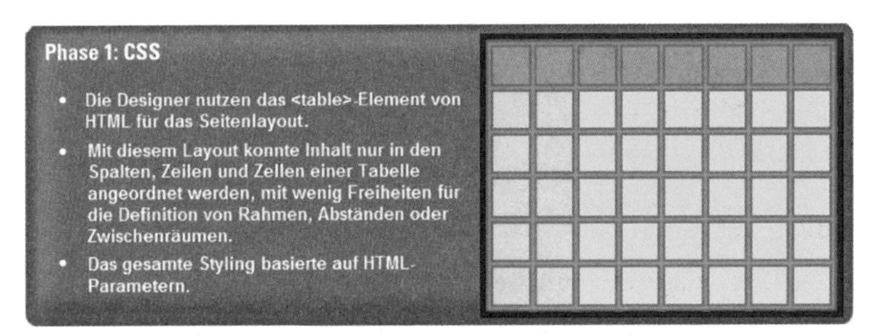

Abbildung 9.2: Tabellenlayout in Phase 1

Um genau zu sein, ist das `<table>`-Element von HTML als Tool für das Webdesign noch lange nicht vom Tisch. Für die Anzeige von Datenzeilen und -spalten werden immer noch Tabellen verwendet. Ich wiederhole: Datenzeilen und -spalten. Verwenden Sie die Tabellen also möglichst nicht mehr, um Ihr Seitenlayout zu entwerfen.

Phase 2: Styling mit CSS

Die zweite Phase des Webdesigns war gekennzeichnet durch die Einführung des `<div>`-Tags, das selbst eigentlich keine Eigenschaften hatte, die ein Browser erkannt hätte – das aber in Kombination mit einem Klassen- oder ID-Selektor einen *Kasten* definierte. Das Zeitalter des »Box-Modells« war angebrochen.

Das Befreiende am Box-Modell war, dass diese Kästen auf der Seite an beliebiger Stelle platziert und dann mit verschiedensten Eigenschaften gestylt werden konnten, mit Abständen, Rändern, Rahmen und Hintergründen. Abbildung 9.3 zeigt den Fortschritt.

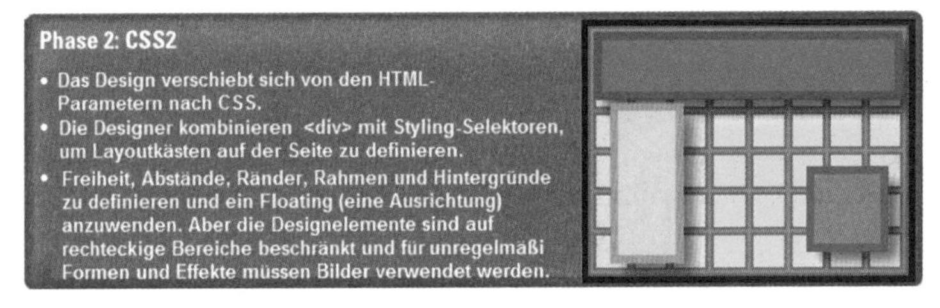

Abbildung 9.3: Box-Modell in Phase 2

Mit dem Box-Modell war man also recht eingeschränkt, weil die Seiten unter Verwendung rechteckiger Bereiche ausgelegt werden mussten. Das Styling für diese Bereiche musste weiterhin mit Hilfe von Bilddateien erfolgen, um beispielsweise Hintergründe darzustellen. Und wenn man Animation wollte, die nicht nur entstand, wenn der Benutzer die Maus über ein bestimmtes Element schob und sie damit auslöste, musste man JavaScript einsetzen.

Phase 3: Rechteckige Bereiche und Bilddateien gehören der Vergangenheit an

Heute brauchen Sie als Webdesigner kein HTML und keine rechteckigen Bereiche und Bilddateien mehr, siehe Abbildung 9.4. Außerdem stehen Ihnen zahlreiche neue Styling-Tools für CSS3 zur Verfügung, die Folgendes anbieten können:

- Neue, leistungsstärkere Möglichkeiten für die Definition von Farbe
- Robustere Animation
- Effekte wie Transparenz oder gemusterte Hintergründe
- Transformationen, die aus der Einschränkung durch rechteckige Designelemente ausbrechen

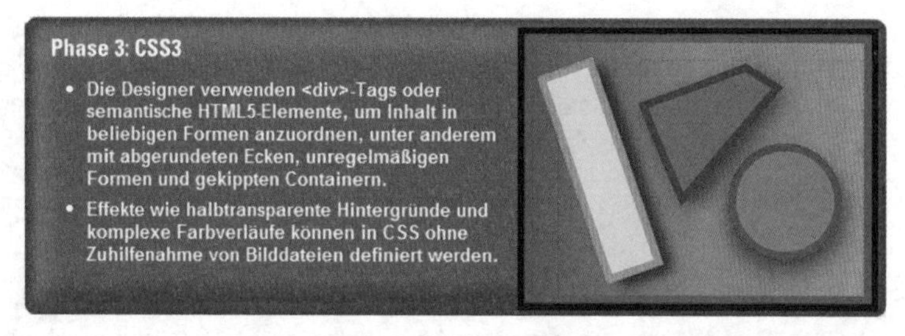

Abbildung 9.4: Neue Methoden in CSS3

Was Sie sich hier unbedingt merken sollten:

- CSS3 stellt eine völlig andere Methode dar, Seiten zu entwerfen.
- Das Seitendesign von CSS3 basiert auf fortschrittlichen Designtechniken, und Sie brauchen eine solide Grundlage dafür, sonst kommen Sie nicht weit.

Übergänge in CSS3

Übergänge in CSS3 basieren auf vorhandenen Pseudo-Klassenselektoren von CSS und bieten eine robuste Animation ohne Skripting. Übergänge können angewendet werden, um Elemente (wie beispielsweise einen Kasten) auf- oder zuzuklappen, zu verschieben, zu drehen, zu kippen oder zu verzerren.

Und wie machen Sie all das? Am einfachsten und ohne Zuhilfenahme von JavaScript geht das mit Pseudo-Klassenselektoren von CSS. Und was ist das? Pseudo-Klassenselektoren sind CSS-

Stile, die auf definierte Weise auf ein Element angewendet werden, in der Regel für den Status, wenn die Maus drübergeschoben wird (der »Hover-Status«). Es gab sie schon vor CSS3, und das gebräuchlichste Beispiel ist eine Stildefinition für einen Link, über den die Maus geschoben wird, wobei CSS wie folgt angewendet wird:

```
a:hover {text-decoration:underline; background-color:yellow;}
```

Diese Codezeile definiert einen Stil (Unterstreichen), der angezeigt wird, wenn die Maus über das <a>-Element (einen Link) geschoben wird.

Weitere Informationen über Pseudo-Klassenselektoren finden Sie in Kapitel 1.

Abbildung 9.5 zeigt einen Link, über den die Maus geschoben wird, mit Anwendung der zugehörigen Definition.

Interview mit dem Regisseur | Kritiken | Video vom Dreh

Abbildung 9.5: Link, über den die Maus geschoben wird, mit der darauf angewendeten Definition

Kreative Designer haben den Umfang dieser Hover-Status erweitert und sie auch auf andere Elemente angewendet. Beispielsweise könnte für ein `<div>`-Tag ein Hover-Status definiert werden, der seine Sichtbarkeit, den Rahmen, die Höhe, die Breite oder andere Eigenschaften festlegt. Heute können Übergänge mit zusätzlichen neuen CSS3-Effekten angewendet werden, wie beispielsweise Drehen, Kippen oder Verschieben, um eine noch dynamischere Animation zu schaffen.

Der folgende Code, der einen Hover-Status für einen Klassenstil namens `box` definiert, zeigt eine dicke, rot gestrichelte Linie an, wenn die Maus über ein Element geschoben wird, auf das der `.box`-Stil angewendet wird:

```
.box:hover { border:thick dashed red; }
```

Abbildung 9.6 zeigt ein Feld (mit Video), auf das diese Definition angewendet wird, und über das die Maus geschoben wurde.

CSS3-Übergänge gestatten es, einen Zeitfaktor für den Übergang vom Ausgangsstatus in den Hover-Status zu definieren. In einem Buch ist das schwer zu vermitteln (weil die Darstellung immer statisch bleibt), aber stellen Sie sich einfach vor, der Rahmen in Abbildung 9.6 braucht ein paar Sekunden, bis er angezeigt wird.

Abbildung 9.6: Anwendung eines Klassenstils auf ein Element einer Website

Eigenschaften von CSS3-Übergängen

Die Eigenschaften von Übergängen sind für ein Element definiert, für den eine Animation für den Hover-Status definiert werden soll. Übergänge können unter Verwendung der folgenden Syntax für die ausgewählten Eigenschaften definiert werden:

```
transition:Eigenschaft;
```

Die Eigenschaften von CSS3-Übergängen sind als Teil des Stils für einen Selektor definiert. Die normale Maßeinheit beträgt Sekunden, mit einem `s`, wie in `2s` (siehe Abbildung 9.7).

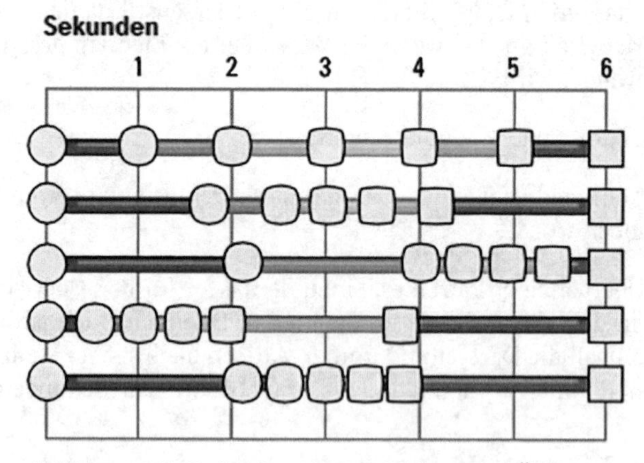

Abbildung 9.7: Definition eines Zeitfaktors für Übergänge

Eigenschaften von Übergängen sind:

- ✔ `transition-property`: Die Eigenschaft, auf die der Übergang angewendet wird.
- ✔ `transition-duration`: Die Zeitdauer, wie lange ein Übergang dauert.

  Standardmäßig ist die Dauer gleich 0 (Null), Sie müssen also einen Wert (standardmäßig in Sekunden) für einen Übergang angeben, damit dieser eine Zeitdauer hat.
- ✔ `transition-timing-function`: Die Geschwindigkeit wird während eines Übergangs berechnet.
- ✔ `transition-delay`: Wann der Übergang beginnt.

  Standardmäßig beginnen Übergänge ohne Zeitverzögerung.

Abbildung 9.8 zeigt einen `background-color`-Übergang mit einer Zeitdauer von 5 Sekunden.

Weitere Informationen über die Anwendung von `background-color` finden Sie im nächsten Abschnitt »Reibungsloserer Arbeitsablauf mit RGB und HSL«.

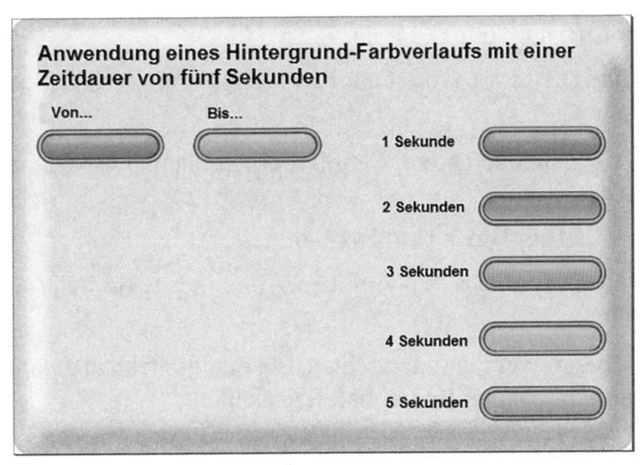

Abbildung 9.8: `background-color`*-Übergang mit einer Zeitdauer von 5 Sekunden*

transition-timing-function verwenden

Mit den `transition-timing-function`-Eigenschaften definieren Sie die Geschwindigkeit eines Übergangs.

Stellen Sie sich vor, zwei Läufer laufen einen Marathon mit derselben Zeit. Einer von ihnen hat einen schnellen Start, wird aber bis zum Ende hin immer langsamer. Der andere startet langsam, legt aber zum Ende einen Sprint hin. Auch wenn das Rennen für beide dieselbe *Dauer* hat, haben sie unterschiedliche *Geschwindigkeiten*.

Auf vergleichbare Weise können Sie die Geschwindigkeit für CSS3-Übergänge definieren. Standardmäßig findet ein 10-sekündiger Übergang in 10 gleichlangen Schritten statt. Es gibt jedoch auch andere Möglichkeiten. Beispielsweise können Sie einen Übergang »front-lastig« definieren, so dass ein Großteil davon gleich zu Beginn der Gesamtdauer stattfindet.

Hier die Werte für `transition-timing-function`:

- `linear`: Dies ist der Standardübergang – mit gleichmäßigen Änderungen. Und weil es sich um den Standard handelt, braucht dies nicht in einer Stildefinition angegeben zu werden.
  - `transition-timing-function:linear;`
  - `-webkit-transition-timing-function:linear;` (in Safari und älteren Versionen von Chrome)
- `ease`: Dieser Wert definiert einen Übergangseffekt, der langsam beginnt und schnell endet. Beispiel:
  - `transition-timing-function:ease;`
  - `-webkit-transition-timing-function:ease;` (in Safari und älteren Versionen von Chrome)
- `ease-in`: Dieser Wert definiert einen langsamen Anfang.
  - `transition-timing-function:ease-in;`
  - `-webkit-transition-timing-function:ease-in;` (in Safari und älteren Versionen von Chrome)
- `ease-out`: Das Gegenteil von `ease`: Definiert einen Übergangseffekt, der schnell beginnt und langsam endet. Beispiel:
  - `transition-timing-function:ease-out;`
  - `-webkit-transition-timing-function:ease-out;` (in Safari und älteren Versionen von Chrome)
- `ease-in-out`: Dieser Wert definiert einen Übergangseffekt, der langsam beginnt und endet, aber einen schnellen Mittelteil hat. Beispiel:
  - `transition-timing-function:ease-in-out;`
  - `-webkit-transition-timing-function:ease-in-out;` (in Safari und älteren Versionen von Chrome)

Größtenteils sind diese `transition-timing-function`-Werte ausreichend für die Definition der Geschwindigkeit innerhalb einer Übergangsdauer. Aber es gibt noch mehr! Sehen Sie sich beispielsweise die `transition-timing-function cubic-bezier` an, mit der Sie die Geschwindigkeit von Übergängen wirklich minutiös festlegen können. Diese Technik kann in diesem Buch nicht weiter erklärt werden, aber es gibt online zahlreiche Artikel und Tutorials dazu, die Ihnen die Verwendung erklären, wobei jedoch erwartet wird, dass Sie mit dem Konzept der Bézierkurven vertraut sind.

Kompatibilitätsprobleme bei Übergängen

Zum Zeitpunkt der Drucklegung dieses Buchs werden Übergänge in allen modernen Browsern zufriedenstellend unterstützt: Internet Explorer 10, Firefox, Chrome und Opera.

IE9 und früher unterstützen keine Übergänge. Hier findet jedoch eine allmähliche Funktionsminderung statt. Statt langsamer Übergänge von einem Stil in den anderen sehen die Benutzer dieser älteren Browser einfach eine unmittelbare Änderung (siehe Abbildung 9.9).

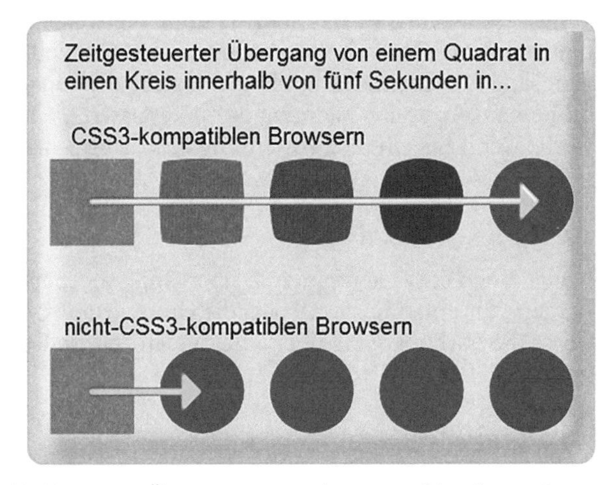

Abbildung 9.9: Übergänge in modernen und in älteren Browsern

Wie Sie im vorigen Abschnitt gesehen haben, brauchen Sie das Präfix `-webkit`, damit Übergänge in Safari und älteren Versionen von Chrome funktionieren.

Eine Erklärung, warum Sie Präfixe für bestimmte CSS3-Eigenschaften für die unterschiedlichen Browser-Anbieter benötigen, finden Sie in Kapitel 4.

Verzögerungen in CSS3 realisieren

In CSS3 können Sie eine Pause definieren, bevor ein Übergang beginnt. Dazu verwenden Sie die `delay`-Eigenschaft. Die Syntax dafür lautet:

```
transition-delay: xs;
```

Dabei steht *x* für die Anzahl der Sekunden und (wie bereits erwähnt) `s` für die Maßeinheit.

Damit das Ganze in Safari (und älteren Installationen von Chrome) funktioniert, stellen Sie das Präfix `-webkit` davor:

```
-webkit-transition-delay: xs;
```

Hier sehen Sie ein Codebeispiel, das eine 5-sekündige Verzögerung auf einen Übergang anwendet:

- `transition-delay: 5s;`
- In Safari und älteren Chrome-Installationen brauchen Sie noch das Präfix `-webkit`: `-webkit-transition-delay: 5s;`

Möglicherweise spielt die Verbindungsqualität eine größere Rolle als eine definierte Verzögerung. Verzögerungen in Übergängen sind von der Download- und Verarbeitungsgeschwindigkeit des vom Benutzer verwendeten Geräts abhängig. Schon aufgrund der geringeren Verarbeitungskapazität mobiler Geräte und ihrer (häufig) langsameren Internetverbindungen ergibt sich eine natürliche Verzögerung von Übergängen. Meine Meinung dazu: Verlassen Sie sich nicht auf Verzögerungswerte, wenn Sie ein präzises Timing beabsichtigen.

Syntaxbeispiele für CSS3-Übergänge

Das folgende Beispiel zeigt einen etwas komplexeren Übergang. Angenommen, Sie definieren einen Hover-Statusübergang für einen Kasten, wobei die Hintergrundfarbe des Kastens geändert wird. Sie wollen, dass der Farbübergang über 5 Sekunden stattfindet, mit schnellem Anfang und langsamerem Ende. Hier der Code:

```
transition:background-color;
transition-delay:5s;
transition-timing-function:ease-out;
```

Die Definition von Übergängen kann relativ kompliziert werden. Stellen Sie sich das Ganze als zweistufigen Prozess vor: Zuerst definieren Sie die Art des Übergangs – wie im obigen Codebeispiel gezeigt. Sie definieren also die Eigenschaft, für die der Übergang stattfinden soll (in diesem Fall `background-color`), dann die Verzögerung des Übergangs (falls gewünscht) und dann die Funktion (falls verwendet).

Im zweiten Schritt definieren Sie einen Stil (zum Beispiel `.box`) und eine Hover-Status-Version dieses Stils, und wenden den Übergang in dieses Hover-Status-Verhalten an.

Nachdem wir in dem oben gezeigten Beispiel-CSS einen Übergang definiert haben, möchte ich Ihnen noch zeigen, was Sie noch brauchen, damit der Übergang funktioniert. Dazu betrachten wir noch einmal das Beispiel, wie ein Hover-Status genutzt wird, um eine minimale Animation für einen Kasten zu realisieren:

```
.box:hover { border:thick dashed red; }
```

Dieser Code erzeugt einen dicken gestrichelten roten Rahmen für ein Element, auf das der Klassenstil `.box` angewendet wurde.

Das HTML dafür sieht wie folgt aus:

```
<a href="#">
<video poster="poster1.jpg"class="box" controls>
<source src="video.mp4" type="video/mp4">
<source src="video.ogv" type="video/ogg">
</video>
</a>
```

Ein Poster wird für die Definition eines JPEG- oder PNG-Bilds verwendet, das in einem Videorahmen angezeigt wird, bis die Wiedergabe des Videos beginnt.

Zur Erklärung: Der Kasten ist in einen *selbst-referenzierenden* (nicht funktionalen) Link eingebettet, so dass er wie ein Link angezeigt wird. Auf das `<video>`-Element wird der Klassenstil `.box` angewendet.

Dieser Klassenstil wendet Ränder und Abstände an und richtet den Kasten rechtsbündig aus (so dass mehrere Kästen in einer Reihe dargestellt werden können). Und dank dem eingefügten Hover-Code erscheint der Hover-Status des Kastens als dicker gestrichelter roter Rahmen, wenn die Maus über den Kasten geschoben wird.

Hier das CSS, mit dem das Ganze funktioniert:

```
.box {
  margin:15px;
  padding:15px;
  float:right;
  height:300px;
  width:300px;
  margin-right:60px;
}

.box:hover {
  border:thick dashed red;
}
```

Um für den Übergang zwischen dem Kasten und dem Kasten im Hover-Status eine Zeitdauer von 5 Sekunden festzulegen, innerhalb derer er schnell beginnt und langsam endet, fügen Sie dem `.box`-Stil den nachfolgend fett ausgezeichneten Code hinzu:

```
.box {
  background-color: #000;
  margin: 15px;
  padding: 15px;
  float: right;
  height: 300px;
  width: 300px;
  margin-right: 60px;
  transition-property:border;
  transition-duration:5s;
  transition-timing-function:ease-out;
  -webkit-transition-property:border
  -webkit-transition-duration:5s;
  -webkit transition-timing-function:ease-out;
}
```

Damit wenden Sie einen 5-sekündigen Übergang auf die `border`-Eigenschaft an, wenn eine Pseudo-Klasse (wie ein Hover-Status) eine neue Stildefinition für die Rahmeneigenschaft festlegt. Die Geschwindigkeit des Übergangs wird mit der Eigenschaft `ease-out` `transition-timing-function` festgelegt, so dass er schnell beginnt und langsam endet.

Geht noch mehr?

Das Beispiel im obigen Abschnitt wendet einen Übergang auf eine sehr einfache Stiländerung an: Es wird ein Rahmen angezeigt. Das ist nur die Spitze des Eisbergs.

Alle Effekte und Transformationen, Farben und Verläufe, die im restlichen Kapitel sowie in den Kapiteln 10, 11 und 12 angesprochen werden, können mit Hilfe von Übergängen animiert werden.

Stellen Sie sich beispielsweise vor, Sie wenden einen Übergang auf einen Hover-Stil an, der ein Element dreht, es kippt, seine Form ändert (es wird gekippt) und seine Größe anpasst, es auf der Seite verschiebt und den Hintergrundverlauf von linear auf verlaufend ändert – und das in unregelmäßiger Geschwindigkeit (siehe Abbildung 9.10).

Genau diese wirklich dynamische Wirkung können Übergänge haben, wenn sie mit allen CSS3-Effekten und -Transformationen kombiniert werden.

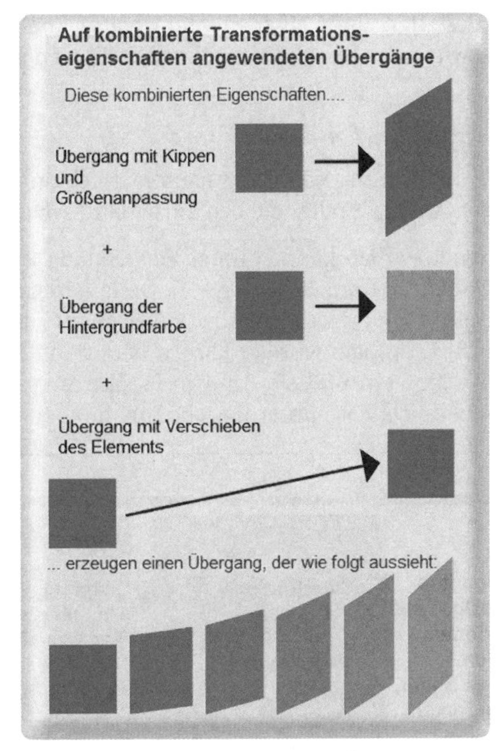

Abbildung 9.10: Anwendung eines komplexen Übergangs auf einen Hover-Stil

Farben mit CSS3 neu definieren

CSS3 führt zwei neue Methoden für die Definition von Farben für Websites ein.

- ✔ **RGB**: Farben können jetzt unter Verwendung des RGB-Farbwertsystems (Rot/Grün/Blau) definiert werden, ebenso wie mit dem verwandten HSL-System (Farbton/Sättigung-Wert).
- ✔ **Opazität**: Insbesondere können die RGB- und HSL-Farbwerte einen zusätzlichen A-Wert erhalten, der den Opazitätswert für eine Farbe definiert (siehe Abbildung 9.11).

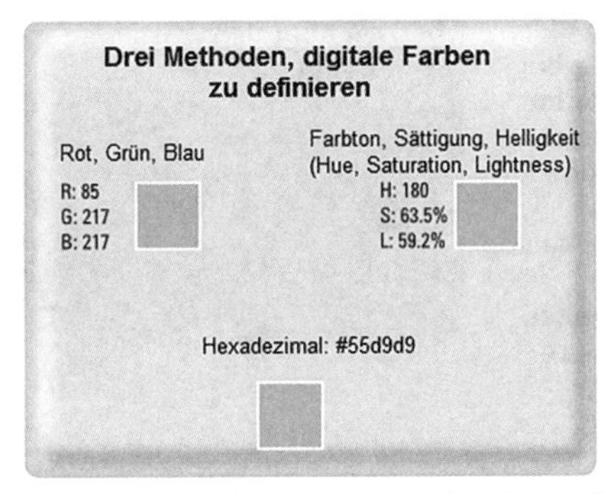

Abbildung 9.11: Definition von Farben für Websites

Diese beiden Änderungen gestatten einen effizienteren Arbeitsablauf und eine Zusammenarbeit mit Grafikdesignern sowie mehr Kontrolle darüber, wie Farben auf Websites aussehen.

Reibungsloserer Arbeitsablauf mit RGB und HSL

Webdesigner waren bis zur Einführung von CSS3 hauptsächlich an das hexadezimale Farbwertsystem gebunden – sechsstellige Codes, die den einzelnen Farben entsprechen.

Es gibt Alternativen (Dutzende Farben können unter Verwendung ihrer Namen zugewiesen werden, zum Beispiel *DarkRed* für Dunkelrot), aber die volle Farbpalette stand den Webdesignern nur über ein Hexadezimal-Farbwertsystem zur Verfügung, das relativ unüberschaubar war (siehe Abbildung 9.12). Deshalb wurden Farben häufig mit Programmen generiert, die Farben als RGB-Werte definieren und sie dann in Hexadezimalwerte umwandeln. Man kann auch in Tabellen wie beispielsweise unter `www.color-hex.com` nachschlagen.

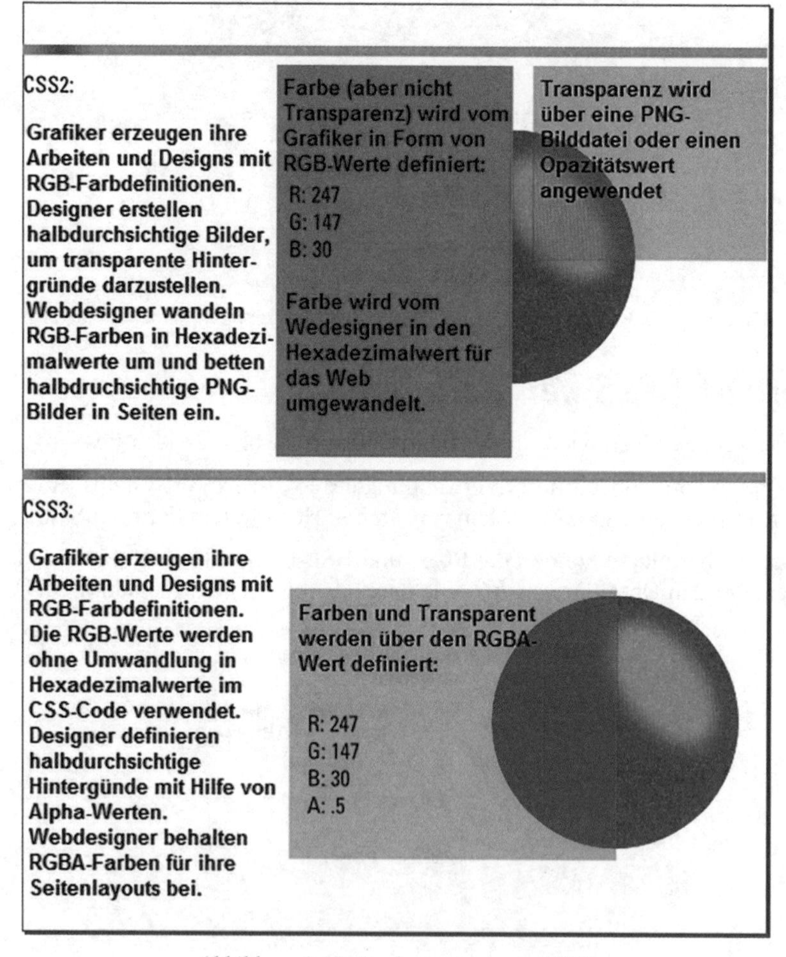

Abbildung 9.12: Farbzuweisung in CSS3

Der ganze Designprozess wird weiter verkompliziert, weil Grafiker, die an Seitenentwürfen in Adobe Illustrator oder InDesign arbeiten, wahrscheinlich nicht gut mit dem hexadezimalen Farbwertsystem vertraut sind. Stattdessen sind sie daran gewöhnt, RGB-Farben zu verwenden. Abbildung 9.13 zeigt ein Farbauswahlfeld, in dem Farben als RGB-Werte ausgewählt werden, sowie es beispielsweise auch im Illustrator gehandhabt wird.

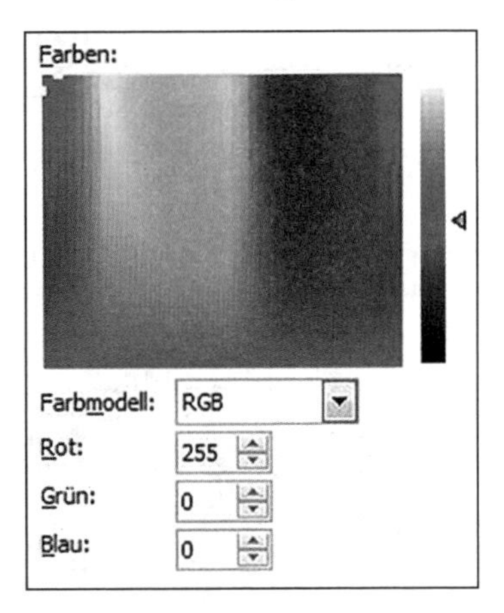

Abbildung 9.13: Farbauswahlfeld in Illustrator

Mit CSS3 können Farben jetzt ebenfalls einfach als RGB- oder HSL-Werte definiert werden. RGB-Werte sind eine Mischung aus Rot, Grün und Blau. Beispiel:

- ✔ Reines Rot ist 255, 0, 0
- ✔ Reines Grün ist 0, 255, 0
- ✔ Reines Blau ist 0, 0, 255

Die Syntax lautet:

```
rgb(wert, wert, wert);
```

Ein roter Hintergrund wird also beispielsweise wie folgt definiert:

```
background-color: rgb(255,0,0);
```

HSL-Farben geben Farbton, Sättigung und Helligkeit an. Der Vorteil von HSL gegenüber RGB ist, dass möglicherweise andere Designer in einer Webdesign-Umgebung vertrauter mit diesem Farbwertsystem sind und die Zusammenarbeit einfacher wird.

Die Syntax für die Definition eines HSL-Werts lautet:

```
background-color: hsl(wert,wert%,wert%);
```

Um mit HSL-Werten einen roten Hintergrund zu erstellen, verwenden Sie die folgende Syntax:

```
background-color: hsl(0,100%,50%);
```

A steht für Alpha

Die Browser-Unterstützung von mit RGB (und HSL) definierten Farben macht die Definition von Farben einfacher. Durch Verwendung des Alpha-Werts ist es außerdem möglich, die Anwendung der Farben und ihr Aussehen im Bezug auf andere Farben noch detaillierter zu steuern.

Der Alpha-Wert steuert nicht die Farbe. Er steuert die Transparenz oder Opazität, mit der eine Farbe angewendet wird.

Ein Alpha-Wert von 1 zeigt eine Farbe mit voller Opazität an. Ein Alpha-Wert von 0 zeigt eine Farbe vollständig transparent an. Werte zwischen 0 und 1 – wie in Abbildung 9.14 gezeigt – sorgen für unterschiedliche Transparenzstufen. Die transparenteren Farben (mit niedrigeren Alpha-Werten) gestatten, dass mehr von der Hintergrundfarbe »durchscheint«.

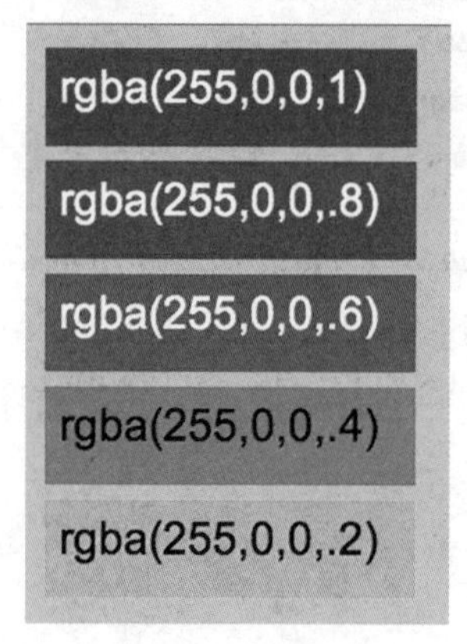

Abbildung 9.14: Transparenzwerte von Farben

Der Internet Explorer 8 unterstützt keine Alpha-Werte.

IE9, Firefox, Chrome, Opera und Safari verwenden die Eigenschaft `opacity` für die Transparenz, die einen Wert zwischen `0.0` und `1.0` annehmen kann. Ein niedrigerer Wert macht das Element transparenter.

IE8 und früher verwenden `filter:alpha(opacity=x)`. Das *x* kann einen Wert zwischen 0 und 100 annehmen. Ein niedrigerer Wert macht das Element transparenter.

Alpha oder Opazität?

Vor der Einführung von CSS3 konnten die Designer die Eigenschaft `opacity` verwenden, um einen halbtransparenten Hintergrund zu definieren. In dieser Hinsicht sind `opacity`- und `alpha`-Werte vergleichbar. Abbildung 9.15 zeigt zwei Felder: Das obere hat einen roten Hintergrund mit einem alpha-Wert von 0,5, das untere einen roten Hintergrund mit einem opacity-Wert von 0,5. Beachten Sie, dass der in zwei Grüntönen gehaltene Hintergrund in beiden Feldern auf dieselbe Weise durchscheint.

Abbildung 9.15: Ein roter Hintergrund mit einem Alpha-Wert von 0,5 (oben) und ein roter Hintergrund mit einem opacity-Wert von 0,5 (unten)

Und hier der CSS-Code für diese beiden Felder:

```
.box {
  margin: 5px;
  padding: 5px;
  height: 100px;
  width: 200px;
  background-color:rgba(255,0,0,.5);
  color:black;
  font-family:arial, sans-serif;
}

  .box2 { margin: 5px;
  padding: 5px;
  height: 100px;
  width: 200px;
  background-color:red;
  opacity:.5;
  color:black;
  font-family:arial, sans-serif;
}
```

Jetzt betrachten wir, was passiert, wenn wir diesen beiden Feldern Inhalt hinzufügen. Das Ergebnis sehen Sie in Abbildung 9.16. Hier ist der Unterschied erkennbar. Wenn die Opazität für einen Kastenhintergrund definiert ist, wird dieser opacity-Wert auf alle Elemente innerhalb des Kastens angewendet. In diesem Beispiel hat der Text eine Opazität von 0,5, der Hintergrund scheint also durch den Text durch.

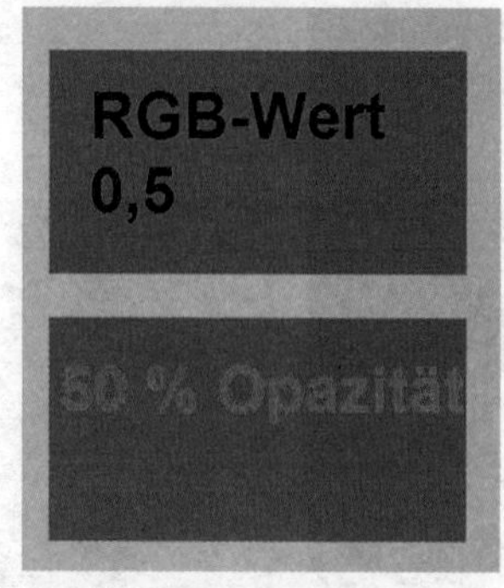

Abbildung 9.16: Vergleich von Inhalten für die `alpha`- (oben) und `opacity`-Werte (unten)

Wenn für eine Hintergrundfarbe mit einem `alpha`-Wert eine Transparenz definiert ist, wird diese Transparenz nicht von jedem anderen Element im Kasten übernommen.

Unterstützung von RGB- und HSL-Farbe

RGB- und HSL-Werte werden in allen modernen Browsern unterstützt, auch in mobilen Browsern.

IE8 und früher unterstützen den `alpha`-Wert und die RGB- oder HSL-Farbwerte nicht. Eine angemessene Abhilfe ist es, eine Farbe auch unter Verwendung von Hexadezimalwerten oder allgemeinen Farbnamen anzugeben, wenn Sie einen Stil definieren, der einen `alpha`-Farbwert verwendet.

Im folgenden Beispiel wurde der Definition eines Kastenstils die Hintergrundfarbe `red` hinzugefügt:

```
.box {
  margin: 5px;
  padding: 5px;
  height: 25px;
  width: 125px;
  background-color:red;
  background-color:rgba(255,0,0,1);
  color:white;
  font-family:arial, sans-serif;
```

Weil der IE8 (und früher) keine RGB-Farbwerte unterstützt, zeigt er die erste `background-color`-Definition an, wie in Abbildung 9.17 gezeigt.

Moderne Browser dagegen, die die zweite `background-color`-Eigenschaft (den RGBA-Wert) interpretieren können, ersetzen den zuerst angegebenen `background-color`-Wert durch den letzten in der Stildefinition.

Anwendung von CSS3-Effekten

In diesem Kapitel

- Rahmenradien anwenden
- Rahmenbilder verwenden
- Kasten- und Rahmenschatten integrieren
- Diese Effekte animieren

Webdesigner setzen CSS in Kombination mit HTML-Elementen ein, um Seiten im Box-Modell zu entwerfen. Dieses Modell basiert auf rechteckigen Bereichen fester Größe und Position, die den Seiteninhalt aufnehmen. Mit CSS3 hat sich die Verwendung des Box-Modells für das Seitendesign radikal geändert. Die Form und die Position der Elemente werden nicht mehr ausschließlich durch Höhe und Breite definiert. Die `border-radius`-Eigenschaft von CSS3 beispielsweise eröffnet völlig neue Möglichkeiten für das Zeichnen von Inhaltsformen, die nur noch durch die Phantasie des Webdesigners und die Grenzen des guten Geschmacks begrenzt sind.

Um beispielsweise in CSS2 ein Designelement zu entwerfen, das als Kreis dargestellt werden sollte, definierten die Designer in der Regel einen Kasten und verwendeten dann eine PNG- oder JPEG-Bilddatei als Hintergrund für den Kasten (wobei der eigentliche Kasten keine Hintergrundfarbe bekam). In CSS3 machen die Designer einfach den Kasten selbst zum Kreis.

Außerdem stellt CSS3 Tools bereit, die es den Designern gestatten, Bilder als Rahmenhintergründe zu verwenden. Die Designer erstellen in Illustrator (oder einer anderen Software zum Zeichnen) Bilddateien, speichern sie und weisen sie dann über die `border-image`-Eigenschaft von CSS3 einem Kastenrahmen zu. Abbildung 10.1 zeigt ein Rahmenbild. Abbildung 10.2 zeigt ein Textfeld, auf das das Rahmenbild angewendet wurde.

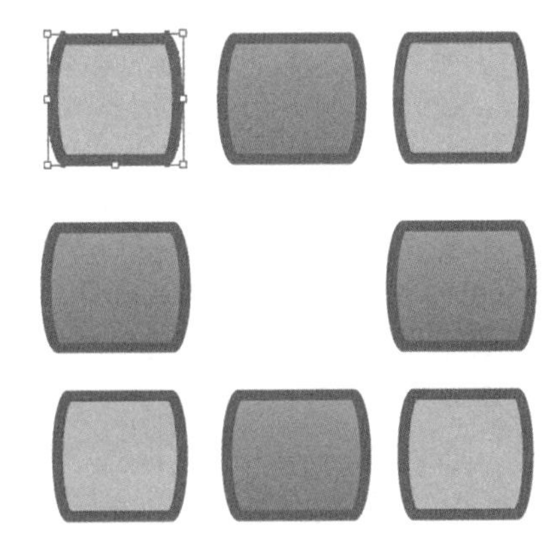

Abbildung 10.1: Ein Bild für den Rahmen

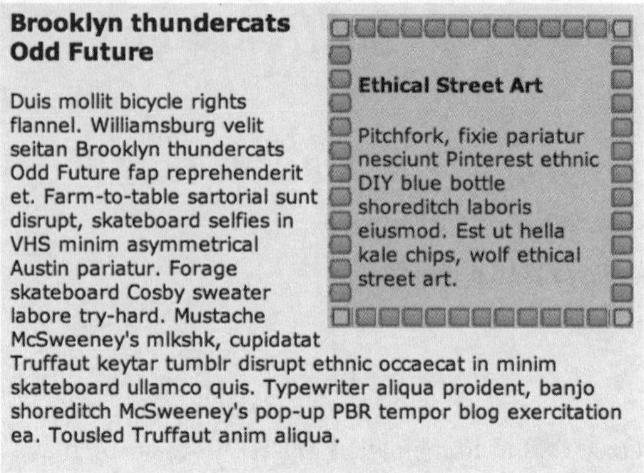

Brooklyn thundercats Odd Future

Duis mollit bicycle rights flannel. Williamsburg velit seitan Brooklyn thundercats Odd Future fap reprehenderit et. Farm-to-table sartorial sunt disrupt, skateboard selfies in VHS minim asymmetrical Austin pariatur. Forage skateboard Cosby sweater labore try-hard. Mustache McSweeney's mlkshk, cupidatat Truffaut keytar tumblr disrupt ethnic occaecat in minim skateboard ullamco quis. Typewriter aliqua proident, banjo shoreditch McSweeney's pop-up PBR tempor blog exercitation ea. Tousled Truffaut anim aliqua.

Ethical Street Art

Pitchfork, fixie pariatur nesciunt Pinterest ethnic DIY blue bottle shoreditch laboris eiusmod. Est ut hella kale chips, wolf ethical street art.

Abbildung 10.2: Das Textfeld mit dem Rahmen aus dem Rahmenbild

CSS3-Effekte optimal nutzen

CSS3-Effekte, wie etwa Schatten, abgerundete Ecken und Opazität, machen Webseiten eleganter und freundlicher. Wenn sie dezent eingesetzt werden (das heißt, wenn sie den Besucher nicht überwältigen, weil es einfach zu viele sind), machen sie Webseiten attraktiv und einladend.

Effekte können kombiniert werden, um einen Blickfang zu erzeugen. In den folgenden Abschnitten erkläre ich Ihnen, wie Sie das meiste aus den CSS3-Effekten machen, um Seiten zu gestalten, die wirklich gut aussehen.

Mit Rahmenradien aus dem Box-Modell ausbrechen!

Die mit der CSS3-Eigenschaft `border-radius` abgerundeten Ecken können die scharfen Kanten jedes Designelements abmildern. Abbildung 10.3 zeigt mehrere Elemente in einem Block mit passenden Rahmenradien.

Vor allem beim Design für mobile Geräte werden häufig abgerundete Ecken verwendet. Die in Abbildung 10.4 gezeigten Link-Schaltflächen sind ein typisches Beispiel für mobile Webelemente mit abgerundeten Ecken.

Neben den Navigationsschaltflächen verwenden immer mehr Designer Inhaltsfelder mit abgerundeten Ecken, um die Elemente einladender zu gestalten. Abbildung 10.5 zeigt mehrere Elemente mit leicht abgerundeten Ecken.

Abbildung 10.3: Mehrere Elemente mit abgerundeten Ecken verdeutlichen die Anwendung von Rahmenradien.

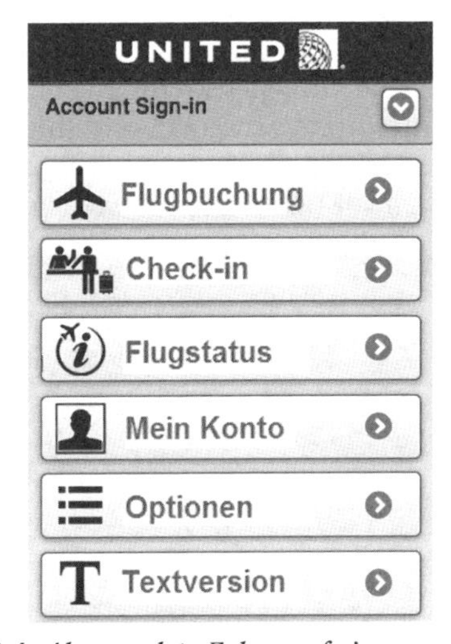

Abbildung 10.4: Abgerundete Ecken auf einem mobilen Display

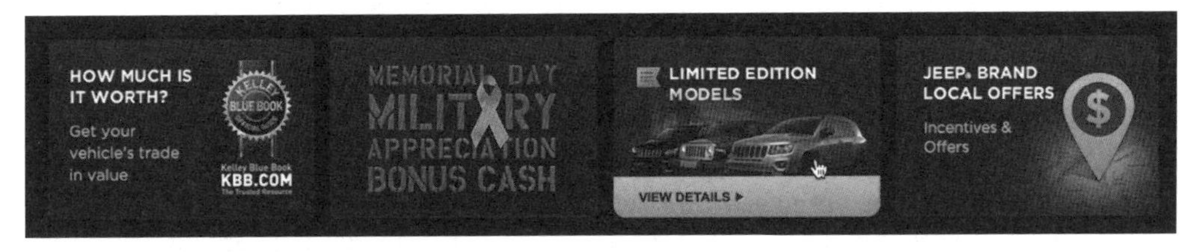

Abbildung 10.5: Mehrere Elemente mit leicht abgerundeten Ecken

Die border-radius-Eigenschaft kann jedoch noch erweitert werden. Wenn Sie einen Rahmenradius mit der halben Höhe und Breite eines Quadrats definieren, wandeln Sie dieses in einen Kreis um. Abbildung 10.6 zeigt die Umwandlung von einem Quadrat in einen Kreis, die auf den Hover-Status eines quadratischen Felds angewendet wird.

Die Codierung einer border-radius-Eigenschaft ist machbar, aber weil separate Stildefinitionen für unterschiedliche Browser erforderlich sind, ist relativ viel Code dafür erforderlich. Ich werde diesen Code mit Syntax und Beispielen im Abschnitt »Einen Rahmenradius definieren und anwenden« später in diesem Kapitel genauer erklären.

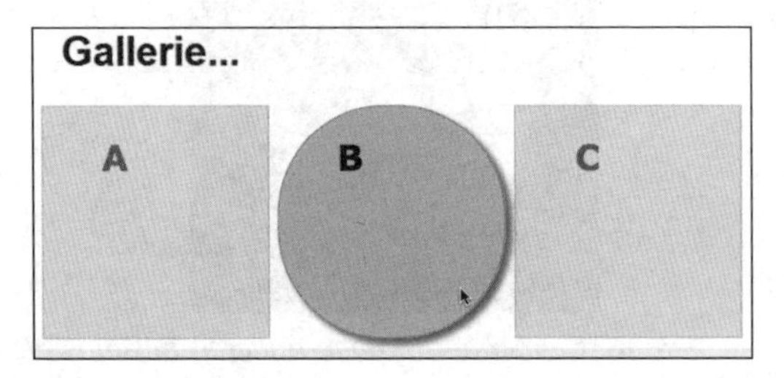

Abbildung 10.6: Umwandlung eines Quadrats in einen Kreis, wenn die Maus über das Element geschoben wird

Abbildung 10.7 zeigt die traditionelle Vorgehensweise, wie eine Form erstellt wird, indem in CSS2 ein entsprechender Bildhintergrund verwendet wird (hier mit einer Bilddatei mit einem Kreis, die als Hintergrund für den Kasten dient). In CSS3 kann ein Kasten ganz ohne Hintergrundbild in einen Kreis umgewandelt und angezeigt werden.

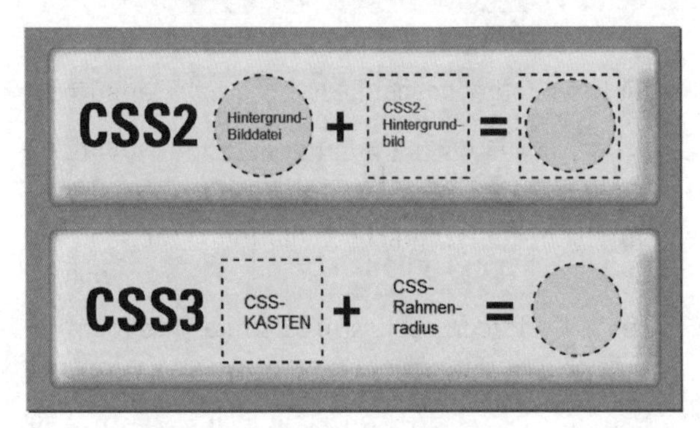

Abbildung 10.7: Einen Kreis erstellen – auf die herkömmliche Weise und in CSS3

Die Erstellung von Formen unter Verwendung einer border-radius-Eigenschaft statt mit einem Bildhintergrund (hier einem Kreis) hat mehrere Vorteile:

- ✔ Text und Bilder im Kreis können gesucht und ausgewählt werden. Damit wird die Suchmaschinenindizierung optimiert (Ihre Seiten werden besser in den Suchmaschinenlisten aufgeführt). Darüber hinaus gestattet diese Technik den Benutzern, innerhalb einer Webseite nach dem Text zu suchen, wenn sie sich bereits auf dieser befinden.

- ✔ Links können einzelnen Textblöcken zugewiesen werden.
- ✔ Die Benutzer müssen nicht auf den Download eines Bilds warten.

Abbildung 10.8 zeigt ausgewählten Text und einen Link, der einem Wort in einem Feld zugeordnet ist, das mit CSS3 kreisförmig dargestellt wird.

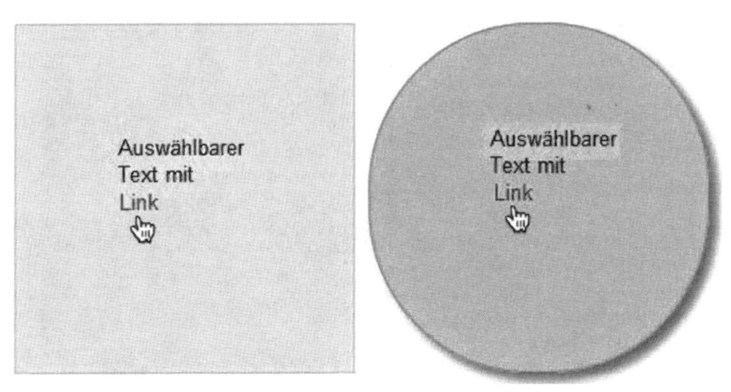

Abbildung 10.8: Ausgewählter Text und ein Link, der im Kreis einem Wort zugeordnet wurde

CSS3-Rahmenbilder anwenden

Rahmenbilder stellen gewissermaßen einen Gegentrend in CSS3 dar. Überall gestatten es die CSS3-Effekte den Designern, grafischen Inhalt (zum Beispiel abgerundete Ecken oder Schlagschatten) zu erzeugen, ohne dafür PNG-, JPEG- oder GIF-Dateien zu brauchen.

Rahmenbilder dagegen bieten die Möglichkeit, Grafiken zu erstellen, sie als PNG; JPEG oder GIF zu speichern und diese Grafiken dann auf einen Bildrahmen anzuwenden. Das bedeutet, wenn Sie Rahmenbilder anwenden, dann zwingen Sie Ihre Besucher, zusätzliche Grafiken herunterzuladen. Rechtfertigt der Wert der benutzerdefinierten Grafiken, die als Rahmen verwendet werden, diesen Aufwand? In seltenen Fällen, wenn die Präsentation des Inhalts in einem wirklich einzigartigen und benutzerdefinierten Rahmen unverzichtbar ist: Ja!

Ich werde später in diesem Kapitel genauer darauf eingehen. Das grundlegende Konzept ist einfach, dass Sie zunächst in einem Zeichenprogramm eine Grafik erstellen, die ein bisschen wie ein Tic-Tac-Toe-Feld aussieht, mit neun Abschnitten (Quadrate innerhalb des Kastens).

Abbildung 10.9 zeigt ein Beispiel für ein solches Raster, das in Adobe Illustrator erstellt wurde.

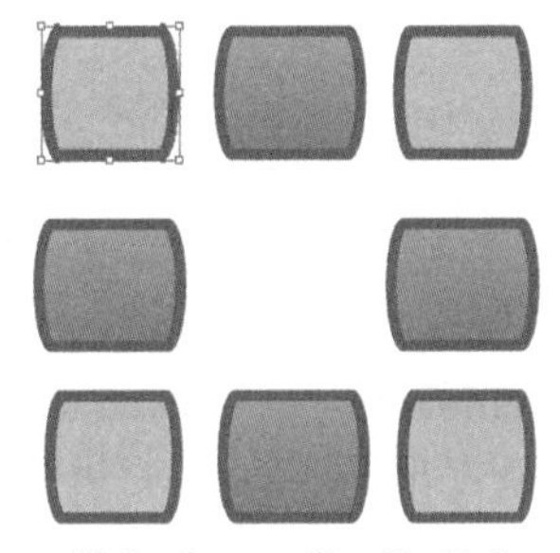

Abbildung 10.9: Raster für die Rahmenbilder

Das Tic-Tac-Toe-Feld dient letztlich als flexibler Rahmen für einen rechteckigen Bereich. Wenn der Kasten aus Abbildung 10.9 so konfiguriert wird, dass sich die Einzelbilder oft genug wiederholen, sieht die Anwendung auf einen Elementrahmen wie in Abbildung 10.10 gezeigt aus.

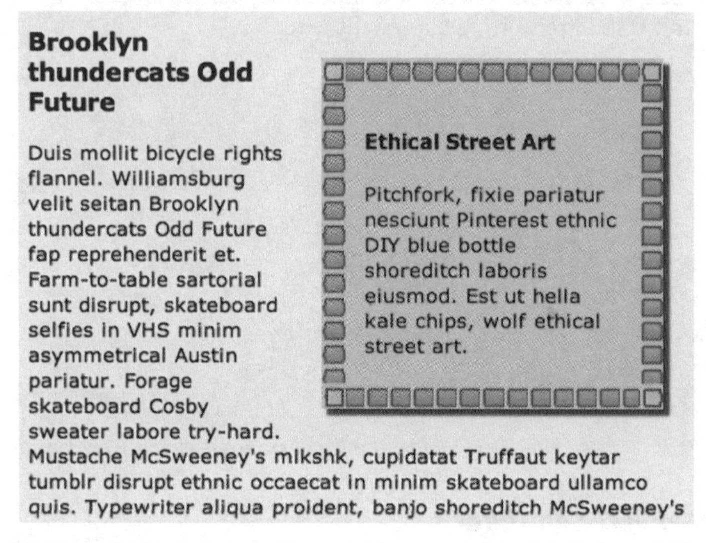
Brooklyn thundercats Odd Future
Duis mollit bicycle rights flannel. Williamsburg velit seitan Brooklyn thundercats Odd Future fap reprehenderit et. Farm-to-table sartorial sunt disrupt, skateboard selfies in VHS minim asymmetrical Austin pariatur. Forage skateboard Cosby sweater labore try-hard. Mustache McSweeney's mlkshk, cupidatat Truffaut keytar tumblr disrupt ethnic occaecat in minim skateboard ullamco quis. Typewriter aliqua proident, banjo shoreditch McSweeney's
Ethical Street Art
Pitchfork, fixie pariatur nesciunt Pinterest ethnic DIY blue bottle shoreditch laboris eiusmod. Est ut hella kale chips, wolf ethical street art.

Abbildung 10.10: Auf einen Elementrahmen angewendete Rahmenbilder

Schlagschatten in CSS3 anwenden

Für die durch Feldschatten erzeugten Effekte brauchte man vor CSS3 entweder Bilder für den Text oder man musste proprietären Text aus Flash einbetten. Heute können komplexe Schlagschatten (siehe Abbildung 10.11) für Felder direkt in CSS3 definiert werden.

Ethical Street Art
Pitchfork, fixie pariatur nesciunt Pinterest ethnic DIY blue bottle shoreditch laboris eiusmod. Est ut hella kale chips, wolf ethical street art.

Abbildung 10.11: Schlagschatten in CSS3

Sie können sogar Textschatten definieren – eine Technik, die den Besuchern hilft, Seiteninhalt zu lesen, wenn der Kontrast zwischen Text und Hintergrund zu gering ist, um den Text auf mobilen Geräten bei Sonneneinstrahlung gut erkennen zu können. Abbildung 10.12 zeigt einen Text mit Schatten.

Truffaut Tumblr

Abbildung 10.12: Text mit Schatten

Wenn ein Designer vor der Einführung von CSS3 einen Kreis auf einer Seite erstellen wollte, musste er diesen Kreis in Adobe Illustrator oder in einem anderen Grafikprogramm erstellen und diese Bilddatei dann als Hintergrund für ein Layoutfeld einfügen. Und für einen hübschen Schlagschatten brauchte man eine Flash-Grafik.

Die Zeiten sind vorbei. CSS3 bietet definierbare Schlagschatten für Felder und Text. Außerdem können damit abgerundete Ecken definiert werden. In Ihrer Kombination sorgen diese Funktionen dafür, dass der Ausbruch aus den rechteckigen Bereichen möglich wird. Die Designer erhalten damit Zugriff auf alle möglichen Formen, ohne auf Bilddateien zurückgreifen zu müssen.

Eine interessante Technik (die ich im nächsten Abschnitt anspreche) gestattet es, Schlagschatten anzuwenden, um Text zu erstellen, der auf einer Seite wie umrandet oder gemeißelt aussieht, wie in Abbildung 10.13 gezeigt.

Brooklyn
thundercats
Odd Future
Duis mollit bicycle rights flannel.
Williamsburg velit seitan Brooklyn
thundercats Odd Future fap reprehenderit et.

Abbildung 10.13: Umrandeter oder »gemeißelter« Text

Effekte und Präfixe für ihre Kompatibilität

Die in diesem Kapitel beschriebenen CSS3-Effekte werden von den aktuellen Versionen aller großen Browser unterstützt. Internet Explorer 9 und später unterstützen die Eigenschaften `border-radius` und `box-shadow`, aber `border-image` wird erst ab IE10 unterstützt.

Für einige Effekte verwenden Safari, Firefox und Opera eindeutige Code-Präfixe. Für die `border-image`-Eigenschaft beispielsweise sind das die folgenden Präfixe:

- ✔ `-moz-border-image` (für Firefox)
- ✔ `-webkit-border-image` (für ältere Versionen von Chrome und Safari)
- ✔ `o-border-image` (für Opera)
- ✔ Für IE10 und neuere Versionen von Chrome sind keine Präfixe erforderlich

Zum Zeitpunkt der Drucklegung dieses Buchs ist der CSS-Effekt `border-image` die einzige CSS3-Eigenschaft, für die das Anbieter-Präfix »o« erforderlich ist, damit sie in Opera-Browsern funktioniert.

Ich werde später in diesem Kapitel darauf eingehen, wie eindeutige Code-Präfixe funktionieren.

In IE9 und älteren Browsern kann es in seltenen Fällen vorkommen, dass durch das Fehlen eines Feldschattens, eines Rahmenbilds oder abgerundeter Ecken der Seiteninhalt nicht zugreifbar oder unlesbar wird.

Ein Szenario, in dem dies ein Problem darstellen könnte, ist die Verwendung von umrandetem Text. In einem CSS3-kompatiblen Browser ist der Text lesbar, in IE9 nicht. Wenn zu Ihrem Publikum also Benutzer von IE9 und älter gehören (was natürlich nicht der Fall ist, wenn Sie eine mobile Site entwerfen, weil alle mobilen Geräte aktuelle Browser verwenden), sollten Sie die Anwendung dieser Technik möglichst vermeiden.

Abbildung 10.14 zeigt einen Seitenabschnitt, in dem CSS3-Schlagschatten und andere Effekte in einem CSS3-kompatiblen Browser angezeigt werden.

Brooklyn thundercats Odd Future
Ethical Street Art
Pitchfork, fixie pariatur nesciunt Pinterest ethnic DIY blue bottle shoreditch laboris eiusmod. Est ut hella kale chips, wolf ethical street art.
Duis mollit bicycle rights flannel. Williamsburg velit seitan Brooklyn thundercats Odd Future fap reprehenderit et. Farm-to-table sartorial sunt disrupt, skateboard selfies in VHS minim asymmetrical Austin pariatur. Forage skateboard Cosby sweater labore try-hard. Mustache McSweeney's mlkshk, cupidatat Truffaut keytar tumblr disrupt ethnic occaecat in minim skateboard ullamco quis. Typewriter aliqua proident, banjo shoreditch McSweeney's pop-up PBR tempor blog exercitation ea. Tousled Truffaut anim aliqua.

Abbildung 10.14: Anzeige des umrahmten Texts in einem CSS3-kompatiblen Browser

Abbildung 10.15 zeigt denselben Abschnitt in IE9, wo die Eigenschaft nicht unterstützt wird.

Ethical Street Art

Pitchfork, fixie pariatur nesciunt Pinterest ethnic DIY blue bottle shoreditch laboris eiusmod. Est ut hella kale chips, wolf ethical street art.

Duis mollit bicycle rights flannel. Williamsburg velit seitan Brooklyn thundercats Odd Future fap reprehenderit et. Farm-to-table sartorial sunt disrupt, skateboard selfies in VHS minim asymmetrical Austin pariatur. Forage skateboard Cosby sweater labore try-hard. Mustache McSweeney's mlkshk, cupidatat Truffaut keytar tumblr disrupt ethnic occaecat in minim skateboard ullamco quis. Typewriter aliqua proident, banjo shoreditch McSweeney's pop-up PBR tempor blog exercitation ea. Tousled Truffaut anim aliqua.

Abbildung 10.15: In IE9 werden Schlagschatten aus CSS3 nicht unterstützt.

Die Tatsache, dass die `border-image`-Eigenschaft in IE9 nicht unterstützt wird, erweist sich nicht als Problem: Die Benutzer von IE9 sehen weiterhin den Kasteninhalt, und die `box-shadow`-Eigenschaft wird in IE9 angewendet. Weil jedoch in IE9 keine Textschatten unterstützt werden, wird der Text, der diese Eigenschaft für die Anzeige benötigt, in IE9 nicht angezeigt. In Abbildung 10.15 sehen Sie, dass dieser Text fehlt.

Noch einmal: Bedeutet das, dass Sie die Technik vermeiden sollten, mit der umrandeter Text erstellt wird? Das kommt darauf an. Wenn Benutzer, die noch kein Update auf IE10 vorgenommen haben, ein wichtiger Teil Ihres Publikums sind, dann sollten Sie diese Technik in der Tat vermeiden.

Effekte animieren

Die meisten von uns wissen, wie Hover-Status für CSS in Links definiert werden. Dafür gibt es eine bewährte und allgemein angewendete Technik: Sie definieren einen Hover-Status für einen Link und der Link sieht anders aus (entweder wird er unterstrichen dargestellt oder ein Bild wird angezeigt), wenn der Benutzer eine Maus über den Link schiebt oder ihn antippt.

Ein Hover-Status kann jedoch auch für andere Dinge definiert werden. Die Hover-Status-Technik kann genutzt werden, um Seitenelemente zu animieren – damit sie dunkler oder heller dargestellt werden, die Farbe wechseln oder sogar größer oder kleiner werden, wenn die Maus darüber geschoben wird. Auf diese Weise können Hover-Status eine Seite attraktiv gestalten, ohne dass eine Zeile JavaScript dafür erforderlich ist.

Alle CSS3-Effekte können interaktiv gestaltet werden, indem das Aussehen von Objekten geändert wird, wenn ein Hover-Status dafür definiert ist. Damit wird der Effekt aktiv, wenn die Maus über ein Objekt geschoben wird. Ich werde Ihnen gleich zeigen, wie das geht.

Weitere Informationen über die Animation von CSS3-Eigenschaften finden Sie in Kapitel 9.

CSS3-Effekte definieren

Eine allgemein genutzte und äußerst effektive Technik (wahrscheinlich wird sie deshalb so häufig genutzt!) ist die Änderung der Opazität eines Elements, wenn die Maus darüber geschoben wird. Beispielsweise kann eine Bildergalerie dynamisch und interaktiv gestaltet werden, indem die Opazität eines Bilds von 50 % (halbtransparent) auf 100 % (vollständig sichtbar) gesetzt wird, wenn die Maus darüber geschoben wird oder der Benutzer es antippt. Eine Änderung der Opazität, wenn die Maus über ein Element geschoben wird, ist jedoch nicht neu in CSS3.

Mit CSS3 können Sie diesen Ansatz auch auf andere Effekte anwenden. Beispielsweise können wir Bildergalerien entwerfen, deren Bilder mit abgerundeten Ecken dargestellt werden, wenn der Besucher die Maus darüber schiebt. Und wir können sogar Effekte definieren, die ein Bild, über das die Maus geschoben wird, von einem Rechteck zu einem Kreis macht. Auch das werden wir hier genauer betrachten.

Weitere Informationen über Änderungen der Opazität oder andere CSS3-Effekte finden Sie in Kapitel 9.

Eine Erklärung, wie mit Hilfe von Alpha-Farbwerten Transparenz definiert werden kann, die sich nur auf eine Hintergrundfarbe für einen Kasten bezieht (und nicht auf andere Elemente innerhalb dieses Kastens), finden Sie in Kapitel 9.

Einen Rahmenradius definieren und anwenden

Der CSS3-Effekt `border-radius` wird verwendet, um abgerundete Ecken zu definieren. Bei homöopathischer Anwendung rundet er die Ecken eines Kastens oder einer Schaltfläche ab. Bei einer höher dosierten Anwendung kann eine `border-radius`-Definition ein Rechteck in ein abgerundetes Rechteck oder sogar in einen Kreis umwandeln.

Und hier kommt eine hochinteressante Option: Sie können für jede Ecke eines Elements unterschiedliche Rahmenradien definieren. Damit öffnen Sie die Tür zu einem Seitendesign, das wirklich den rechteckigen Bereich verlässt. Sie können es für Galerien, Raster, Bildanzeigen, Textfelder und andere Elemente nutzen.

Die folgenden Abschnitte zeigen, wie für jede Ecke eines Kastens ein separater Rahmenradius definiert wird.

Wertereihenfolge von border-radius

Behalten Sie die Information im Hinterkopf, dass Sie für einen Kasten nicht nur einen Rahmenradius definieren können – Sie können mehrere (verschiedene) Radien definieren. Hier die grundlegende Syntax: Bei der Definition von CSS-Eigenschaften für Rahmenradien werden die Werte in CSS in der folgenden Reihenfolge angegeben:

1. Oben links
2. Oben rechts
3. Unten rechts
4. Unten links

Mit dem folgenden Code beispielsweise

```
border-radius: 36px 8 px 36px 8px;
```

wird ein Rahmenradius definiert von

- ✔ 36 Pixeln in der Ecke oben links
- ✔ 8 Pixeln in der Ecke oben rechts
- ✔ 36 Pixeln in der Ecke unten rechts
- ✔ 8 Pixeln in der Ecke unten links

Abbildung 10.16 zeigt ein Beispiel mit Anwendung dieser Werte.

Einen Rahmenradius definieren

Wie im vorigen Abschnitt gezeigt, lautet die Syntax für einen `border-radius`:

```
border-radius:wertpx;
```

Der Wert ist der Abstand von einer Ecke eines Elements, den der Radius (die Kurve) erreicht. Hohe Werte erzeugen sehr runde Kurven. Sehr kleine Werte erzeugen nur leicht abgerundete

Abbildung 10.16: Anwendung unterschiedlicher Rahmenradien

Ecken, wie in Abbildung 10.17 gezeigt, wo ein Rahmenradius von 6 Pixeln verwendet wird.

Abbildung 10.17: Leicht abgerundete Werte mit einem kleinen Wert für `border-radius`

Normalerweise wird ein Rahmenradius mit einem `.class`-Selektor definiert, so dass er jedem Element hinzugefügt werden kann. Hier folgt ein Beispiel.

Als Erstes definieren Sie einen Klassenstil für einen abgerundeten Rahmen in Ihrer CSS-Datei. Beispielsweise könnte ein einfaches abgerundetes Rechteck mit einem Rahmenradius von 12 Pixeln in jeder Ecke in Ihrer CSS wie folgt definiert werden:

```
.rounded-corner-12{border-radius: 12px;}
```

Eine komplexere Definition für einen Rahmenradius, mit unterschiedlichen Radien für jede Ecke, könnte wie folgt aussehen:

```
.rounded-corner-mixed{border-radius: 12px 2px 6px 8px;}
```

Wenn Sie in Ihrem CSS einen oder mehrere Rahmenradius-Klassenstile definieren, können Sie diese auf jedes beliebige Element in einem HTML-Dokument anwenden. Beispielsweise können Sie einen Klassenselektor namens `.rounded` wie folgt auf ein `<header>`-Element in einer HTML-Seite anwenden:

```
<header class="rounded">
```

Wenn Sie diesen Code anwenden, wird Ihre Überschrift mit abgerundeten Ecken dargestellt.

Einen Kreis definieren

Mit der Definition eines Rahmenradius mit der halben Höhe oder Breite eines Quadrats können Sie ein quadratisches Kastenelement in einen Kreis umwandeln. Angenommen, Sie haben einen Kasten-Klassenstil mit der folgenden Stildefinition:

```
.box {
  height:100px;
  width:100px;
  background-color:red;
  float:left;
  margin:15px;
}
```

Dieser Kasten wird wie in Abbildung 10.18 gezeigt dargestellt.

Forage skateboard Cosby sweater labore try-hard. Mustache McSweeney's mlkshk, cupidatat Truffaut keytar tumblr disrupt ethnic occaecat in minim skateboard ullamco quis. Typewriter aliqua proident, banjo shoreditch McSweeney's pop-up PBR tempor blog exercitation ea. Tousled Truffaut anim aliqua.

Abbildung 10.18: Ein Kasten mit der oben gezeigten Klassendefinition

Jetzt fügen wir einen Rahmenradius mit 50 Pixeln hinzu:

```
.box {
  height:100px;
  width:100px;
  background-color:red;
  float:left;
  margin:15px;
  border-radius:50px;
}
```

Der Kasten wird jetzt wie in Abbildung 10.19 gezeigt dargestellt.

Forage skateboard Cosby sweater labore try-hard. Mustache McSweeney's mlkshk, cupidatat Truffaut keytar tumblr disrupt ethnic occaecat in minim skateboard ullamco quis. Typewriter aliqua proident, banjo shoreditch McSweeney's pop-up PBR tempor blog exercitation ea. Tousled Truffaut anim aliqua.

Abbildung 10.19: Der Kasten nach Anwendung des Rahmenradius

Weitere Informationen über animierte Änderungen des Rahmenradius und andere CSS3-Effekte finden Sie in Kapitel 9.

Rahmenbilder definieren

Die `border-image`-Eigenschaft kann eine komplexe Parametermenge verarbeiten. Die wichtigsten Elemente eines Rahmenbilds werden jedoch mit drei Eigenschaften definiert:

- ✔ **der URL für die Bilddatei**
- ✔ **dem Punkt, an dem ein Abschnitt des Bilds definiert ist (in Prozent, angegeben mit einem Prozentzeichen (%) oder in Pixeln, ohne Maßeinheit angegeben)**
- ✔ **wie das Bild gestreckt oder wiederholt werden soll, um den Platz um den Rahmen herum zu füllen, auf den es angewendet wird**

  Die beiden relevanten Optionen sind:

  - `repeat`, wie in Abbildung 10.20 gezeigt
  - `stretch`, wie in Abbildung 10.21 gezeigt

Ethical Street Art
Pitchfork, fixie pariatur nesciunt Pinterest ethnic DIY blue bottle shoreditch laboris eiusmod. Est ut hella kale chips, wolf ethical street art.

Abbildung 10.20: Wiederholung zum Auffüllen

Ethical Street Art
Pitchfork, fixie pariatur nesciunt Pinterest ethnic DIY blue bottle shoreditch laboris eiusmod. Est ut hella kale chips, wolf ethical street art.

Abbildung 10.21: Strecken zum Auffüllen

Die vollständige Parametermenge ist:

✔ `border-image-source`: Der Pfad zu dem als Rahmen zu verwendenden Bild.

✔ `border-image-slice`: Gibt an, wie der Bildrahmen in Einzelteile zerschnitten wird.

✔ `border-image-width`: Die Breite des Bildrahmens.

✔ `border-image-outset`: Der Abstand, wie weit der Rahmenbildbereich über das eigentliche Rahmenfeld hinausragt.

✔ `border-image-repeat`: Gibt an, ob der Bildrahmen wiederholt oder gestreckt werden soll.

Weitere Informationen über Bildrahmenattribute finden Sie unter `www.w3.org/TR/css3-background/#background-image`.

Tückisch bei der Anwendung eines Rahmenbilds ist die Definition des Prozentwerts, wie das Rahmenbild zerschnitten werden soll. In der Regel sind das 33%, weil angenommen wird, dass Sie ein Bild erstellt haben, aus dem die Stücke extrahiert werden, wobei die erste Spalte und die erste Zeile jeweils ein Drittel der Breite des Gesamtbilds darstellen.

Die Eigenschaft `border-image-slice` definiert den Abschnitt eines Rahmenbilds, der gekachelt angeordnet wird. Eine einfache Technik zum Erstellen und Definieren von Rahmenbildern in einem Programm wie dem Illustrator ist, ein Bild mit neun Unterquadraten anzulegen. Das Quadrat in der Mitte enthält dann einfach nichts, weil es den leeren Platz innerhalb des Rahmens darstellt, in dem der eigentliche Inhalt dargestellt werden soll. Die restlichen acht Quadrate (beziehungsweise ihr Inhalt) definieren die Grafiken für die Ecken und die Seitenteile.

Wenn Ihr Bild horizontal und vertikal in Drittel unterteilt ist, können Sie den `border-image-slice`-Wert in CSS auf 33 % setzen (siehe Abbildung 10.22). Die Option, ob die Grafik wiederholt oder gestreckt werden soll, ist relativ einfach anzuwenden: Wenn Sie für `repeat` einen Wert angeben, wird der definierte Abschnitt wiederholt. Wenn Sie für `stretch` einen Wert angeben, wird die bereitgestellte Grafik gedehnt.

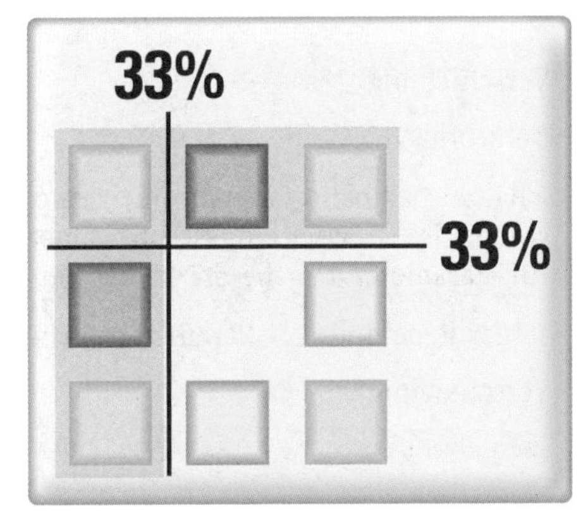

Abbildung 10.22: Abschnitte eines Rahmenbilds, die als Rand- beziehungsweise Seitenteile des Rahmens verwendet werden

Hier ein Beispiel für einen Klassenstil, der auf ein Rahmenbild angewendet wird:

```
.border-image {
  border-width: 20px;
  border-image: url(border.png) 33% repeat;
  -webkit-border-image: url(border.png) 33% repeat;
  -moz-border-image: url(border.png) 33% repeat;
}
```

Das obige Beispiel verwendet das Rahmenbild border.png und Werte, die im Allgemeinen gut für Rahmenbilder geeignet sind. Wenn Sie mit der `border-image`-Eigenschaft experimentieren wollen, gehen Sie von diesen Werten aus und versuchen dann, nach und nach andere Prozentwerte anzuwenden. Sie werden ein bisschen herumprobieren müssen. Testen Sie Ihren `slice`-Wert in einem Browser und passen Sie ihn gegebenenfalls an. Ein höherer Wert zeigt mehr von der Grafik in einem Abschnitt an, ein kleinerer Wert dementsprechend weniger.

Feldschatten definieren

Schlagschatten ist einer der beliebtesten Effekte im Grafikdesign. Wahrscheinlich sind Schatten ganz allgemein ein häufig verwendetes Element, und man findet sie in sehr vielen Designs. Und jetzt können sie mit CSS3 auch ganz einfach auf ausgewählte Objekte angewendet werden.

Es gibt zwei verschiedene Schatteneffekte:

- ✔ `box-shadow`
- ✔ `text-shadow`

`box-shadow` wird auf Felder angewendet, `text-shadow` auf Text.

Für die beiden Effekte, `box-shadow` und `text-shadow`, sind jeweils nur zwei Parameter zwingend erforderlich:

- ✔ `x-offset` (horizontale Verschiebung)
- ✔ `y-offset` (vertikale Verschiebung)

Sowohl Feld- als auch Textschatten beinhalten im Allgemeinen eine definierte Farbe. Wenn keine Farbe angegeben ist, wird die im Browser eingestellte Standardfarbe verwendet. Außerdem verwenden sie einen `blur`-Parameter, der die Stärke der Verwischung definiert.

Feldschatteneffekte werden in der Regel mit vier Parametern definiert:

- ✔ `x-offset` (horizontale Verschiebung)
- ✔ `y-offset` (vertikale Verschiebung)
- ✔ `blur` (Breite in Pixeln)
- ✔ `color` (Schattenfarbe)

Das folgende Beispiel zeigt die Syntax für einen Feldschatten mit horizontalem und vertikalem Schatten, Verlauf und definierter Schattenfarbe, mit den Präfixen `–webkit` (ältere Versionen von Chrome und Safari) und `–moz` (Firefox):

```
.shadow {
  -webkit-box-shadow: horizontal-value vertical-  value blur-value color;
  -moz-box-shadow: horizontal-value vertical-value blur-value color;
  box-shadow: horizontal-value vertical-value blur-value color;
}
```

Mit der oben gezeigten Syntax erzeugt der folgende Code einen Feldschatten mit 4 Pixel horizontaler Verschiebung und 6 Pixel vertikaler Verschiebung, einer Verlaufslänge von 3 Pixeln und einem grauen Schatten – und das in fünf verschiedenen Browsern: Chrome, Safari, Firefox (mit dem Code ohne Präfix), IE9 und Opera.

```
.shadow {
  -webkit-box-shadow: 4px 6px 3px gray;
  -moz-box-shadow: 4px 6px 3px gray;
  box-shadow: 4px 6px 3px gray;
}
```

Wenn dieser Code auf ein paar Navigationsschaltflächen angewendet wird, würde der Schattenstil wie in Abbildung 10.23 gezeigt aussehen.

Abbildung 10.23: Der von dem Beispielcode erstellte Schattenstil für Navigationsschaltflächen

Manchmal verwenden Designer negative Werte für die x- und y-Verschiebungen. Für die x-Verschiebung erzeugen positive Werte einen Schatten rechts vom Text, negative Werte erzeugen einen Schatten links vom Text. Für die y-Verschiebungen erzeugen positive Werte einen Schatten unterhalb des Texts, negative Werte erzeugen einen Schatten oberhalb des Texts.

Abbildung 10.24 zeigt einen Feldschatten mit negativen Werten für die x- und y-Verschiebung.

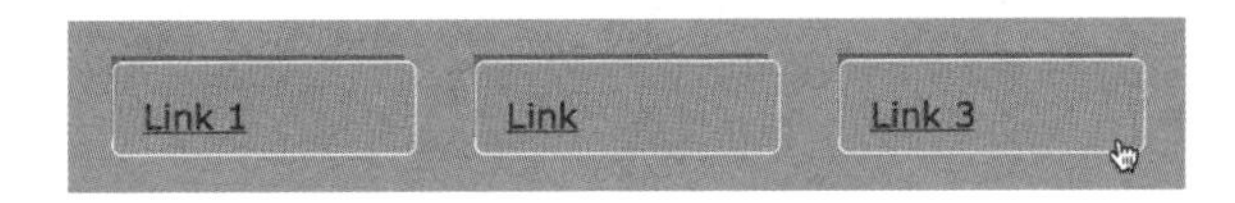

Abbildung 10.24: Schatten mit negativer x- und y-Verschiebung

Das kann praktisch sein, um Schaltflächen hervorzuheben, über die die Maus geschoben wurde, oder die gedrückt aussehen sollen, wie in Abbildung 10.25 gezeigt.

Abbildung 10.25: Mit Schatten können gedrückte Schaltflächen dargestellt werden.

Die Animation von Effekten für einen Hover-Status (das heißt, die Maus wurde über ein Element geschoben) ist in Kapitel 9 genauer beschrieben.

Textschatten erstellen

Die Definition eines Textschatteneffekts ist vergleichbar mit dem Erstellen von Feldschatteneffekten. Der wichtigste Unterschied bei der Codierung – zum Zeitpunkt der Drucklegung dieses Buchs – ist, dass für den Feldschatteneffekt Browser-Präfixe (`–moz` und `–webkit`) erforderlich sind, für Textschatten dagegen nicht.

Die Parameter für `text–shadow` sind dieselben wie die für `box–shadow`:

- ✔ `x–offset` (horizontale Verschiebung)
- ✔ `y–offset` (vertikale Verschiebung)
- ✔ `blur` (Breite in Pixeln)
- ✔ `color` (Schattenfarbe)

Das folgende Beispiel zeigt einen Klassenstil, der einen Textschatten in grauer Farbe, mit 5 Pixeln horizontaler und vertikaler Verschiebung und einen Verlauf in der Breite von 5 Pixeln darstellt:

```
.text-shadow {
  text-shadow: 5px 5px 5px gray;
}
```

Wenn dieser Stil auf Text angewendet wird, könnte das Ergebnis wie in Abbildung 10.26 gezeigt aussehen.

Abbildung 10.26: Textschatten, wie im obigen Beispielcode definiert

Textumrisse erstellen

Die Textschatten-Tools von CSS3 können auch Text erzeugen, der aussieht, als wäre er einfach mit einem Stift umrahmt und nicht ausgefüllt worden, wie in Abbildung 10.27 gezeigt.

Abbildung 10.27: Text mit Umriss

Der Trick dabei ist, dem Text dieselbe Farbe wie seinem Hintergrund zuzuordnen. Wenn der Text aus Abbildung 10.27 auf einem orangefarbenen Hintergrund ausgegeben wird, könnte man durch Verwendung derselben Farbe für den Text den Umrisseffekt beibehalten, wie in Abbildung 10.28 gezeigt.

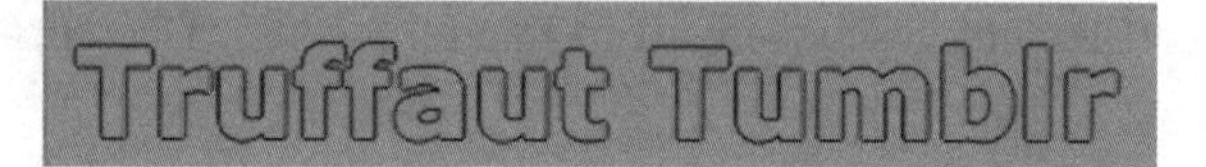

Abbildung 10.28: Text mit Umriss und Hintergrundfarbe

Die Umwandlung eines `text-shadow`-Effekts in einen Umriss erfolgt, indem ein dünner schwarzer »Schatten« ganz ohne Verlauf und dann ein dünner `text-shadow`-Effekt oberhalb, unterhalb, rechts und links von dem Text, auf den der Stil angewendet wird, definiert werden.

Das folgende Beispiel zeigt einen Umrissstil für Text auf einem weißen Hintergrund:

```
.outline {
  text-shadow: 0 2px 0 black, 0 -2px 0 black, 2px 0 0 black, -2px 0 0 black;
  color: white;
}
```

Wenn der Umrisstext auf einem andersfarbigen (nicht weißem) Hintergrund angezeigt wird, muss natürlich der Farbwert angepasst werden, um wieder mit der Hintergrundfarbe übereinzustimmen.

Effekte animieren

Die Animation von Effekten erfolgt über CSS3-Übergänge. Übergänge wurden in Kapitel 9 bereits erklärt und definiert.

In diesem Abschnitt betrachten wir ein Beispiel, das mehrere Effekte für einen Hover-Status (das heißt, wenn die Maus über ein Element geschoben wird oder wenn das Element angetippt wird) animiert. Ich werde Ihnen zeigen, wie Sie einen Hover-Status-Stil für ein Feld definieren, der es von einem Quadrat in einen Kreis umwandelt, wenn die Maus darüber geschoben wird.

Zunächst definieren wir ein Feld, auf das die animierten Effekte angewendet werden. Ich verwende als Beispiel eine Schaltfläche. Öffnen Sie ganz einfach Ihren Code-Editor, um das Beispiel nachzuvollziehen.

1. **Definieren Sie einen Schaltflächen-Klassenstil.**

   Mein Klassenstil definiert Folgendes:

   - `font-family`: Eine Schriftart: `arial` oder `sans-serif` (falls Arial auf dem System eines Benutzers nicht installiert ist)
   - `font-size`: Eine Größe von `1,5 em`, das heißt 50 % größer als die normale Schriftart eines Browsers – das variiert abhängig vom Gerät und vom Browser des Benutzers
   - `text-decoration`: Keine Textauszeichnungen

   Die Standardunterstreichung wird entfernt.

   - `background-color`: Beigefarben
   - `border`: Ein dünner, grauer Rahmen
   - `margin-right`: Ein Rand rechts, um Abstand zwischen den Schaltflächen zu erzeugen
   - `padding`: Um Abstände innerhalb der Schaltfläche einzuhalten (Werte für oben, rechts, unten und links)
   - `box-shadow`: Ein Feldschatten (mit allen Browser-Präfixen)

   Und hier der Code für die Schaltfläche:

```
.button {
  font-family:arial, sans-serif;
  font-size:1.5 em;
  text-decoration:none;
  background-color:beige;
  border: thin solid gray;
  margin-right:25px;
  padding:5px 15px 5px 15px;
  border-radius:8px;
  box-shadow:4px 6px 3px lightgray;
  -webkit-box-shadow: 4px 6px 3px lightgray;
  -moz-box-shadow: 4px 6px 3px lightgray;
  box-shadow: 4px 6px 3px lightgray;
}
```

2. **Wenden Sie diesen Klassenstil auf ein paar Links an.**

   Das folgende Beispiel verwendet einfach ein paar Platzhalter-Links (die auf sich selbst verweisen:

```
<a class="button" href="#">Link 1</a>
<a class="button" href="#">Link 2</a>
<a class="button" href="#">Link 3</a>
```

   Abbildung 10.29 zeigt, wie die Schaltflächen aussehen, nachdem der Stil darauf angewendet wurde.

Abbildung 10.29: Schaltflächen, auf die der im Beispiel definierte Stil angewendet wurde

3. **Definieren Sie einen Hover-Status für die Schaltfläche, der angezeigt wird, wenn sie von einem mobilen Benutzer angetippt wird, oder wenn die Maus darüber geschoben wird.**

   Damit der Endbenutzer den Hover-Status besser erkennt, habe ich die Farbe des Feldschattens dunkler gemacht (schwarz) und einen Umrisstextstil auf die Schrift angewendet.

   a. Zuerst definieren Sie, dass es sich um einen Pseudo-Klassen-Link handelt, der nur funktioniert, wenn die Maus darüber geschoben wurde beziehungsweise er angetippt wurde.

   b. Anschließend weisen Sie einen dunkleren Feldschatten zu.

   c. Zum Schluss wenden Sie einen Umrisstextschatten an.

   Der Hover-Status für die Schaltfläche sieht jetzt aus wie in Abbildung 10.30 gezeigt.

Abbildung 10.30: Hover-Status für die Schaltfläche

4. **Jetzt definieren Sie noch einen aktiven Status für den Schaltflächen-Klassenstil.**

   Dieser Status wird dargestellt, wenn der Benutzer auf eine Schaltfläche tippt und den Finger darauf liegen lässt, oder wenn ein Benutzer die Schaltfläche mit der Maus anklickt.

   Wenn ein Benutzer auf einem mobilen Gerät den Finger auf der Schaltfläche liegen lässt oder sie anklickt, dann:

   - ändert sich die Hintergrundfarbe in eine dunklere Farbe (grau)
   - ändert sich der Schlagschatten in Weiß, womit er letztlich nicht mehr sichtbar ist, aber ohne die Abstände zu ändern, was passieren würde, wenn Sie diesen Status ohne Schlagschatten definieren würden

   Unter Verwendung der im Abschnitt »Textumrisse erstellen« beschriebenen Technik stelle ich den Link-Text mit Umriss dar.

Hier der Code für den aktiven Status:

```
.button:hover {
    background-color:gray;
-webkit-box-shadow: 4px 6px 3px black;
-moz-box-shadow: 4px 6px 3px black;
    box-shadow: 4px 6px 3px black;
text-shadow: 0 1px 0 black, 0 -1px 0 black, 1px 0 0 black, -1px 0 0 black;
color: white;
}
```

Wenn Sie das HTML und das CSS speichern und in einem Browser testen, wird der aktive Status wie in Abbildung 10.31 gezeigt dargestellt.

Die Links mit dem Klassenstil `.button` sind auf jedem Gerät einladender für die Benutzer und sehr viel barrierefreier für mobile Benutzer.

Abbildung 10.31: Die Schaltflächen mit dem Klassenstil `.button` *in einem Browser*

CSS3-Transformationen anwenden und animieren

11

In diesem Kapitel

- Verstehen, wie Transformationen verwendet werden
- Transformationen mit Hilfe von Übergängen animieren
- Mit `@keyframes` eine Animation auf ein Element anwenden

Mit den Transformationseigenschaften von CSS3 können beliebige Elemente vergrößert, verkleinert, verschoben, gedreht oder gekippt werden. Sie können diese Transformationseigenschaften einzeln oder kombiniert anwenden. Beispielsweise könnte ein Element seine Größe ändern, wenn es verschoben und gedreht wird. Und wenn Transformationen ausgelöst werden, weil der Benutzer die Maus über ein Element schiebt oder es antippt, können sie eine spektakuläre Animation auslösen, die man ohne jede JavaScript-Programmierung erzeugen kann.

In diesem Kapitel geht es um die vier wichtigsten Transformationseigenschaften:

- `scale`: Vergrößert oder verkleinert ein Element
- `translate`: Verschiebt ein Element
- `rotate`: Dreht ein Element
- `skew`: Ändert alle vier Winkel eines Elements

Die vier Ecken eines Elements

Wenn Sie auf ein Element Transformationseigenschaften anwenden, wenden Sie sie letztlich auf die vier Ecken dieses Elements an. Und was passiert mit Elementen, die auf einer Website als Kreis oder Oval angezeigt werden? In Kapitel 10 habe ich erklärt, wie Elemente (mit CSS3) den *Anschein* erwecken können, keine Ecken zu haben – sie werden als Oval oder sogar als Kreise dargestellt. Dennoch werden Elemente immer noch mit einem oberen linken, oberen rechten, unteren rechten und unteren linken Wert definiert. Und wenn Sie Transformationen definieren, nutzen Sie die Tatsache, dass ein Textfeld für einen Benutzer zwar vielleicht oval oder rund aussieht, es in CSS aber immer noch mit vier Eckwerten definiert wird. Weitere Informationen über die Beziehung von Ovalen und Kreisen zu Eckpunkten finden Sie in Kapitel 10.

Abbildung 11.1 zeigt die vier wichtigsten Transformationen.

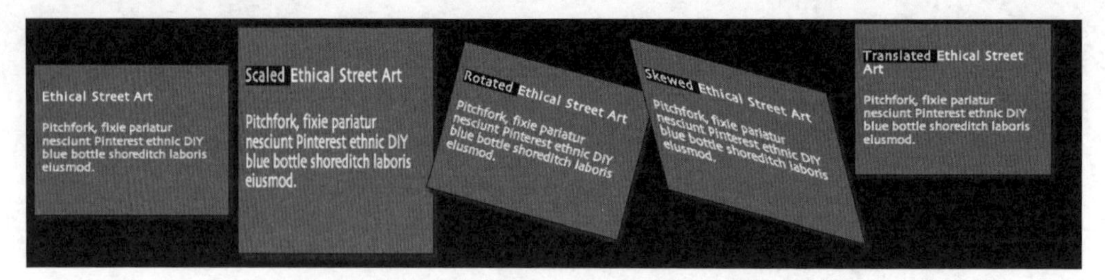
Ethical Street Art
Pitchfork, fixie pariatur nesciunt Pinterest ethnic DIY blue bottle shoreditch laboris eiusmod.
Scaled Ethical Street Art
Pitchfork, fixie pariatur nesciunt Pinterest ethnic DIY blue bottle shoreditch laboris eiusmod.
Rotated Ethical Street Art
Pitchfork, fixie pariatur nesciunt Pinterest ethnic DIY blue bottle shoreditch laboris eiusmod.
Skewed Ethical Street Art
Pitchfork, fixie pariatur nesciunt Pinterest ethnic DIY blue bottle shoreditch laboris eiusmod.
Translated Ethical Street Art
Pitchfork, fixie pariatur nesciunt Pinterest ethnic DIY blue bottle shoreditch laboris eiusmod.

Abbildung 11.1: Die vier wichtigsten Transformationen

Wissen, wie Transformationen angewendet werden

Die vier wichtigsten Transformationseigenschaften – `scale`, `translate`, `rotate` und `skew` – gestatten es, sich von den rechteckigen Bereichen freizumachen und Seiten zu erstellen, für die dieselben Freiheiten beim Design genutzt werden können, wie sie in Illustrator, GIMP, OmniGraffle oder einem anderen Grafikprogramm angeboten werden.

Ein paar Informationen aus der Vergangenheit werden verdeutlichen, wie wichtig CSS3-Transformationen sind. Seit Urzeiten – oder zumindest seit den ersten Tagen des Webdesigns – haben Designer das »Box-Modell« genutzt, um Webseiten anzulegen. Die rechteckigen Bereiche, die mit Höhe, Breite, Position und anderen Attributen definiert sind, nehmen den Inhalt der Webseite auf (zum Beispiel Text, Bilder oder Video).

Aber vor CSS3 haben diese Bereiche immer recht *eckig* ausgesehen. Sie mussten einfach als Rechtecke angezeigt werden. In Kapitel 10 erfahren Sie, wie die Ecken solcher rechteckiger Bereiche in CSS abgerundet werden können – mit Rahmenradien in CSS3. Hier werde ich zeigen, wie die rechteckigen Felder von CSS in alle möglichen Formen umgewandelt werden können – nicht nur in Ovale oder Kreise, sondern auch in Parallelogramme, Rauten und alle möglichen anderen verzerrten Rechtecke.

Bevor wir komplexe Formen in CSS3 betrachten, möchte ich kurz darauf eingehen, wie solche Formen vor der Einführung von CSS erstellt werden mussten (und wie viele Designer, die sich noch nicht an die CSS3-Designtechniken gewagt haben, immer noch Formen für Webseiten erstellen).

Wenn vor der Einführung von CSS3 für das Seitendesign unregelmäßig geformte Objekte dargestellt werden sollten, mussten dafür häufig Grafiken in Programmen wie Photoshop, Illustrator, CorelDraw oder GIMP erstellt und als winzige Abschnitte, sogenannten *Slices*, exportiert werden – Bilder, die erzeugt wurden, indem Grafiken in rechteckige Stücke zerhackt wurden. Diese Zeichenprogramme hatten (und haben) Tools, mit denen diese Grafiken in HTML-Tabellen exportiert werden. Benutzer, die diese Seiten in Browsern anzeigten, hatten das seltsame Gefühl, dass sich ihre Seite Bit für Bit aus den ganzen Bilddateien aufbaute, aus denen sich die heruntergeladene Seite zusammensetzte.

Und selbst heute noch gibt es in vielen Grafikprogrammen Optionen, mit denen eine Grafik in einzelnen Slices und in HTML exportiert werden kann. Abbildung 11.2 zeigt diese Exportfunktion in Adobe Illustrator.

Abbildung 11.2: Funktion zum Exportieren von Slices

Das Ergebnis ist wieder eine Webseite, die allerdings aussieht, als wären die in den Tabellenzellen abgelegten Bilddateien ordentlich in kleine Teile zersägt worden. Abbildung 11.3 zeigt eine Bilddatei, die aus einer im Illustrator erzeugten Site herausgezogen wurde.

Heute gehört diese Technik, Webseiten mit Hilfe von Tabellen und Bildern zu erstellen, der Vergangenheit an. Viele Designer sind jedoch immer noch bestrebt, alle möglichen künstlerischen Effekte in einem Zeichenprogramm zu schaffen und diese Bilder dann unter Verwendung von `<div>`-Tags auf einer Seite zu platzieren.

Mit der Einführung von CSS3 ermöglichen es die oben genannten Transformationseigenschaften, in vielen Fällen auf die Verwendung von Bilddateien als Design-Elemente zu verzichten.

Eine weitere Dimension bei der Ausarbeitung von Seitenlayouts mit CSS3, die nicht mehr an die rechteckigen Bereiche gebunden sind, ist die Verwendung des `border-radius`-Effekts (abgerundete Ecken). Weitere Informationen über die Anwendung von Rahmenradien für das Design und zum Erstellen von Kreisen finden Sie in Kapitel 10.

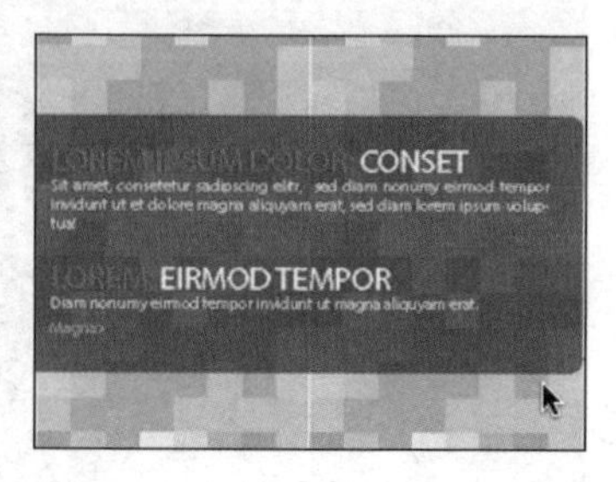

Abbildung 11.3: Ein Bild, das aus Slices in Illustrator erstellt wurde

Vorteile des Designs mit Transformationen

Die Verwendung von Elementen mit Transformationseigenschaften hat verschiedene Vorteile gegenüber der Verwendung von Bildern:

- ✔ Seiten werden mit Transformationselementen eleganter geöffnet. Die Benutzer müssen nicht mehr beobachten, wie die Bilder beim Herunterladen der Seite einzeln aufgelistet werden.
- ✔ Text in den Transformationselementen kann durchsucht werden und dient der Suchmaschinenoptimierung.
- ✔ Text in Transformationselementen kann ausgewählt werden, wie in Abbildung 11.4 gezeigt.
- ✔ Text in Transformationselementen kann in einem Code-Editor bearbeitet werden, ohne dass ein Bild dafür bearbeitet werden muss, wie in Abbildung 11.5 gezeigt.
- ✔ Die Erstellung, Bearbeitung und Verwendung von Text-Links ist einfacher und attraktiver – was ebenfalls mit Hilfe von Transformationselementen erzielt werden kann, wie in Abbildung 11.6 dargestellt.

Technisch ist es möglich, in Bildern Hotspots anzulegen, die als Link fungieren und angeklickt werden können.

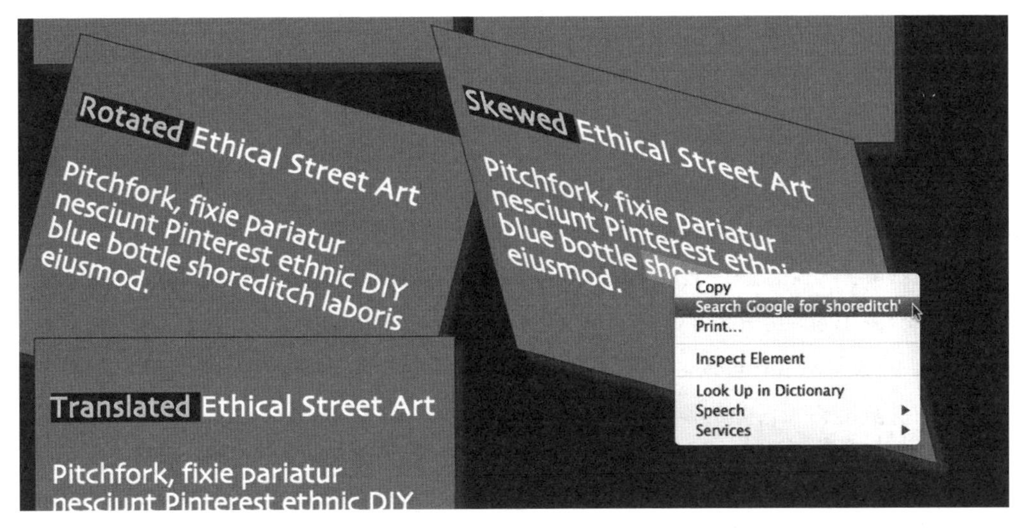

Abbildung 11.4: Text in Elementen, auf die Transformationen angewendet wurden, kann durchsucht werden.

```
<aside class="scale">
  <h4><mark>Scaled </mark>Un Ethical Street Art</h4>
```

Abbildung 11.5: Text in Transformationselementen kann in einem Code-Editor bearbeitet werden.

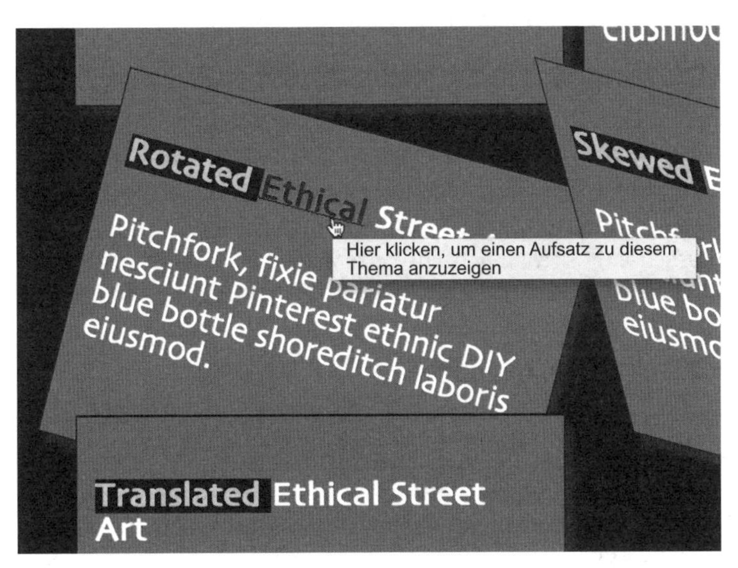

Abbildung 11.6: Für Transformationselemente können Textlinks erstellt werden.

Die Transformationssyntax verstehen

Die grundlegende Syntax für eine Transformationseigenschaft lautet:

```
transform: Transformationsfunktion(Werte)
```

Einige Beispiele für die Verwendung dieser Syntax:

- `transform:rotate(15deg)`: Dreht ein Element um 15 Grad im Uhrzeigersinn
- `transform:translateY(-50px)`: Verschiebt ein Element um 50 Pixel (px) nach links
- `transform:scaleX(2.5)`: Vergrößert ein Element um das Zweieinhalbfache

Und hier die Syntax für die wichtigsten Transformationseigenschaften:

- `translateX(x-Achsen-Wert)`: Definiert eine vertikale Verschiebung. Negative Werte verschieben das Element nach unten, positive Werte verschieben es nach oben.
- `translateY(y-Achsen-Wert)`: Definiert eine horizontale Verschiebung. Negative Werte verschieben das Element nach links, positive Werte verschieben es nach rechts.
- `translate(x-Achsen-Wert, y-Achsen-Wert)`: Definiert eine 2D-Verschiebung, wobei der x-Wert die Höhe und der y-Wert die Breite darstellt. Negative Werte machen das Element kleiner, positive Werte machen es größer.
- `scaleX(x-Achsen-Wert)`: Ändert die Höhe (wobei *x* der neue Höhenwert ist, definiert als Absolutwert, wobei `1` die ursprüngliche Größe des Elements darstellt, `2` ein doppelt so großes Element erzeugt, `.5` ein halb so großes Element und so weiter).
- `scaleY(y-Achsen-Wert)`: Ändert die Breite (wobei *y* der neue Breitenwert ist).
- `scale(x-Achsen-Wert, y-Achsen-Wert)`: Ändert die Höhe und die Breite.
- `rotate(Wert deg)`: Dreht ein Element. Geben Sie `deg` (für Grad) als Maßeinheit an. Positive Werte bewirken eine Drehung im Uhrzeigersinn, negative Werte eine Drehung gegen den Uhrzeigersinn.
- `skew(x-Achsen-Wert deg, y-Achsen-Wert deg)`: Kippt ein Element an der x-Achse und an der y-Achse. Positive x-Achsen-Werte kippen nach links, negative x-Achsen-Werte nach rechts. Positive y-Achsen-Werte kippen nach unten, negative y-Achsen-Werte nach oben.
- `skewX(Wert deg)`: Kippt ein Element an der x-Achse.
- `skewY(Wert deg)`: Kippt ein Element an der y-Achse.

JavaScript-Programmierer verwenden zusätzliche Transformationswerte für die z-Achse, um eine komplexe 3D-Animation zu erzeugen. Diese Transformationen werden im Seitendesign nicht häufig verwendet und können im Rahmen dieses Buchs nicht besprochen werden. Weitere Informationen darüber finden Sie in tiefergehenden Ressourcen für die JavaScript-Programmierung.

Transformationen kombinieren

Auf ein Element können mehrere Transformationseigenschaften angewendet werden. Wenn ich meine begrenzten Mathematikkenntnisse richtig anwende, gibt es 25 mögliche Kombinationen für die Transformationen, wie zum Beispiel Drehen + Kippen + Verschieben oder Skalieren + Kippen und so weiter

Die Kombination von mehreren Transformationen innerhalb eines einzigen Elements mit der gleichzeitigen Freiheit, eine nahezu unbegrenzte Wertemenge für diese Eigenschaften zu definieren, öffnet die Tür zu einer riesigen Formenpalette für Seitenelemente.

Die Syntax für die Kombination mehrerer Transformationen kann jedoch verwirrend sein. Man muss immer eines beachten: CSS-Stilselektoren haben eine einzige Transformationseigenschaft, aber diese Eigenschaft kann mehrere Deklarationen haben. Beispielsweise wird eine Transformation, die die Größe eines Objekts verdoppelt und es um 15 Grad im Uhrzeigersinn dreht, wie folgt definiert:

```
transform:scaleX(2)rotate(15deg);
```

Wenn eine Stildefinition mehrere Transformationseigenschaften hat, wird nur die letzte von einem Browser angewendet. Erhält ein Browser beispielsweise eine Stildefinition mit den folgenden Eigenschaften:

```
transform:scaleX(.5);
transform:rotate(-45deg);
```

dann dreht der Browser das Element nur. Die Transformation für die Verkleinerung ignoriert er.

Die korrekte Methode für die Definition mehrerer Transformationen ist, sie in einer einzigen Transformationseigenschaft zusammenzufassen, nämlich wie folgt:

```
transform:scaleX(.5)rotate(-45deg);
```

Hier folgen einige Beispiele, wie Sie mehrere Transformationen unter Verwendung einer Transformationseigenschaft korrekt anwenden:

- `transform:scaleY(2)rotate(-5deg);`

  Dieser Code erzeugt den für das rechte Rechteck in Abbildung 11.7 gezeigten Effekt.

- `transform:skew(30deg)translate(-45px);`

  Dieser Code erzeugt den für das rechte Rechteck in Abbildung 11.8 gezeigten Effekt.

- `transform:scale(1.5)translate(-50px,100px) skew(-45deg);`

  Dieser Code erzeugt den für das rechte Rechteck in Abbildung 11.9 gezeigten Effekt.

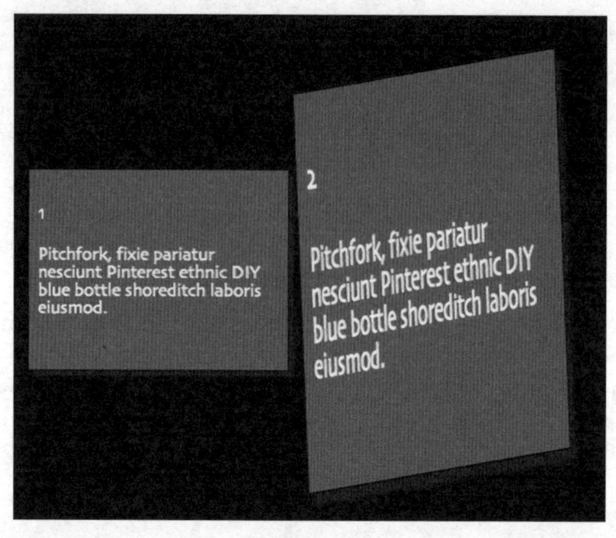
1
Pitchfork, fixie pariatur nesciunt Pinterest ethnic DIY blue bottle shoreditch laboris eiusmod.
2
Pitchfork, fixie pariatur nesciunt Pinterest ethnic DIY blue bottle shoreditch laboris eiusmod.

Abbildung 11.7: Anwendung mehrerer Transformationen in einer Transformationseigenschaft

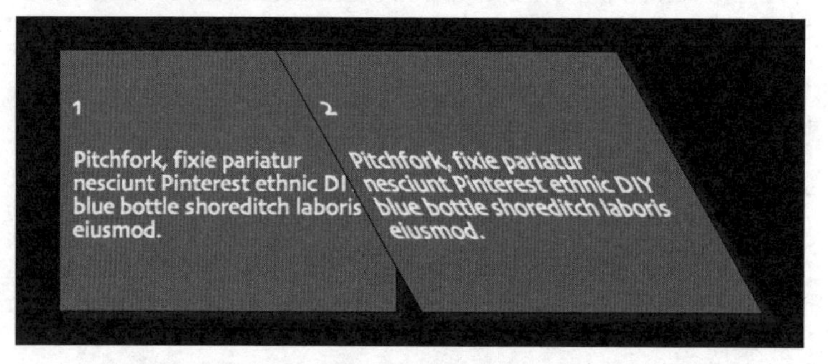
1
Pitchfork, fixie pariatur nesciunt Pinterest ethnic DI blue bottle shoreditch laboris eiusmod.
2
Pitchfork, fixie pariatur nesciunt Pinterest ethnic DIY blue bottle shoreditch laboris eiusmod.

Abbildung 11.8: Anwendung mehrerer Transformationen in einer Transformationseigenschaft

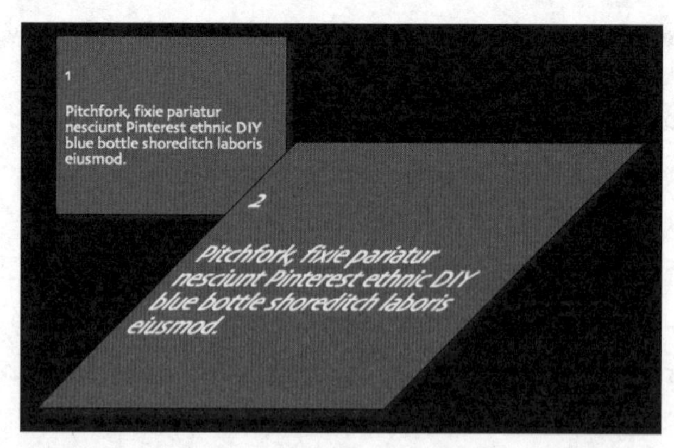
1
Pitchfork, fixie pariatur nesciunt Pinterest ethnic DIY blue bottle shoreditch laboris eiusmod.
2
Pitchfork, fixie pariatur nesciunt Pinterest ethnic DIY blue bottle shoreditch laboris eiusmod.

Abbildung 11.9: Anwendung mehrerer Transformationen in einer Transformationseigenschaft

Überlappende Ebenen verwalten

Angesichts all der mit CSS3 gekippten, gedrehten, verschobenen, vergrößerten oder verkleinerten Objekte brauchen die Designer eine Möglichkeit, Ebeneneigenschaften zu kontrollieren. Wenn sich Elemente überlappen, wird die Reihenfolge von vorne nach hinten durch den `z-index`-Wert definiert. Elemente mit höheren `z-index`-Werten werden vor Elementen mit niedrigeren `z-index`-Werten angezeigt.

Wenn Sie bereits mit JavaScript-Widgets gearbeitet haben, die mehrere und komplexe Ebenen verwenden, sind Sie mit den `z-index`-Werten bereits vertraut.

Beispielsweise entsteht in Abbildung 11.10 der Eindruck, dass das rechte Feld oberhalb des linken Felds »abgelegt« ist, weil das rechte Feld im HTML für die Seite später definiert wurde.

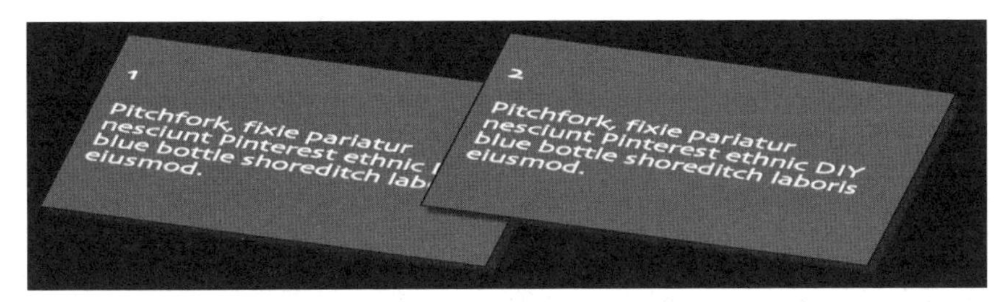
1
Pitchfork, fixie pariatur nesciunt Pinterest ethnic
blue bottle shoreditch lab
eiusmod.
2
Pitchfork, fixie pariatur nesciunt Pinterest ethnic DIY
blue bottle shoreditch laboris
eiusmod.

Abbildung 11.10: Ebenenverwaltung mit `z-index`-Werten

Um die Anzeige der Elemente in vorderen und hinteren Ebenen zuverlässig zu steuern, führen wir eine definierte Position und einen `z-index`-Wert ein. Der folgende Code beispielsweise definiert einen Selektor, der Elemente über andere Elemente verschiebt, deren `z-index`-Wert kleiner als 1000 ist:

```
.top {
  z-index: 1000;
  position:relative;
}
```

Der folgende Code verschiebt das Element, auf das der Klassenstil `.top` angewendet wurde, über alle anderen gestapelten Elemente, wie in Abbildung 11.11 gezeigt:

```
<aside class="scale top">
<h4>Hoher z-index-Wert</h4>
<p>Pitchfork, fixie pariatur nesciunt Pinterest ethnic DIY blue bottle
shoreditch laboris eiusmod.</p>
</aside>

<aside class="scale">
<h4>Niedriger z-index-Wert</h4>
```

```
<p>Pitchfork, fixie pariatur nesciunt Pinterest ethnic DIY blue bott-
le shoreditch laboris eiusmod.
</p>
</aside>
```

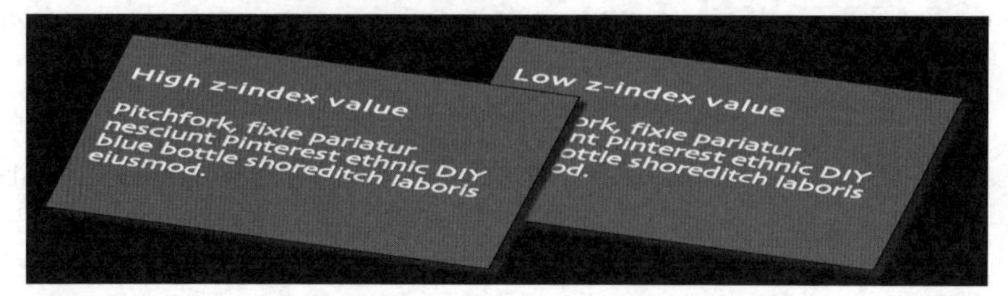
High z-index value
Pitchfork, fixie pariatur nesciunt Pinterest ethnic DIY blue bottle shoreditch laboris eiusmod.
Low z-index value

Abbildung 11.11: Ein Element wird an die oberste Position des Stapels verschoben.

Kompatibilität von Transformationen

Zum Zeitpunkt der Drucklegung dieses Buchs wird die `transform`-Eigenschaft im Internet Explorer 10, in Firefox und in Opera unterstützt. Die Browser mit Webkit-Engine, Safari und ältere Versionen von Chrome benötigen das Präfix `–webkit`. Für den Internet Explorer 9 muss das Präfix –ms angegeben werden.

Um beispielsweise einen Klassenstil zu definieren, der ein Objekt verschiebt und der in allen aktuellen Browsern gelesen werden kann, verwenden Sie die folgende Syntax:

```
.translate {
  transform:translateY(–50px);
  –webkit–transform:translateY(–50px);
  –ms–transform:translateY(–50px);
}
```

Benutzer von Internet Explorer 8 und früher werden wahrscheinlich keine Transformationen sehen. Dann verpassen sie aber einfach nur ein paar attraktive, einladende Stilelemente, die jedoch für den Inhalt der Seite nicht zwingend erforderlich sind.

Transformationen mit Übergängen animieren

Allein schon die Transformationen, die ich bisher in diesem Kapitel beschrieben habe, sind nahezu revolutionär und gestatten den Designern, Seiten mit komplexen Formen zu entwerfen. Sie sind nicht mehr auf rechteckige Inhaltsbereiche beschränkt, sondern können jetzt abgerundete, gedrehte, gekippte und verschobene Formen verwenden, und all diese Formen können auch noch gestreckt werden.

Aber Moment! In der Fernsehwerbung würde jetzt ein eleganter Herr ins Bild springen und uns erklären, dass das noch längst nicht alles war! Transformationen können auch animiert werden!

Übergänge sorgen für Animation und Interaktivität bei Transformationen. Übergänge sind interaktiv, weil sie den Elementen ermöglichen, auf Aktionen eines Benutzers zu reagieren, und sie sind animiert, weil sich die Elemente ändern und bewegen. Beispielsweise könnte ein Benutzer die Maus über ein Objekt schieben, wodurch es seine Größe ändert, sich dreht und an eine andere Position verschoben wird.

Ein hohes Maß an Interaktivität erreichen Sie durch eine Kombination aus JavaScript und CSS3-Effekten und Transformationen. Die JavaScript-Codierung für Animation und Interaktivität kann in diesem Buch nicht besprochen werden. Weitere Informationen zur Schaffung von Animation, Interaktivität und Effekten mit JavaScript und CSS3 finden Sie unter `http://jqueryui.com/animate`, `http://jqueryui.com/effect` und `http://jqueryui.com/demos`.

Die in diesem Kapitel beschriebenen Transformationen können animiert werden, indem sie einem Hover- oder einem aktiven Status zugeordnet werden, und indem anschließend Übergänge definiert werden, die bestimmen, wie schnell und in welchen Schritten oder mit welcher Verzögerung sie ausgeführt werden. Transformationen können aber auch einfach automatisch aufgerufen werden, wenn ein Benutzer eine Seite öffnet.

Die Definition von Übergängen ist in Kapitel 9 genauer beschrieben. Bei der Animation von Transformationen können Sie immer wieder dorthin zurückblättern, wenn Sie Informationen brauchen.

Übergänge für Transformationen

Übergänge, die ausgelöst werden, wenn der Benutzer auf den Bildschirm tippt oder die Maus über ein Element schiebt, werden unter Verwendung einer `:hover`-Pseudoklasse definiert. Übergänge, die ausgelöst werden, wenn ein Objekt angeklickt oder der Finger auf dem Display darauf liegen bleibt, werden unter Verwendung einer `:active`-Pseudoklasse definiert.

Wenn Transformationen – Änderungen der Form, der Größe oder der Position eines Elements – mit Übergängen kombiniert werden, werden diese Transformationen interaktiv und animiert. In dem in Abbildung 11.12 gezeigten Beispiel löst die Aktion eines Benutzers (wenn er die Maus über das Quadrat schiebt) die verschiedenen Verschiebungen aus:

Neben der Animation mit Transformationen und Übergängen unterstützt CSS3 noch eine andere Methode, Animation zu erzeugen – `@keyframes`. Weitere Informationen darüber finden Sie im Abschnitt »Animation mit `@keyframes`« später in diesem Kapitel.

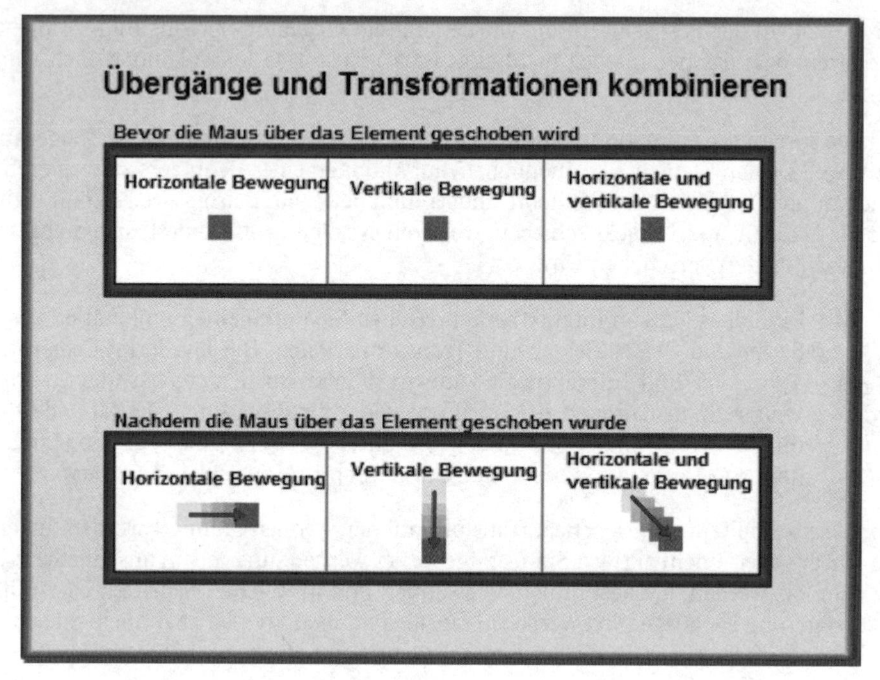

Abbildung 11.12: Kombination von Übergängen und Transformationen

Eine animierte Bildgalerie erstellen

In diesem Abschnitt erkläre ich Ihnen, wie Sie eine Bildgalerie erstellen, wobei die Miniaturabbildungen vergrößert, gedreht und bewegt werden, wenn der Benutzer die Maus darüber schiebt, und gekippt werden, wenn er sie anklickt.

Ich erstelle die Bildgalerie mit meinen eigenen Bildern. Sie müssen sie natürlich durch die Ihren ersetzen.

Ich verwende grundlegendes und minimalistisches CSS für das Styling dieser Seite und den Klassenstil `.gallery-box`, der die Felder für die Bilder und die Überschriften definiert. Der Hover-Status für die Felder ist `.gallery-box:hover`. Der Hover-Status verwendet die Transformationseigenschaften `scale`, `rotate` und `translate` (und auch `-webkit-` und `-ms`-Versionen der Transformationseigenschaft). Abbildung 11.13 zeigt ein Bild im Hover-Status.

Der aktive Status für die Boxen ist `.gallery-box:activate`. Der aktive Status ersetzt die Transformationseigenschaften aus dem Hover-Status durch das Kippen des Bilds. Der aktive Status ist in Abbildung 11.14 gezeigt.

Abbildung 11.13: Eine einfache Bildgalerie mit animierten Bildern

Abbildung 11.14: Transformation im aktiven Status

Listing 11.1 zeigt das HTML für die Galerie. Das Styling findet im <head>-Element statt.

```
<!DOCTYPE HTML>
<html>
<head>
<meta charset="UTF-8">
<title>Galerie</title>
<style>
a {
  text-decoration:none;
  color:white;
}
img {
  border:none;
}
body {
  font-family:Arial, Helvetica, sans-serif;
  color:white;
  background-color:black;
}
.gallery-box{
  width:180px;
  height:200px;
  float:left;
  margin:5px;
  padding:5px;
  border: 2px solid gray;
}
.gallery-box:hover {
  transform:scale(1.25,1.25)rotate(5deg)translateY(50px)transla-
  teX(50px);
  -webkit-transform:scale(1.25,1.25)rotate(5deg)translateY(50px)
  translateX(50px);
  -ms-transform:scale(1.25,1.25)rotate(5deg)translateY(50px) transla-
  teX(50px);

  border:2px solid white;
  padding-top:15px;
}
.gallery-box:active {
  transform:skew(3deg,5deg);
  -webkit-transform:skew(3deg,5deg);
  -ms-transform:skew(3deg,5deg);
  border: 2px solid red;
}
</style>
</head>
```

```
<body>
    <h1>Galerie der gefährdeten Arten</h1>
  <div class="gallery-box">
    <a href="http://blogs.tribune.com.pk/wp-content/uploads/
         2012/07/12811-White_Lionx-1342510971-522-640x480.jpg"
       target="_blank"><img src="http://blogs.tribune.com.pk/
       wp-content/uploads/2012/07/12811-White_Lionx-1342510971-
       522-640x480.jpg" width="180" height=auto alt="White Lion"
       title="zum Vergrößern anklicken">
    <h3>Weißer Löwe</h3></a>
  </div>
  <div class="gallery-box">
  <a href="http://upload.wikimedia.org/wikipedia/commons/thumb/d/
       de/%D7%A0%D7%9E%D7%A8.JPG/640px-%D7%A0%D7%9E%D7%A8.JPG"
      target="_blank">
<img src="http://upload.wikimedia.org/wikipedia/
       commons/thumb/d/de/%D7%A0%D7%9E%D7%A8.JPG/640px-
       %D7%A0%D7%9E%D7%A8.JPG" width="180" alt="Arabian leopard"
      height=auto title="zum Vergrößern anklicken">
    <h3>Arabischer Leopard</h3></a>
  </div>
  <div class="gallery-box">
    <a href="http://upload.wikimedia.org/wikipedia/commons/thumb/
         3/37/Wolf.JPG/640px-Wolf.JPG" target="_blank">
<img src="http://upload.wikimedia.org/wikipedia/commons/thumb/
       3/37/Wolf.JPG/640px-Wolf.JPG"
      width="180" height=auto alt="wolf" title="zum Vergrößern anklicken">
    <h3>Himalaya-Wolf</h3></a>
  </div>

</body>
</html>
```

Listing 11.1: Galerie mit Kipp-Vorlage

Alle in diesem Buch verwendeten Code-Listings stehen zum Download unter `www.downloads.fuer-dummies.de` zur Verfügung.

Um Listing 11.1 für Ihren Gebrauch anzupassen, setzen Sie Ihre eigenen Bilder und Ihren Text ein. Sie fügen weitere Galeriefelder ein, indem Sie die `<div class="gallery-box">`-Elemente kopieren und einfügen.

Um Listing 11.1 in eine bereits vorhandene Seite zu kopieren, kopieren Sie nur das `<style>`-Element aus dem `<head>`-Element in den Code.

Animation mit @keyframes

Mit Hilfe des `@keyframes`-Selektors von CSS3 können Sie eine Animation auf ein Element anwenden. Diese Animation könnte beispielsweise eine Größenänderung, eine Drehung oder eine Änderung der Opazität sein. Die Animation könnte auch ein Bewegungspfad sein – wobei ein Element so programmiert wird, dass es sich von Punkt A nach Punkt B bewegt, mit optionalen Zwischenstopps.

Eine `@keyframes`-Animation könnte aber auch eine Kombination aus Bewegung und Änderungen von Größe/Form/Farbe oder anderer Eigenschaften eines Elements sein. Der `animation`-Selektor von CSS3 kann mit `@keyframes` kombiniert werden, um die Geschwindigkeit der Bewegung entlang des mit dem `@keyframes`-Selektor definierten Pfads zu definieren. Zusammen können `@keyframes` und `animation` verwendet werden, um animierte Elemente zu schaffen, die die Rolle übernehmen, die bisher von JavaScript eingenommen wurde – aber ohne JavaScript.

Beispielsweise können `@keyframes` und Animationen Elemente erzeugen, die

- ✔ sich auf einer Seite bewegen
- ✔ die Opazität wechseln, während sie sich auf einer Seite bewegen
- ✔ die Farbe wechseln, während sie sich auf einer Seite bewegen
- ✔ die Größe wechseln, während sie sich auf einer Seite bewegen
- ✔ die Form wechseln, während sie sich auf einer Seite bewegen

Hier erkennen Sie einen Trend: `@keyframes` und `animation` können mit CSS3-Effekten oder Transformationen kombiniert werden. Daraus entstehen Elemente, die während der Bewegung transformiert werden.

Verstehen, wie @keyframes funktionieren

Wie bereits an früherer Stelle in diesem Kapitel erwähnt, definieren `@keyframes`-Selektoren Startpunkt, Endpunkt und (optional) Zwischenschritte in einer Animation, ebenso wie das Timing für diese Schritte. Für die Realisierung einer `@keyframes`/Animation gehen Sie grundsätzlich so vor:

1. Definieren Sie den `@keyframes`-Selektor mit (mindestens) den Eigenschaften `0 %` (Start) und `100 %` (Ende).
2. Definieren Sie einen Animationsselektor für die Dauer der Änderung, die im `@keyframes`-Selektor definiert ist.
3. Wenden Sie die `@keyframes`/Animationsselektoren auf ein Element an.

Die @keyframes- und Animationsselektoren werden im <style>-Element des <head>-Elements definiert. Listing 11.1 zeigt ein einfaches Beispiel.

```
<!DOCTYPE html>
<html>
<head>
<style>
.box {
  width:50px;
  height:50px;
  animation:color-change 2s;
}

@keyframes color-change {
  0% {background:red;}
  100% {background:yellow;}
}
</style>
</head>
<body>
<div class="box">
</div>
</body>
</html>
```

Listing 11.2: @keyframes-*Vorlage für einen Farbwechsel für zwei Farben*

In Listing 11.2 ist ein Klassenstil (.box) mit einer Breite und einer Höhe definiert. Darüber hinaus hat er eine animation-Eigenschaft, die den Selektor @keyframes color-change mit einer Zeitdauer von 2 Sekunden (2 s) aufruft.

Der Selektor @keyframes color-change wiederum beginnt mit der background-color Rot (bei 0 %) und endet mit der background-color Gelb (100 %), siehe Abbildung 11.15.

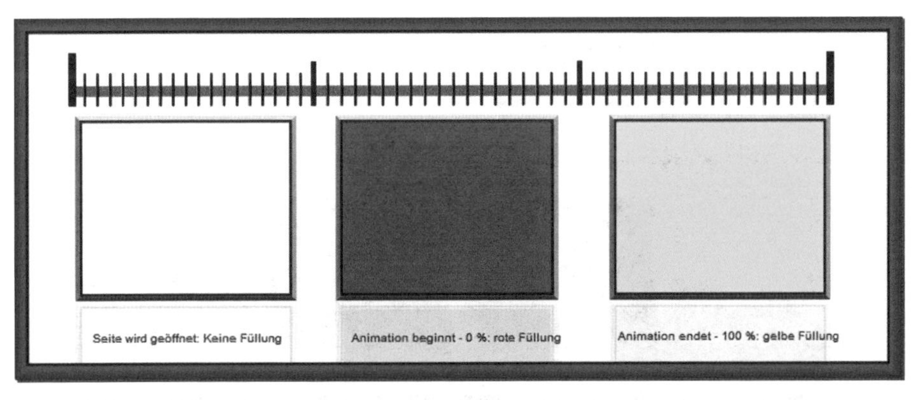

Abbildung 11.15: Die Animation beginnt mit roter Hintergrundfarbe und endet mit gelber Hintergrundfarbe.

Eine genauere Erklärung der CSS3-Effekte finden Sie in Kapitel 10.

Wenn eine Seite geladen wird, geht das `.box` `<div>`-Tag von einem roten Hintergrund aus, geht innerhalb von 2 Sekunden zu einem gelben Hintergrund über, und wenn die `@keyframes`-Animation abgeschlossen ist, kehrt es zu dem Zustand ohne Hintergrundfarbe zurück (und ist damit nicht mehr sichtbar).

Sie können der Animation einen Zwischenschritt hinzufügen (siehe Abbildung 11.16), indem Sie eine Hintergrundfarbe für 50 % definieren, wie in Listing 11.3 gezeigt.

```
<!DOCTYPE html>
<html>
<head>
<style>
.box {
  width:50px;
  height:50px;
  animation:color-change 2s; }

@keyframes color-change {
  0% {background:red;}
  50% {background:blue;}
  100% {background:yellow;}
}
</style>
</head>
<body>
<div class="box">
</div>
</body>
</html>
```

Listing 11.3: `@keyframes`*-Vorlage für einen Farbwechsel für drei Farben*

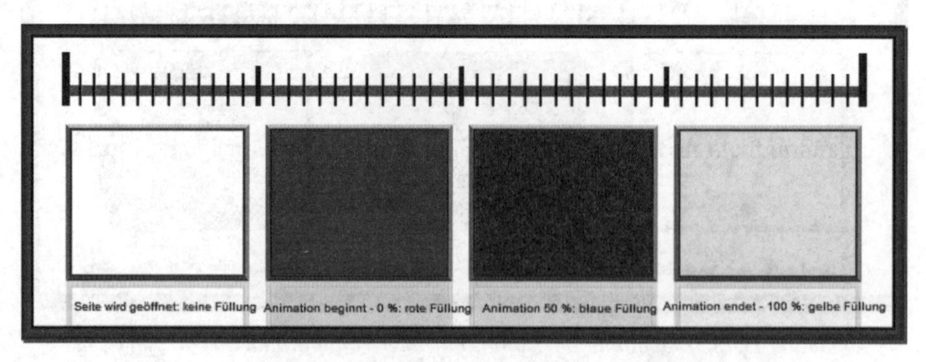

Abbildung 11.16: Der Animation wurde ein Zwischenschritt hinzugefügt.

Bewegung für @keyframes

Hier setze ich das Beispiel aus dem vorigen Abschnitt fort und füge den drei @keyframes-Eigenschaften Positionen hinzu. Für die Definition relativer Positionen für den .box-Klassenstil, der das Element definiert, auf das die @keyframes-Animation angewendet wird, verwende ich die position:-Eigenschaft.

Damit kann ich die Positionen für jeden der @keyframes-Schritte definieren (siehe Abbildung 11.17). Listing 11.4 zeigt den zugehörigen Code.

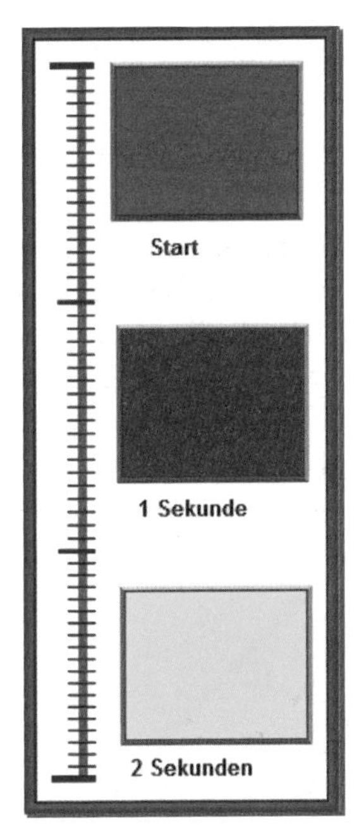

Abbildung 11.17: Definition von Positionen für die @keyframes-Eigenschaften

```
<!DOCTYPE html>
<html>
<head>
<style>
.box {
  width:50px;
  height:50px;
  animation:color-change 2s;
  position:relative;  }

@keyframes color-change {
  0% {background:red; top:0px; }
  50% {background:blue; top:200px; }
  100% {background:yellow; top:400px; }
}
```

```
</style>
</head>
<body>
<div class="box">
</div>
</body>
</html>
```

Listing 11.4: `@keyframes`*-Vorlage für einen Farbwechsel für drei Farben mit Bewegung*

Beachten Sie, dass es neben der Positionierung für die drei Schritte (0 %, 50 % und 100 %) notwendig war, der `.box`-Klassenstildefinition die `position:relative`-Eigenschaft hinzuzufügen. Alternativ hätte ich auch `position:absolute` verwenden können. Ohne diese Positionseigenschaften werden die Bewegungsparameter nicht angewendet.

Für die Definition von Bewegung in einem `@keyframes`-Selektor muss der Selektor, mit dem er kombiniert wird (in diesem Fall der `.box`-Klassenstil) eine `position:relative`-Eigenschaft haben.

Um einen diagonalen Pfad für die Animation zu definieren, nämlich von oben links nach unten rechts (siehe Abbildung 11.18), kann ich den drei `@keyframes`-Schritten `left`-Werte hinzufügen, wie in Listing 1.15 gezeigt.

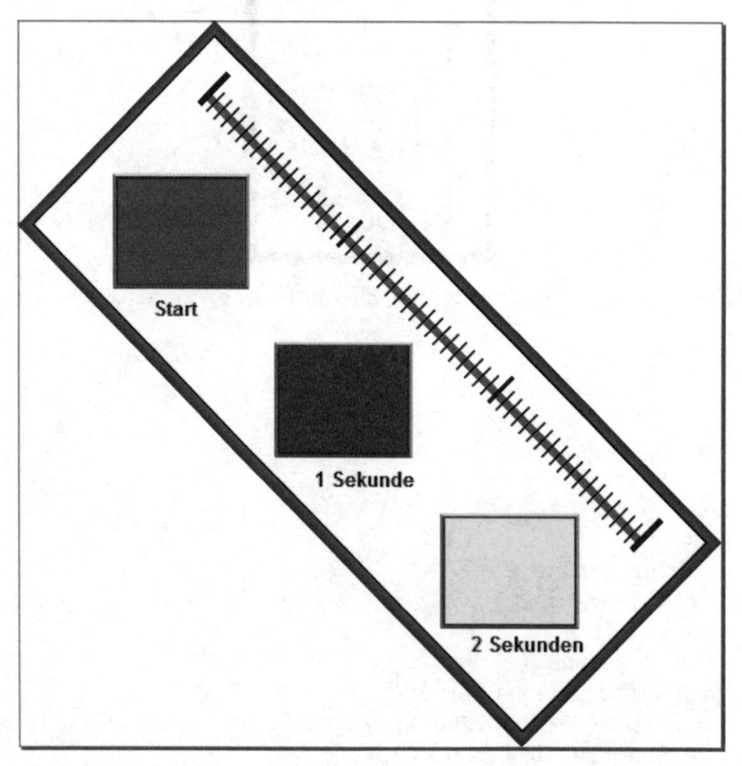

Abbildung 11.18: Für die Animation wird ein diagonaler Pfad definiert

```
<!DOCTYPE html>
<html>
<head>
<style>
.box {
  width:50px;
  height:50px;
  animation:color-change 2s;
  position:relative;  }

@keyframes color-change {
  0% {background:red; left:0px; top:0px; }
  50% {background:blue; left:200px; top:200px; }
  100% {background:yellow; left:400px; top:400px; }
}
</style>
</head>
<body>
<div class="box">
</div>
</body>
</html>
```

Listing 11.5: Vorlage für eine diagonale `@keyframes`*-Animation*

@keyframes-Eigenschaften

Wie ich bisher gezeigt habe, ist die wesentliche Eigenschaft für einen `@keyframes`-Selektor eine kombinierte Animation. In dem hier verwendeten Beispiel lautet die Syntax:

```
@keyframes color-change
```

Dieses Syntax verknüpft die `@keyframes`-Definition mit einer Animation.

Andere wichtige `@keyframes`-Eigenschaften sind unter anderem:

- ✔ `animation-duration`: Wird in Sekunden (`s`) oder Millisekunden (`ms`) angegeben und gibt die Zeit an, wie lange es dauert, bis die Animation einen vollständigen Zyklus durchlaufen hat.
- ✔ `duration`: Definiert, wie oft der Zyklus durchlaufen wird. Standardwert ist `1`. Der Wert `infinite` erzeugt eine Endlosschleife.
- ✔ `animation-timing-function`: Definiert Timing-Funktionen, unter anderem `ease` und `ease-out`.
- ✔ `animation-delay`: Wird verwendet, um den Beginn einer Animation zu verzögern.

Eine Erklärung der Timing-Funktionen, die die Geschwindigkeit einer Animation definieren, finden Sie in Kapitel 9.

Kompatibilität von @keyframes und Präfixe

Zum Zeitpunkt der Drucklegung dieses Buchs wird der `@keyframes`-Selektor im Internet Explorer 10, in Firefox und in Opera unterstützt. Damit `@keyframes` auch in Chrome und Safari funktioniert, muss das `@–webkit`-Präfix verwendet werden.

Die `@keyframes`-Regel wird im Internet Explorer 9 und in früheren Versionen nicht unterstützt. Größtenteils bewirken `@keyframes`-Animationen in IE9 und früher eine allmähliche Funktionsminderung, indem sie einfach nicht angezeigt werden.

Mit @keyframes ein bewegliches Banner-Element definieren

Jetzt zeige ich Ihnen ein Beispiel für eine `@keyframes`-Animation, die RGBA-Farbwerte verwendet, um die Opazität zu steuern, und sich in einer Endlosschleife bewegt. Listing 11.6 zeigt den Code für dieses Beispiel.

```
<!DOCTYPE html>
<html>
<head>

<style>
body {
  background–color:pink;
}

.animation {
  text–align:center;
  padding–top:25px;
  width:100px;
  height:100px;
  background:rrgba(100 0 0 .5);
  position:relative;
  –webkit–animation:banner 5s infinite;
}

@keyframes banner{
0%   {top:0px; background:yellow; width:100px;}
50%   {top:200px; background–color:rgba(100,1000,100,0.5); width:400px;}
100% {top:0px; background–color:rgba(255,0,0,0.5); width:600px;}
}
```

```
@-webkit-keyframes banner{
0%   {top:0px; background:yellow; width:100px;}
50%   {top:200px; background-color:rgba(100,1000,100,0.5); width:400px;}
100% {top:0px; background-color:rgba(255,0,0,0.5); width:600px;}
}
</style>
</head>

<body>
<div class="animation"><h1>Hello World!</h1></div>

<h1>Flexitarian skateboard</h1>
<p>Flexitarian skateboard wolf, kitsch sunt sint enim roof party nihil bespo-
ke master cleanse assumenda Marfa. Minim craft beer selvage Truffaut dolore.

<p>Neutra dreamcatcher fanny pack 8-bit vero iPhone literally. Lo-fi quinoa
non do, fugiat bicycle rights 8-bit eu photo booth direct trade quis synth High
Life.</p>

</body>
</html>
```

Listing 11.6: Vorlage für ein animiertes Banner

Eine vollständige Erklärung, wie Opazität/Transparenz mit Hilfe von RGBA-Farbwerten definiert wird, finden Sie in Kapitel 9.

Dieses Beispiel beginnt mit einem kleinen, gelben, halb durchsichtigen Feld mit Text, wie in Abbildung 11.19 gezeigt.

Abbildung 11.19: Die Animation beginnt mit diesem kleinen, gelben, halb durchsichtigen Feld mit Text.

Das Banner wird breiter, wird grün und bewegt sich nach unten und nach rechts, wie in Abbildung 11.20 gezeigt.

Flexitarian skateboard
Flexitarian skateboard wolf, kitsch sunt sint enim roof party nihil bespoke master cleanse assumenda Marfa. Minim craft beer selvage Truffaut dolore.
Hello World!
Neutra dreamcatc… hone literally. Lo-fi quinoa non do, fugiat bicycle rights 8-bit eu photo booth direct trade quis synth High Life.

Abbildung 11.20: Das Banner wechselt die Farbe und bewegt sich nach unten und nach rechts.

Schließlich wird das Banner noch weiter, nimmt einen roten Hintergrund an und wird ganz nach oben auf der Seite verschoben, wie in Abbildung 11.21 gezeigt.

Hello World!
Flexitarian skateboard
Flexitarian skateboard wolf, kitsch sunt sint enim roof party nihil bespoke master cleanse assumenda Marfa. Minim craft beer selvage Truffaut dolore.
Neutra dreamcatcher fanny pack 8-bit vero iPhone literally. Lo-fi quinoa non do, fugiat bicycle rights 8-bit eu photo booth direct trade quis synth High Life.

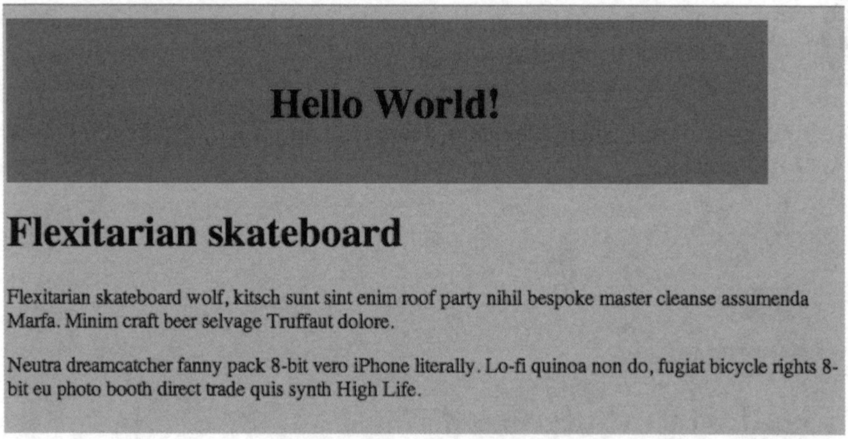

Abbildung 11.21: Das Banner hat sein Ziel oben auf der Seite erreicht und hat jetzt einen roten Hintergrund.

Verläufe mit CSS3 erstellen

12

In diesem Kapitel

- Die Entwicklung der CSS3-Verläufe
- Lineare, diagonale und strahlenförmige Verläufe in CSS3 definieren
- Die spezielle Rolle von Verläufen beim mobilen Design
- Kompatibilitätsprobleme mit Browsern und Lösungen
- Verläufe mit Online-Generatoren definieren
- Verlaufende Hintergründe speichern und anwenden

Für Webdesigner ist es eigentlich nichts Neues, dass dynamische Hintergrundverläufe maßgeblich zum guten Aussehen einer Webseite beitragen. Schon lange vor CSS3 zierten Verläufe den Hintergrund von Schaltflächen, Bannern und Design-Elementen, wie beispielsweise der Hintergrund der Webseite von Macy's, wie in Abbildung 12.1 gezeigt.

Abbildung 12.1: Verläufe auf Webseiten noch vor CSS3

Neu dagegen ist, wie verlaufende Hintergründe mit CSS3 erzeugt werden: ohne Bilder, aber dafür komplex, mehrfarbig, linear, diagonal und strahlenförmig. CSS3-Verläufe werden rasend schnell in Browser heruntergeladen, sind stabil und unterstützen in jeder Umgebung gegebenenfalls eine allmähliche Funktionsminderung. Außerdem macht es richtig Spaß, sie zu erstellen!

Die Entwicklung der CSS3-Verläufe

Vor der Einführung der CSS-Verläufe brauchte man für einen Hintergrund wie diesen ein Design in Illustrator, GIMP, CorelDraw oder einem anderen Grafikprogramm. Abbildung 12.2 zeigt, was ich meine.

Abbildung 12.2: In einem Grafikprogramm erstellter verlaufender Hintergrund

Das Hintergrundbild (in diesem Fall `bg.png`) wird horizontal (x-Achse) oder vertikal (y-Achse) wiederholt *(gekachelt)*, um einen Seitenhintergrund zu erzeugen. Dazu wird Code wie der folgende verwendet:

```
background-image: url(bg.png);
background-repeat: repeat-x;
```

Das Ergebnis, das Sie in Abbildung 12.3 sehen, erscheint für einen Benutzer wie ein nahtlos verlaufender Hintergrund, der die gesamte Seite füllt.

Hintergrundbilder sind klein und werden ausreichend schnell heruntergeladen, weil sie gekachelt werden.

Es gibt jedoch auch verschiedene Einschränkungen bei der Verwendung von Bildern als Hintergründe, unter anderem:

- Die Erstellung komplexer Hintergründe (also alles, was komplizierter ist als einfache *lineare* Verläufe, die von rechts nach links oder von oben nach unten verlaufen) ist sehr schwierig.
- Auch wenn Hintergrundbilddateien relativ klein sind, erhöhen sie die Downloadzeit für Seiten, die mit langsamen Verbindungen geöffnet werden, insbesondere bei mobilen Geräten.
- Bei langsamen Downloadbedingungen führt das Herunterladen von Hintergrundbilddateien, nachdem der Seiteninhalt schon angezeigt wird, zu sehr unschönen Darstellungen.

Abbildung 12.3: Hintergrund, der aus vielen kleinen Grafiken zusammengesetzt ist

Glücklicherweise lösen CSS3-Verläufe diese Probleme:

- CSS3-Verläufe können beliebig komplex werden.
- CSS3-Verläufe benötigen überhaupt keine Bilddatei, deshalb werden sie fast unmittelbar mit dem restlichen HTML- und CSS-Inhalt einer Seite heruntergeladen.
- Und das Beste: CSS-Verläufe benötigen keine Bilddateien, deshalb gibt es nie ein Problem, wenn eine Seite schon geöffnet ist, während ein Hintergrundbild erst langsam geladen wird.

Lineare CSS3-Verläufe erfüllen dieselbe Aufgabe wie die herkömmlichen Hintergrundverläufe, die aus kleinen Bilddateien zusammengesetzt wurden, haben aber den Vorteil, dass sie bequem und schnell geladen werden können, weil sie keine Bilder benötigen.

Gedreht und strahlenförmig

Und das war noch nicht alles! Lineare CSS3-Verläufe können auch *gedreht* werden, das heißt, sie können nicht nur oben in einem Feld beginnen, sondern beispielsweise oben links beginnen und unten rechts enden.

Darüber hinaus können Hintergrundverläufe strahlenförmig erfolgen – in der Mitte eines Felds beginnen und zu den Kanten hin verlaufen. Abbildung 12.4 zeigt einen strahlenförmig verlaufenden Hintergrund.

Außerdem können strahlenförmige Hintergründe von der Mitte zu den Kanten eines Elements hin die Farbe wechseln, wie in Abbildung 12.5 gezeigt.

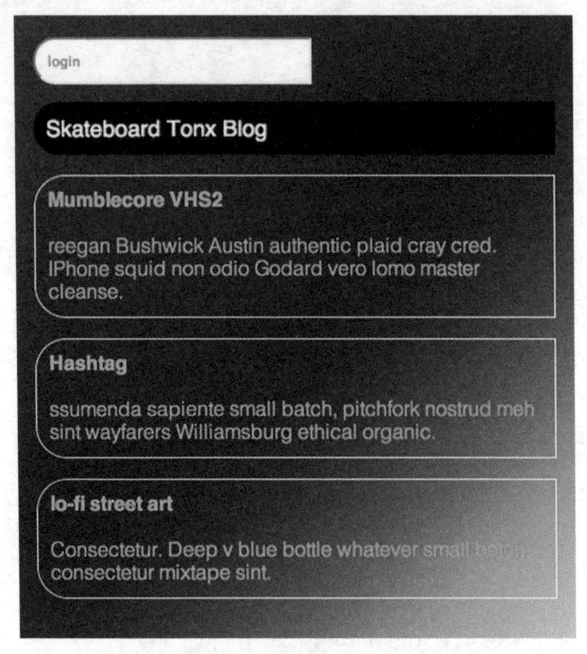

Abbildung 12.4: Ein strahlenförmig verlaufender Hintergrund

Abbildung 12.5: Strahlenförmiger Verlauf mit Farbwechsel von der Mitte nach außen

Verläufe und mobile Geräte: Ein perfektes Paar

Das mobile Design bringt spezielle Herausforderungen mit sich. Eine davon ist es, Seiten möglichst attraktiv und einladend zu gestalten, ohne wertvollen Anzeigeplatz mit Bildern zu verdecken. Eine häufige Strategie ist es, mobile Sites mit Verläufen auszustatten.

Sehen Sie sich eine mobile Site an, etwa Travelocity Mobile (`www.m.travelocity.com`). (Falls Sie kein mobiles Gerät besitzen, besuchen Sie `www.travelocity.com`. Dort finden Sie Links zu Screenshots der Travelocity-Site in verschiedenen mobilen Geräten.) Abbildung 12.6 zeigt das Banner oben auf der mobilen Seite.

Abbildung 12.6: Banner der Travelocity-Site

Bei genauerer Betrachtung erkennen Sie, dass der Hintergrund für die Überschrift ein Verlauf von Hellblau nach Dunkelblau ist.

Etwas anders wird dies auf der mobilen Site von Kayak gelöst (die Seite, die Sie auf einem mobilen Gerät unter `kayak.com` erhalten; Sie können die Seite auch auf einem Laptop oder Desktop anzeigen, indem Sie `m.kayak.com` besuchen). Hier hat die Überschrift einen verlaufenden überblendenden Hintergrund, wie in Abbildung 12.7 gezeigt.

Abbildung 12.7: Ein verlaufender überblendender Hintergrund

Je mehr mobile Seitendesigns Sie sich ansehen, desto öfter werden Sie feststellen, wie gebräuchlich verlaufende Hintergründe sind. Sie finden sie hinter Überschriften und Seiteninhalt und fast immer als Schaltflächenhintergrund, wie in Abbildung 12.8 gezeigt.

Abbildung 12.8: Verlaufender Hintergrund für eine Schaltfläche

CSS3-Verläufe und mobile Sites: Ein perfektes Paar

CSS3-Verläufe sind aus verschiedenen Gründen perfekt für mobile Sites geeignet:

- ✔ Bei ersten Versuchen sehen Verläufe immer gut aus!
- ✔ Verläufe erzeugen grafische Elemente, ohne dass ein Benutzer ein Bild über eine langsame mobile Verbindung herunterladen muss.
- ✔ Fast alle mobilen Geräte unterstützen CSS3-Verläufe, unter anderem iOS Safari, Android Browser, Blackberry Browser, Chrome für Android und Firefox für Android.

Zum Zeitpunkt der Drucklegung dieses Buchs unterstützt Opera Mini keine CSS3-Verläufe.

Lösungen für Kompatibilitätsprobleme

Bei der Verwendung von CSS3-Verläufen gibt es zwei Kompatibilitätsprobleme. Zum einen (das haben Sie vermutlich schon erwartet) werden sie im Internet Explorer 8 nur begrenzt unterstützt. Ich habe nicht gesagt, dass sie *nicht* unterstützt werden. Der IE8 unterstützt lineare Verläufe, wie in Abbildung 12.9 gezeigt.

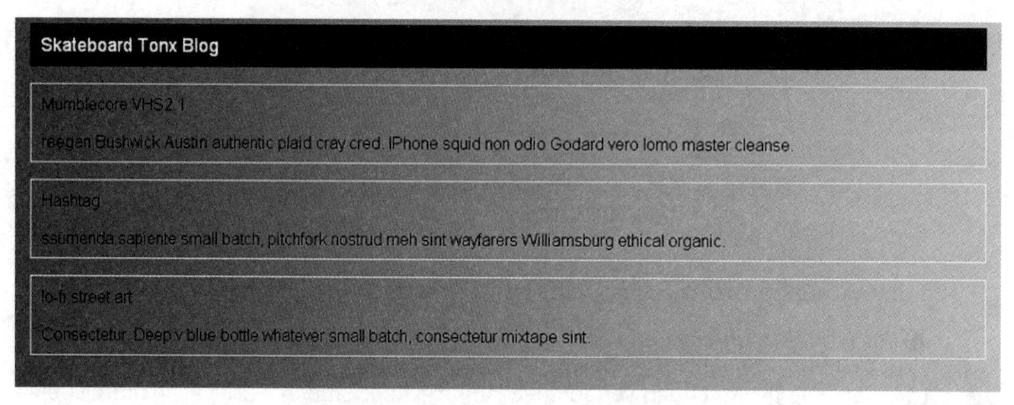

Abbildung 12.9: Lineare Verläufe in IE8

Das zweite Kompatibilitätsproblem ist, dass unterschiedliche Browser eine unterschiedliche Syntax für die Definition komplexer Verläufe verwenden. Beispielsweise können die Benutzer von IE8 überhaupt keine strahlenförmigen CSS3-Verläufe sehen. IE8 übersetzt strahlenförmige Verläufe (wie früher in diesem Kapitel bereits beschrieben) in lineare Verläufe, woraus sich ernsthafte Probleme für die Lesbarkeit ergeben können – wenn beispielsweise eine Textfarbe verwendet wird, für die eine komplementäre Hintergrundfarbe (für einen besseren Kontrast) benötigt wird (siehe Abbildung 12.10). Wie Sie im unteren Bild (IE8) erkennen, erscheint der weiße Text auf einem sehr hellen blauen Hintergrund, wodurch er schwierig zu lesen ist. Das obere Bild (aktueller Browser), in dem derselbe weiße Text angezeigt wird, ist auf dem dunkleren blauen Hintergrund sehr viel besser lesbar.

Syntax für CSS3-Verläufe in den verschiedenen Browsern

Beim Styling mit CSS3 werden häufig Browser-Präfixe benötigt, damit ein Stil in allen modernen Browsern funktioniert. Der `@keyframes`-Selektor beispielsweise, den ich in Kapitel 11 vorgestellt habe, verwendet eine Syntax, die mit `@keyframes` beginnt. Aber damit eine `@keyframes`-Animation in Browsern mit WebKit-Standards (ältere Versionen von Chrome und aktuelle Versionen von Safari) funktioniert, muss eine zweite Stildefinition bereitgestellt werden, die mit `@-webkit-keyframes` beginnt.

Abbildung 12.10: Der IE8 unterstützt keine strahlenförmigen Verläufe.

Die Definition eines doppelten CSS-Stylings für unterschiedliche Browser-Präfixe ist etwas knifflig, aber nicht wirklich schwierig. Schlimmer wird das Ganze, wenn es um die Syntax für CSS3-Hintergrundverläufe geht.

Betrachten Sie beispielsweise einen Klassenstil (hier mit dem Namen `.green-blue`), der auf einen Hintergrundverlauf angewendet wird, der von grün in blau übergeht, wie in Abbildung 12.11 gezeigt.

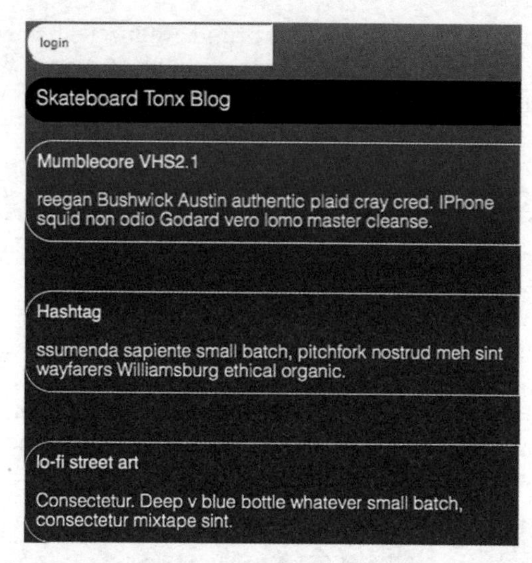

Abbildung 12.11: Von grün nach blau verlaufender Hintergrund

Die Syntax für diesen relativ einfachen Hintergrundstil lautet:

```
.green-blue {
   color:white;
   background: -moz-linear-gradient(top, green 0%, blue 100%);
   background: -webkit-gradient(linear, left top, left bottom, color-
               stop(0%,green), color-stop(100%,blue));
   background: -webkit-linear-gradient(top, green 0%,blue 100%);
   background: -o-linear-gradient(top, green 0%,blue 100%);
   background: -ms-linear-gradient(top, green 0%,blue 100%);
   background: linear-gradient(to bottom, green 0%,blue 100%);
}
```

Die Präfixe und die Syntax werden wie folgt angewendet:

- `-moz-linear-gradient`: Firefox
- `-webkit-gradient` und `-webkit-linear-gradient`: Verschiedene Versionen von Chrome und Safari
- `-o-linear-gradient`: Opera
- `-ms-linear-gradient`: Internet Explorer 10 und neuer
- `linear-gradient`: Die vom World Wide Web Consortium (W3C) festgelegte Standardsyntax

Eine einfachere Methode, komplexe Verläufe zu erzeugen

Wie Sie sich wahrscheinlich vorstellen können, gibt es hier ein größeres Problem, als einfach ein paar doppelte Stile zu formulieren und die verschiedenen Browser-Präfixe vor die jeweiligen Stildefinitionen zu setzen. Vielmehr ist es so, dass sich die eigentliche Syntax und sogar die Namen der Eigenschaften unterscheiden. Einige Browser verwenden die `-gradient`-Eigenschaft und definieren die lineare Richtung als Teil des Eigenschaftswerts. In anderen Fällen ist der Eigenschaftsparameter `linear-gradient`.

Verrückt.

Und jetzt eine gute und eine schlechte Nachricht. Zumindest übertrumpft die gute Nachricht die schlechte Nachricht.

Die schlechte Nachricht: Die Syntax für Verläufe, auch wenn diese nur einfach und zweifarbig sind, nicht zu reden von komplexen, mehrfarbigen, diagonalen oder strahlenförmigen Verläufen, ist zu verwirrend, um zu versuchen, sie zu beherrschen.

Die gute Nachricht: Es gibt zahlreiche leistungsstarke, kostenlose und benutzerfreundliche Generator-Ressourcen, die online zur Verfügung gestellt werden, und die Ihnen ermöglichen, Verläufe so einfach zu definieren wie in einem Grafikprogramm, wie beispielsweise Illustrator, GIMP, CorelDraw und so weiter.

Verläufe mit kostenlosen Online-Generatoren definieren

Hier zwei sehr überzeugende und wichtige Argumente, CSS-Code für Verläufe generieren zu lassen:

- ✔ Es ist zu schwierig, das selbst zu machen.
- ✔ Es ist nicht nötig, es selbst zu machen.

Es gibt zahlreiche sehr effektive und intuitive Online-Ressourcen, mit denen Sie CSS für Verläufe erstellen können. Alle diese Ressourcen gestatten es, CSS-Verläufe auf grafischen Bedienoberflächen mit WYSIWYG (What You See Is What You Get) zu erstellen, das heißt Sie sehen den Verlauf sofort, während Sie ihn einrichten. Viele dieser Ressourcen bieten praktische Extras, wie beispielsweise die Erstellung von SVG-Bilddateien (Scalable Vector Graphic) für Browser, die keine CSS3-Verläufe unterstützen, oder die Erstellung einer alternativen Codierung, mit der IE9 nicht-lineare Verläufe anzeigen kann.

Im nächsten Abschnitt stelle ich Ihnen den Ultimate CSS Gradient Generator vor (`www.colorzilla.com/gradient-editor`), erstellt von Alex Sirota.

Zuvor noch einige kostenlose Alternativen:

- ✔ **CSS3 Gradient Generator**

  `http://gradients.glrzad.com`

  Dieser Generator von Damian Galarza (siehe Abbildung 12.12) bietet eine übersichtliche, benutzerfreundliche Bedienoberfläche. Er hat nicht ganz so viele Funktionen wie der Ultimate CSS Gradient Editor, aber bietet so gut wie alle Tools zum Erstellen von Verläufen, die Sie je brauchen.

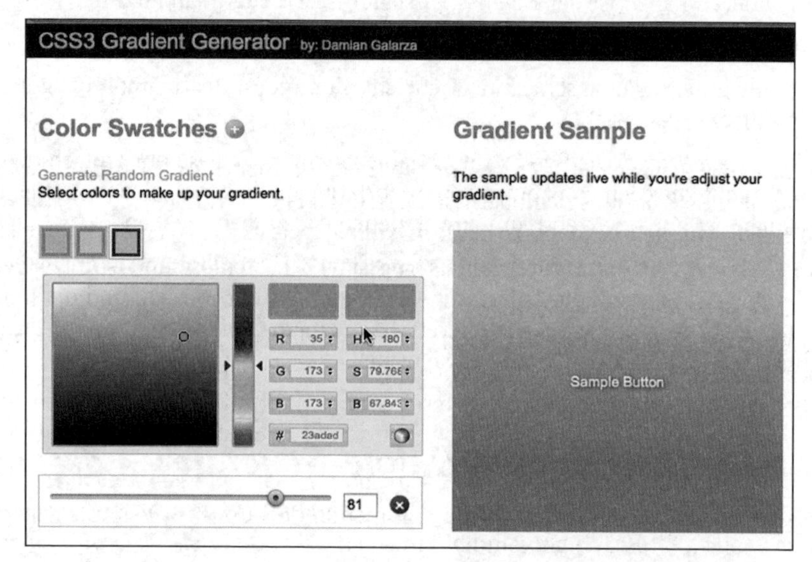

Abbildung 12.12: Der CSS3 Gradient Generator von Damian Galarza

- ✔ **CSS Gradient Generator**

  `www.display-inline.fr/projects/css-gradient`

  Ein vollfunktionaler Gradienten-Generator mit Optionen für alternative Anzeigen in alten Browser-Versionen (siehe Abbildung 12.13). CSS Gradient Generator erzeugt ein PNG-Bild, das als Alternative heruntergeladen werden kann. Designer können mit Chrome, Firefox oder Safari Hintergrundverläufe erstellen.

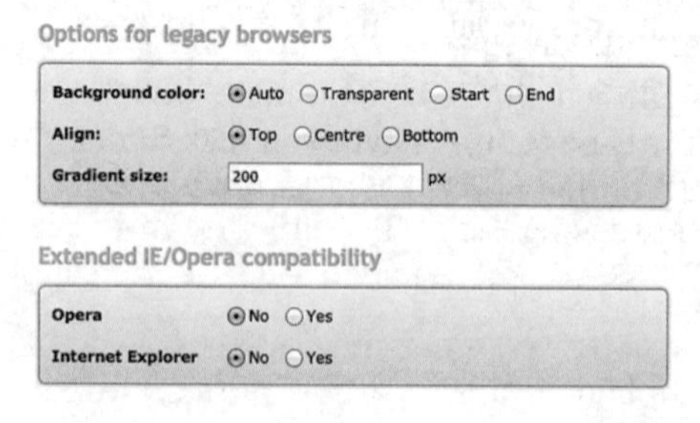

Abbildung 12.13: CSS Gradient Generator

✔ **CSS3 Gradient Background Maker**

`http://ie.microsoft.com/testdrive/graphics/cssgradientbackgroundmaker`

Dieser Generator von Microsoft ist nicht so vollfunktional wie die anderen Generatoren, was alte Browser betrifft, aber Designer können hier Verläufe für IE10 erstellen (was nicht schwer zu erraten war), siehe Abbildung 12.14.

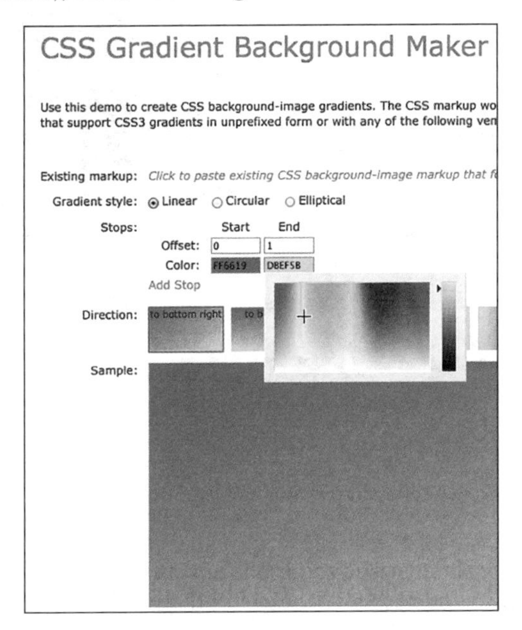

Abbildung 12.14: CSS Gradient Background Maker von Microsoft

Ultimate CSS Gradient Generator

Der Ultimate CSS Gradient Generator ist nicht der einfachste Generator, aber der leistungsstärkste. Und in jedem Fall ist er *sehr* viel einfacher, als selbst zu versuchen, mehrere CSS-Definitionen für komplexe Verläufe zu erstellen.

Ultimate CSS Gradient Generator ist eine Online-Ressource mit Tools für äußerst komplizierte Verläufe mit mehreren Farben. Er erzeugt soliden alternativen Code für alte Browser. Und er bietet eine riesige Palette vordefinierter Hintergründe. Der Zugriff ist völlig kostenlos. Die URL lautet `www.colorzilla.com/gradient-editor`.

Verwendung voreingestellter Verläufe und die Vorschaufunktion

Um sich an die Arbeit mit dem Ultimate CSS Gradient Generator zu gewöhnen, experimentieren Sie am besten ein bisschen mit der Palette voreingestellter Hintergründe (links im Arbeitsbereich). Nachdem Sie eine der Voreinstellungen ausgewählt haben, sehen Sie die Wirkung rechts im Vorschaufenster, siehe Abbildung 12.15.

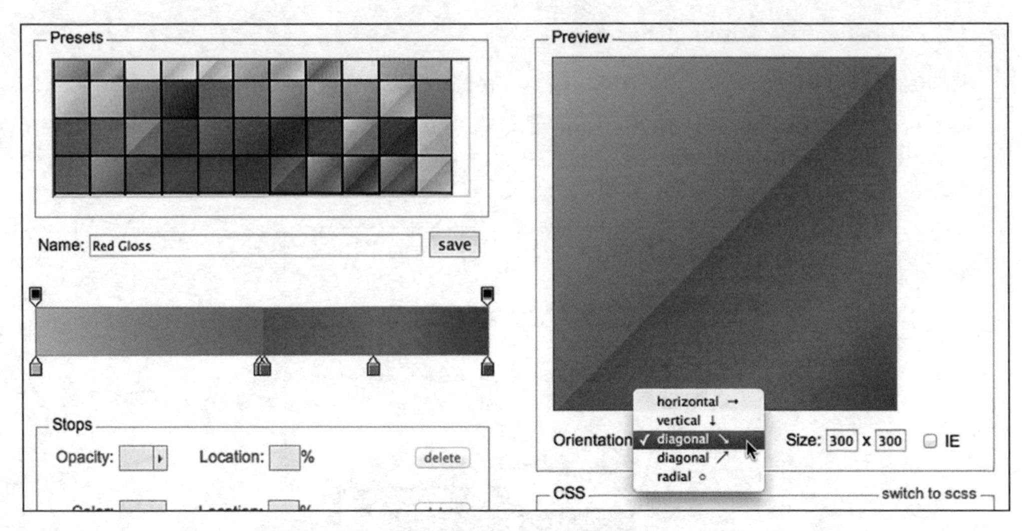

Abbildung 12.15: Der Ultimate CSS Gradient Generator

Nachdem Sie eine Voreinstellung ausgewählt haben, können Sie verschiedene andere Dinge damit machen:

- Experimentieren Sie mit dem Menü ORIENTATION (geöffnet in Abbildung 12.15), um den Verlauf horizontal, vertikal, diagonal von oben links nach unten rechts, diagonal von oben rechts nach unten links oder strahlenförmig anzuzeigen.
- Definieren Sie mit den SIZE-Feldern die Breite (linkes Feld) und die Höhe (rechtes Feld) in Pixeln. Auf diese Weise sehen Sie, wie der erzeugte Verlauf in einem Feld einer bestimmten Größe aussehen wird, wie in Abbildung 12.16 gezeigt.

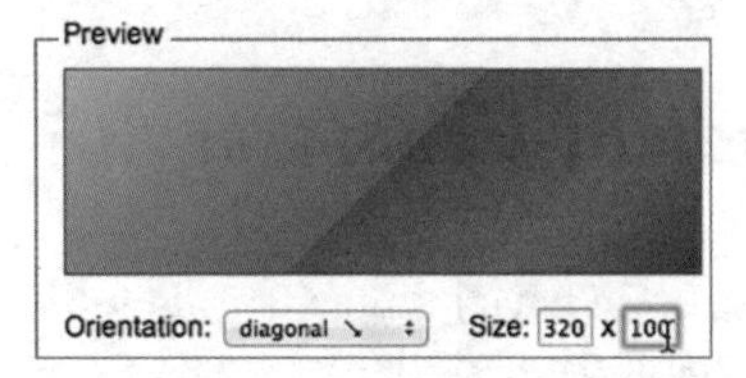

Abbildung 12.16: Auswahl einer Feldgröße für die Vorschau

- Mit dem IE-Kontrollkästchen im Vorschaubereich zeigen Sie an, wie der definierte Verlauf im IE9 aussieht. Abbildung 12.17 zeigt, wie ein definierter Verlauf in IE9 aussieht, in dem keine nicht-linearen Verläufe unterstützt werden.

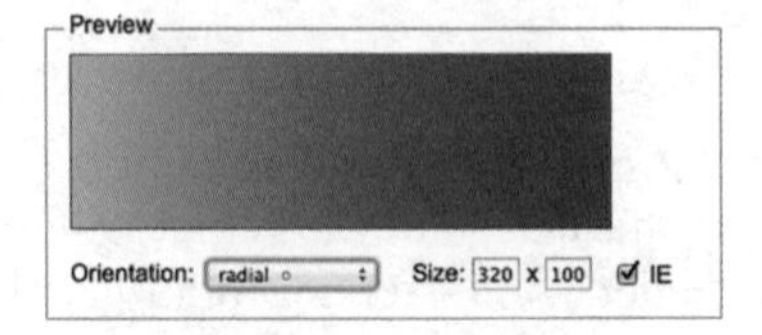

Abbildung 12.17: Vorschau auf einen Verlauf im IE9

Definition von Farbtabulatoren in Verläufen

Egal, ob Sie Ihren Verlauf ganz neu eingerichtet haben oder einen vordefinierten Verlauf bearbeiten, Sie können Farbtabulatoren in der intuitiven Farbleiste unter der Palette der Voreinstellungen einfügen, entfernen oder verschieben.

Ein Farbtabulator für einen Verlauf ist die Position, an der eine Farbe in eine andere übergeht. Der Platz zwischen den Stopps ist der Bereich, in dem ein Übergang zwischen den durch die Tabulatoren definierten Farben stattfindet.

- **Sie verschieben einen Farbtabulator**, indem Sie ihn mit der Maus auf der Farbleiste bewegen, wie in Abbildung 12.18 gezeigt.
- **Sie entfernen einen Farbtabulator**, indem Sie ihn von der Farbleiste wegziehen.

Abbildung 12.18: Einen Farbtabulator verschieben

- **Sie fügen einen Farbtabulator hinzu**, indem Sie die Maus über die Kante der Farbleiste schieben und dort klicken, wie in Abbildung 12.19 gezeigt.

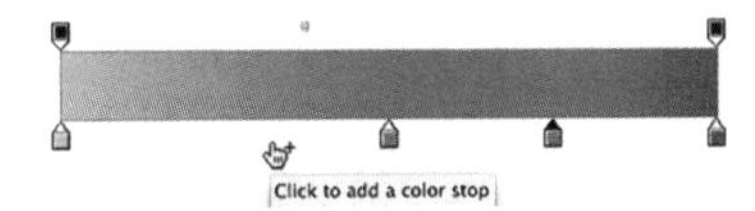

Abbildung 12.19: Einen Farbtabulator hinzufügen

Verläufe können auch erstellt werden, indem Farben aus einem Bild extrahiert werden. Dazu verwenden Sie die Schaltfläche IMPORT FROM IMAGE (Import aus einem Bild) unter dem erstellten Code (den ich gleich zeigen werde).

Hintergrundverläufe speichern und anwenden

Während Sie die Farbtabulatoren, Ausrichtungen und andere Komponenten eines Verlaufs bearbeiten, wird der zugehörige Code entsprechend geändert. Sie können den Code jederzeit in Ihre Zwischenablage kopieren und ihn in Ihrem CSS-Stylesheet in eine Selektordefinition einfügen.

So speichern Sie einen Verlauf und wenden ihn an:

1. **Markieren Sie das Kontrollkästchen COMMENTS (Kommentare) (siehe Abbildung 12.20).**

Ich empfehle die Generierung von Code mit Kommentaren, um das CSS für die Erstellung von Verläufen besser zu verstehen und vielleicht sogar selbst anpassen zu können.

2. **Um zusätzlichen Code zu erstellen, der dafür sorgt, dass nicht-lineare Verläufe im IE9 funktionieren, markieren Sie das Kontrollkästchen IE Support.**

   In Abbildung 12.20 ist die Option Comments (Kommentare) bereits ausgewählt.

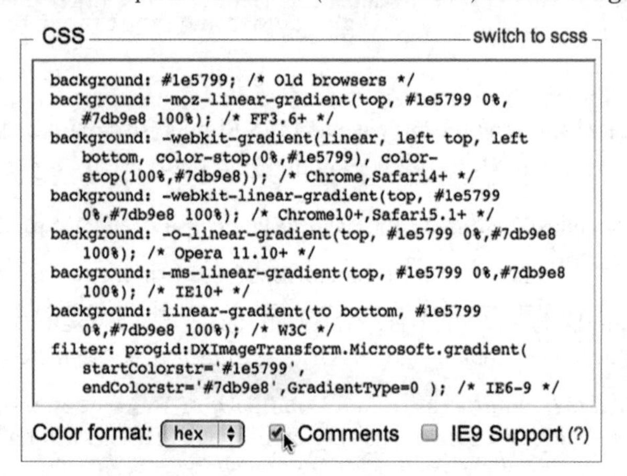

Abbildung 12.20: Code-Fenster des Ultimate CSS Gradient Generator

3. **Wählen Sie einen Farbwerttyp aus dem Menü Color format (Farbformat), wie in Abbildung 12.21 gezeigt.**

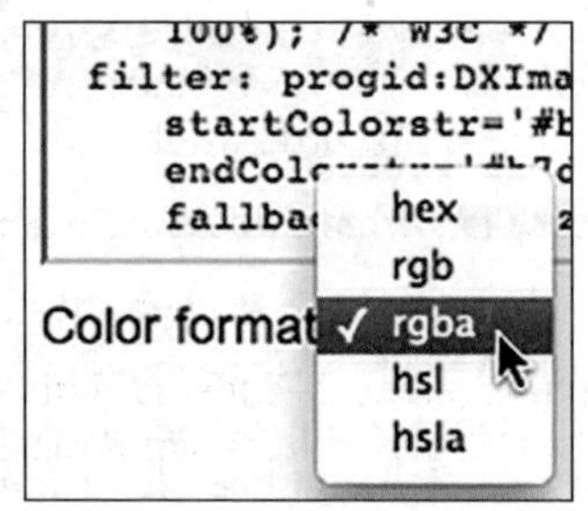

Abbildung 12.21: Auswahl eines Farbwerttyps

Eine Erklärung der CSS3-Farben einschließlich von RGBA finden Sie in Kapitel 9.

4. **Schieben Sie die Maus über den erzeugten Code im CSS-Feld und klicken Sie auf den Link Copy (Kopieren), der unten rechts im Feld angezeigt wird (siehe Abbildung 12.22).**

```
background: -ms-radial-gradient(center, ellipse
   cover, rgba(183,222,237,1)
   0%,rgba(113,206,239,1) 50%,rgba(33,180,226,1)
   51%,rgba(183,222,237,1) 100%); /* IE10+ */
background: radial-gradient(ellipse at center,
   rgba(183,222,237,1) 0%,rgba(113,206,239,1)
   50%,rgba(33,180,226,1) 51%,rgba(183,222,237,1)
   100%); /* W3C */
copy
```

Abbildung 12.22: Der Link zum Kopieren des generierten Codes

5. **Wechseln Sie von Ihrem Browser-Fenster in Ihren Code-Editor.**
6. **Fügen Sie einem Element den Hintergrundverlauf hinzu, indem Sie das kopierte CSS in die Stildefinition für ein Element einfügen.**

Sie werden relativ viel Code einfügen – mehrere Dutzend Zeilen komplizierten Code. Achten Sie darauf, dass der gesamte Code der Stildefinition zugeordnet wird. Der Platz, wo der kopierte Verlaufsstil in die folgende Klassenstildefinition für ein Feld eingefügt werden soll, ist hier mit einem Kommentar gekennzeichnet:

```
.box {
width:50px;
height:50px;
<!--hier das kopierte CSS für den Verlauf einfügen -->
}
```

7. **Speichern Sie Ihre CSS-Datei und sehen Sie sich Ihre HTML-Seite in der Vorschau an.**

Testen Sie den Verlauf in mehreren Browsern, falls möglich.

Teil IV

Der Top-Ten-Teil

Alle Code-Listings aus diesem Buch können Sie unter `www.downloads.fuer-dummies.de` herunterladen.

In diesem Teil ...

So schnell wie das Internet, so schnell ändern sich auch die Tools für den Entwurf von Websites. In diesem Teil habe ich ein paar Listen praktischer Tools zusammengestellt, die größtenteils kostenlos sind.

Meine Liste der zehn besten Ressourcen für die Entwicklung von HTML-Seiten umfasst kostenlose Code-Editoren, Dateimanager, editierbare JavaScript-Widgets sowie die Quelle für den Platzhaltertext, der in diesem Buch häufig verwendet wurde.

Außerdem finden Sie hier eine Tour durch ein paar Online-Ressourcen, mit denen Sie CSS erstellen können, unter anderem Tools für die Definition von Farbschemas, für die Entwicklung von Effekten sowie für die Anwendung von Verläufen auf Text.

Und schließlich enthält dieser Teil eine Liste mit zehn sehr effektiven Werkzeugen für die Verarbeitung von Formulardaten – mit Suchfeldern, Mailinglisten-Software, Formulargeneratoren und einfachen Methoden, in Formularen gesendete Daten zu erfassen.

Die zehn besten HTML5-Design-Ressourcen

13

In diesem Kapitel

- Praktische Code-Editoren
- Nützliche Webdesign-Ressourcen online
- Entscheiden, ob sich eine Investition in Dreamweaver lohnt

Mein Ansatz in diesem Buch ist, für die Erstellung von Webseiteninhalt HTML5 zu verwenden. Das bedeutet jedoch nicht, dass weitere nützliche Ressourcen ausgeschlossen werden, insbesondere wenn diese kostenlos genutzt werden können.

Das erste Tool, das wirklich jeder Webdesigner benötigt, ist ein zuverlässiger Code-Editor mit Farbcodierung und anderen Hilfsmitteln, mit dem er HTML erzeugen und debuggen kann. Die ersten vier Ressourcen, die ich in diesem Kapitel beschreibe, gehören zu meinen bevorzugten Tools. Die anderen sechs sollte jeder Designer zumindest einmal angesehen haben.

Ich kann es gar nicht oft genug sagen: Verwenden Sie keine Textverarbeitungsprogramme (wie zum Beispiel Google Docs, Microsoft Word oder andere Texteditoren Ihres Betriebssystems), um HTML-Dateien zu erstellen. Solche Programme erzeugen beispielsweise typografische Anführungszeichen („“), die bewirken, dass der Code nicht funktioniert.

Notepad++

`www.notepad-plus-plus.org`

Notepad++ ist ein kostenloser Code-Editor für HTML5, CSS3 und JavaScript und läuft nur unter Windows. Abbildung 13.1 zeigt die Benutzeroberfläche von Notepad++ mit einer geöffneten Datei.

Notepad++ besitzt verschiedene Funktionen, die dem Benutzer die Arbeit erleichtern. Sie können damit mehrere Dateien verwalten, Fehler direkt bei der Codierung erkennen und Ihre Arbeit beschleunigen, indem Sie Tags automatisch vervollständigen lassen.

Einige der praktischsten Tools von Notepad++ sind:

- ✔ die Möglichkeit, mehrere Dateien auf separaten Registerkarten zu öffnen
- ✔ eine Zeilennummerierung, die bei der Fehlersuche hilft
- ✔ eine automatische Vervollständigung von Wörtern, Funktionen und Parametern

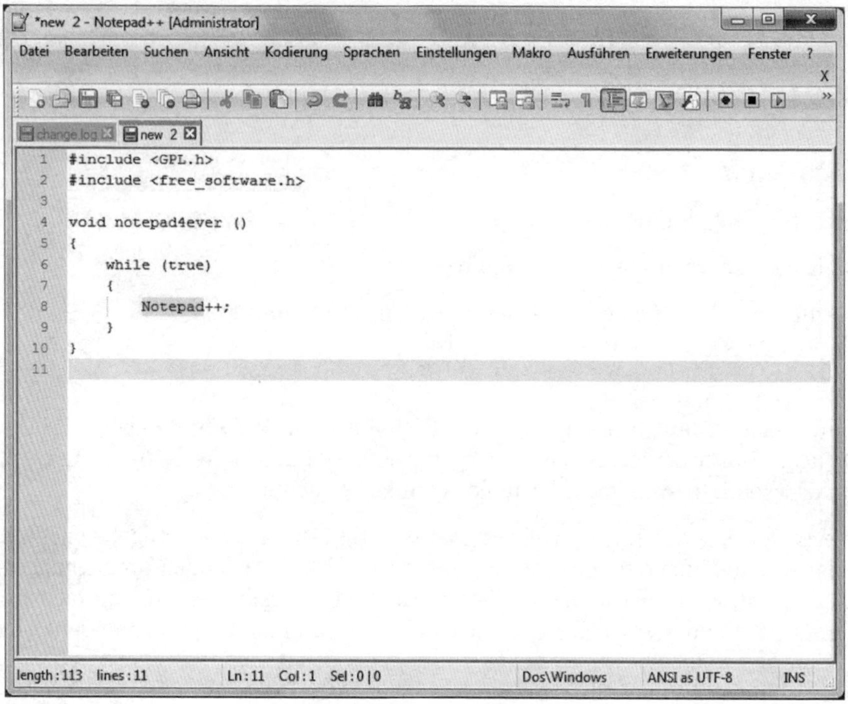

Abbildung 13.1: Notepad++

Es gibt täglich neue Plug-ins für Notepad++. Eines der praktischsten ist TextFX, das eine W3C-Validierung bietet, womit HTML- und CSS-Dateien auf Fehler überprüft werden können. Sie erhalten es hier:

```
http://sourceforge.net/projects/npp–plugis/files/TextFX
```

Neben den Codier-Werkzeugen für HTML unterstützt Notepad++ auch Dutzende von Programmiersprachen, unter anderem

- C
- C++
- CSS
- JavaScript
- Objective-C
- PHP
- Python
- Ruby
- SQL

TextWrangler

www.barebones.com/products/textwrangler

Für Mac-Benutzer gibt es TextWrangler, der ebenfalls HTML5 und CSS3 unterstützt. Abbildung 13.2 zeigt die Oberfläche von TextWrangler mit geöffneter HTML-Datei und weiteren Dateien auf anderen Registerkarten.

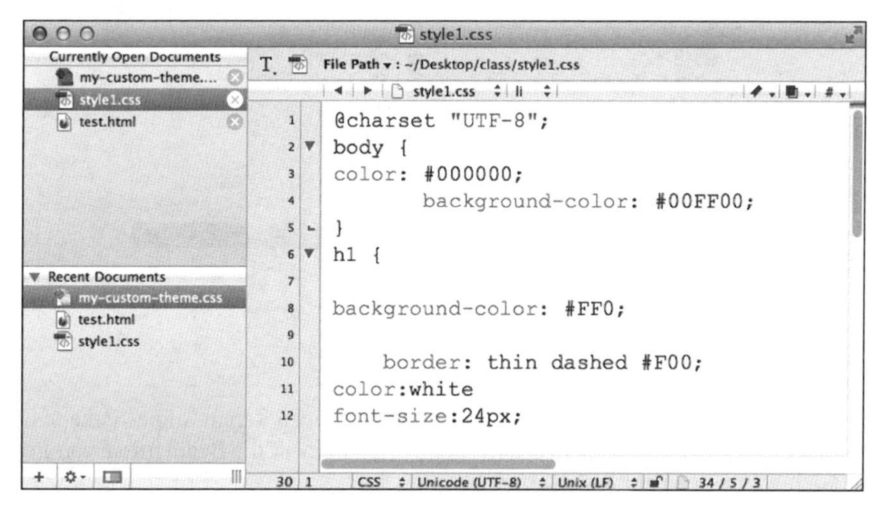

Abbildung 13.2: TextWrangler

TextWrangler gestattet es, mehrere Dateien auf verschiedenen Registerkarten zu öffnen. Er zeigt Code in benutzerdefinierbarer Schrift an und seine Farbcodierung hilft, Syntaxfehler sofort zu erkennen. TextWrangler ist eine abgespeckte Version des Editors BBEdit, der jedoch nicht kostenlos bereitgestellt wird. Aber Sie werden sehr wahrscheinlich auch mit TextWrangler auskommen. Und er ist kostenlos!

Praktische Funktionen von TextWrangler:

- ✔ Suchen und Ersetzen
- ✔ Rechtschreibprüfung
- ✔ Dateivergleich (praktisch, um Änderungen zwischen Dateiversionen zu erkennen)

Komodo Edit

www.activestate.com/komodo-edit

Für fortgeschrittenere Programmierer, die komplexere Projekte bearbeiten, bietet Komodo Edit Codier-Hilfestellungen. Er hilft Projekte zu organisieren und unterstützt HTML5, CSS3 und serverseitige Programmiersprachen (Python, PHP, Ruby und Perl) ebenso wie JavaScript. Komodo Edit gibt es für Windows, Mac und Linux. Abbildung 13.3 zeigt eine HTML-Datei in Komodo Edit.

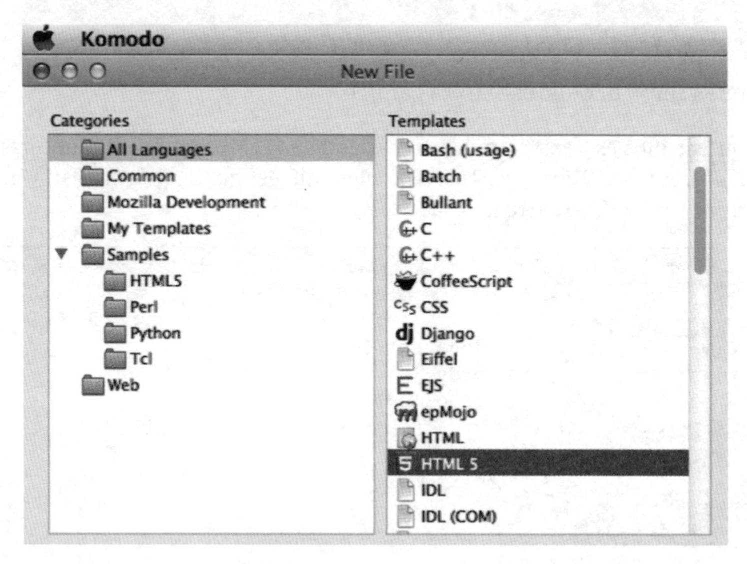

Abbildung 13.3: Komodo Edit

Komodo Edit ist eine kostenlose Version eines zum Kauf angebotenen Codier-Pakets, Komodo IDE. Aber auch Komodo Edit ist sehr leistungsstark und erfüllt die Bedürfnisse von Programmierern, auch wenn sie erhöhte Ansprüche stellen.

Neben den in diesem Kapitel bereits erwähnten Funktionen der grundlegenderen Code-Editoren (mehrere Dateien auf separaten Registerkarten, Suchen&Ersetzen, Rechtschreibprüfung und Farbcodierung) umfasst Komodo auch robustere Produktivitätstools, wie beispielsweise:

- Vorlagen mit grundlegendem Code für HTML5-Dateien und andere
- Codier-Hilfestellungen mit Popup-Feldern
- Automatisches Einrücken und Ausrücken von Codeabschnitten
- Automatisches Schließen von Tags (wenn Sie beispielsweise ein öffnendes Tag wie `<h1>` anlegen, wird automatisch ein schließendes `</h1>`-Tag erzeugt)

Komodo Edit ist leistungsstärker als TextWrangler oder Notepad++, aber auch weniger intuitiv. Das Programm ordnet Dateigruppen in Projekten an, was praktisch sein kann, gleichzeitig wird aber eine neue Ebene der Strukturierung und Organisation der Dateien eingeführt, die für kleinere Websites wahrscheinlich nicht unbedingt nötig ist.

Adobe Dreamweaver

`www.adobe.com/products/dreamweaver.html`

Wenn es um HTML-Code-Editoren geht, darf keinesfalls Adobe Dreamweaver vergessen werden. Wenn es ihr Budget erlaubt, können Sie mit Dreamweaver Ihre Produktivität steigern – er bietet erweiterte Codier-Hilfestellungen und Vorschau-Umgebungen. Abbildung 13.4 zeigt eine geöffnete HTML-Datei in der geteilten Ansicht von Dreamweaver, mit dem Code auf der linken Seite und einer Vorschau auf der rechten Seite.

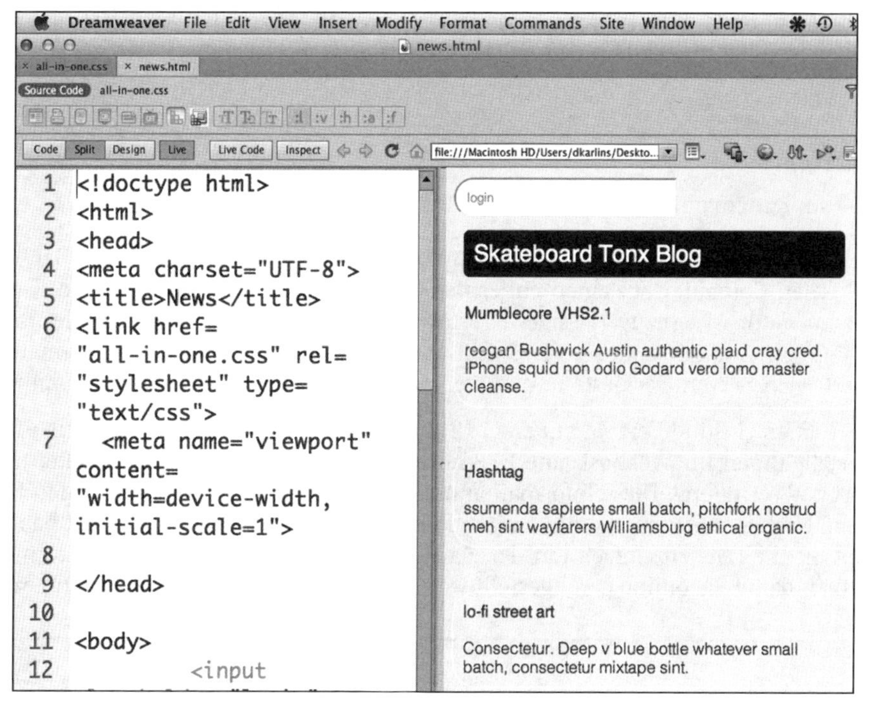

Abbildung 13.4: Dreamweaver

Dreamweaver bietet unter anderem die folgenden Funktionen, die es in anderen Code-Editoren nicht gibt:

- ✔ ein Vorschaufenster, in dem relativ genau angezeigt wird, wie Seiten in einem Browser dargestellt werden
- ✔ Menü- und Bedienfeldoptionen für die Erstellung von HTML (sowie CSS- und JavaScript)
- ✔ Vorlagen und Beispielseiten

Meiner Meinung nach hat der Einsatz von Dreamweaver für die Entwicklung von HTML-Seiten zwei Nachteile. Einer davon sind die Kosten. Mit der Einführung der Creative Cloud ist Adobe im Wesentlichen auf ein monatliches Abo-System für seine Software umgestiegen, und der Benutzer kann keine Dauerlizenz mehr kaufen (wie es bei älteren Creative Suite-Versionen der Fall war). Zum Zeitpunkt der Drucklegung dieses Buchs gibt es viele Proteste gegen diese neue Lizenzierungspolitik von Adobe, lesen Sie also am besten auf der Website von Adobe nach.

Der andere Nachteil ist, dass Dreamweaver kein Open Source-Projekt ist. Offensichtlich will Adobe auch noch andere seiner Produkte verkaufen, wie auf der Dreamweaver-Oberfläche auch zu erkennen ist (zum Beispiel enthält Dreamweaver Verweise auf Adobe Business Catalyst, ein Inhaltsmanagementsystem).

Wenn Webentwickler proprietäre Funktionen von Dreamweaver vermeiden und die Kosten rechtfertigen können, bietet ihnen dieses Programm einzigartige Produktivität und Design-Werkzeuge für die Entwicklung von HTML5-Seiten.

FileZilla

`http://sourceforge.net/projects/filezilla`

Nachdem HTML-Dateien erstellt wurden, braucht man eine Möglichkeit, die Dateien von einem lokalen Computer auf einen entfernten Webhosting-Server zu übertragen. Grundvoraussetzung dafür ist ein zuverlässiges FTP-Programm. FTP steht für File Transfer Protocol. Der FTP-*Client* – die Software – verschiebt Dateien zwischen dem eigenen Computer und einem externen Server. Der beste und immer noch kostenlose FTP-Client ist FileZilla.

Wenn Sie einen Hosting-Vertrag mit einer URL (wie zum Beispiel mysite.com) abgeschlossen haben, stellt Ihnen Ihr Webhost eine FTP-Adresse für Ihre Site, die Anmeldedaten und ein Passwort zur Verfügung. Diese Information nutzen Sie, um eine FTP-Verbindung in FileZilla zu öffnen. Nachdem Sie eine Verbindung in FileZilla zu einem Server hergestellt haben, verschieben Sie die Dateien einfach mit der Maus von Ihrem Computer auf den externen Hosting-Server, damit sie online bereitgestellt werden können, wie in Abbildung 13.5 gezeigt.

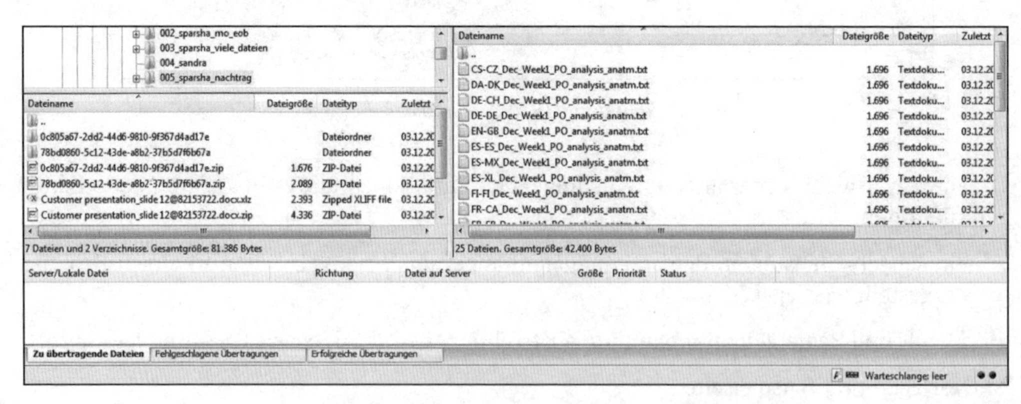

Abbildung 13.5: FileZilla

W3Schools

www.w3schools.com

Die nächste Ressource auf meiner Top-Ten-Liste ist die nützlichste Informationsquelle für die HTML-Codierung, die online bereitgestellt wird: W3Schools.

Beginnen Sie am besten unter www.w3schools.com/html/html5_intro.asp.

Diese praktische Ressource ist einfach unverzichtbar, um sich über HTML-Tags und Parameter zu informieren. Hier finden Sie einfach alles.

Wie an der URL zu erkennen ist, ist W3School eine *Schule* und nicht nur eine Informationsquelle für Code-Syntax. Erwarten Sie also keine zusammenfassende Einführung in HTML5 (dafür haben Sie dieses Buch!). Was Sie dort finden, das sind Modelle, Beispiele und interaktiver Code, den Sie nutzen können, um spezielle Funktionen von HTML5 besser zu verstehen, wie in Abbildung 13.6 gezeigt.

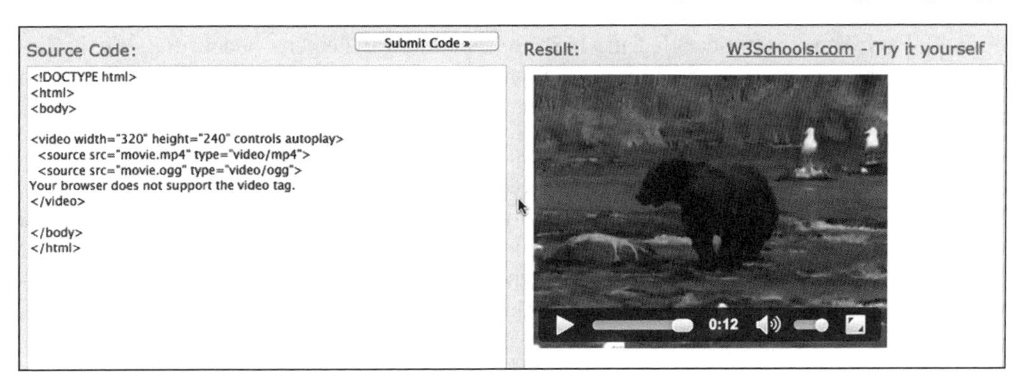

Abbildung 13.6: W3Schools

W3C Markup Validation Service

http://validator.w3.org

Haben Sie auch schon Nächte damit verbracht, Code anzustarren, um herauszufinden, warum er nicht funktioniert? Die Tools, die in den früher in diesem Kapitel empfohlenen Code-Editoren eingebaut sind, können Ihnen helfen, Probleme im Code für HTML-Seiten zu erkennen. Wenn dies jedoch nicht ausreicht, können Sie Ihren Code mit Hilfe des W3C Markup Validation Service debuggen und testen.

Sie können mit dem W3C Markup Validation Service bereits veröffentlichten Code auf einer Website testen, indem Sie eine URL eingeben. Sie können das HTML aber auch kopieren und in den Eingabebereich auf der Site von W3C Markup Validation Service einfügen und den Code testen, bevor Sie ihn veröffentlichen. Sie erhalten eine Liste der Fehler sowie Hinweise, wie Sie sie korrigieren können, wie in Abbildung 13.7 gezeigt.

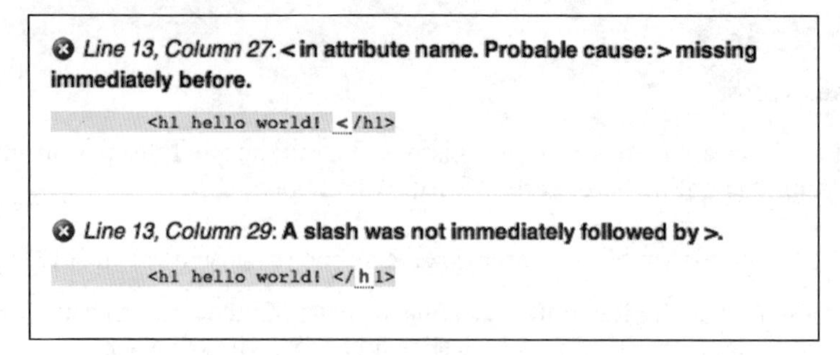

Abbildung 13.7: W3C Markup Validation Service

AMP Express

`https://amp.ssbbartgroup.com/express`

Im Bezug auf Websites hat der Begriff »barrierefrei« eine ganz eigene Bedeutung. Wie in diesem Buch erklärt, gehört zur Barrierefreiheit auch, dass Sites in unterschiedlichen Browsern und auf unterschiedlichen Geräten funktionieren.

Eine andere Dimension der Barrierefreiheit ist, dass der Zugriff auf Websites auch für Menschen mit Behinderung möglich sein muss (etwa für seh- oder hörgeschädigte Menschen). Beispielsweise hat die amerikanische Regierung Standards für die Barrierefreiheit definiert, im Abschnitt 508 § 1194.22 des Telecommunication Acts, die sich auf webbasiertes Intranet und Internetinformationen und -Anwendungen beziehen. Diese Standards fordern, dass Websites so erstellt werden, dass sie auch von einer Reader-Software vorgelesen werden können, dass Videos Beschriftungen enthalten, wo die Audio-Fassung bereitgestellt wird, und so weiter.

Auf AMP Express können Sie die Barrierefreiheit Ihrer Site testen – einschließlich der Konformität mit Abschnitt 508 § 1194.22. Nachdem Sie sich bei AMP Express angemeldet haben, können Sie eine URL übergeben, wie in Abbildung 13.8 gezeigt. AMP Express erstellt einen Bericht darüber, wie sich die angegebene Site im Bezug auf die Standards für die Barrierefreiheit verhält.

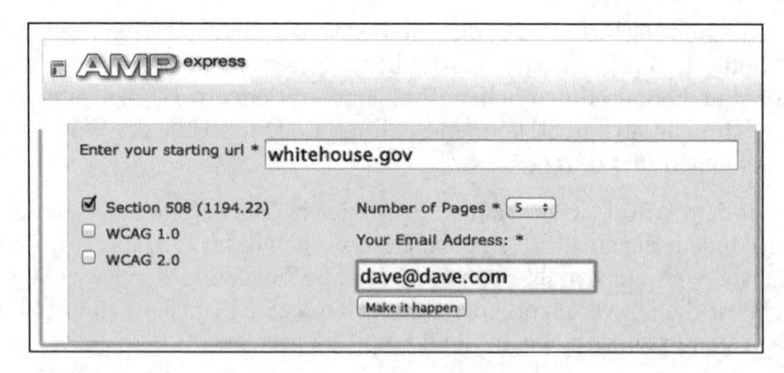

Abbildung 13.8: AMP Express überprüft die Barrierefreiheit von Websites

Hipster Ipsum – Blindtextgenerator

`www.hipsteripsum.me`

`www.blindtextgenerator.de`

Bei der Entwicklung von Seitenvorlagen wird häufig *Platzhaltertext* verwendet, der später, wenn Sie die HTML-Seiten in Seiten mit spezifischem Inhalt umwandeln, durch den eigentlichen Text ersetzt wird. Seit ewigen Zeiten (und schon im Buchdruck) haben die Designer *ipsum lorem*-Text verwendet – unsinnige Kombinationen lateinischer Wörter –, um Platz in Designs zu füllen, bis der eigentliche Text eingefügt wird.

Wenn Sie Platzhaltertext brauchen und von dem traditionellen *ipsum lorem* gelangweilt sind (das immer noch in Ordnung ist und unter `www.lipsum.com` erzeugt wird), probieren Sie es mit Hipster Ipsum oder dem Blindtextgenerator.

Sie können angeben, wie viele Absätze Platzhaltertext Sie benötigen, oder welche Sprache verwendet werden soll, und sie erhalten entsprechenden Blindtext für Ihre Vorlagen, wie in Abbildung 13.9 gezeigt.

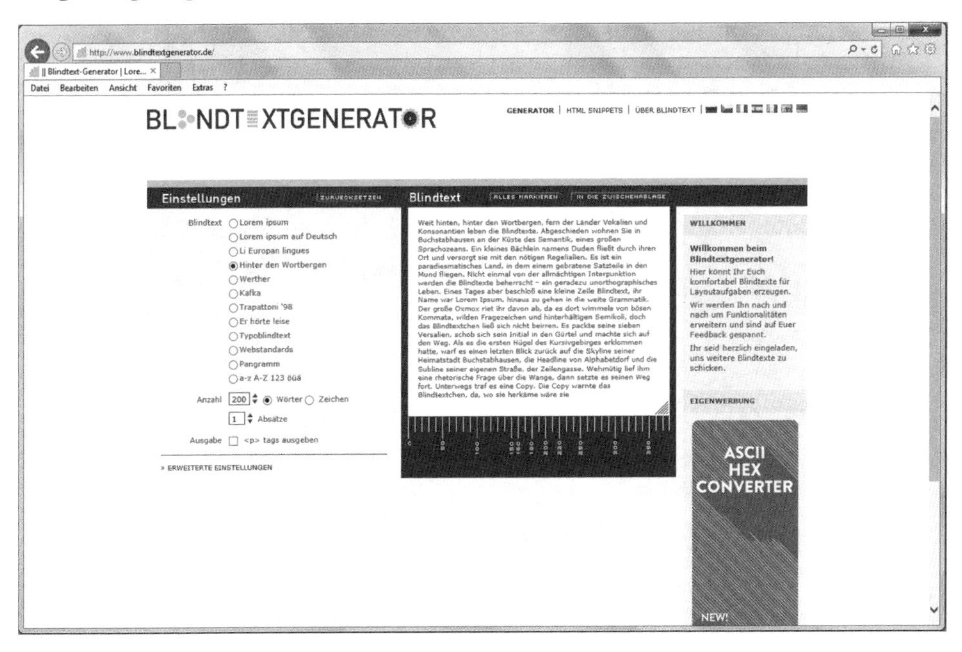

Abbildung 13.9: Blindtextgenerator

jQuery Widget Factory

`http://jqueryui.com/widget`

JavaScript sorgt für Animation und Interaktivität auf Websites, die über die von HTML5 und CSS3 gebotenen Möglichkeiten hinausgehen. Pakete mit JavaScript, editierbarem CSS und editierbarem HTML ermöglichen die Verwendung von JavaScript-Widgets (zum Beispiel Menüs, Seiten mit Registerkarten oder Diashows) auch für Designer, die nicht mit JavaScript programmieren können.

Das Widget enthält (nicht editierbares) JavaScript, ebenso wie HTML- und CSS-Dateien, die Sie bearbeiten können, um den Inhalt anzupassen.

Die jQuery Widget Factory ist die zugänglichste Quelle für HTML/CSS-Widgets, die animierte oder interaktive JavaScript-Widgets erzeugt (siehe Abbildung 13.10).

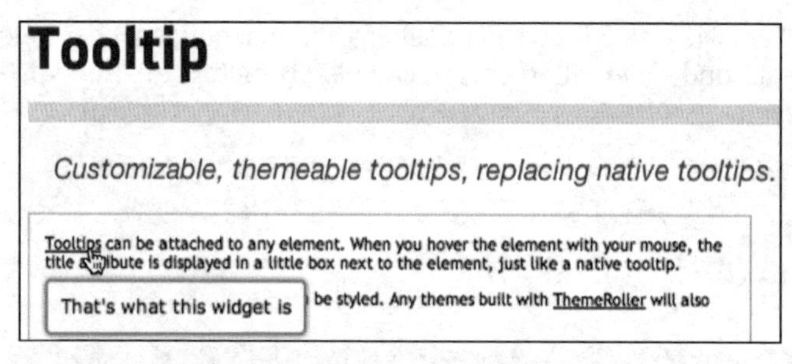

Abbildung 13.10: jQuery Widget Factory

Die zehn besten CSS3-Design-Tools

In diesem Kapitel

- Praktische Online-Tools für die Erstellung von Webgrafiken
- Praktische Online-Tools für die Erstellung von Webanimation
- Praktische Online-Tools für die Erstellung von Menüs

Nutzen Sie die völlig neuen Design-Funktionen von CSS3! Setzen Sie sich Lesezeichen für die folgenden unverzichtbaren Ressourcen für Design und CSS-Produktivität (die größtenteils kostenlos sind!).

Ultimate CSS Gradient Generator

`www.colorzilla.com/gradient-editor`

Eine der interessantesten und leistungsstärksten neuen Funktionen von CSS3 ist die Möglichkeit, Verläufe für eine Seite oder ein Element als Hintergrund zu erzeugen. Die Codierung komplexer Verläufe kann jedoch relativ kompliziert sein. Für unterschiedliche Browser braucht man unterschiedliche Syntax, und das Ganze wird zusätzlich erschwert, wenn man Fallbacks für ältere Browser bereitstellen muss.

Der Ultimate CSS Gradient Generator erzeugt Code für CSS3-Verläufe. Dazu stellt er eine intuitive Oberfläche bereit, wie man sie aus Grafikprogrammen kennt, siehe Abbildung 14.1.

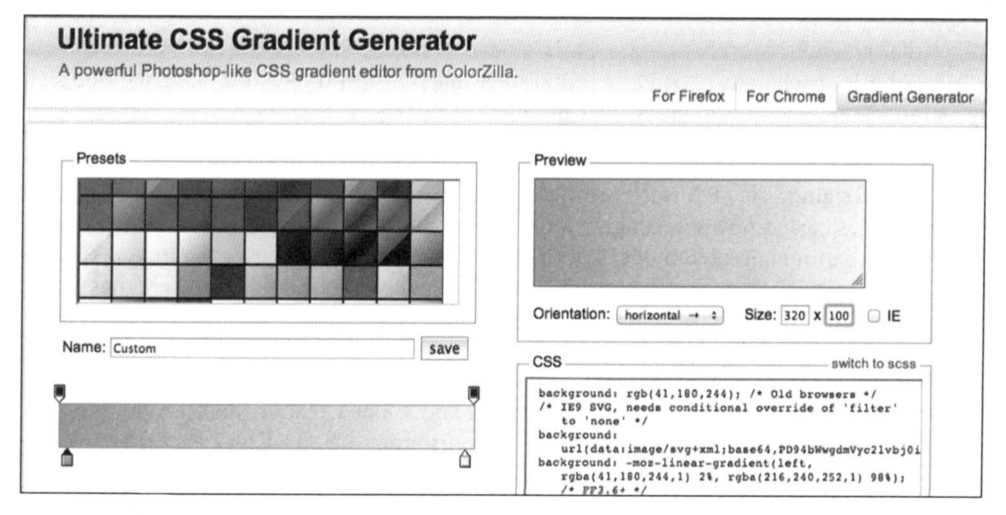

Abbildung 14.1: Ultimate CSS Gradient Generator zum Erzeugen von Code für Verläufe

Für ältere Versionen des Internet Explorers ist der Ultimate CSS Gradient Generator nicht geeignet. Sie können Verläufe erstellen, die in alten Versionen des IE funktionieren, aber Sie müssen dazu die Website für den Ultimate CSS Gradient Generator mit einer aktuellen Version des IE oder einer aktuellen Version von Firefox, Chrome, Safari oder Opera besuchen.

Die Funktionen von Ultimate CSS Gradient Generator helfen Ihnen bei folgenden Aufgaben:

- ✔ Erstellung von horizontalen, vertikalen, diagonalen und strahlenförmigen Verläufen
- ✔ Erstellung von Multitabulator-Verläufen
- ✔ Definition der Opazitätseinstellungen für Opazitätstabulatoren
- ✔ Definition von Farben als Hexadezimalwerte, RGB, RGBA, HSL oder HSLA in CSS
- ✔ Unterstützung vollständiger Multitabulator-Verläufe, die in IE9 funktionieren, in dem normalerweise keine Multitabulator-Verläufe unterstützt werden
- ✔ Umwandlung von Verläufen in Bilder für CSS3-Code
- ✔ Bereitstellung Dutzender voreingestellter Verläufe
- ✔ Zugriff auf ein Vorschaufenster einstellbarer Größe

Adobe Kuler

`https://kuler.adobe.com`

Ein gut strukturiertes Farbschema, das heißt, ein Schema mit fünf Hauptfarben, die für das Design einer Website verwendet werden, ist ein völlig unterschätzter und wirklich wichtiger Bestandteil bei der Entwicklung von attraktiven Sites.

Adobe Kuler erzeugt Farbschemas aus Farben oder Grafiken. Sie können eine riesige Galerie vordefinierter Farbschemas nach Farben und sogar nach Stimmungen durchsuchen und sich inspirieren lassen, wie in Abbildung 14.2 gezeigt.

Designer, die sich mit Farbtheorie auskennen, finden hier Tools, um Farbschemas basierend auf analogen, monochromatischen, triadischen, komplementären, zusammengesetzten oder auf die Schattenfarbe bezogenen Beziehungen zu definieren. Gleichzeitig bietet die riesige Menge vordefinierter Farbschemas einfachen Zugriff auf gefällige Farbkombinationen.

Der wichtigste Nachteil von Kuler liegt ganz klar in der begrenzten Möglichkeit, das Farbschema in CSS-Farbwerte zu exportieren. Benutzer von Adobe Creative Suite-Produkten können eine ASE-Datei (Adobe Swatch Exchange) importieren, die von Kuler exportiert wurde, aber Entwickler, die manuell codieren, müssen die Farbwerte von Hand in die CSS-Stylesheets kopieren.

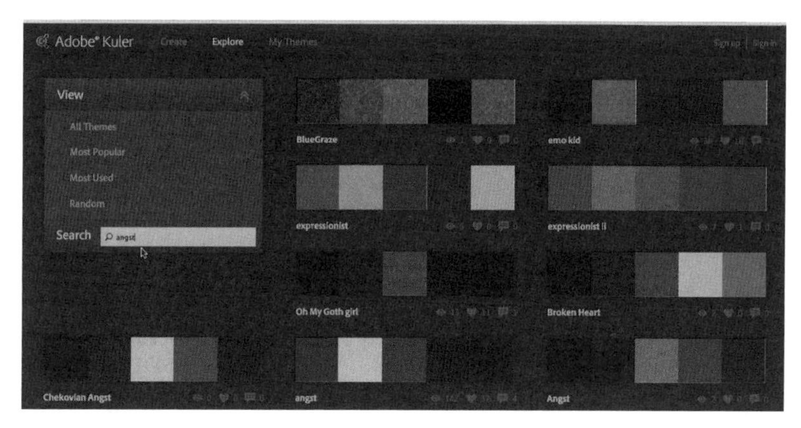

Abbildung 14.2: Adobe Kuler

Color Scheme Designer

`http://colorschemedesigner.com`

Ein weiterer leistungsstarker und praktischer Farbschemagenerator ist der Color Scheme Designer. Diese Online-Ressource ist vor allem für Designer geeignet, die sich mit Farbtheorie und der zugrunde liegenden Terminologie auskennen. Außerdem enthält er Tools für die Barrierefreiheit bei Farbenblindheit. Color Scheme Designer ist kostenlos, bittet aber um Spenden.

Color Scheme Designer bietet eine interessante Vorschaufunktion, die zeigt, wie ein Farbschema für eine Seite aussehen wird, wie in Abbildung 14.3 gezeigt.

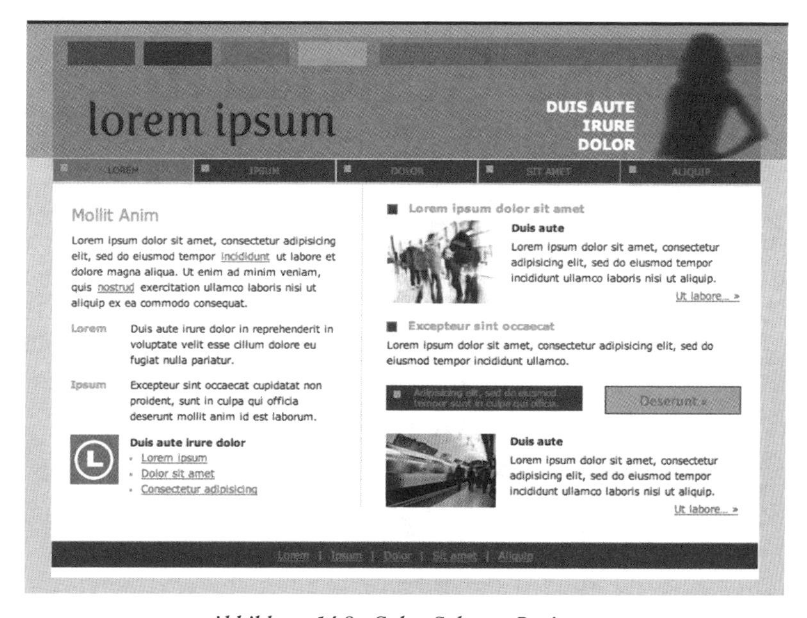

Abbildung 14.3: Color Scheme Designer

Außerdem kann der Color Scheme Designer Farbschemawerte in verschiedene praktische nicht-proprietäre Formate exportieren, unter anderem eine Textdatei mit CSS-Farbwerten oder eine HTML-Datei mit definierten Stilen, die das erzeugte Farbschema integrieren.

CSS3 Generator

`http://css3generator.com`

Verläufe können in CSS3 sehr schwierig zu codieren sein. Der CSS3 Generator erzeugt CSS3-Code für fast alles, von abgerundeten Ecken bis hin zu Textschatten. Unter anderem können Sie mit dem CSS3 Generator die folgenden CSS3-Effekte und -Transformationen erzeugen:

- ✔ Textschatten
- ✔ RGBA-Farbwerte
- ✔ Mehrspaltige Designs
- ✔ Umrisse
- ✔ Übergänge (animierte Änderungen)
- ✔ Transformationen (Bewegung)

Die recht schmucklose Benutzeroberfläche von CSS3 Generator ist barrierefrei und intuitiv. Sie müssen nur Werte für den Effekt oder die Transformation eingeben, die der CSS3 Generator in einer Vorschau anzeigt, und dann spuckt er fertigen CSS-Code aus, den Sie nur noch kopieren und einfügen müssen, wie in Abbildung 14.4 gezeigt.

Abbildung 14.4: CSS3 Generator

CSS3 Box Shadow Generator

`http://css3gen.com/box-shadow`

Feldschatten – ohne Hintergrundgrafiken oder grob aus einzelnen Rahmenteilen zusammengesetzt – gehören zu den Highlights von CSS3. Wenn Sie mal einen Feldschatten brauchen, zaubert der CSS3 Box Shadow Generator ihn sofort aus dem Hut. Sie geben einfach die entsprechenden Werte in der intuitiven Oberfläche ein, wie in Abbildung 14.5 gezeigt.

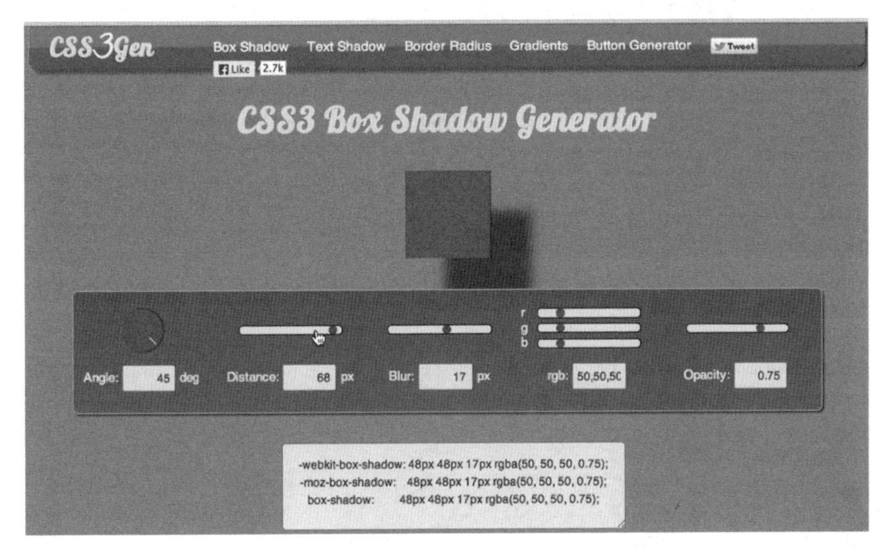

Abbildung 14.5: CSS3 Box Shadow Generator

Der CSS3 Box Shadow Generator gehört zu mehreren Generatoren einer ganzen Serie, mit denen Textschatten, Rahmenradien, Verläufe und Schaltflächen erzeugt werden können. Die Ausgabe erfolgt in Form von CSS, das Sie einfach nur kopieren und einfügen müssen, und das RGBA-Farbwerte verwendet, so dass Sie die Opazität des Schattens selbst einstellen können.

CSS 3.0 Maker

`www.css3maker.com`

Ein weiteres wichtiges Mitglied der CSS3-Generatorgemeinde ist der CSS 3.0 Maker, mit dem Sie alle möglichen interessanten CSS3-Effekte und -Transformationen erstellen können. Das praktischste Element von CSS 3.0 Maker ist jedoch seine Fähigkeit, Animationen mit Hilfe der CSS3-Funktionen `animate` und `@keyframe` zu erstellen. Sie definieren Dauer, Wiederholung und Animationszeit (wie zum Beispiel `ease` oder `ease-in`). Übergänge werden mit intuitiven interaktiven Schiebereglern definiert und dann in einem Vorschaufeld dargestellt, wie in Abbildung 14.6 gezeigt.

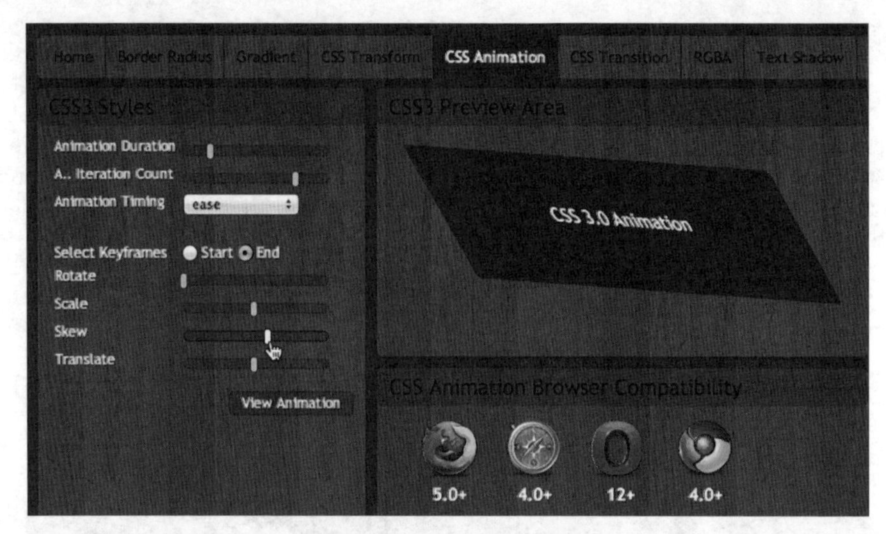

Abbildung 14.6: CSS 3.0 Maker

Der erzeugte Code ist in einen praktischen Klassenstil verpackt, den Sie einfach nur noch umbenennen müssen, und der als zip-Datei heruntergeladen oder kopiert und in ein CSS-Stylesheet eingefügt werden kann.

CSS3-Animation, `@keyframes` und Animationszeiten sind in Kapitel 11 beschrieben.

Animate.css

`http://daneden.me/animate`

Animate.css ist ebenfalls ein Animationsgenerator, aber mit ganz eigener Persönlichkeit. Er bietet vordefinierte Animationen, die ein Blinken, Springen, Schütteln, Schwingen, Rütteln, begeistertes Rütteln, Zittern und Pulsieren erzeugen, von dem Sie begeistert sein werden, wenn Sie es erst einmal gesehen haben. Und natürlich gibt es auch ganz normale Animationen wie Springen, Überblendungen und Drehen.

Animate.css macht Spaß und Sie erzeugen damit lustige Animationen. Alle vordefinierten Animationen können auf dem Bildschirm sofort angezeigt werden, siehe Abbildung 14.7.

Der Download des von Animate.css erzeugten Codes ist jedoch etwas komplizierter als bei vergleichbaren Ressourcen. Beispielsweise gibt es keine Möglichkeit, den Code zu kopieren und direkt in Ihre Stylesheet-Datei einzufügen. Stattdessen laden Sie eine zip-Datei herunter, die eine HTML-Datei enthält mit dem von Ihnen definierten CSS-Style im HTML-<head>-Tag.

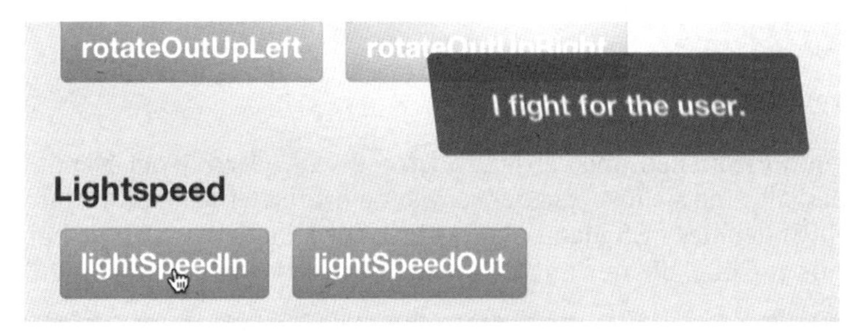

Abbildung 14.7: Animate.css

Web Designer Wall

`http://webdesignerwall.com/tutorials/css-gradient-text-effect`

In diesem Kapitel geht es vor allem um Ressourcen mit grafischer Benutzeroberfläche, die CSS3 für Sie erzeugen. Daneben gibt es Online-Ressourcen, die schrittweise Anleitungen und Democode zum Herunterladen bieten. Hier sind vor allem Verlaufseffekte für Text ganz einfach zu erzeugen und unter Verwendung des Codes aus der Anleitung/einem Beispiel aus Web Designer Wall auch ganz einfach anzuwenden. Die Verlaufseffekte für Text in Web Designer Wall sind sehr speziell und bieten die unterschiedlichsten, wirklich verblüffendsten Textdarstellungen, wie in Abbildung 14.8 gezeigt.

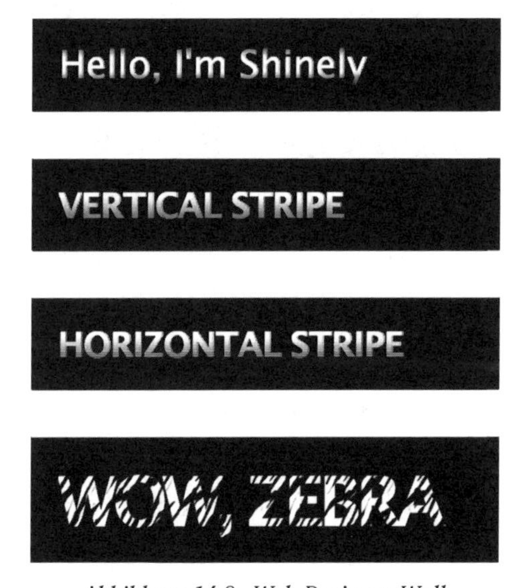

Abbildung 14.8: Web Designer Wall

Auch Web Designer Wall ist nicht ganz so einfach zu bedienen wie einige der anderen Online-Ressourcen, in denen der Code einfach nur kopiert werden muss, aber das tut der Leistung von Web Designer Wall keinen Abbruch, weil es wirklich so spezielle und ausgefeilte Verlaufseffekte für Text bietet.

CSS Menu Maker

`http://cssmenumaker.com`

Für die meisten horizontalen und vertikalen Drop-down- oder Fly-out-Menüs ist JavaScript erforderlich, deshalb sind sie für Designer schwer zu bearbeiten, die mit HTML und CSS3 arbeiten. Hier eilt Ihnen der CSS Menu Maker mit einer kompletten Galerie horizontaler und vertikaler Menüs zu Hilfe, die nur mit CSS erstellt wurden, wie in Abbildung 14.9 gezeigt.

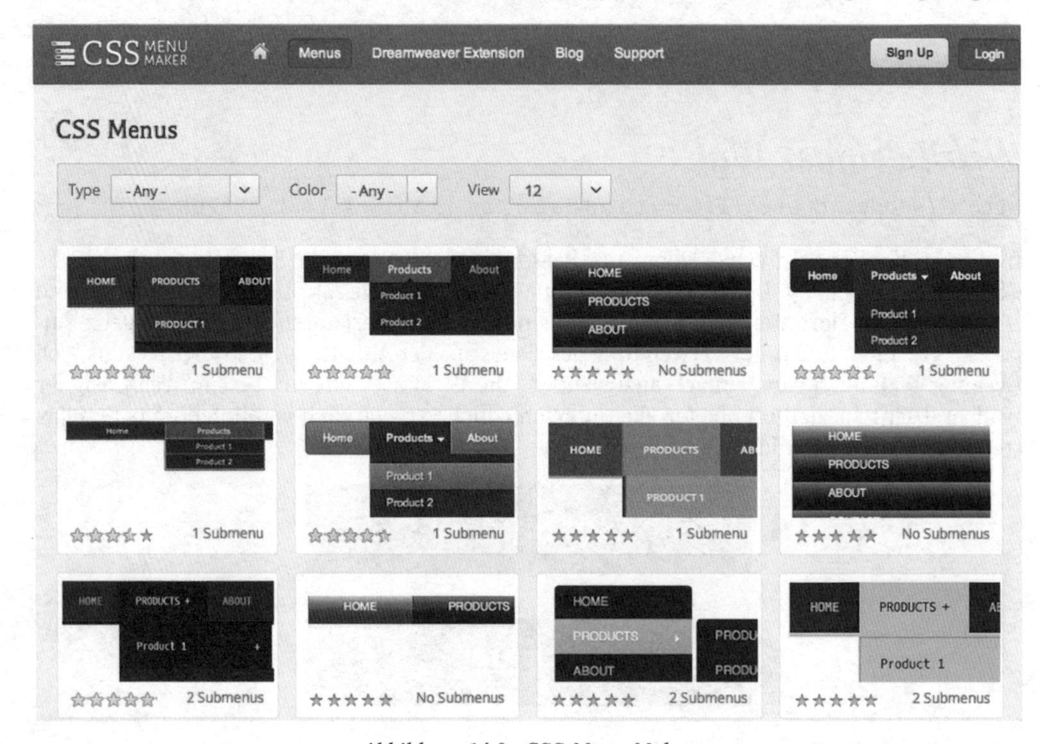

Abbildung 14.9: CSS Menu Maker

Die Menüs in CSS Menu Maker verwenden kein JavaScript, sondern nur HTML und CSS. Die Site enthält den Quellcode für die CSS-Menüs, den die Designer herunterladen, bearbeiten und in Webseiten integrieren können. Und das Ganze kostenlos!

Der Code und die Dateien, die Sie für ein Menü brauchen, kann als zip-Datei heruntergeladen werde, die eine HTML-Datei (mit Platzhaltertext für Menüelemente), eine externe CSS-Datei mit dem erforderlichen CSS und ein paar kleine GIF-Bilder mit Symbolen für die Menüs enthält. Designer mit grundlegenden HTML- und CSS-Kenntnissen finden freundliche Anleitungen in der HTML-Datei, die zusammen mit jedem Menü heruntergeladen wird.

Notepad RT

`http://notepadrt.com`

In Kapitel 13 habe ich mehrere HTML-Editoren vorgestellt. Die meisten davon sind auch ausreichend für die Bearbeitung von CSS geeignet, aber ich möchte hier noch einen weiteren Editor vorstellen, der optimal für CSS geeignet ist und kostenlos heruntergeladen werden kann.

Notepad RT bietet eine praktische Farbcodierung für die CSS3-Syntax, wie beispielsweise bei der Definition neuer HTML5-Selektoren wie `<aside>`, siehe Abbildung 14.10.

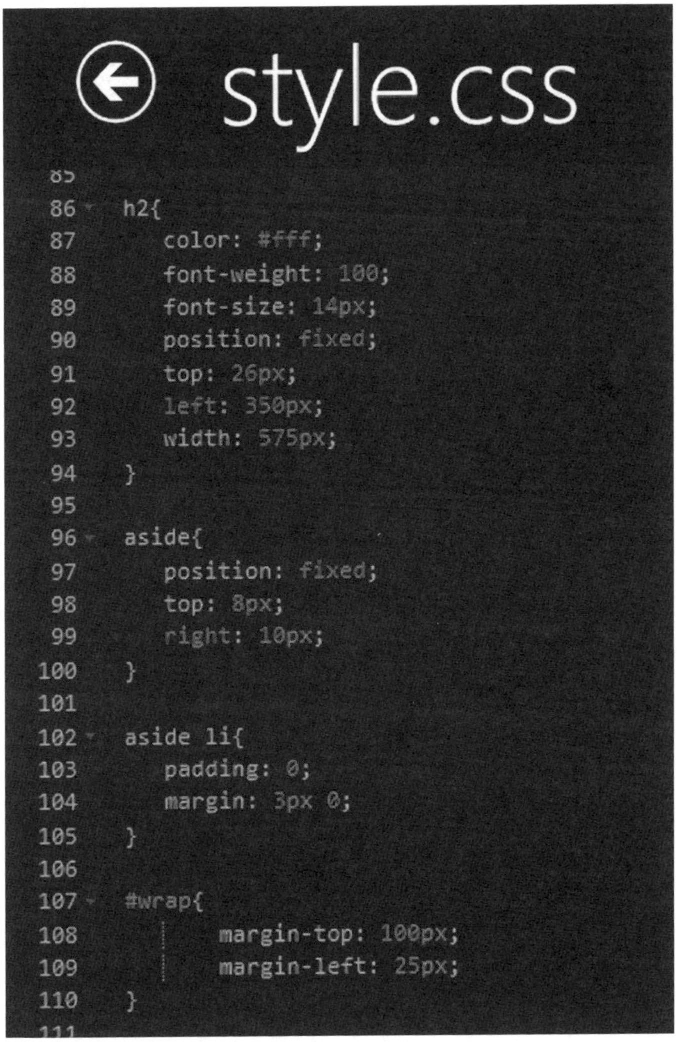

```
style.css

86  h2{
87      color: #fff;
88      font-weight: 100;
89      font-size: 14px;
90      position: fixed;
91      top: 26px;
92      left: 350px;
93      width: 575px;
94  }
95
96  aside{
97      position: fixed;
98      top: 8px;
99      right: 10px;
100 }
101
102 aside li{
103     padding: 0;
104     margin: 3px 0;
105 }
106
107 #wrap{
108         margin-top: 100px;
109         margin-left: 25px;
110 }
```

Abbildung 14.10: Notepad RT

Die zehn besten Formulardaten-Ressourcen

15

In diesem Kapitel

- Suchfeld-Ressourcen für Ihre Website
- Formulardesign-Ressourcen
- Online-Ressourcen für die Erfassung und Verwaltung von Formulardaten

Formulare sind mit HTML5 und CSS3 ganz einfach zu erstellen. HTML5 enthält zahlreiche neue Elemente und Parameter, die Formulare einladend und barrierefrei machen. Aber wohin senden Sie Formulardaten?

Im Wesentlichen gibt es drei Möglichkeiten:

- ✔ Sie können einen Vertrag mit einem Backend-Service für Datenbanken und Skripting (serverseitig) abschließen, der für Sie Daten erfasst und verwaltet. Das ist teuer, relativ unflexibel und für mittelgroße Unternehmen nicht geeignet.
- ✔ Sie können ein Content Management System (CMS, Inhaltsmanagementsystem) einsetzen, wie beispielsweise WordPress, das Funktionen für die Formularverarbeitung enthält. Der Nachteil dabei ist, dass Sie auf die begrenzten und relativ unflexiblen Vorlagen im Blog-Stil eingeschränkt sind, wenn Sie Seiten damit erstellen möchten.
- ✔ Der dritte Ansatz nutzt die (größtenteils) kostenlosen Online-Ressourcen, die Ihnen helfen, Formulare zu erstellen, Formulardaten für Suchfelder zu verwalten, Anmeldelisten zu erstellen, Feedback-Formulare anzulegen und Eingabedaten zu erfassen, zu organisieren und Berichte daraus zu erstellen.

Dieses Kapitel beschreibt einige Tools für das Formularmanagement, von Suchfeld-Indizierungsprogrammen bis hin zu Mailing-Listen-Managern.

MailChimp

`http://mailchimp.com`

Eine der wichtigsten Ressourcen jeder Website sind registrierte oder angemeldete Benutzer. Diese Benutzer sind Menschen, die irgendetwas erfahren oder sich über Produkte informieren wollen oder die auf irgendeine andere Weise an der Website interessiert sind.

MailChimp ist ein leistungsstarker Mailinglisten-Manager und kostenlos für die ersten 500 Einträge. Mit MailChimp erzeugen Sie sehr attraktive gezielte E-Mail-Listen, wie in Abbildung 15.1 gezeigt. Darüber hinaus bietet MailChimp Berichte darüber, wer die Mailings geöffnet hat und welche Links angeklickt wurden. MailChimp stellt außerdem bequeme Funktionen für die Abonnenten bereit, sich von dem Service abzumelden, wodurch Beschwerden und Spammeldungen von unzufriedenen Benutzern reduziert werden, die es schwierig finden, sich von einer Mailingliste abzumelden.

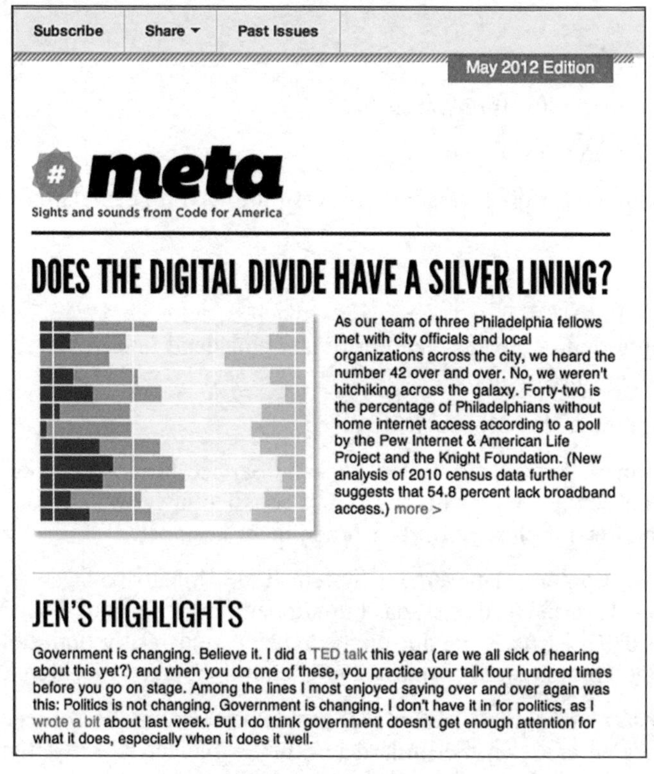

Abbildung 15.1: MailChimp

FreeFind

`www.freefind.com`

Welche Website kommt schon ohne Suchfeld aus? Natürlich helfen sie zum einen den Besuchern, genau das zu finden, was sie auf Ihrer Seite suchen, aber zum anderen bieten die Suchfelder auch die Möglichkeit, Berichte darüber zu erstellen, was die Besucher auf Ihrer Seite suchen, und damit erhalten Sie wertvolle Einsichten, wie gut Ihre Website Ihre Besucher bedient.

Die FreeFind-Suchmaschine ist kostenlos und einfach zu installieren. Und Sie erhalten Hilfe beim Entwurf eines Formulars, das Sie mit CSS und HTML selbst bearbeiten können. FreeFind sendet regelmäßig Berichte darüber, was die Besucher auf Ihrer Site suchen. Diese Berichte können ganz einfach in eine Tabellenkalkulation übernommen (siehe Abbildung 15.2), analysiert und für die Optimierung Ihrer Site genutzt werden.

Day	Time of Query	Query
---	--------------------	---------------
Sun	2/10/13 23:09	Web design
Fri	8/3/13 18:53	Robot
Wed	6/20/13 16:02	Forms
Thu	6/7/13 10:27	Adobe
Wed	5/2/13 8:07	Adobe Illustrator
Wed	4/18/13 21:17	Flash
Fri	3/16/13 18:47	Drupal
Thu	3/15/13 23:00	Books
Fri	3/2/13 16:07	HTML5 form tools
Fri	2/24/13 13:51	Adobe Illustrator
Mon	2/6/13 14:41	Flash
Mon	1/30/13 18:31	Drupal
Sat	1/21/13 0:16	Books
Thu	1/19/13 10:49	HTML5 form tools
Wed	11/2/13 6:46	DIV's
Mon	9/19/13 21:50	cs5
Thu	9/15/13 13:28	Define Flash
Sun	6/26/13 18:58	Edit queries
Sun	6/26/13 18:58	Form field
Fri	6/3/13 12:25	HTML5 article
Wed	6/1/13 13:43	Adobe Illustrator
Wed	4/27/13 13:53	Flash
Fri	4/15/13 12:09	Drupal
Fri	4/15/13 12:08	Books
Fri	4/15/13 12:08	HTML5 form tools

Abbildung 15.2: FreeFind

Google Docs

`www.docs.google.com`

Google Docs enthält ein relativ unbekanntes Tool, mit dem Sie Formulare erstellen und Formulardaten verwalten können. Wenn Sie ein Konto bei Google Docs anlegen, können Sie ein Dokument, eine Präsentation, ein Tabellenblatt, ein Formular oder eine Zeichnung erstellen. Am einfachsten erstellen Sie ein Formular und verwalten die Formulardaten, indem Sie ein neues Tabellenblatt anlegen. Bei geöffnetem Tabellenblatt wählen Sie INSERT | FORM (EINFÜGEN | FORMULAR), um ein Formular zu erzeugen, das Daten in das Tabellenblatt einspeist.

Google Docs bietet eine benutzerfreundliche Oberfläche für die Erstellung von Formularen, wie in Abbildung 15.3 gezeigt. Nachdem Sie das Formular fertiggestellt haben, stellt Google Docs einen Link zu dem Formular bereit. Sie können auch HTML-Code erzeugen, um das Formular in Ihre eigene Site einzubetten, was von Webdesignern wahrscheinlich lieber genutzt wird.

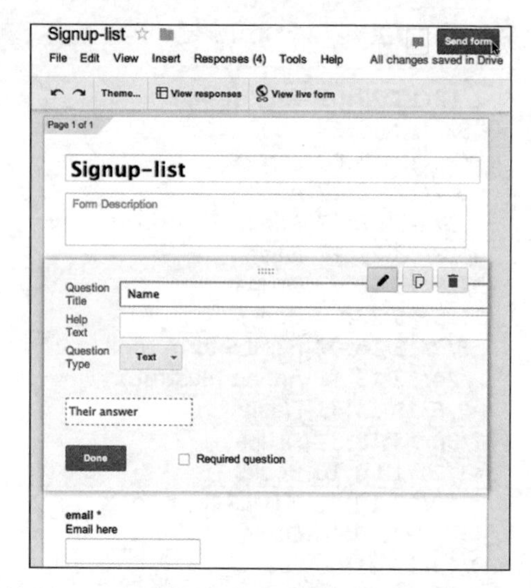

Abbildung 15.3: Formulare mit Google Docs erstellen

Benutzerdefinierte Google-Suchmaschine

`www.google.com/cse`

Wo wir gerade bei Google sind – Google bietet auch eine benutzerdefinierte Suchmaschine an, die Sie für Ihre Site erstellen können. Wie die FreeFind-Suchmaschine (die in diesem Kapitel bereits angesprochen wurde) bietet auch Google Design-Vorlagen für Suchfelder, wie in Abbildung 15.4 gezeigt.

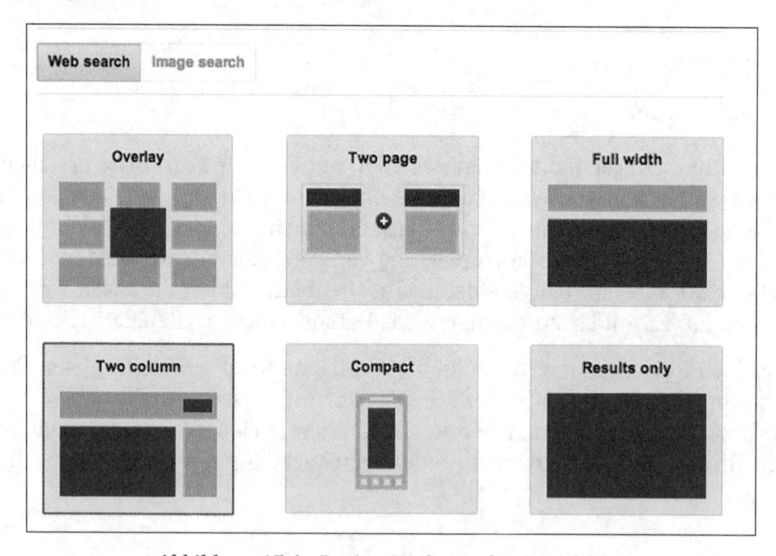

Abbildung 15.4: Design-Vorlagen für Suchfelder

Und wie der FreeFind-Suchfeldgenerator zeigt auch die benutzerdefinierte Suche von Google Werbeanzeigen als Teil der Suchergebnisse an, die erscheinen, wenn Ihre Benutzer Ihre Site durchsuchen. Das gefällt Ihnen womöglich nicht, aber das ist der Preis für die kostenlosen Suchwerkzeuge. Sowohl Google als auch FreeFind bieten Optionen zum Kauf an, in denen keine Anzeigen erscheinen.

TheSiteWizard

`www.thesitewizard.com`

Das Hosting eines serverseitigen Skripts, das Daten verwaltet, kann auch von Webdesignern durchgeführt werden, die keine serverseitigen Sprachen (wie zum Beispiel PHP) beherrschen. Das beste Werkzeug für die Erzeugung einer PHP-Datei, die Formulardaten verwaltet (ohne selbst irgendetwas programmieren zu müssen), ist TheSiteWizard.

TheSiteWizard erzeugt PHP-Skripts, die Anmelde- und Feedback-Formulare verwalten. Designer wählen Optionen aus und entwerfen ein Formular, ebenso wie Seiten, auf denen sie sich bei den Benutzern bedanken, wenn sie das Formular abgesendet haben, oder auf denen sie Fehler melden. Designer können HTML5-Formularwerkzeuge und das CSS3-Design nutzen, um die Formulare an ihre Site anzupassen, wie in Abbildung 15.5 gezeigt.

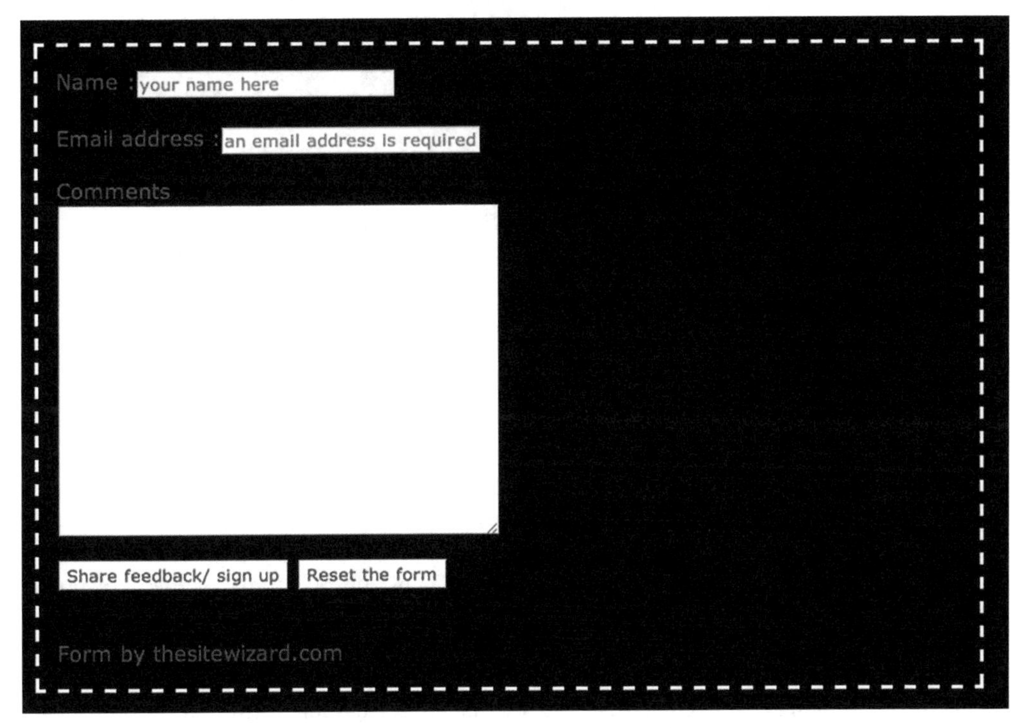

Abbildung 15.5: TheSiteWizard

FormTools

`www.formtools.org`

Form Tools ist eine kostenlose Open Source PHP-/MySQL-Umgebung für die Verwaltung von Formularen. Es ist komplizierter als die anderen Formularwerkzeuge auf dieser Liste, aber es ist auch sehr viel leistungsfähiger. Nach der Registrierung bei Form Tools können Sie ein Demo erstellen und mit den verschiedenen Formularen experimentieren.

Form Tools erstellt relativ komplexe und einladende Formulare für den professionellen Einsatz, wie beispielsweise Registrierungsformulare für Veranstaltungen. Diese Formulare können über mehrere Seiten gehen, mit Registerkarten, mit deren Hilfe sich der Benutzer innerhalb des Formulars bewegen kann, wie in Abbildung 15.6 gezeigt.

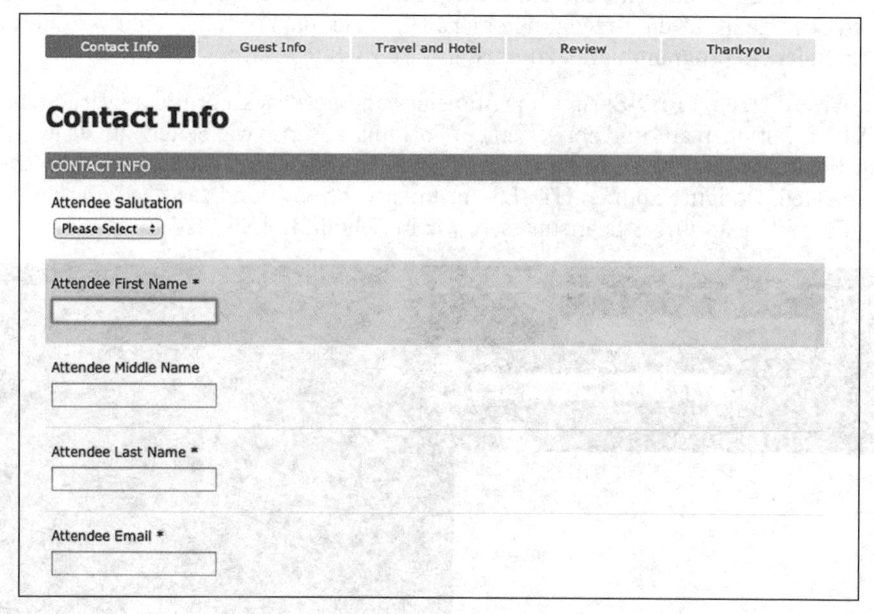

Abbildung 15.6: Form Tools zur Formularerstellung

jQuery Menu Widget

`http://api.jqueryui.com/menu`

Nicht für alle Formulare werden serverseitige Skripts benötigt. Manchmal werden Formulardaten auch direkt in einem Browser erfasst und verwaltet. Diese Formulare werden als *clientseitig* bezeichnet, weil die Daten innerhalb des *Clients* (also des Browsers) verarbeitet werden. Das gebräuchlichste Tool für die Verwaltung von Formulardaten in einem Browser ist JavaScript, das gebräuchlichste clientseitige Formular ist ein Navigationsmenü mit Sprungzielen.

jQuery besitzt ein Menu Widget für clientseitige Navigationsformulare, das Daten in einem Browser verwaltet. Abbildung 15.7 zeigt ein mit jQuery erstelltes Navigationsformular.

Abbildung 15.7: jQuery Menu Widget

Freedback

`www.freedback.com`

Freedback ist ein Online-Formularwerkzeug, für das kein HTML erforderlich ist. Das Programm ist nicht kostenlos, aber für den nicht-professionellen Einsatz sowie für Schulen gibt es vergünstigte Preise.

Freedback-Formulare können relativ komplex werden. Die Daten werden online gespeichert und Ihnen per E-Mail zugesendet. Abbildung 15.8 zeigt ein Beispiel für ein mit Freedback erstelltes Bewerbungsformular.

Example 2: Job Application

An example of a job application form that lets the applicant upload their resume.

What cities have you visited? — New York, Montreal, Los Angeles, Hong Kong, London

Choose One of the Following Options: Red

Name:

Address

City

State/Province

Country

Zip Code/Postal Code

Email Address:

What kind of people person are you?

Please send us a copy of your resume (file upload): Choose File No file chosen

Can you start working immediately? — Yes, No

Submit Form

Abbildung 15.8: Mit Freedback erstelltes Bewerbungsformular

Mit der kostenlosen Version von Freedback können Sie ein Formular mit beliebig vielen Fragen pro Formular, einer unbegrenzten Abonnentenzahl, Spamfilter und Sendebenachrichtigung per E-Mail anlegen. Den Benutzern wird Werbung angezeigt, aber werbefreie Versionen kosten ca. 20 USD pro Monat.

EmailMeForm

`www.emailmeform.com`

EmailMeForm unterstützt Formulare und Umfragen. Formulare für kleine Sites sind kostenlos. Sie können EmailMeForm nutzen, um Kontaktformulare, Registrierungsformulare, Auftragsformulare oder Online-Umfragen zu erstellen. Außerdem können Formulare mit Ressourcen für die Erfassung der Daten und Zahlungen mit PayPal, Google Wallet oder Authorize.Net verknüpft werden. Webmaster erhalten Benachrichtigungen in Echtzeit, wenn Formulare gesendet werden, und die Benutzer erhalten automatisch eine Dankmeldung.

EmailMeForm bietet eine beeindruckende Menge an Vorlagen für spezialisierte Formulare, wie beispielsweise Meinungsumfragen, Kursanmeldungen, Hotelreservierungen, Bewerbungen, Arzttermine und Restaurantbewertungen (wie in Abbildung 15.9 gezeigt).

Restaurant Survey
Please complete the survey. You will be automatically entered into the EMF sweepstakes.

What is the first restaurant that comes to mind when you think about vegetarian cuisine? *

Where have you seen advertisements for Zen Palate? *
Billboards | Magazines | Newspapers
Radio | Television | Online

Which Zen Palate dishes have you tried or heard of? *
Curry Supreme
Eggplant Zentastic
Mango Halo
Sesame Medallions
Sweet and Sour Sensation

How would you rate the quality of food at Zen Palate? *
Excellent Good Average Bad Very Poor

How would you rate the value Zen Palate provides? *
Excellent Good Average Bad Very Poor

Would you recommend Zen Palate to a friend? *
Yes, definitely!
Maybe
Never

Abbildung 15.9: EmailMeForm

Zoho Creator

`www.zoho.com/creator/online-form-builder`

Zoho Creator ist ein robuster, vollfunktionaler Formulargenerator mit Datenverwaltung. Seine Formulare sind einfach zu erstellen und unkompliziert in Ihre Website einzubetten, was besonders wichtig ist. Die Formular- und Datentools sind für den privaten Gebrauch kostenlos, für den professionellen Einsatz fällt eine Gebühr an. Gemeinnützige Vereine erhalten einen Preisnachlass.

Zoho Creator umfasst Werkzeuge, mit denen aus den erfassten Daten Berichte erstellt werden können, auch in Form von Diagrammen und Tabellen, und die in Datenbanken oder Tabellenkalkulationen exportiert werden können. Sie werden benachrichtigt, wenn ein Formular gesendet wird. Und wie alle anderen Werkzeuge zur Erstellung von Formularen können Sie *Captcha*-Felder anlegen (dabei müssen die Benutzer verschnörkelt dargestellten Text entziffern und in ein Feld eingeben, um zu belegen, dass es sich bei ihnen wirklich um Menschen und nicht um irgendwelche Spamsoftware handelt).

Ein interessanter Vorteil ist, dass Sie ein Feld zum Hochladen einer Datei in ein Formular aufnehmen können, so dass die Benutzer Lebensläufe, Fotos oder andere Dateien bereitstellen können (maximal 5 MB).

Die Formularvorlagen von Zoho Creator sind für professionelle Anforderungen geeignet, wie beispielsweise Fehlerberichte, Spesenabrechnungen, IT-Bestandsaufnahmen und Zeiterfassungsblätter (siehe Abbildung 15.10).

Datenschutzaspekte

Der Datenschutz im Internet ist heute ein zentrales Thema, sowohl für die Gesetzgebung als auch für die Vorgehensweise bei der Erfassung und Verarbeitung von Benutzerdaten auf Websites. Eine genauere Erörterung kann im Rahmen dieses Buchs nicht stattfinden, aber es gibt eine Faustregel, die aus einem einzigen Wort besteht: Transparenz. Sagen Sie den Benutzern, warum Sie ihre Daten erfassen. Sorgen Sie dafür, dass sich die Benutzer freiwillig für Ihre E-Mail-Listen und E-Newsletter anmelden. Und bieten Sie ihnen einfache Möglichkeiten, sich von Ihren Listen abzumelden. Dieser Ansatz sorgt für eine glaubwürdige, wechselseitig zufriedenstellende Beziehung zu den Benutzern, die Formulare auf Ihren Websites ausfüllen.

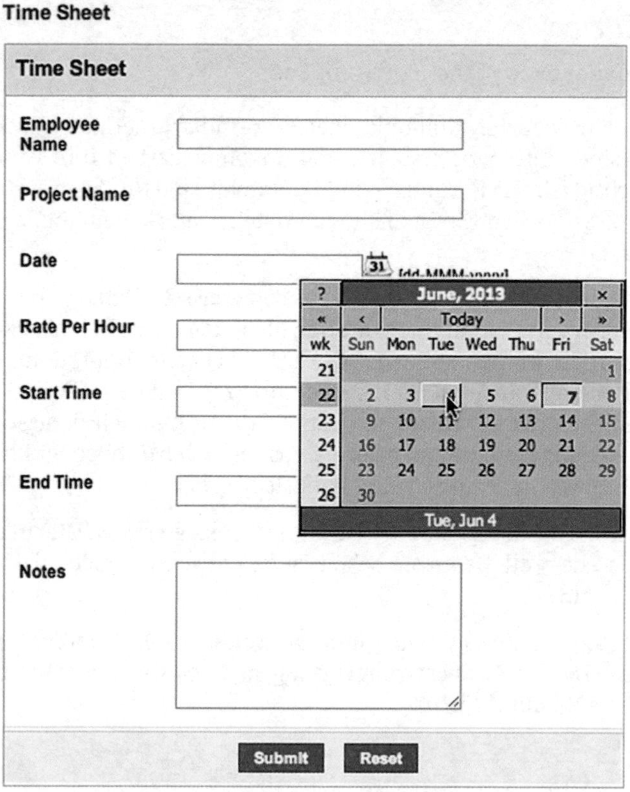

Time Sheet

Time Sheet

Employee Name

Project Name

Date

[dd-MMM-yyyy]

Rate Per Hour

Start Time

End Time

Notes

?	June, 2013						×
«	‹	Today				›	»
wk	Sun	Mon	Tue	Wed	Thu	Fri	Sat
21							1
22	2	3	4	5	6	7	8
23	9	10	11	12	13	14	15
24	16	17	18	19	20	21	22
25	23	24	25	26	27	28	29
26	30						

Tue, Jun 4

Submit Reset

Abbildung 15.10: Zoho Creator

Stichwortverzeichnis